खामोश, चिंतन चालू आहे !

कांटे की बात-5

कांटे की बात-1
न लिखने का कारण

कांटे की बात-2
अनपढ़ बनाये रखने की साज़िश

कांटे की बात-3
गुलामी का आनंद और स्वतंत्रता के ख़तरे

कांटे की बात-4
आगे रास्ता बंद है

कांटे की बात-5
खामोश, चिंतन चालू आहे !

कांटे की बात-6
स्थगित यात्राएँ

पिछले 30 वर्षों में लिखी गयी समीक्षाओं, टिप्पणियों, अनुवीक्षाओं, 'हंस' के संपादकीयों से चुनाव

काँटे की बात-5

खामोश, चिंतन चालू आहे!

राजेन्द्र यादव

समायोजन

विद्यानिधि

वाणी प्रकाशन

प्रकाशन के उत्कृष्टतम 61 वर्ष

vaniprakashan.com

सजिल्द पहला संस्करण : 2004
सजिल्द दूसरा संस्करण : 2024

वाणी प्रकाशन

4695, 21-ए, दरियागंज, नयी दिल्ली-110 002

फ़ोन : +91 11 23273167, 23275710

शाखाएँ

अशोक राजपथ, पटना-800 004, बिहार
कॉफ़ी हाउस कैम्पस, महात्मा गांधी मार्ग, प्रयागराज-211 001, उत्तर प्रदेश
महात्मा गांधी अन्तरराष्ट्रीय हिन्दी विश्वविद्यालय, वर्धा-442 001, महाराष्ट्र

sales@vaniprakashan.in
vaniprakashan@gmail.com

Kante Ki Baat-5
Khamosh, Chintan Chalu Aahe!
by Rajendra Yadav

ISBN : 978-81-7055-339-7
Essay

मूल्य : ₹ 450

जी.एस. ऑफसेट, दिल्ली-110 095 में मुद्रित

वाणी प्रकाशन का लोगो मक़बूल फ़िदा हुसेन की कूची से

बहस जारी है...

न लिखने के तर्क खोजते और कारण बताते हुए राजेन्द्र जी ने इन चार सालों में इतना कुछ लिख डाला है कि उसे 'काँटे की बात' के अगले दो खंडों में समेटना फिर मेरे लिए एक चुनौती बन गया है। 'हंस' के इन संपादकीयों और इधर-उधर छपे कुछेक लेखों को इस बार न तो कथ्य के आधार पर बाँटना है, न ही संबंधित या संबंधहीन संदर्भों में रखकर देखना है। पिछले चार खंड निकालते वक्त यह बेशक ज़रूरी था। 30-35 सालों में फैले लेखन को एक साथ समेटना था, अनगिनत मुद्दों पर विचारों के दोहराव-बिखराव में संगति बिठानी थी। इन पिछले चार सालों में लेखन का प्रवाह एक खास तरफ मुड़ता देखकर लगता है कि अब इन लेखों को कालक्रम से संयोजित करना ही ठीक रहेगा।

नियमित तौर पर इन विवेचनाओं को रचने की ज़रूरत के चलते लेखक के सोचने-समझने और लिखने का एक क्रम-सा बंधता गया है। मंडल-कमंडल से दलित चेतना तक विचारों की शृंखला किस तरह बनती गई है, उसका अध्ययन-विश्लेषण इन लेखों को काल-क्रम से देखकर ही किया जा सकता है। ज़िंदगी को जानने, जीने और अहम् सवालों के साथ जूझने से हमारी चिंतन-प्रक्रिया में हमेशा बदलाव आते हैं। ये बदलाव जाने हुए को दोबारा जानने और सोचे हुए को दोबारा सोचने से जुड़े होते हैं। हर महीने के संपादकीय-लेखन ने फिर राजेन्द्र जी को यह सुविधा भी दी है कि वह अपने विचारों को ठोक-बजा कर देख सकें, इसलिए लगातार लिखने का काम मजबूरी नहीं, उनकी भीतरी ज़रूरत बनता गया है। रोज़ाना की ज़िंदगी को जीते हुए, अपने आस-पास के मुद्दों से वह इस कदर जुड़ते गए हैं कि उन्हें दूर से छूकर देखना या पास से गुज़र भर जाना नाकाफी हो गया है। इसीलिए उन्होंने 'हंस' के पाठकों के साथ हर मसले पर एक संवाद बनाने की कोशिश की है, जिसमें बुनियादी सवालों में गहरे पैठकर कुछ नतीजों पर पहुँचा जा सके, भले ही फिर ये जवाब कितने ही तकलीफदेह क्यों न हों।

मसलन; 6 दिसंबर 1992 को अयोध्या में हुए लंका-दहन पर बात करते हुए वह सांप्रदायिकता से जुड़े ऐसे कई असुविधाजनक सवालों को खुद से और पाठकों

से पूछते हैं, जिन्हें 'सद्भावना' और 'निरपेक्षता' के अंधे कुओं में डाल दिया जाता है। वे जिन निष्कर्षों पर पहुँचते हैं, उनमें बाबरी-ध्वंस कमंडलवादियों के सवर्ण-सामंती वर्चस्व का प्रतीक तो है ही, जो समाज को स्मृतिविहीन बनाकर रामराज्य का नया इतिहास लिखना चाहता है, लेकिन इसमें कहीं ज़्यादा वह भारतीय मुसलमानों के आत्मबोध का ऐतिहासिक क्षण भी है। ऐसा क्षण, जिसमें वे अपनी राष्ट्रीय अस्मिता को पहचानकर 'मुख्य धारा' से जुड़ना चाहते हैं। राजेन्द्र जी इस नतीजे पर भी पहुँचते हैं कि 'सांप्रदायिकता बाहर म्लेच्छवाद को जन्म देती है, भीतर जातिवाद को', इसलिए उसका प्रतिरोध तभी संभव है, जब भारतीय मुसलमान अपने धार्मिक और सामाजिक रवैयों को राष्ट्रीयता के संदर्भ में बदलें और उस दलित हिंदू वर्ग के नज़दीक जाएँ, जो उनकी ही तरह सवर्ण सामंती शोषण का शिकार है। इसीलिए वे उमा भारती को चुप रहने पर गरियाते हैं कि नारी और शूद्र की स्थिति और नियति समाज में लगभग समान है, इसलिए उनकी मुक्ति के संघर्ष भी एक ही हैं।

दरअसल, 'दलित' के रूपक का विस्तार राजेन्द्र जी ने नारी और मुसलमान—दोनों तक किया है। किसी को रुचे, न रुचे; उन्हें लगता है कि ये दोनों वर्ग सवर्ण समाज द्वारा पददलित-शोषित वर्ग हैं। जन्म के द्वारा विभेद की उनकी नियति भी एक है और उनका संघर्ष भी एक-सा है। उन्हें यह भी लगता है कि अगर समाज में कोई ऐसी शक्ति है, जो बदलाव ला सकती है, अपने और औरों के लिए सामाजिक न्याय और वास्तविक आजादी पा सकती है, तो वह यह दलित शक्ति ही है। खेत-खलिहानों, जंगल-पहाड़ों से आने वाले दबे-कुचले लोग, घर-बाहर उपेक्षिता नारी और अल्पसंख्यक मुस्लिम वर्ग के समीकरण दलित शक्ति को समाज की तीसरी शक्ति बना देते हैं, जो अपने हकों की लड़ाई बखूबी लड़ सकती है और समाज की बाकी दो शोषक शक्तियों का समर्थ प्रतिरोध कर सकती है। यानी उस सत्ताधारी अभिजात वर्ग से भी लड़ सकती है, जो हर कीमत पर यथास्थिति को बनाए रखना चाहता है और उस विराट, बहुआयामी मध्य वर्ग से भी, जो भारतीय संस्कृति और हिंदुत्व के सब्जबागों में राष्ट्रीयता को परिभाषित करता है।

इनमें से कई मुद्दों पर लेखक के साथ असहमति हो सकती है, क्योंकि 'मुख्य धारा' अपने-आप में सवर्ण सामंती वर्चस्व ही तो है, जिसका विरोध किया जाना है, फिर मुख्य धारा में शामिल होने की बात बेमानी हो जाती है। यह खतरा भी बना रहता है कि इस तीसरी शक्ति यानी दलित शक्ति का संघर्ष सवर्णों की दुनिया या मुख्य धारा में आने का संघर्ष बनकर ही न रह जाए और वास्तविक मुक्ति धरी की धरी रह जाए। वर्तमान संदर्भों में दलित-चेतना का चुनावी राजनीति में जिस तरह इस्तेमाल किया जा रहा है, उसका हश्र तो हम देख ही रहे हैं।

पर राजेन्द्र जी के इरादे नेक हैं। इन सांस्कृतिक अंतर्विरोधों को जानते-समझते हुए भी वह उपेक्षित, तिरस्कृत, दलित या 'सबाल्टर्न' के पक्ष में हैं। संघर्षों-यातनाओं की जीती-मरती दुनिया में वह उन्हीं की लड़ाई लड़ना चाहते हैं। उनके लिखने का मकसद, बकौल उनके 'वर्चस्ववाद का विरोध' है, 'चाहे वह अतीत का सांस्कृतिक

आतंकवाद हो या पश्चिम का आर्थिक-वैचारिक हमला, चाहे बहुसंख्यकों का नाज़ीवाद हो या अल्पसंख्यकों की बुनियादपरस्ती।' यही वजह है कि वह उस साहित्य और उन साहित्यकारों के हिमायती हैं, जिन्होंने नीति, धर्म और आचार-विचार के स्थापित मूल्यों को बार-बार तोड़ा है, कानून के सांचों और वर्जनाओं के खिलाफ आवाज़ उठाई है। यशपाल, राहुल सांकृत्यायन, भैरव प्रसाद गुप्त, शानी, मोहन राकेश, तस्लीमा नसरीन ऐसे ही व्यक्तित्व हैं, जो स्थापित समाज के 'नॉर्मल' मूल्यों को तोड़ने का दुस्साहस करते हैं। 'हंस' के संपादकीयों में इन व्यक्तित्वों के अंतर्विरोधों की पड़ताल करते हुए राजेन्द्र जी आत्म-विश्लेषण भी करते हैं, आत्म-तर्पण भी और इस तरह आत्मालोचन के सिलसिले को बनाए रखते हैं।

'काँटे की बात' के ये दो खंड—**'खामोश, चिंतन चालू आहे,** और **'स्थगित यात्राएँ'** इस लिहाज से भी अहम् हैं कि वे हमारी ज़िंदगी के आम मसलों पर बहस जारी रखते हैं। आज के माहौल में बहस को जारी रखना जितना जरूरी है, उतना ही मुश्किल भी, क्योंकि यह बहस का नहीं, चुप रहने का दौर है। अप्रिय सवालों से कतरा कर अपने रास्ते निकलने का दौर है। क्या पता, मन का गुबार कब मुँह पर आ जाए और बड़ी मुश्किल से बसाई हुए समझौतों और सुविधाओं की दुनिया तहस-नहस हो जाए। सुना तो है कि व्यवस्था इतनी शक्तिशाली है कि अपने विरोध तक को हजम कर लेती है। फिर, उसका विरोध कर अपने ही मुँह पर घास क्यों डाली जाए ! यही सोच कर हमने चुप रहना सीख लिया है। यह तटस्थता और निरपेक्षता की ओढ़ी हुई चुप्पी है। वैसे, बोलने की मजबूरी पड़ ही जाए, तो भाषा का छल-छद्म भी हमें आता है। गोल-मोल बात करना तो हमारे खून में है। नारी-मुक्ति, दलित राजनीति, सामाजिक न्याय, गरीबी-भुखमरी-शोषण की असमान व्यवस्था पर सेमिनारों-कॉन्फ्रेन्सों में हम इतना बोल-सुन चुके हैं कि समस्याएँ नारे बन गई हैं। इसलिए दिमाग के हर खिड़की-दरवाज़े को हम बंद करते जा रहे हैं। पढ़ना-लिखना तक भूलते जा रहे हैं। खुद को धोखा देना सबसे मुश्किल होता है, पर हमें इसकी आदत-सी होती जा रही है। इसी आदत के कारण हम बहस से डरने लगे हैं।

जान-बूझ कर बनाए गए इस निष्क्रियता और जड़ता के दमघोंटू माहौल में 'हंस' के ये संपादकीय ताजा, खुली हवा का झोंका लेकर आते हैं, क्योंकि उनमें बेखौफ, बेलिहाज और मस्त होकर खुली-खुली बात करने की 'ज़िद' दिखाई देती है। भीतरी-बाहरी जड़ता को ऐसी ज़िद से ही तोड़ा जा सकता है, क्योंकि जिस 'सिस्टम' को हम दोष देते नहीं थकते, वह हमसे बाहर ही नहीं, हमारे भीतर भी है।

विद्यानिधि

11.1.1996

अनुक्रम

'तदात्मानं सृजाम्यहम्'

'अवाजो' (अडवानी-वाजपेयी-जोशी) पार्टी का एक बहुत खूबसूरत नारा आया है, इलाहाबाद का नाम 'प्रयाग' और फ़ैजाबाद का 'साकेत' किया जाना चाहिए...इसमें नई बात भी नहीं है। बंबई मुंबई हो गया, पूना को पुणे कहने लगे, त्रिवेंद्रम तिरुअनन्तपुरम् हुआ...मगर 'अवाजो पार्टी' की विडंबना देखिए—वह सिर्फ शोशे छोड़ती है, बात को तार्किक आधार नहीं दे पाती। यह सही है कि हिंदुत्व के इस्लामीकरण की प्रक्रिया का यह एक महत्त्वपूर्ण हिस्सा है कि जो कुछ 'वे' (विशेष रूप से पाकिस्तान में) करेंगे, वही हमें यहाँ करना है। अगर वे इतिहास का पुनर्लेखन कर रहे हैं, सारी स्वीकृत बातों को उलट-पलट रहे हैं या उनका इतिहास मुसलमानों के आक्रमण से शुरू होता है और इससे पहले बर्बर-युग या अंधकार काल ही था तो हमारा इतिहास भी ठीक उनसे पहले समाप्त होना चाहिए। हमारा अंधकार काल 'इतिहास' के बाद आता है, उनका 'इतिहास' से पहले। हम उनके अंधकार हैं, वे हमारे...

बहरहाल, इसी इस्लामीकरण की प्रक्रियास्वरूप अगर नाम संशोधित कर दिए जाएँ, तो स्थूडो-सेक्युलरिस्टों को छाती-माथा कूटने की जरूरत नहीं है—आखिर मुन्ना मथुरा हुआ, गैन्जिज गंगा हुई, काउनपोर कानपुर हुआ, लुकनाओ लखनऊ हुआ ...इत्यादि...मगर मेरे जैसे खुड़पेंचिए दिमाग में एक सवाल फिर भी सिर उठाता है ...जिस हिंदुत्व और हिंदू राष्ट्र को लेकर हम दुनिया जहान सिर पर उठाए हुए हैं, जिहाद और कार-सेवा में लाखों लोगों को झोंक देने की तुरूप दिखाते हैं—वह शब्द आया कहाँ से है ? कितनी अपमानजनक और हास्यास्पद स्थिति है कि इस देश के वासियों के लिए 'हिंदू' शब्द अरबों और मुसलमानों ने दिया और हम इसे गर्व से ओढ़े चले जा रहे हैं। 'अवाजो पार्टी' के दिग्गज विचारक इस तिरस्करणीय नाम से देश को उबार सकें तो हमारा बहुत बड़ा आत्मोत्थान हो...अचानक ही मेरे मन में 'हिंदू' की जगह 'आर्य' शब्द का ख्याल आया, मगर फिर वह ईरान (आर्यन) और

जर्मनी से चुराया गया शब्द है...

'अवाजो' पार्टी या उससे जुड़े राजनैतिक दलों पर शायद कभी किसी ने यह आरोप नहीं लगाया कि वहाँ पढ़े-लिखे सोचने-विचारने वाले लोग हैं। गंजेड़ी-भंगेड़ी मुफ्तखोर साधु, ऐय्याश परोपजीवी महंत, हारे-थके, चुके या घुटे हुए पुलिस और प्रशासन के अफसर, परचूनिए डंडीमार दलाल और छोटे-मोटे व्यापारी...या भूतपूर्व और वर्तमान अपराधी...बुद्धिजीवियों के नाम पर हैं एक हाथ की उँगलियों पर भी कम पड़ने वाले 'इतिहास-विशेषज्ञ', जिनके लिए पुराण और इतिहास का अंतर कर सकना मुश्किल है। वहां माइथॉलोजी वह है जो कल्याण-प्रेस ने छापी है, (उन्हें शायद पता भी नहीं है कि भंडारकर शोध-संस्थान जैसी संस्थाओं ने भी इस दिशा में अस्सी-सौ सालों में कुछ किया है) और इतिहास वह है, जो डेढ़ हजार साल पहले फ्रीज़ हो गया था। वे पुराण को इतिहास और इतिहास को पुराण बनाने में जुटे हैं और 'प्रमाणों' का आविष्कार कर रहे हैं। शायद इसीलिए यह राजनैतिक दल उत्पादन और रचनात्मकता से जुड़े लोगों को कभी भी अपने दायरे में नहीं ले पाया। न वहाँ कोई मजदूर-किसान नेता हुआ, न किसी ने छुआछूत, अंधविश्वास, असमानता की लड़ाइयाँ लड़ी—'देवी-माता-बहन' वादी इस पार्टी ने आज तक न तो नारी-समस्या को गहराई से विचार-योग्य समझा, न वहाँ उनका पक्ष लेकर कोई नारी-नेता उभरी। सामने आईं तो रानी-महारानियाँ और भोंपू छाप मूर्ख और कुंठित संन्यासिनें, जिनमें अधिकतर विधवा होने पर खुद तो सती नहीं हुई—हाँ, सती-प्रथा को जीवित रखने के लिए आंदोलन ज़रूर करती रहीं। राष्ट्र, धर्म, संस्कृति से सारे लगाव के बावजूद आज तक शायद ही कोई नामचीन लेखक, रचनाकार या कलाकार इस पार्टी से जुड़ा हो...चाहें तो कह सकते हैं कि उत्पादन या रचना से जुड़े किसान-मजदूर, नारी और लेखक विचारक कभी भी इस पार्टी की चिंता के केंद्र नहीं रहे।

अंग्रेजों के जमाने से ही ये लोग सत्ता के पुजारी रहे हैं—धर्म की सत्ता, धन की सत्ता, धौंस की सत्ता—इन्हें उँगलियों पर नचाते हैं, सूत्रधार हैं संत-महंत, पूँजीपति, व्यापारी और राजा-जमींदार-अफसर। इसलिए शोषण, अत्याचार राष्ट्रहित या सामान्य-जन के लिए आवाज उठाकर क्या अपने आक़ाओं को नाराज़ करना है ? मनों घी और टनों दूध फूँकने वाले यज्ञों-हवनों-भंडारों के लिए पैसा कहाँ से आएगा ? इस दिशा में 'हिंदुत्व' का झंडा बुलंद करने वाली इन पार्टियों और मुस्लिम लीग या 'इस्लाम खतरे में है' वाली पार्टियों के बीच अद्‌भुत समानता है—दोनों को गरीबी, भुखमरी, बेकारी, अशिक्षा, जहालत, भ्रष्टाचार जैसी दुनियावी बाधाएँ कभी नहीं सतातीं—भगवान, धर्म और संस्कृति साध लीजिए। बाकी सब तो अपने-आप सध ही जाएगा। इसलिए स्वाभाविक ही है कि रचना-कर्म से जुड़े सारे वर्ग, विशेष रूप से दलित, किसान-मजदूर, नारियाँ, लेखक और बुद्धिजीवी खुलकर पूछने लगे हैं कि आपके रामराज्य या निज़ामे-मुस्तफा में हमारी हैसियत क्या होने जा रही है ? हमें

शंबूक, अहित्या, सीता, रूपकुंवर और सलमान रुश्दी बनकर ही अपने सिर कटाते हैं; बनवास-अग्निपरीक्षा-आत्महत्याएँ ही भोगनी हैं और खदेड़े गए अज्ञातवास ही जीने हैं या कोई और भी भविष्य हमारे लिए है ? जहाँ अतीत को ही भविष्य बना डालने की प्रतिबद्धता हो, वहाँ हमारा ही क्या, किसी का भी भविष्य क्या है ? लेकिन धार्मिक मामलों में बुनियादपरस्ती (फंडामेंटलिज्म) के झंडाबरदार जीवन की बुनियादी समस्याओं के लिए अंधे हैं।

वैचारिक धुंध और अंतर्विरोधों का अजीब पुलिन्दा है 'अवाजो' पार्टी। बहुराष्ट्रीय कंपनियों, विदेशी पूँजी और तकनीकी दक्षता का स्वागत है, मगर हमारा नारा 'स्वदेशी' का प्रयोग है; शराब आत्मा (धर्म-नैतिकता) और शरीर का नाश करती है, मगर शराब-निर्माता हमारा अन्नदाता है--ऐसे समाज-सेवी का अभिनंदन होना चाहिए—गिरिजनों और हरिजनों को राम ने गले लगाया, उन्हें संगठित किया, मगर शंकर गुहा नियोगी को हम गोली मार देंगे, हत्यारों को सभी संरक्षण-सम्मान देंगे, आर्थिक सुरक्षा माँगने वाले मजदूरों को भूल डालेंगे, अरबों-करोड़ों के कारखाने लगाने वाली बहुराष्ट्रीय कंपनी के लिए आदिवासियों को बिना सलाह-सूचना, मुआवजे या एवजी जगह की चिंता किये जबर्दस्ती बेदखल कर देंगे और जो उनके लिए आवाज उठाएगा, उसके कपड़े फाड़कर नंगा करेंगे, जूतों की माला पहनाकर घुमाएँगे और मारपीट करेंगे...

हाँ, यही घटना है बस्तर के दुर्ग की। प्रशासनिक सेवा के भूतपूर्व वरिष्ठ अधिकारी, उसी स्थान पर कलक्टर, गृह मंत्रालय के संयुक्त सचिव के रूप में रहे हुए, अनुसूचित जाति और जनजाति आयोग के कमिश्नर, अंतर्राष्ट्रीय ख्याति के विद्वान-लेखक डॉ. ब्रह्मदेव शर्मा को भारतीय संस्कृति की एकमात्र दावेदार पार्टी के लोगों ने नंगा करके पीटा, जूतों की मालाएँ पहनाकर भरी सड़कों पर घुमाया और प्रचारित किया कि वे विकास-विरोधी हैं, आदिवासियों को भड़का रहे थे, नक्सलियों से उनके संबंध हैं, वे मूर्तिचोर हैं और उस क्षेत्र की शांति-व्यवस्था के लिए खतरा हैं...यही नहीं, खुद उन्होंने अपने कपड़े फाड़ लिये...

फासिज्म हमेशा धर्म, संस्कृति, नस्ल-रंग या वर्ण-जाति की श्रेष्ठता में विश्वास के रूप में पहले दिमाग को अनुकूलित (कंडीशंड) करता है और आपको खुद उसका संरक्षक तय करता है, ताकि इन्हें बनाए रखने के नियम-कायदों की आप अपने स्तर पर कड़ाई से रक्षा कर सकें, विरोधियों को नृशंस होकर कुचल सकें—सती को जलता हुआ देखकर या शूद्रों-विधर्मियों की हत्याओं से आपके मन में करुणा, मानवीयता, दया या नैतिक बोधक जैसे कुत्सित विचार न आने लगें या भावुक आत्मा की चीत्कार सुनकर आप उसका विरोध करने की गुस्ताखी न करें—इसके लिए ज़रूरी है कि आपके सोच और मन में यह बैठा दिया जाए कि ये सारे 'सुकर्म' धर्म के हित में हैं; पाप नहीं, पुण्य हैं और ये सब नहीं करेंगे, तो संस्कृति का नाश

हो जाएगा। तब भाले की नोंक पर आप दो साल के बच्चे को नहीं उछाल रहे होते, संपोले को समाप्त कर रहे होते हैं, तलवार से औरतों की छातियाँ और जांघें नहीं काट रहे होते, बल्कि पाप की जड़ खत्म कर रहे होते हैं या वहाँ अपने बीज डाल रहे होते हैं—और यही शौर्य है, यही पुण्य है...इसके लिए अपराध-बोध नहीं, आपके मन में उदात्त ऊर्जा का उदय होना चाहिए...क्योंकि बकौल प्रभाष जोशी, वहाँ व्यक्तिगत जैसा कुछ नहीं है।

फ़ासिज्म अपने से अलग अभिव्यक्ति-स्वातंत्र्य की बिलकुल इजाज़त नहीं देता, क्योंकि अभिव्यक्ति की स्वतंत्रता का अर्थ है—अपने और साथी मनुष्य के मूलभूत अधिकारों को वाणी देना, यानी समता, स्वतंत्रता और बंधुत्व को ज़िंदगी की आधार-शर्त मानकर उनकी स्वीकृति का आग्रह; जो अधिकार या व्यवहार आप स्वयं अपने लिए चाहते हैं, उससे दूसरे को वंचित न करने की पक्षधर; असहमत होने के अधिकार की रक्षा; और सबसे बढ़कर जीवन, श्रम और अस्तित्व के संघर्ष का सम्मान...मेरे लिए अभिव्यक्ति-स्वातंत्र्य का यही अर्थ है—शब्दों की आजादी तो ऊपरी सतह पर उभर आया इसका स्वरूपमात्र है...

बुनियाद-परस्ती के इस अंधड़ में आज हमारे वे सारे मूल्य देखते-देखते ध्वस्त हो रहे हैं, जिन्हें मानव-जाति ने सह-अस्तित्व के लिए हजारों सालों में विकसित और उपलब्ध किया है। विचार और विकास के युग से हमें वापस धकेलकर बुद्धिविरोधी और अंधविश्वासों के गुहामानवों में बदलने की होड़ लगी है। लगता है, मानो साँप-सीढ़ी का एक खेल है : जहाँ एक-एक 'ख़ाने' के लिए आप संघर्ष करते हैं और एक ही चाल में साँप आपको सबसे निचले ख़ाने में फेंक देता है। कभी एक गांधी की हत्या हो जाती है, तो कभी एक नियोगी की—कभी एक सलमान रुश्दी अपने पूर्वघोषित हत्या के रोज़नामचे का एक-एक पन्ना पलटता है, तो कभी ब्रह्मदेव को नंगा करके सड़कों पर घुमाया जाता है। इन सबके पीछे होते हैं आर्थिक स्वार्थ। हमारी तटस्थता और जड़ता, बिखराव और विघटन हमें दिनोंदिन असहाय और अकेला करते जाते हैं। क्या यही बिंदु एक नई शुरुआत नहीं हो सकता ? सब कुछ को लीलती इस प्रलय के जबड़ों में क्या बचाव की लड़ाई पर ईमानदारी से विचार नहीं किया जाना चाहिए, ताकि जीवन और सृजन की उपलब्धियों को बचाया जा सके... ?

बर्नार्ड शॉ ने अंग्रेजी भाषा पर टिप्पणी करते हुए कहा है कि "इंगलिश ऐन्ड अमेरिकन पीपुल आर वन, डिवाइडेड बाई ए कॉमन लैंग्वेज" यानी अमेरिका और इंग्लैंड की जनता तो एक है, मगर उन्हें एक साझी भाषा ने बाँट डाला है। जनवादी लेखक संघ और प्रगतिशील लेखक संघ या जन-संस्कृति मंच के संदर्भ में मुझे यही वाक्य अक्सर याद आता है। प्रतिज्ञाओं के स्तर पर दोनों ही तो एक हैं, मगर एक साझी विचारधारा ने उन्हें आपस में दूर कर दिया है। कभी-कभी मुझे यह अंतर दो धार्मिक समुदायों का अंतर लगता है : शिया-सुन्नी, प्रोटैस्टैंट-कैथॉलिक, हिंदू-सिख

एक ही धार्मिक विरासत के दावेदार रहे हैं, मगर परिभाषाओं को लेकर लड़-मर रहे हैं। हम लेखकों का दुर्भाग्य यह है कि हम गंभीर विश्लेषण और वस्तुगत समझ साफ करने के नाम पर राजनैतिक पार्टियों के नारों को ही ढोने के लिए अभिशप्त हैं और आपस में निकट लाने वाले तत्त्वों को नहीं, विभेद और दूरी बनाए रखने वाले मुद्दों को ही रेखांकित करते रहते हैं, अपने-आप को दूसरों से ज्यादा सही, श्रेष्ठ और प्रतिबद्ध घोषित करते हुए...

मैं यहाँ राजनैतिक पार्टियों की तदर्थताओं, बारीकियों और पेचीदगियों में न जाकर साहित्य की ही बात करूँगा। अभी पिछले महीने अक्तूबर में एक ही तारीखों में (10-12 अक्तूबर) भारतीय जनता पार्टी शासित राजस्थान और मध्य प्रदेश में प्रलेस और जलेस के दो बड़े सम्मेलन हुए। दोनों में ही जितनी बड़ी संख्या में लेखकों ने शिरकत की, उससे यह तो उजागर था कि लेखकों और बुद्धिजीवियों में खतरे का एहसास कितना शदीद है, और इस समय वे किस गहराई से आत्मविश्लेषण करना चाहते हैं, अपनी सारी समझ का पुनर्परीक्षण करते हुए वे किस तरह नई स्थितियों में अपनी भूमिका तय करने की मजबूरी महसूस करते हैं। मगर अधिकांश रचनाकारों के मन को यह सवाल हमेशा कुरेदता रहा कि हम एक ही उद्देश्य से प्रेरित, एक साथ दो जगह सम्मेलन क्यों कर रहे हैं ? क्यों नहीं एक ही जगह सब मिल-जुल कर आज के संकट पर बात करते ? लेखकों में अधिकतर ऐसे थे जो आखिरी दिन तक तय नहीं कर पा रहे थे कि जयपुर जाएँ या भोपाल ? जब लोग, विचारधारा, विरासत, प्रतिबद्धता—सभी कुछ एक ही हैं, तो फिर यह अलग-अलग नाम और पहचान की जिद क्यों ? खास तौर से उस समय, जब बच्चन के शब्दों में 'चतुर्दिक आंधी के आसार' हों या 'एक लघु लम्हे भर की देर, मरुस्थल होता एकाकार।''

पद-सत्ता, शक्ति की महत्त्वाकांक्षा से आक्रांत राजनीतिज्ञ, संवेदना के स्तर पर ठस और जड़ होता चला जाता है, लेखक के साथ तो ऐसा नहीं है। वह हर बार अपने-आप से सवाल पूछता है कि 'गोदान', 'वोल्गा से गंगा', 'दादा कामरेड', 'झूठा सच', 'तमस', 'मैला आंचल', 'राग दरबारी'—क्या हमारी सबकी अपनी रचनाएँ नहीं हैं ? वे प्रलेस और जलेस के खानों में बँटी हैं ? प्रेमचंद, निराला, कबीर से लेकर अमरकांत, संजीव तक किस खेमे में आएँगे ? मुक्तिबोध, शमशेर, त्रिलोचन, नागार्जुन, रघुवीर सहाय की कविताएँ तीनों लेखक-संघों में सीधे किससे जुड़ती हैं ?

दिन-दहाड़े की गई सफदर हाशमी की नृशंस हत्या ने जिस तरह सारे रचनाकारों और बुद्धिजीवियों को एक मंच पर इकट्ठा कर दिया था और तब संगीतज्ञ, चित्रकार, नाट्यकर्मी, साहित्यकार और पत्रकार एकजुट होकर बाहर निकल आए थे, क्या अब भी इस बात की जरूरत उतनी ही 'अर्जेंट' नहीं है कि सारे रचनाकार एक मंच पर हों ?—अलग-अलग माध्यमों में काम करने वालों और एक ही माध्यम में अलग-अलग नामों से अपनी-अपनी ढपली बजाने वालों पर क्या एक ही तरह का खतरा नहीं मंडरा

रहा है ? कभी कोई सफदर मारा जाएगा, कभी कोई पाश, कभी भारतीय नाटक करने वालों को सउदी अरब मौत की सजा सुनाएगा, तो कभी ईरान रुश्दी के सिर की कीमत के रूप में लाखों डॉलर की घोषणा करेगा, कभी किसी पत्रकार को गोली लगेगी, तो कभी दूरदर्शन के अधिकारी को; कभी मुशीरूल हसन का खून माँगा जाएगा, तो कभी समाजशास्त्री डॉ. ब्रह्मदेव शर्मा का...हम कब तक अलग-थलग बैठे तय करते रहेंगे कि नहीं, वह हममें एक नहीं था, वह 'दूसरा' था...कल जब नम्बर हमारा होगा तो कौन उठाएगा आवाज ?

राजनीति बाँटती है, मगर राजनैतिक समझ एक करती है। राजनीति तत्कालीन दबावों, हितों, माँगों और रणनीतियों से संचालित होती है, राजनैतिक समझ, उद्देश्य, कॉज़ और समान ऐतिहासिक नियति से प्रेरित होती हैं। जिन लोगों और देशों को कल राजनीति ने बाँटा था, वे आज एक होने के लिए तड़प रहे हैं। बर्लिन की दीवारें कहीं तोड़ दी गई हैं तो कहीं उन्हें तोड़ने का दबाव है...कोरिया, बंगाल, पंजाब, पोलैंड सभी जगह एक ही बात मनों में उठती है कि आखिर हम लोग अलग कहाँ हैं, क्यों है ? जाने कितने संयुक्त परिवार हैं, जहाँ चूल्हे अलग-अलग होने के बावजूद व्यापार-व्यवसाय एक ही हैं। जरूरत सिर्फ पहल करने की है ! मगर इस पहल का बिंदु क्या हो ?

आपने भी देखा होगा, अक्सर परिवारों, पड़ोसियों, जातियों में लड़ाइयाँ होती हैं, संवाद समाप्त हो चुके होते हैं और दोनों पक्ष एक-दूसरे के खून के प्यासे हो उठते हैं तो पता नहीं कहाँ से सेंध लगाकर बच्चे और औरतें बड़े अजीब ढंग से विषम स्थितियों में आत्मीय संवाद स्थापित कर लेते हैं...यही नहीं, कभी-कभी तो निर्णायक फैसलों के लिए सेतु बन जाते हैं...बच्चे और औरतें—यानी 'रचना' और 'रचनाकार' के बीच यह अंतर्सूत्रता कहाँ से आती है ? यह संवेदना की अप्रतिरोध्य पैठ है या समान नियति का एहसास ? किसी भी लड़ाई में पहला और सबसे संवेदनशील शिकार बच्चे और औरतें ही होते हैं—लोग हारें या जीतें, कहर उन्हीं पर टूटता है। मुद्राराक्षस की एक कहानी है—जहाँ युद्ध के दौरान, सरहद की एक बस्ती में अपनी फौजें आती हैं तो औरतों का बलात्कार करती हैं। फिर दुश्मन की विजयी फौज वहाँ वही सब दुहराती है—एक रक्षा करने के नाम पर, तो दूसरी 'विजय' के जश्न या दुश्मन को सबक सिखाने के नाम पर। दोनों को एक ही काम करना है, यानी रचनाकार के साथ बलात्कार...रचना का ध्वंस...मगर क्या कीजिए, सारे धार्मिक और राष्ट्रीय पूर्वाग्रहों के बावजूद न मुझे ग़ालिब 'दुश्मन' लगते हैं, न इंतजार हुसैन...न उस्ताद बिस्मिल्ला खां विधर्मी के रूप में खड़े होते हैं, न विदेशी बनकर मेंहदी अली खां...(खेतों और कारखानों में करनेवाले भी अलग-अलग चेहरे लेकर नहीं आते) औरतें अपनी औरतों से अलग नहीं लगतीं...पता नहीं; हिंसा, ध्वंस और मार-काट के इस माहौल में इन सबका अपनी आत्मा के साथ होना एक अजीब विश्वास और कहीं

कुछ बचे होने का उल्लास देता है। हो सकता है, यह विरोधी वातावरण में एक जैसी असुरक्षा और भय का अवचेतन-बोध ही हो...

क्या अब वह क्षण नहीं आ गया है कि अलग-अलग राजनीति या राजनैतिक पार्टियों का मुँह देखे बिना तीनों लेखक-संगठन खुद अपनी पहलकदमी पर एक ही मोर्चा बनाएँ...क्यों नहीं लेखक आगे बढ़कर कह सकते कि अपनी नियति और अपने साथी हम खुद तय करेंगे ? आखिर कभी तो लेखक अपनी बात खुद अपनी भाषा में बोलेगा या हमेशा राजनेता ही उसे वाणी देगा ? 'राजनीति के आगे मशाल' बनकर चलने की प्रभात-फेरियाँ निकालने वाले अब खुद अपने राजनैतिक चौखटे तोड़कर बाहर नहीं आ सकते ? क्यों अभी भी ऊपरी आदेशों की प्रतीक्षा कर रहे हैं ?

अगर आज्ञा हो, तो सन् 56-57 में लिखी अपनी एक कविता "...तदात्मानं सृजाम्यहम्..." पेश कर दूँ ?—

मैं कहता था/'फिर आऊँगा'
अंधकार के क़दम निगाहों के नक्षत्रों को
कुचल-मसल डालेंगे जिस दिन
जिस दिन आँखें किसी एक बिंदु पर टिकना छोड़ चुकेंगी
जिस दिन क्षितिज डूब जाएँगे...
धरती व्याकुल सुरभि-सी/कैरम की 'असमर्थित रानी'
बनकर/अपने लक्ष्यों से लौट-लौट आएगी
पागल सीमांतों से टकराएगी
जिस दिन पातालों के स्वामी
अपनी कलुषित मुट्ठी में दाबे भू-मंडल
हँस-हँसकर सौदे बोलेंगे।
सारे केंद्र बिखर जाएँगे
द्वादश-सूर्यों के विभ्राटों से उनके रंग-मंच झिलकेंगे
तब,
उन सबके अलग-अलग पथराते दिल में
व्यापक भय की गहराई में
किरणों का परिधान पहनकर
'ध्रुव' बनकर मैं फिर बोलूँगा—"लो, मैं आया हूँ"
मैं हर दिल में भय बनकर छिपा हुआ हूँ
लेकिन तुम सबने/'वैयक्तिक कमजोरी' कहकर मुझको घोंट दिया था
अब आओ,
कारा के ताले टूट-टूटकर लटक गए हैं

पहरेदारों के ख़र्राटे तुम भी तो सुनते होगे,
लो, मुझको अपनी आस्था के सूपों में हाथो-हाथ उठा लो,
चाहे जितनी उबल-मचल ले वन्या तब तक
यम की बेटी मेरे चरणों को छू-छूकर लौट पड़ेगी
"मैं सामूहिक भय बनकर आया हूँ।"

['हंस', दिसंबर 1992]

लंका-दहन

"लपट कराल ज्वाल जाल माल दहूं दिसि, धूम अकुलाने पहिचाने कौन काहि रे
पानी को ललात, बिललात, जरे गात जात, परे जाइमाल जात 'भ्राता तू निबाहि रे
प्रिया तू पराहि, नाथ, नाथ तू पराहि बाप, बाप, तू पराहि पूत, पूत तू पराहि रे
तुलसी बिलोकि लोग ब्याकुल बिहाल कहैं, "लेहि दस सीस, अब बीस चख
चाहि रे..."

नहीं, तुलसीदास जी ने यहाँ उस भीषण अग्निकांड का वर्णन नहीं किया है जो हनुमान ने लंका में लगाई थी। यह लोमहर्षक चित्र है उस अयोध्या का, जहाँ हिंदू बजरंगियों ने 6 दिसंबर 1992 को लंका-दहन किया, और कश्मीर सें कन्याकुमारी तक सारा देश धू-धूकर जल उठा। हजारों नर-नारी, बच्चे मौत के घाट उतार दिए गए। इस बार बंदर, रीछ, भालुओं ने राम की किलकारियाँ लगाते हुए अपनी ही अयोध्या को फूँक डाला। यानी सिरदर्द से छुटकारा पाने की लाल-बुझक्कड़ी में राम के हथौड़े से सिर का ही कचूमर निकाल दिया...एक पुराण की स्थापना के लिए इतिहास को तहस-नहस कर डाला। उन्मादी भीड़ ने पाँच घंटे में अयोध्या की तीन बड़े-बड़े गुंबदों वाली बाबरी मस्जिद तोड़कर मानो बुलडोजर से ज़मीन हमवार कर दी और मंदिर की नींव डाली जाने लगी...

'मस्जिद को नहीं छुआ जाएगा और कार-सेवा प्रतीकात्मक होगी' यह सुप्रीम कोर्ट का ही आदेश नहीं था, बल्कि केंद्र को 'संघ परिवार' यानी भारतीय जनता पार्टी, राष्ट्रीय स्वयंसेवक संघ, विश्व हिंदू परिषद, बजरंग दल, शिव सेना इत्यादि के शीर्ष नेताओं द्वारा बार-बार दुहराया गया वचन भी था, मगर राम के नाम पर राजनीति करने वाले, राम की प्रतिज्ञा 'प्राण जाहिं पर वचन न जाई' को कितना बकवास मानते हैं, यह 'इंडिया एब्रॉड' के अपने इंटरव्यू में स्वयं अटल बिहारी वाजपेयी ने स्वीकार किया, "यह उनकी गलती (बेवकूफी) थी कि उन्होने हमारा विश्वास किया", क्योंकि

'संघ परिवार' के लोग ही नहीं, केंद्रीय सरकार भी अच्छी तरह जानती है कि दस-पचास हज़ार की भीड़, जब एक निरीह लड़की को सती के नाम पर जला डालती है और पैशाचिक किलकारियों और नारों में धर्म की जय बोलते हुए धरती-आसमान गुँजा देती है, तो अयोध्या में तो ढाई-तीन लाख कार-सेवक जमा हुए थे—राम के नाम पर मरने-मारने पर उतारू और धर्मोन्माद की बारूद से भरे...इसलिए उन्हें बुलाने वाले भी जानते थे और जिन्होंने उन्हें जमा होने दिया, वे भी जानते थे (राजनैतिक रूप से उतने भोले नहीं थे) कि सभी कुछ पूर्वनियोजित था—बड़े नताओं का अलग बने रहना, रोकने की कोशिशें करना या बाद में 'दुर्भाग्यपूर्ण' इत्यादि बताने का नाटक भी—वरना वह पार्टी जिसे अपने कैडर की अनुशासनबद्धता पर हिटलर से भी ज्यादा नाज़ हो, चाहती तो इस भीड़ोन्माद को रोक नहीं सकती थी ? मुझे तो यह भी शक है कि या तो केंद्र की, विशेषकर नरसिंह राव की भी इसमें मौन सहमति थी कि 'हो जाने दो', बार-बार धमकी की तरह उठाया जाने वाला यह झंझट भी खत्म' या फिर केंद्र अपने-आप को असहाय पा रहा था कि न तो लाखों उन्मादियों को गोलियों से भूना जा सकता है, न सुरक्षा-बलों की धर्म-निरपेक्षता पर जरूरत से ज्यादा विश्वास किया जा सकता है, और हुआ भी यही। बाद में पुलिस और अर्द्धसैनिक बलों ने जब विवादित जगह (जो कभी ढांचा थी) को पुनः कब्जे में लिया, तो सिपाही जूते उतारकर पूजा करते हुए राम-चबूतरे तक पहुँचे थे। वे अपने ही धर्मवीरों पर गोलियाँ चलाते ? 'कारसेवकों की भीड़ ने उन्हें मस्जिद तक पहुँचने ही नहीं दिया' का तर्क बहुत कमज़ोर है। यही स्थिति अगर किसी युद्ध-मोर्चे पर हुई होती, तो पाँच घंटों में दुश्मन दिल्ली के बीचो-बीच पहुँच चुका होता...बेहद फूहड़ लगता है कमजोर धृतराष्ट्र की तरह प्रधानमंत्री का दूरदर्शनी आँसू बहाना...जिसकी आँखों के सामने राज्य के सारे स्तंभ ढहा दिए गए...

कितना खौफनाक और आतंकास्पद है कि धर्म और आस्था के नाम पर एक पार्टी लाखों लोगों की भीड़ इकट्ठा करती है और विधायिका, न्यायपालिका, कार्यपालिका तथा प्रेस—सभी को रौंदती-कुचलती हुई जो चाहती है, वह कर डालती है। भेड़ियों के इस राज्य में क्या बच जाता है सुरक्षित और जीवित रहने के लिए ? ख़ूँखार और खून-सने जबड़ों की अभी तो यह सिर्फ झाँकी है, (मथुरा-काशी बाकी हैं) इसलिए अगले इरादे साफ हैं। वह तो कहिए कि दुनिया के हर नियम-कायदों से ऊपर होने की घोषणा करता हुआ आस्था का दैत्य एक ऐतिहासिक ढांचे को ही ध्वस्त करके रह गया, कल यही दो-चार लाख की भीड़ सुप्रीम कोर्ट या पार्लियामेंट को घेरकर 'कार सेवा' करने लगे तो कौन रोकेगा उसे ? रामराज्य की ऐसी नयनाभिराम झाँकी दिखाने वाले जब कल दिल्ली में बैठेंगे, तो उन साधु-संतों, भक्तों को नियंत्रित कर लेंगे, जिनके मुँह खून लग गया है ? तब वे अपने को नियम-कायदे-कानून से ऊपर होने की हुंकारें नहीं भरेंगे ? जिस कुत्ते को आप पड़ोसी की मुर्गियाँ मारने के

लिए उकसाते हैं, वह आपके घर की मुर्गियाँ छोड़ देगा ? कल तक भांग-गांजा पीकर त्रिलोक की सैर करने वाले सत्ता में हिस्सा भी माँगेंगे, क्योंकि आप उन्हें अपनी पुण्य कार सेवा में जोतकर न वापस भगा सकते हैं, न सत्ता का स्वाद जानने वाले आसानी से वापस अपनी मांदों में लौट सकते हैं। यानी यही अब देश पर राज्य करेंगे। इन्हीं अनपढ़-जाहिलों की सरकार लेकर आ रही है भारतीय जनता पार्टी ? अगर इतिहास कोई सबक देता हो तो भारतीय जनता पार्टी के नेतृत्व को समझ लेना चाहिए कि कठमुल्लों के बल पर आनेवाली 'क्रांति' सबसे पहले अपने नेताओं की ही बलि लेती है। (चारों भाजपाई सरकारों के डिसमिस किए जाने पर संविधान और नैतिकता की दुहाई इस प्रकाश में कैसी लगती है ?)

आज भीड़ के बल पर 'जय सियाराम' के उद्घोष करने वालों को एक मोटी-सी व्यावहारिक बात क्यों समझ में नहीं आती कि अगर लड़ाई धर्मांधता और बुनियादपरस्ती की ही है, तो इस्लाम ऐतिहासिक और अपने वर्तमान रूप में लाख-गुना बड़ा धर्मांध और बुनियादपरस्त धर्म है। सारी दुनिया में फैली क्रिश्चियेनिटी जिसका मुकाबला नहीं कर पा रही, उससे लड़ेंगे ये लोग, जो भूगोल में अँगूठा-भर जगह के मालिक नहीं हैं ? खास तौर से उस स्थिति में, जब हिंदुत्व की परंपरा और प्रकृति—दोनों में न धर्मांधता है, न बुनियादपरस्ती; क्योंकि उसे न जाने कितने धर्मों के समन्वय में रहने की आदत है—हजारों सालों से। तात्कालिक सन्निपात या धर्मांधता के बल पर कूदने वालों ने क्या कभी यह भी सोचा कि चार सौ साल पुरानी इमारत ढहाने और 'हिंदुत्व की विजय' के नाम पर उन्होंने पाकिस्तान, बंगलादेश, इंग्लैंड, अमेरिका के लाखों हिंदुओं को किसके भरोसे मरने को छोड़ दिया ? कौन बचा रहा है वहाँ के हिंदुओं और उनके घरों-मंदिरों को ? क्या इतनी-सी सामान्य अक्ल की उम्मीद नहीं की जानी चाहिए कि वे इस सुकृत्य के राष्ट्रीय-अंतर्राष्ट्रीय परिणामों पर भी एक बार विचार कर लेते ? यहाँ तो अटल बिहारी वाजपेयी, जसवंत सिंह, टी.एन. चतुर्वेदी जैसे प्रशासन-अनुभवी लोग हैं जो देश-विदेश की हर धड़कन को समझते रहे हैं। इस 'घटना' को सारे मुसलमानों के धर्म पर हमले के रूप में प्रचारित करके क्या पाकिस्तान दुनिया के सारे देशों के एकमात्र धर्म-संरक्षक नेता के रूप में तन कर नहीं खड़ा होगा ? "क्या हम अपनी नीतियाँ और लक्ष्य उनकी इच्छा से तय करेंगे ?" का तर्क पेश करते समय वे कितनी आसानी से भूल जाते हैं कि जिस खुली अर्थ-व्यवस्था की उन्होंने जय-जयकार की थी, क्या वह आज आपकी अंदरुनी नीतियाँ और लक्ष्य तय नहीं कर रही ? ऐसी स्थिति में वे आपके यहाँ पूँजी-निवेश करेंगे ? आपमें से कोई अपनी पूँजी लगाकर सीलमपुर और जाफराबाद में मकान-फैक्टरी बनाना चाहेगा ? जहाँ हर क्षण धमाके हो रहे हों, वहाँ न कोई पैसा उधार देगा, न उद्योग-धंधों में पूँजी फँसाएगा—पर्यटक बनकर आने की तो बात ही दूर है। अपने खेत-खलिहान, उद्योग-धंधे आप खुद फूँक डालेंगे और बाहर वाले कुछ देंगे-लगाएँगे

नहीं, तो क्या राम-चबूतरे की शिलाएँ खाकर पेट भरेंगे ? कहाँ जाएगा देश का अर्थतंत्र और साधु-संतों का हलुआ-पूरी ?

घृणा, हिंसा और झूठ के त्रिशूलधारियों को दिल्ली अब बहुत पास दिखाई दे रही है। लगता है, देश के भाग्य में उस फ़ासिस्ट शासन को भोगना लिखा ही है जिसकी एक झाँकी पिछले दिनों अयोध्या में दिखाई गई। यह सही है कि भीड़ का यह सन्निपात बहुत जल्दी ही अपने अंतर्विरोधों में बिखरेगा, क्योंकि आवेश और उत्तेजना लंबे समय तक बने रहने वाले भावावेग हैं ही नहीं, और चूँकि हिंदू समुदाय, इस्लाम की तरह एक किताब पर आधारित और अखंडित (सैमेटिक या मोनोलिथिक) धर्म नहीं है, इसलिए सबसे पहले आवाज़ उठाएँगे वे, जो अपने ही धर्म में अत्याचारों के शिकार हैं और सामाजिक बराबरी की माँग करते रहे हैं। यह वास्तविकता भी बहुत देर तक छिपाई नहीं जा सकेगी कि 'रामराज्य' सवर्णों के सामंती वर्चस्व का ही दूसरा नाम है। जिनके दिमागों में यह गुरुमंत्र भरा गया है कि हम 'इतिहास की गलतियाँ सुधारेंगे और अतीत का बदला वर्तमान से लेंगे', वही पलटकर पूछेंगे कि अभी तक सामाजिक समानता और न्याय की माँगों के जवाब में आप क्यों आँकड़े और प्रतिशत उगल रहे थे ? क्यों जला रहे थे घर-बसें और अपने किशोर-किशोरी ? क्यों तब आपने गुहार लगाई थी कि अपने पुरखों के अपराधों की सजा हम क्यों भोगें ? यानी इतिहास का बदला सिर्फ मुसलमानों से ही लिया जाएगा, आपसे नहीं ? या देश और राष्ट्र के नाम पर मेहनत-उत्पादन हम करेंगे और उसे भकोसते रहेंगे निठल्ले, परोपजीवी पचासों लाख साधु-महंत या ऊँची जगहों पर जमे बैठे देशद्रोही कुशल मेरिटयाफ़्ता दलाल।

बहरहाल, अभी तो हम निहत्थे उन 'त्रिकालदर्शियों' के सामने हैं, जो 'विदेशी आक्रमणकारियों के इतिहास की गलतियाँ सुधारने' को ही देश की एकमात्र समस्या बनाए बैठे हैं और राम के कंधों पर सवार होकर राष्ट्र को रौंद रहे हैं। बहुत साफ है कि अयोध्या में जो हुआ, उसके बाद के धूल-धुएँ ने सरकार को बौखला दिया है, कभी वह छोटी-मोटी सांप्रदायिक पार्टियों पर प्रतिबंध लगाती है (असली अपराधी या मूल पार्टी भाजपा को छूने की हिम्मत नहीं है) तो कभी राज्य सरकारों को बर्खास्त करती है। अंदरूनी षड्यंत्र और उठापटक तो चल ही रहे हैं, ढुलमुल निर्णय-दुर्बल नरसिंह राव की जगह अर्जुन सिंह या पवार ही आकर क्या कर लेंगे, इसमें भी संदेह है। देश को जिस दहाने पर ले आया गया है, वहाँ या तो सन् 47 दुहराया जाएगा या कोई हिटलर हमारी छाती पर सवार होगा...विदेशों में समाजवादी विचारधारा के अंत की पहली झाँकी इराक-युद्ध के रूप में दिखा दी गई थी, अब अपना देश भी रामराज्य का स्वाद चख रहा है...उधर देश के बाकी प्रदेश अब कहने लगे हैं कि जाहिल, मूर्ख और अनपढ़ उत्तर प्रदेश और बिहार की बेवकूफियों, आपसी लड़ाइयों, धर्मांधता और सामंती सवर्णवाद के खूनी पैतरों को बाकी प्रांत क्यों भोगने और ढोने

के लिए अभिशप्त हों ? इस गोबर-पट्टी (काउ-बेल्ट) को क्यों यह हक दिया जाए कि मंडल और राम को पूरे भारत की समस्या बनाकर हमारी ज़िंदगियाँ हराम करे ? राष्ट्र की एकता और अखंडता का गाड़ा ढोएँ हम और सारे फ़ैसले करें ये...

और यहीं रुककर हमें उस भयानक सवाल से मुठभेड़ करनी होगी कि क्या होने जा रहा है हमारा भविष्य ? हम जो भाईचारे की, मेल-जोल की (हिंदू-अस्मिता की नहीं), राष्ट्रीय अस्तित्व की और शोषण, गरीबी, अशिक्षा और सांप्रदायिक सद्भाव की बातें करते रहे हैं, उनकी नियति आने वाले समय में क्या है ? क्या बीसवीं सदी का अंत हमारे लिए वही होगा, जो नाज़ी जर्मनी में हुआ या बंगला देश बनने से पहले पूर्वी पाकिस्तान में हुआ ? या आज ईरान में हो रहा है ? जहाँ बुद्धिजीवियों और स्वतंत्र सोचनेवालों को लाइन में दीवार के सहारे खड़ा करके गोलियाँ मारी गईं थीं ? पिछले पचास सालों के अनथक प्रयासों के बावजूद क्यों हम आज अचानक हाशियों पर डाल दिए गए और क्यों ऐसा लगता है, मानो दीवारों से पीठ लगाए बचाव की आख़िरी लड़ाई लड़ रहे हैं ? क्या हमने समस्या को उसकी अपनी वास्तविकता में नहीं देखा और बौद्धिक सद्भाव या 'विशफुल थिंकिंग' में बहुत ऊपरी-ऊपरी बातें करते रहे, जो कहीं गहराई में किसी को छूती ही नहीं थी और धर्मांधता की एक ही लहर सारे हिंदू मध्य वर्ग को अपने साथ बहाकर ले गई ? हम खुद महसूस करते हैं कि दिल्ली-कलकत्ता की सड़कों पर भाई-चारे के प्रदर्शन, अखबारों के हस्ताक्षरी बयान, अपीलें, नुक्कड़ नाटक और जुलूस कहीं कोई प्रभाव नहीं डाल पा रहे। हम भी उसी मध्य वर्ग से आए हैं, जहाँ बाहर निकलकर हम तो सड़कों या सेमिनार-कक्षों में सांप्रदायिक सद्भाव, राष्ट्रीयता, एकता-अखंडता की बातें करते हैं और उधर हमारे ही घरों और पड़ोस में मस्जिद तोड़ने या राम-मंदिर बनाने को धार्मिक संतोष से बखाना जाता है, दंगों में हिंदू-मुसलमानों के मरने के अनुपात निकाले जाते हैं और अपने किए को पाकिस्तान या बंगला देश में हिंदुओं के साथ किए जाने वाले अत्याचारों के संदर्भ में सही ठहराया जाता है।

शायद कुछ असुविधाजनक सवालों को हमने 'सांप्रदायिक' करार देकर न सुनना चाहा, न उन पर विचार करने की जरूरत समझी और उन्हीं पचास-सौ साल पुराने मुहावरों को दुहराते हुए उन्हें अनदेखा या स्थगित करते रहे। दुर्भाग्य यह है कि आज भी सांप्रदायिकता के खिलाफ उसी भाषा को दुहराते हैं और उसके निष्प्रभावी खोखलेपन की कचोट खुद महसूस करते हैं। अपनी सद्भावना में हम शायद उनसे इतने अधिक 'कन्विंस्ड' हैं कि न उसे बदलने की जरूरत महसूस करते हैं, न जांचने की, सिर्फ अपनी ऊपरी बातें करके रह जाते हैं। नतीजे में जिन्हें हम सुनना भी नहीं चाहते, उन्हीं सवालों को भाजपा जैसी पार्टियाँ हथिया लेती हैं और सारे समाज को अपने साथ बहा ले जाती हैं। हमने यह सवाल भी अपने-आप से कभी नहीं पूछा कि प्रथम विश्वयुद्ध के हथियारों से तीसरा विश्वयुद्ध कैसे लड़ा जाएगा ? पुराने तर्क

और मुहावरे आज़ बदली स्थितियों में कैसे कारगर होंगे ?

सांप्रदायिक लगने की जोखिम के बावजूद उन सवालों से सीधे जूझे बिना शायद हमारे सारे सद्भावी उच्छ्वास बहुत ऊपरी लीपापोती बनकर रह जाते हैं, क्योंकि यही वे सवाल हैं जो आज हिंदू मानसिकता में इतनी गहराई से पैठ गए हैं कि उनकी अनदेखी करने का नतीजा सामने है। सांप्रदायिकता का सवाल मूलतः हिंदू-मुसलमानों के बीच ही है। इसलिए दोनों को सारी शिकायतें भी एक-दूसरे से ही हैं। तो सबसे पहला सवाल उस संविधान को लेकर ही है, जो प्रतिज्ञाएँ तो धर्मनिरपेक्ष लोकतांत्रिक व्यवस्था की करता है, मगर बढ़ावा या छूट देता है सांप्रदायिक और सामंती समाज को। हमारा संविधान अलग-अलग धर्मों को स्वीकृति ही नहीं देता; उन्हें अपने-अपने हिसाब से पारिवारिक और सामाजिक संबंधों को निर्धारित करने का प्रावधान भी प्रदान करता है। क्यों संविधान की निगाह में सारे भारतीय एक लोकतांत्रिक व्यवस्था के समान नागरिक नहीं हो सकते ? भेद वहाँ गरीब-अमीर का होना चाहिए, हिंदू-मुसलमान का नहीं। क्यों वहाँ यह छूट हो कि जब सुविधा हो, तो वे 'अपनी सांप्रदायिक शरीयत' में चले जाएँ और जब जरूरत हो, तो भारतीय संविधान का हवाला देने लगें ? यह कैसा सेक्युलरिज्म है, जो हर धर्म को समान मानने की बजाय एक को दूसरे के खिलाफ खड़ा करता है ? किसी को कुछ छूट देने के नाम पर, तो किसी को कुछ ? कानून सबके लिए एक क्यों नहीं है ? और यह तभी होगा, जब कानून, धर्म से ऊपर होगा। शहबानो का केस छोटा हो सकता है, मगर हिंदू-मानस को जितना बड़ा धक्का इस अकेले केस ने दिया है, उतना शायद ही किसी और घटना ने दिया हो। 'उनकी' धार्मिक आस्था के नाम पर सुप्रीम कोर्ट का फ़ैसला और कानून बदला जा सकता है, तो हम अपनी आस्था के लिए क्यों किसी कानून को मानें ? हम मंदिर बनाएँगे, मस्जिद तोड़ेंगे, सती और नर-बलि करेंगे, शूद्रों और हरिजनों को जलाएँगे, इतिहास बदलेंगे और अल्पसंख्यकों को उनकी औक़ात बताएँगे—ये सब हमारी धार्मिक आस्था के सवाल हैं और हर कानून, संसद या संविधान से ऊपर हैं। यह तो नहीं हो सकता कि उनका हर मामला धार्मिक हो और हमारा हर मामला सामाजिक ! अगर किसी मुल्ला ने कह दिया कि कुर्ते में तीन बटन लगाना इस्लामिक है, इसलिए चार बटन लगाते ही इस्लाम खतरे में हो जाएगा और इसी आधार पर उन्हें हक है कि वे हजार-पाँच सौ घर फूँक दें या कत्ले-आम शुरू कर दें। जहाँ वे बहुसंख्यक हैं, वहाँ अपनी शरीयत देश पर लाद देते हैं और जहाँ अल्पसंख्यक है, वहाँ 'मजहब खतरे में है' के नाम पर रोज-रोज एक न एक बवाल खड़ा किए रखते हैं, और ये 'सूडो सेक्युलरिस्ट' (छद्म धर्मनिरपेक्षी) हैं कि 'ऑप्रेस्ड माइनॉरिटी' (दलित अल्पसंख्यकों) के नाम पर उनकी हर जहालत, ज्यादती और अत्याचार बर्दाश्त करने या उसे संरक्षण और बढ़ावा देने को ही धर्मनिरपेक्षता मानते हैं। बहुसंख्यकों की भावनाओं और अधिकारों से यह खिलवाड़ आखिर कब तक बर्दाश्त किया जाएगा ?

दंगा होगा तो सरकार और ये तथाकथित धर्मनिरपेक्ष लोग दल के दल बनाकर आँसू बहाते उनके बस्ती-मुहल्लों में पहुँच जाएँगे; मगर कश्मीर से जो लाखों विस्थापित होकर आज भी तंबुओं में पड़े हैं--गया है कोई कभी उनकी तकलीफें सुनने ? सैकड़ों सालों से हजारों मंदिर रोज तोड़े जाते रहे हैं, तब तो कोई नहीं बोलता, और एक ऐसी इमारत को, जहाँ कभी पूजा-नमाज नहीं हुई, अगर तोड़ भी दिया, तो सारी दुनिया में हाय-तौबा ! जामा मस्जिद होती तो एक बात थी, मगर उस जर्जर खंडहर की 'स्वर्ण मंदिर' से तुलना ? अभी कल तक इनके ताज़ियों के लिए पेड़ काटे जाते थे, छज्जे-बराजे तोड़े जाते थे; क्योंकि ताजिया टेढ़ा करके नहीं निकाला जा सकता। शहरी विकास के लिए सरकार जिस आसानी से मंदिर या दूसरे पूजा-स्थलों को तोड़ डालती है, उस तरह हाथ लगाकर देखे इनकी रोज-रोज उगने वाली मज़ारों और मस्जिदों को ? हमारे कीर्तन करने और देवी-जागरणों से तो आस-पास वाले परेशान होते हैं, बच्चे-बड़े न पढ़ पाते हैं, न सो पाते हैं, मगर वे क्यों मस्जिदों में माइक लगाकर सुबह-शाम मुहल्ले वालों की नींद हराम करते हैं ? हम दूसरी शादी कर लें या चार बच्चे हो जाएँ तो नौकरी से निकाल दिए जाएँ,--वे चाहे जितनी शादियाँ करें, चाहें जितने बच्चे जनें, वह सब उनका धार्मिक मामला है ? वे तो अपनी पंद्रह सौ साल पुरानी शरीयत को बिलकुल नहीं बदलेंगे, मगर साथ ही उन्हें चाहिए आधुनिकतम लोकतांत्रिक संविधान भी। चूँकि उनके पुरखे हमलावर खानाबदोश रहे हैं और उन्हें कोई देश, धर्म एक जगह नहीं बाँधे रहा है, इसलिए आज भी वही रट लगाए हैं कि धर्म देश के ऊपर है। चाहे पाकिस्तान में मुजाहिरों को मार-मार कर उनका भुर्ता बनाया जा रहा हो, मगर जश्न मनाएँगे क्रिकेट में पाकिस्तान के जीतने पर ही—कल अगर पाकिस्तानी जहाज दिल्ली पर बम गिराएँगे, तो क्या ये फूल-मालाएँ लेकर खड़े नहीं होंगे ? अगर धर्म के बावजूद इराक-ईरान एक-दूसरे को सालों तबाह करते रह सकते हैं, सउदी अरब और ईराक एक-दूसरे का खून बहा सकते हैं, पाकिस्तान सिंधियों और शियाओं को मशीनगनों से भून सकता है, तो ये क्यों अपने देश और राष्ट्र के साथ एकाकार नहीं हो सकते ? सब जानते हैं कि दुनिया तो छोड़िए, सारे भारतीय मुसलमानों की ज़बान उर्दू नहीं है, यहाँ तक कि आक़ा देश पाकिस्तान की भी नहीं, तो क्यों यहीं उर्दू को धार्मिक ज़बान बनाकर जिहाद बोले हुए हैं ? क्या बंगाल, केरल, तमिल के मुसलमान उर्दू ही पढ़ते-बोलते हैं ? क्या यह सच नहीं है कि उर्दू ने ही पहले पाकिस्तान और बाद में बंगला देश बनाया ? वे 'मुस्लिम इंडिया' क्यों बनाना चाहते हैं, 'इंडियन मुस्लिम' क्यों नहीं हो सकते ? हम तो अपनी पवित्र से पवित्र किताब या देवता-अवतार की बखिया चौबीसों घंटे उधेड़ते रहते हैं, उनका बड़े से बड़ा बुद्धिजीवी और वैज्ञानिक क्यों कुरान या पैगंबर के बारे में एक शब्द नहीं बोलता ? वे क्यों हमारी तरह खुलकर अपने धार्मिक और सामाजिक मसलों पर 'सामाजिक बहस' नहीं चला सकते ? असुरक्षा के नाम पर 'घैटो' मानसिकता से बाहर क्यों नहीं आते ? इस जकड़न में

बंद वे किस मुँह से अभिव्यक्ति की स्वतंत्रता की बात करते हैं, जबकि बोलने की आज़ादी उनके यहाँ है ही नहीं, क्योंकि उनका हर बौद्धिक और सामाजिक मसला धार्मिक है।

हिंदुत्व के सरपरस्तों की तरफ से उठाए जाने वाले ये कुछ सवाल हैं, जिन्हें हम सांप्रदायिक, फालतू और ज़हर या बेवकूफी-भरे मानकर, कालीन के नीचे सरकाते रहे हैं या भावनाओं को चोट पहुँचाने के डर से टालते रहे हैं—नतीजे में इन्हें हमने थोक में भाजपा या संघ-परिवार को सौंप दिया है, ताकि घृणा और सांप्रदायिकता की आग में घी का काम करते रह सकें। क्यों नहीं हम तथाकथित सेक्युलर लोग खुलकर इन पर बातें कर सकते ? किसी एक पक्ष को दोषी करार देकर मुकदमे में लगाए जाने वाले आरोपों के रूप में नहीं, समस्याओं की तरह इन पर खुली बहस क्या सचमुच नहीं हो सकती ? मुझे लगता है, जब तक हम इन सवालों से कतराते रहेंगे, हिंदू सांप्रदायिकता दुगुनी-चौगुनी होकर विकराल होती जाएगी। नतीजे सामने हैं, बहुसंख्यक होने पर वे जो चाहें करेंगे; इतिहास, देश, राष्ट्र की मनमानी परिभाषाएँ थोपेंगे, पत्रकारों और बुद्धिजीवियों की पिटाई करेंगे, ताजमहल और कुतुब-मीनार तोड़ेंगे और साहित्य-कला-संगीत की ऐसी-तैसी कर डालेंगे। हम सिर्फ फासिज्म, कम्युनलिज़्म, डार्कफोर्सेज़ जैसे अर्थहीन हो गए शब्दों को रटते हुए भाईचारे की प्रभात-फेरियाँ निकालेंगे और अपीलें जारी करेंगे...

क्यों न सबसे पहले 'सेक्युलरिज्म' शब्द से ही शुरू किया जाए ? मैं आज के संदर्भ में इसका अर्थ जरूर जानना चाहूँगा, मगर मुझे लगता है कि 'सर्वधर्म समभाव' हमें बहुत दूर तक नहीं ले जा पाएगा। सब लोग अपने-अपने धर्म या संप्रदाय में कैद रहेंगे तो आपस में भाईचारा या दिलों का मिलाप कैसे होगा ? मुहल्ले के सारे लोग अपने-अपने घर में कैद होकर बाहर के दरवाजे बंद कर लेंगे तो खिड़कियों और छतों से सिर्फ 'कामचलाऊ' बातें ही होंगी—सामाजिक संबंध कभी भी नहीं बनेंगे। इसके लिए तो हम सब को अपने-अपने घर से बाहर जाना होगा। 'सर्वधर्म समभाव' नहीं, 'धर्मनिरपेक्ष' होना यानी अपने धर्म और संप्रदाय से बाहर आकर 'सामाजिकता' की तलाश—यानी गीता और कुरान को दफनाकर अपनी एक मानव-संहिता बनाने की दिशा में प्रयास। जब तक हिंदू, हिंदू बना रहेगा और मुसलमान, मुसलमान—तब तक तो सिर्फ यही अभ्यास जारी रहेगा कि हम कहाँ एक-दूसरे से अलग और खिलाफ हैं। हजारों सालों में हमने देख लिया कि सैकड़ों सूफी-संतों की महान वाणियों के बावजूद धर्म ने मनुष्य को सिर्फ लड़ाया और मारा ही है या फिर अपने ही लोगों पर अमानवीय अत्याचार किए हैं, क्योंकि कुछ के हिसाब से वे सच्चे धार्मिक नहीं हैं। इस सामूहिक शक्ति का इस्तेमाल रचनात्मक नहीं, हमेशा ध्वंसात्मक ही होता रहा है।

कम से कम सत्ता और शासन में बैठे लोगों को तो ये धार्मिक बाजीगरियाँ

समाप्त कर देनी चाहिए कि कोई अजमेर शरीफ की ज़ियारत कर रहा है, तो कोई तिरुपति में जाकर सिर मुंडा रहा है या किसी औघड़ के मचान से लटके पाँव को सिर पर लेकर मुस्करा रहा है। कितना अश्लील है यह सब...

राज्य जब तक धर्म से ऊपर नहीं होगा, तब तक तो धर्म ही राज करेगा—और यह राज लोकतंत्र में उनका होगा, जो अपने को बहुमत में मानते हैं...मुख्य धारा और राष्ट्रीयता की परिभाषा और नागरिकता की शर्तें या हैसियतें तय करते हैं...

आइडेंटिटी या 'अपनी अलग पहचान' का बहुत अधिक आग्रह उस प्रक्रिया का दूसरा नाम है, जो व्यक्ति से परिवार को, परिवार से समाज को, समाज से क्षेत्र और क्षेत्र को राष्ट्र से काटती चली जाती है, क्योंकि यह केंद्रोन्मुखी प्रक्रिया आपको निरंतर विखंडित करती हुई बड़े हिस्से से जुड़े धागों को या तो झीना कर देती है या तोड़ देती है। तब राष्ट्र बँटता है धर्मों में, क्षेत्रीयताओं में और छोटी-छोटी राष्ट्रीयताओं में—वृहत्तर चौखटे के खिलाफ...

['हंस', जनवरी 1993]

तुम्हारे गले में यह किसकी आवाज़ है, उमा भारती ?

अखबारों में एक तस्वीर काफी प्रमुखता से छापी गई थी। 6 दिसंबर को बाबरी मस्जिद तोड़ डालने के बाद उल्लास से चहकती उमा भारती, मुरली मनोहर जोशी के कंधों पर लदी हुई हैं, या कहिए—आकर्ण मुस्कान के साथ जोशी ने उमा को सिर पर उठाया हुआ है। खून-खराबे, मार-काट, हत्या और बलात्कार या लूटपाट के माहौल में यह तस्वीर मेरे मन में बड़ी अजीब 'सांस्कृतिक' प्रतिक्रियाएँ पैदा करती है...पार्वती की लाश को कंधे पर लादे शिव ? नहीं, धूमधाम से गाजे-बाजे के साथ कंधों पर घुमाई जाती दुर्गा की मूर्ति, जिसे अभी-अभी शास्त्रीय विधि-विधान से यमुना या गंगा में सिरा दिया जाना है ? अंतिम बर्फ़ानी यात्राओं में जाते हुए भीम, थकी-हारी द्रौपदी को कंधों पर उठाए हुए—लांग शॉट में ? नहीं, तस्वीर में उमा के चेहरे पर सफलता की उन्मुक्त खिलखिलाहट है और जोशी के होंठों पर घाघ बाज़ की दिव्य मुस्कान ...तस्वीर मनोरंजक नहीं, दयनीय है, सिर-चढ़ी उमा क्या कभी नहीं सोचती कि जोशी ने उसे क्यों सिर चढ़ाया हुआ है ? शतरंज खत्म होने पर गोटियाँ किन डिब्बों में वापस बांध दी जाती हैं ? नहीं, उस शिखर क्षण में उमा बिलकुल नहीं सोचती... वह सिर्फ इतना जानती है कि विजय 'उसकी' है, जोशी जी भी उसके इस भ्रम को नहीं तोड़ेंगे, वह यही कहकर पीठ थपथपाएँगे कि हाँ, विजय 'तुम्हारी' है...क्योंकि तुमने इतिहास के एक ग़लत काम को सुधारा है...मगर नहीं उमा, यह विजय तुम्हारी नहीं है, मूलतः यह विजय मुरली मनोहर जोशी की है, डेढ़-दो हजार साल पहले की उस मनुस्मृति की वर्ण-व्यवस्था की है, जिसके शीर्ष पर जोशी जी ही विराजमान हैं। तुम तो सिर्फ 'लठैत' हो, जो मालिक के इशारों पर अपने ही भाई-बंधुओं का सिर फोड़ आता है और गद्‌गद् होकर शाबाशी पाता है। तुम्हें तो इसी विश्वास में बने रहना है कि तुम धर्म के लिए मर मिटने वाली सिपाही हो। इस पुण्य कार्य के लिए

भगवान तुम्हें स्वर्ग देगा...जोशी जी ने इसी लोक में अपने स्वर्ग के लिए तुम्हारे स्वर्ग की व्यवस्था परलोक में कर दी है, वस्तुतः तुम जोशी जी के सत्ता-सिंहासन को कंधों पर उठाकर चलने वाली स्वयंसेविका हो...तुम जोशी के कंधों पर नहीं चढ़ी, जोशी तुम्हारे कंधों पर चढ़कर केंद्रीय बनेंगे...

तुम भूली भी नहीं हो और गोविंदाचार्य प्रसंग को बहुत दिन भी नहीं हुए। क्या उस दिन तुम्हारी सफलताओं और विजयों के गुब्बारे को एक छोटी-सी सूई ने भयानक आवाज़ के साथ नहीं फोड़ डाला था ? क्या उस दिन तुम्हें तुम्हारी औकात नहीं बता दी गई थी कि तुम धर्म की महान योद्धा नहीं, सिर्फ एक औरत हो और जाति की लोधी हो ? उस दिन तुम्हें क्या अपने पैरों के नीचे की ज़मीन धसकती हुई नहीं लगी थी ? अगर ऐसा नहीं था, तो क्यों लखनऊ की 'लोधी-सभा' में इतनी व्यथा और वेदना के साथ दलितों के उद्धार की बातें कह रही थी, क्यों तुम्हारे शब्द-शब्द में नारी होने का अभिशाप कराह रहा था ? और क्यों तुम उस दिन उस 'अधर्मी राक्षस' मुलायम सिंह के साथ एक मंच पर बैठी थी, जिसने तुम्हारे कार-सेवकों को मस्जिद के पास नहीं फटकने दिया था और उन्हें गोलियों से भून डाला था ? उमा, तुम्हें लोधी-सभा के मंच पर नहीं, शंकराचार्यों के शिखर-सम्मेलनों के बीचो-बीच होना था, उस 'जातिवादी सभा' में क्या करने गई थी ? चरित्र-हनन के उस दौर के बाद तुम्हें किस तरह पुनर्प्रतिष्ठित किया गया, मैं इसमें नहीं जाऊँगा, मगर याद रखना, वे कभी नहीं भूलते कि तुम औरत ही नहीं, दलित भी हो...आज वे मुँह से 'जाति' शब्द अक्सर नहीं बोलते, बल्कि आज इसका विरोध करते हैं, मगर निहायत चतुराई से अपनी पांत से छेंक देते हैं और तुम पाती हो कि तुम वहाँ बैठी हो, जहाँ अपने जूते-चप्पल उतारकर वे अपने निर्धारित स्थानों पर गए थे...और जिस दिन तुम इसका विरोध करोगी या इसके खिलाफ आवाज उठाओगी, उसी दिन तुम्हें 'जातिवाद-पीड़ित' घोषित कर दिया जाएगा। तुम्हारी कौन-सी योग्यता या हमारा कौन-सा शास्त्र कहता है कि तुम्हें साथ बैठाया जाए ? तुम्हें कोई हक नहीं है कि जातिवाद भड़काकर तुम हमारी चली आती व्यवस्था में खलल डालो और समाज में अशांति फैलाओ। 'मुँह लगाई डोमनी, गावै ताल-बैताल...' या 'चमारिने को चाची कह दिया तो चौके में ही चढ़ी चली आई...' हाँ उमा, 'जातिवादी' वे नहीं, तुम हो...सुना नहीं, श्वेत-अमेरिकन नस्लवादी नहीं, काला रोड्रिग किंग्स था ? अपने सामाजिक जीवन में प्रबुद्ध और उदार अमेरिकन को भी कभी ध्यान भी नहीं आता कि कौन श्वेत है, कौन अश्वेत...वह तो सिर्फ गुण देखता है...वह तो किंग जैसे नस्लवादी हैं, जो अपने वंचित और अछूत होने का हौवा खड़ा करके अव्यवस्था फैलाते हैं। याद रखना उमा, अगर देश में अधर्मीपना फैलाने की हिमाकत करोगी, तो फिर एक आडवानी या जोशी रामरथ की व्यवस्था करेंगे, फिर उस रथ के जुए के नीचे तुम्हारे कंधे इस्तेमाल होंगे और तुम फिर अपने उन्हीं भाई-बंदों को रौंद रही होगी, जिनके मंच पर तुम बैठी थी और

जहाँ कल तुम्हें वापस फेंका जाना है...मत भूलो कि तुम औरत हो...या इसीलिए दलित हो कि औरत को...

एवरेस्ट विजय करने वाली सबसे कम उम्र की संतोष यादव ने कराहकर कहा था, "एवरेस्ट पर विजय पाना आसान है, लेकिन सामाजिक रूढ़ियों और असमानता के संस्कारों से पार पाना संभव नहीं है", क्योंकि एवरेस्ट शिखर एक बार में चढ़ा जा सकता है, गैर-बराबरी की खंदकों से तो हर रोज़ गुज़रना होता है...अगर किसी दिन यह सुनाई पड़े कि हिंदू समाज में औरत होने के अपराध में संतोष ने आत्महत्या कर ली या उसे जला दिया गया, तो किसी को कोई आश्चर्य नहीं होगा...समाज में तो होता ही रहता है, बल्कि साहसी होने का 'सम्मान' ही उसे अपने समाज से काट देगा।

अभी उस दिन 'दलित-चेतना और साहित्य' वाले 'हंस' के सेमिनार में मृदुला गर्ग ने तमतमाकर कहा था कि 'औरतों को दलितों के साथ जोड़ने का मैं सख्त विरोध करती हूँ'। शायद मृदुला यह भूल गई थीं कि शूद्रों और औरतों को साथ रखने का श्रेय हमें नहीं, मनु महाराज और महान हिंदू-धर्मग्रंथों को है। हज़ारों सालों से वे ही उन्हें जोड़कर शास्त्रीय व्यवस्था देते रहे हैं, हम तो सिर्फ उनकी स्थिति और नियति को समझने की दिशा में प्रयास कर रहे हैं, ताकि उसे बदला जा सके...चूँकि आप या आप जैसी कुछ और उच्च मध्यवर्गीय महिलाएँ सम्मानित या विशिष्ट स्थिति में हैं, इसका यह मतलब तो नहीं कि आप औरत नहीं हैं। किसी बड़े बाप की लाडली बेटी या किसी बड़े अफसर, उद्योगपति या राजा-महाराजा की सहधर्मिणी होने के चलते बहुत स्वाभाविक है कि शूद्रों के साथ रखे जाने में आपके सुरक्षित और संरक्षित स्वाभाविमान को भयानक धक्का लगे, मगर सारी दुनिया आपके नौकर-चाकर, ड्राइवर, रसोइयों या आपके पिता-पति के प्रभाव-साम्राज्य तक ही तो सीमित नहीं है। सड़कों, दफ्तरों, रेलों और मुहल्लों में भी विशाल ऊँचा या नीचा मध्य वर्ग फैला है। क्या वहाँ हर क्षण आपको एहसास नहीं कराया जाता कि आप 'औरत' हैं ? जरूर आपको विश्वास होना चाहिए कि आप 'बराबर' हैं और किसी बात में कम नहीं हैं, मगर क्या आप खुद महसूस नहीं करतीं कि आदमी जिस बराबरी का आश्वासन आपको देता है, वह दरअसल उसकी प्रच्छन्न दया, वासना, रियायत, प्रोत्साहन, छूट यानी बर्दाश्त करने का शिष्टाचार है और जब तक आप अपने 'औरत' होने को स्थगित किए रख सकती हैं, यानी पुरुष-व्यवस्था का समर्पित पुर्जा बनी रह सकती हैं, आप बराबर हैं, श्रद्धेय और सम्माननीय हैं, मगर किसी दिन 'औरत' बनकर अपने स्वतंत्र चुनाव कीजिए; मालिकों की इच्छा, स्वार्थ या सम्मान के विरुद्ध अपना कैरियर चुनिए, अविवाहिता माँ बनिए या किसी और पुरुष में अधिक दिलचस्पी दिखाइए, अपने निजी दोस्तों को उस व्यवस्था में लाइए--फिर देखिए, आपको कहाँ खड़ा कर दिया जाता है। मुक्त-हस्त होकर कुछ भी तभी लुटा सकती हैं, जब तक 'अनुमति' है, वरना

पुरुष का एक वाक्य आपको अपनी औकात बता देगा और आप घर या समाज के बाहर खड़ी होंगी...उन्होंने रजिया सुल्तान और इंदिरा गांधी को नहीं बख्शा था—आप क्या चीज़ हैं। चलिए, प्रयोग के लिए आप इतना ही कर देखिए कि एक दिन 'घर' जाकर कहें, ''मुझे दस दिन के लिए बाहर जाना है। 'कहाँ, किसके साथ' की टोका-टोकी मुझे पसंद नहीं है। मुझे सिर्फ खर्चे के लिए रुपए चाहिए, बाकी कोई सवाल मैं नहीं सुनना चाहती'' और फिर लौटकर अपने को उस घर में तौलिए... उमा भारती हो या महारानी सिंधिया, जगजीवन राम हों या वेंकटरमन—औरत और शूद्र को उसकी जगह बताना तो वर्ण-व्यवस्था को आता ही है। सारी ट्रम्प तो उनके हाथों में हैं, आप कच्चे पत्तों से 'बराबरी' के खेल में बने रहने का मुग़ालता बनाए रहिए...भारतीय वर्ण-व्यवस्था में आप कहीं भी क्यों न हों, औरत को सेक्स और शूद्र को जाति बताकर चुटकियों में उसे उसकी ज़मीन दिखाई जा सकती है...

वर्ण-व्यवस्था न चुनाव का अधिकार देती है, न बराबरी का...शरीर धारण करते ही समाज में आपकी जगह तय है और इसे आप बदल नहीं सकते...यह जगह आपके जन्म से पहले ही तय की जा चुकी है—आपके पिछले जन्म के कर्मों ने तय कर दिया था कि आपको किस जाति या देह में जन्म लेना है। गैर-बराबरी की ऐसी विकल्पहीन दार्शनिक पुख्तगी शायद ही दुनिया के किसी समाज में दी गई हो...चूँकि ऊँची से ऊँची जाति में भी यह गैर-बराबरी है, इसलिए आम हिंदू एक झूठ और खंडित व्यक्तित्व यानी 'हिप्पोक्रेसी' में जीने को अभिशप्त है...उसका सारा संघर्ष या पुरुषार्थ अपनी असलियत छिपाकर ऊँचे से ऊँचे के साथ जुड़ने या अपने को जन्म के आधार पर श्रेष्ठतर सिद्ध करने में ही सार्थक होता है और इसके लिए ब्राह्मणों को किन्हीं महान ऋषियों से जुड़कर या क्षत्रियों को महान सम्राटों के वंशज होकर ही शक्ति निचोड़ने की दयनीयता हमेशा बनी रहती है। चूँकि अतीत या अंतरिक्ष की ये लड़ाइयाँ बिना 'कार-सेवकों' के नहीं लड़ी जा सकतीं, इसलिए उच्च वर्ण हमेशा निचलों को अपना सेवा-धर्म और कर्त्तव्य-पालन करने के उपदेश देते रहे हैं। निचलों ने जब-जब बराबरी की कोशिश की, व्यवस्था में गड़बड़ियाँ शुरू हुई हैं और इन्हें बिलकुल बर्दाश्त नहीं किया गया। 'जाति, कर्म से होती है', या 'विश्वामित्र और परशुराम की तरह वर्ण बदले जा सकते हैं'—के तर्क या उदाहरण आपका मुँह बंद करने के लिए हैं—जीवन में न उनका कहीं प्रभाव है, न व्यवहार में रियायत...

सही है कि शूद्रों की तरह औरत (अछूत) नहीं है। वह हमारे बीच और हम में से एक है और कुछ निर्णायक क्षणों या कक्षों और बेहद पवित्र पूजा-अनुष्ठानों के सिवा उसे सब कहीं होने की छूट है, मगर जो चीज उसे शूद्र के साथ रखती है, वह है उसकी देह—जो मूलतः अपवित्र है, क्योंकि अनिवार्य, अपरिहार्य और दुर्निविवार है, पुरुष की ऊर्ध्वगामी, आध्यात्मिक उड़ानों या सार्वभौमिक स्वतंत्रता को रेशमी धागों से बाँधती है। वह धीमा विष है और हर औरत विष-कन्या...शूद्र की देह बीभत्स

है और स्त्री की बीभत्सता उसकी मनमोहक देह में ढंकी है, इसलिए दोनों को ही इसका दंड मिलना चाहिए। दोनों उन अपराधों या पापों के लिए दंडनीय हैं, जो उन्होंने कभी किए ही नहीं, यानी विशेष देहों को धारण करने का अपराध। देह छोड़ने से पहले उन्हें क्षमा नहीं मिलेगी। इस दंड में बने रहना ही उनका जीवन है। सारी आधुनिकता, उदारता और वैज्ञानिकता के बावजूद क्या सचमुच आज भी कोई हिंदू या भारतीय अपनी बेटी के जन्म को उसी उल्लास से ग्रहण कर पाता है ? 'दोनों में फ़र्क नहीं है'—कहने के बाद भी क्या खुद मुझे यह सफाई नहीं देनी पड़ती कि मेरी एकमात्र संतान बेटी है, मगर मुझे बिलकुल नहीं महसूस होता कि बेटा नहीं है ? यह मेरे भीतर का कौन-सा संस्कार है जो 'मगर' लगाकर अपने को सांत्वना देता है ? और क्या यह वही संस्कार नहीं है, जो आज भी लाखों मध्यमवर्गीय घरों में सवर्णवादी पुरुष अहंकार बनकर औरत को उसके औरत होने की सज़ा देता है—सबसे पहले वह अपने रूप-रंग के लिए दंडनीय है, फिर विवाह होने-न होने के लिए, फिर घर या ससुराल की हर मुसीबत, घटना-दुर्घटना के लिए ज़िम्मेदार, संतान होने, न होने की अपराधिनी, बेटी की माँ बनने का अभिशाप, पति या बच्चों के रहने या न रहने के कारण या विधवा होने पर व्यवस्था से निकाल फेंकी गई अपशकुनी ...यहाँ तक कि अपने बाप या परिवार के विपन्न या संपन्न होने के लिए मुजरिम ...इनमें से कौन-सा अपराध है, जिसे उसने स्वयं अर्जित किया है ? और क्या देह धरे का यह दंड उसकी और शूद्र की स्थिति और नियति को एक नहीं कर देता ? ...नहीं, मृदुला जी, सारा देश दिल्ली की पॉश कॉलोनियों में ही नहीं रहता। यहाँ तो अपनी जमादारिनी को भी आप साफ-सुथरे कपड़े पहनाकर अपनी रसोई में 'सर्व' करने की उदारता बरत सकती हैं और चार मेहमानों के सामने उसके सलीके की प्रशंसा कर (उसके एक तरफ हटते ही) दबे स्वर में बता सकती हैं कि वह जमादारिनी है—श्रोताओं के चेहरों पर अपनी महानता पढ़ती हुई, मगर उसके हाथों हुई किसी गलती, नुकसान या बेअदबी पर क्या आपके भीतर भी 'स्वाभाविक' झुँझलाहट नहीं फूटती, "है तो आख़िर जमादारनी ही..."

नारी और शूद्र की नियति चूँकि एक है। इसलिए उससे पैदा होने वाला मनोविज्ञान भी लगभग समान है—सवर्णों और पुरुषों की दुनिया में अपने को अधिक से अधिक नकारकर उनके जैसा होने का मानसिक तनाव...'आत्मा को मारने' का घिसा-पिटा मुहावरा न भी इस्तेमाल करूँ, तो भी यह सही है कि अपने को स्थगित करके ही नारी और शूद्र, समाज-व्यवस्था में सुरक्षा या सत्ता में हिस्सा पा सकते हैं। इस आंतरिक शून्य को भरा जाता है—व्यवस्था के नियामक मूल्यों, मान्यताओं और विश्वासों से...वे खुद नहीं रह जाते हैं, 'दूसरे' बन जाते हैं। सम्मान और सुरक्षा का उन्हें एक ही रास्ता दिखाई देता है कि आचार-व्यवहार, सोच, रहन-सहन में अधिक से अधिक मालिक वर्णों की नकल करे...शूद्र ब्राह्मण होने की अधिक से अधिक नकल

करता है, औरत मालिक होने की। ज़ाहिर है, अपने में बने रहकर वे उन जैसे ऊँचे या शक्ति-संपन्न नहीं हो पाएँगे। इसे कहते हैं व्यवस्था का 'आभ्यंतरीकरण' (इंटर्नलाइजेशन)। अजीब अंतर्विरोध है कि औरत और शूद्र को जन्म से ही घुट्टी में पिलाया जाता है कि तुम औरत हो और तुम शूद्र, इसलिए तुम्हें एक विशेष ढंग से व्यवहार करना है, दबकर रहना है और वह सब कुछ करना है जिससे मालिक की कृपा बनी रहे। ज़रूरी है कि इस कृपा के लिए वह अपने-आप को मालिक की अपेक्षाओं के अनुरूप ढाले और अपनों में जो इस तरह नहीं ढलते, उन्हें घृणा या हेय दृष्टि से देखे...पुरुष-वर्चस्व के इस समाज में एक शूद्र भी अपनी बेटी को मालिक की ज़रूरत के अनुरूप बनने के वही संस्कार देता है, जो एक ब्राह्मण...बरसों और सदियों के अभ्यास संस्कार बनते हैं और छूत की बीमारी की तरह स्वायत्त होते हैं। ये कीटाणु अपना भोजन, अपने माध्यम के खून से ही लेकर प्रदूषण की प्रक्रिया बनाए रखते हैं, उन्हें ऊपर से निर्देशित करने की जरूरत नहीं रह जाती। इसे ही कहा जा सकता है 'दूसरा' हो जाना या मालिक-मूल्यों का आभ्यंतरीकरण होना...मालिक के लिए तन-मन-धन से इतना वफादार हो जाना कि शेष अपनों के लिए मालिक का प्रतिरूप बनकर व्यवहार करते रहना 'दूसरा' होने का चरम रूप है। खूँखार सास 'स्त्री' नहीं होती, मालिक पुरुष की प्रतिरूप होती है।

अभी-अभी मैंने दुबारा नक्सलवादी रामचंद्र सिंह की 'दस्तावेज-2' में जेल-डायरी पढ़ी है—'ठहरे हुए तेरह साल'। निश्चय ही दहशतनाक रचना है ! जेलों में किस तरह पक्के कैदी, कच्चों पर क़हर ढहाते, लाठी-डंडों से उनके हाथ-पाँव तोड़ते या यातनाएँ देते हैं, उन्हे देखकर सहसा विश्वास ही नहीं होता कि वे भी उसी तरह लाए गए थे और उन्हें भी उन्हीं नृशंसताओं से गुज़रना पड़ा था, जो आज वे दूसरों पर ढहा रहे हैं। कारण-अकारण इन अत्याचारों द्वारा पहले नए कैदी के नैतिक बल, आत्म-सम्मान, विवेक और आत्मा की हत्या की जाती है और फिर दया और सुविधा देने के लिए उसे वैसा ही अत्याचार दूसरों पर करने को मजबूर किया जाता है। धीरे-धीरे वह इस सबका अभ्यस्त ही नहीं हो जाता, इसमें आनंद लेने लगता है और अपने-आप को सत्ता का हिस्सा समझने लगता है। उस समय ज़रूरी नहीं है कि सुपरिंटेंडेंट या वार्डन सामने मौजूद ही हों, वह उनकी अनुपस्थिति में भी उनका 'काम' उनसे ज्यादा कुशलता या हृदयहीनता से करता रह सकता है। ज़ाहिर है कि वह यहाँ अपने को सत्ता का प्रतिरूप पाता है, मगर उसे कभी शायद यह ध्यान भी नहीं आता कि सत्ता का टुकड़ा पाने की एकमात्र शर्त यह थी कि वह अपनों और अपने जैसों का शत्रु बनकर मालिकों का काम करेगा। यहाँ मुआवजा न पैसा है, न मुक्ति—बल्कि कुछ सुविधाएँ हैं। और उससे भी बड़ा संतोष या सबसे बड़ी उपलब्धि है—मालिक जैसा वह अहंकार, जो मालिक ने उसके भीतर रोप दिया है...अमानवीकरण या मालिकीकरण की वह रासायनिक प्रक्रिया कितनी खूँखार रही होगी, जब एमर्जेंसी के

दौरान बरेली की जेल में खतरनाक राजनैतिक बंदियों को पक्के कैदी घसीटकर खुले में लाते थे, दो पक्के एक बंदी को दोनों तरफ़ से पकड़ लेते थे और बिना उसका अपराध जाने, सामने से गोली मार दी जाती थी...रामचंद्र सिंह बताते हैं कि इसे बाद में कैदियों के भागने के दौरान मौत का नाम दिया गया...(क्या यह दृश्य सास और ननद द्वारा दबोच ली गई बहू और मिट्टी का तेल छिड़ककर आग लगाते पति-देवर की याद नहीं दिलाता ?)

यह है 'मालिकीकरण' की संपूर्ण तस्वीर...इसलिए जब आज औरत पर औरत के अत्याचारों या पिछड़ों या शूद्रों के अपनों पर ढहाए जाने वाले जुल्मों की बात की जाती है, तो हम इस मानसिक रूपांतरण को भूलकर बहुत ऊपरी बात करते हैं। ज़रूरी नहीं है कि ऊपर बैठा मालिक या सवर्ण ही आपको इसके लिए निर्देश दे—आप स्वयं 'मालिक' होते हैं, मूल सूत्र को आत्मसात् किए स्वयं 'वह' होते हैं...यह अपने आप या अपनों को अस्वीकार करके 'वह' बन जाना, यानी आदर्श और वफ़ादार स्त्री या शूद्र बन जाना ही दोनों को एक पलड़े में डाल देता है...

यहाँ मुझे अपने एक दिग्गज विचारक और लिक्खाड़ मित्र की अनायास याद आ रही है। वे संविधान से लेकर शरीयत तक, संसद से लेकर सड़क तक, भाषा से लेकर बम तक, मकर संक्रांति या मनुस्मृति से लेकर मार्क्सवाद तक फैसलाकुन या फाइनल चिंतन देने के लिए प्रसिद्ध हैं। वे दलितों के लिए संवेदनशील हैं, मगर अपनी स्थिति या नियति के लिए खुद उन्हें ही जिम्मेदार मानते हैं। व्यक्तिगत रूप से गाँव में होने वाले अपमानों या बाद में बेटी-बेटों के शादी-ब्याहों में आने वाली अपनी ही जाति में ऊँच-नीच की समस्याओं या दहेज की माँगों को 'स्वतंत्र समस्याएँ' मानते हैं—इस सामाजिक गैर-बराबरी को या दहेज के रूप में बराबरी खरीदने की इस सौदेबाजी को वर्ण-व्यवस्था से जोड़कर या संपूर्णता में देखना उन्हें पसंद नहीं है—वे उस व्यवस्था, उसकी 'हैयरार्की' (पद-प्रतिष्ठा) और उसकी शाश्वत वैज्ञानिकता को अंतिम मानकर 'जातिवाद' की बात उठाने वालों को शंकराचार्यों की भाषा में गरियाते हैं। अपनी समझ में वे खुद शंकराचार्य हैं, या उनसे जुड़कर सत्ता के हिस्सेदार हैं। उनका सारा सोच सत्ता की ओर से नीचे की ओर देखने से प्रेरित है।

मृदुला जी, कभी आपने करोड़ों बालिकाओं-औरतों की ज़िंदगियों में घटित होने वाली इस घटना-शृंखला के साथ जोड़कर स्त्री को देखने की कोशिश की है ? और जब दोनों की स्थिति, नियति और निष्कृति के संघर्ष एक ही हैं, तो उन्हें जोड़कर देखना ग़लत क्यों है ? दमन का विरोध अलग-अलग इकाइयाँ नहीं कर पाएँगी। रास्ते तभी निकलेंगे, जब दलित अपने को एक-दूसरे से जोड़कर देखेंगे...

उमा, चरण-स्पर्श कराने की लालसा बहुत स्वाभाविक है। खास तौर से निचले वर्ग चूँकि हमेशा चरण ही छूते रहे हैं। इसलिए उनमें से हरेक को लगता है कि यही चरम सम्मान है। कितना क्रूर संतोष होता था जगजीवन राम को, जब बड़ी-बड़ी ऊँची

जाति के लोग उनके चरण छूते थे—हालाँकि वे यह भी जानते थे कि सामने वाला उन्हें मन ही मन या परे हटकर किस भाषा में गालियाँ देता था, किस तरह साबुन या मिट्टी से उन अपवित्र हाथों को माँजता था, मगर उनके पास सत्ता और शक्ति थी। तुम भी रामदुलारी रहकर चरण-स्पर्श नहीं करा सकती थी—इसके लिए जरूरी था कि अपना 'चोला' उतारकर संन्यासी बनो, अपने-आप को सहज और प्राकृतिक अधिकारों से वंचित करो—तभी तुम्हें धर्म-सत्ता की जूठन या एक चुल्लू पानी मिल सकता था। जो उनका सहज स्वाभाविक अधिकार है, वह तुम्हें अपने-आप को 'मारकर' ही मिलना संभव है...जब तक तुम 'वह' बनी रहोगी, तभी तक पूज्य हो, मगर इस बारीक खेल को तुम कभी नहीं जान पाओगी कि धर्मसत्ता में एक टुकड़ा देने की एवज़ी में वे कहाँ और कैसे अपनी राजसत्ता के लिए अपने-आप को तुम्हारे भीतर उतारे हुए हैं, यानी तुम्हें अपना लठैत बनाए हुए हैं—भाषणों, तालियों और जय-जयकारों की शराब पिलाकर वे तुम्हें जिस रामराज्य के लिए लड़ा रहे हैं, उसमें तुम्हारा अपना स्थान क्या होगा ? बाबर की संतानों के कत्लेआम के लिए जिन आर्यों का खून तुम्हारी नसों में उबल रहा है, क्या सचमुच यह वही खून है, जो जोशी जी की नसों में है ? कब तक इस विज्ञान-विरोधी खूनी खेल का शिकार बनती रहोगी, उमा भारती ? एक बार अपने भीतर भी झाँककर देखो कि किसने तुम्हें इस धार्मिक सन्निपात के इंजेक्शन लगाए हैं और कौन इन्हें अपने लिए इस्तेमाल कर रहा है ? नित रूप बदलते इस 'भूत' को क्या तुम कभी नहीं पहचानोगी, जो तुम्हारे कंधों पर चढ़ा हँस रहा है ?

चलते-चलते ईरान और अफगानिस्तान के उदाहरण देने से अपने-आप को नहीं रोक पा रहा हूँ : कल तक वहाँ की औरतें उनके धर्म-युद्ध में मोर्चों पर साथ लड़ रही थीं, नर्सों और घायलों की सेवा-सुश्रूषा के लिए ही नहीं, बल्कि लड़ने वाले सैनिकों के साथ खाई-खंदकों में भी वे गोला-बारूद भर-भरकर देती जातीं और सैनिक निशाने लगाते...मगर जैसे ही 'धर्म-राज्य' आया, उन्हें बुर्के और चादरों में कैद करके घरों में वापस धकेल दिया गया। उन्हें बता दिया गया कि औरत का स्थान या कार्यक्षेत्र सिर्फ घर है, उसे बच्चे पालने और पतियों की आज्ञा मानने के सिवा किसी और कुफ्र पर ध्यान नहीं देना है—वरना बदचलन औरत के लिए शरीयत में जो सज़ाएँ बताई गई हैं, उन्हें भुगतने को तैयार रहें...

बोल, सियावर रामचंद्र की जै...नहीं, बात ग़लत हो गई। बरसों से हिंदू अभिवादन 'जय सीताराम' भी तो इधर चुपचाप बदल दिया गया है, अब वह हुंकार भरा 'जय श्रीराम' हो गया है। 'सीता' के इस घर-निकाले यानी दुबारा बनवास में तुम्हें कहीं कुछ नहीं दिखाई देता—उमा भारती ? और सुनिए मृदुला जी, यह सीता, महारानी नहीं, सिर्फ औरत है, जिसे वे दो हज़ार साल पहले नहीं, आज खदेड़ रहे हैं...शूद्र बाल्मीकि की तरफ...वैसे भी उनके पास तो दोनों को जलाने के लिए आग

ही है...

खैर, छोड़िए ये सब ! संदर्भ से हटकर हैरी कुक्सन की एक कविता सुनिए :

मेरी माँ ने कहा
लड़कियों को शिक्षा देना बेकार है
बिस्तर में इतिहास का क्या लाभ ?
स्त्रियों के पास उनकी प्राकृतिक पूँजी है
हर औरत को कभी-न-कभी प्यार मिल ही जाता है
उनको भी जो साटन पहनती हैं
और उनको भी जो गाढ़ा पहनती हैं
मेरी माँ ने कहा :
लड़कियों के बेहतरीन दोस्त उनके शरीर हैं
तो फिर व्यावहारिक बनो और अपना शरीर बेचो
व्यावहारिक बनो और अपना मांस बेचो
वहाँ, जहाँ तुम्हें रोटी मिले...

[**'हंस', मार्च 1993**]

क्योंकि बहुसंख्यक हम हैं, आप नहीं...

6 दिसंबर को अयोध्या में उन्मादी हिंदू भीड़ के हाथों बाबरी मस्जिद का गिराया जाना, सन् 47 के देश-विभाजन के बाद की सबसे महत्त्वपूर्ण घटना इस अर्थ में है कि यह दोनों धार्मिक संप्रदायों के आपसी संबंधों को बिलकुल नए धरातल पर परिभाषित करने की शुरुआत है। यही नहीं, यह स्वयं अपने-अपने संप्रदायों की अपनी बनावट के रूपांतरण की भी शुरुआत है। मुस्लिम संप्रदाय को श्रेय इस बात का भी दिया जाना चाहिए कि अविवेकी हिंदुओं की धांधली के इस भयानक क्षणों में उसने अद्‌भुत संयम और आत्मनियंत्रण से काम लिया, वरना शहाबुद्दीनों, बुखारियों और ओवासियों ने जैसा वातावरण बना दिया था, 'इन काफिरों के कत्लेआम' और 'मुल्क की ईंट से ईंट बजाने' के जैसे खुतबे मस्जिदों में दहाड़े जाते थे, उन्हें देखकर तो डर होता था कि चंगेज और नादिर का जमाना लौटने वाला है। वह सब उस स्तर पर तो नहीं ही हुआ। यही नहीं, एक झूठा सन्निपात बनाकर खड़ा कर डालने वाले इन तथाकथित नेताओं को अधिकतर मुस्लिम संगठनों ने खुलेआम अस्वीकार कर दिया। अर्थात् मुस्लिम-समाज ने गहरे आत्ममंथन से गुज़रते हुए वास्तविकता को ज्यादा यथार्थवादी ढंग से देखने की दिशा में सोचना शुरू किया।

सबसे बड़ा मोड़ या 'टर्निंग पॉइंट' तो यह है कि भारतीय मुसलमान ने पहली बार बहुसंख्यकों के संदर्भ में अपनी राष्ट्रीयता को समझने का दबाव महसूस किया। सदियों से मुसलमान भारत में आकर बसता रहा है; कभी हमलावर बनकर, तो कभी तिजारती बनकर। हिंदू समाज की अपनी नृशंसताओं से मुक्ति के रूप में करोड़ों लोगों ने इस्लाम स्वीकार किया, तो मुस्लिम शासकों और प्रशासकों ने भय, शक्ति और लोभ के हथियारों से लाखों का धर्म-परिवर्तन कराया। यह भी सही है कि कुछ आक्रमणकारियों को छोड़कर अंग्रेजों की तरह उपनिवेश बनाने नहीं आए कि देश को लूटकर माल बाहर भेजते रहें। वे यहीं बसने आए थे और इन हमलों में उन्होंने हिंदुओं से अधिक यहाँ के पहले मुसलमान शासकों से लड़ाइयाँ कीं। बाबर तत्कालीन

मुस्लिम साम्राज्य को ध्वस्त करके ही अपना साम्राज्य स्थापित कर पाया। बाद की लड़ाइयाँ उनकी दोनों धर्मों के राजाओं से होती रहीं। वहाँ धर्म निर्णायक कारक कभी नहीं था। धर्म एक हो या अलग, सत्ता के संघर्ष हर कहीं एक ही जैसे क्रूर, अमानवीय और खूँखार होते हैं। पराजितों और शासितों के बल और मनोबल तोड़ने के लिए जो कुछ बौद्धों के साथ हुआ, वह मुसलमानों के हाथों हिंदुओं के साथ भी होता रहा--धार्मिक और सामाजिक स्थलों को तोड़ना, कत्लेआम कराना, धर्म-परिवर्तन के लिए मजबूर करना और अपने धर्म को शानो-शौकत के साथ स्थापित करना--उसे सम्मान और हैसियत का प्रतीक बनाए रखना। इन शासकों और धार्मिक रूप से परिवर्तित सामान्य अनुयायियों में सबसे बड़ी विशेषता यह रही कि बहुसंख्यक हिंदुओं, उनकी संस्कृति और धर्म की तुलना में अपने को ऊँचा या अलग दिखाने के अतिरिक्त उत्साह में वे मानसिक रूप से हमेशा दजला-फरात के उपनिवेश बने रहे। वे सदियों से हिंदुस्तान में रहे थे। यहीं उनके साम्राज्य और मकबरे थे, मगर रहन-सहन, बोली-बानी, भाषा और धर्म के लिए वे हमेशा ईरान-तूरान पर निर्भर करते थे। वहाँ का फतवा पाए बिना न कोई चीज वैध थी, न जायज़...चूँकि इस्लाम में शरीयत के हिसाब से हर सामाजिक और राजनैतिक कर्म धार्मिक ही होता है, इसलिए धर्म-केंद्रों के आदेश, अनुमति या समर्थन पाना लगभग अनिवार्य माना गया। जब शासक और सम्राट, शहंशाह और नवाब इस सांस्कृतिक औपनिवेशिकता या मानसिक गुलामी को गौरवान्वित कर रहे हों, तो सामान्य धर्मावलम्बी प्रजा द्वारा इन सबका अनुकरण स्वाभाविक है। नतीजे में भारतीय मुसलमान, अपनी जमीन-जायदाद राज्य और साम्राज्य की रक्षा, दोहन और ऐश तो यहाँ करता रहा, मगर प्रतिबद्ध रहा मक्का-मदीना के देशों के प्रति। 'कंडीशनिंग' ऐसी थी कि वह इससे अलग कुछ सोच भी नहीं सकता था। इस्लाम में अलग या स्वतंत्र रूप से सोचना वैसे भी ऐसा कुफ्र है, जिसकी सजा मौत के सिवा कुछ नहीं है। उधर अपनी प्रारंभिक सदियों में इस्लाम कबीलों और खानाबदोशों का धर्म रहा है, इसलिए उसके अनुयायियों को देश या जमीन नहीं, धर्म ही आपस में बाँधता और सुरक्षा देता था। इस पृष्ठभूमि में उत्तर भारत के शासकों और शुरफा या इनके नकल या प्रभाव-वृत्त में रहने वाले मुसलमानों में जमीन से जुड़ने या राष्ट्रीयता की वह धारणा या मानसिकता पनप ही नहीं पाई जो केरल, बंगाल, तमिल या सुदूर जावा-सुमात्रा में पनपी...आम मुसलमान इसी मनोजगत में बना रहा कि धर्म देश से ऊपर है और धार्मिक स्रोत हैं मध्यपूर्व के इस्लामी केंद्र...सदियों से हम यहाँ पैदा हुए, मरे या पनपे भले ही हों, मगर जन्नत हमारी वहीं है। इस अलगाव और श्रेष्ठता को अंग्रेज क्यों छोड़ते ? वे अपने स्तर पर खुद भी उसी सबको पूरे छल-बल से निभा रहे थे, इसलिए उन्होंने अपनी साम्राज्यवादी औपनिवेशिकता के संदर्भ में मुसलमानों की इस धार्मिक औपनिवेशिकता को और सींचा। फर्क इतना था कि अंग्रेज खुद औद्योगिक आधुनिक सभ्यता के संवाहक थे। उधर मुसलमानों

की यह अलगाव-भावना शुद्ध सामंती व्यवस्था की देन थी। अपने शोषण के लिए अंग्रेजों ने हिंदू और मुस्लिम सामंती व्यवस्थाओं को अलग-अलग ढंग से संरक्षण दिया। चूँकि सत्ता उन्होंने मुसलमानों से छीनी थी। इसलिए उन्हें अलग रखकर उनके सामंती पिछड़ेपन को बनाए भी रहना था। इसलिए "हमने हजार साल इन काफिरों पर राज किया है और आज भी हम इनसे हर मामले में श्रेष्ठ हैं, हमारा इस्लाम आधी दुनिया का धर्म है" की भावना को अंग्रेजों ने बढ़ावा ही दिया। कहना चाहिए, उन्नत और चालाक साम्राज्यवादी औपनिवेशिकता ने अतीत या ईरान तूरान में बने रहने की जहनी औपनिवेशिकता को प्रयत्नपूर्वक परवान चढ़ाए रखा। अजीब अंतर्विरोध था कि इक्का और हल चलाने वाला गरीब मुसलमान अपने सपनों में या तो नवाब वाजिद अली शाह के दस्तरख्वानों पर बैठकर खाना खाता था या मक्का-मदीना में सिजदे करता था—शिक्षा-दीक्षा, पढ़ना-सोचना उसके लिए गैर-मज़हबी खुराफात में शामिल था। सामंती सोच और सामाजिक पिछड़ेपन के लिए शहीद या गाज़ी बना हुआ वह सिर्फ मस्जिदों और मदरसों से चिपके रहने को ही गौरवान्वित करता रहा—कुरान शरीफ की तलावत और पाँच वक्त की नमाज के सिवा सब-कुछ कुफ्र और गैर-मजहबी माना जाता रहा। सर सैयद अहमद खां के सिवा शायद किसी ने उन्हें इन गड्ढों से निकालने की कोशिश नहीं की, न स्थिति की दयनीयता के प्रति आगाह किया। दुर्भाग्य से आज तक उन्हें मिलते रहे सैयद बुखारी और शहाबुद्दीन, जो उन्हें सिर्फ अलग बनाए रखने की क्लासें लेते रहे...उनकी सामाजिक स्थिति न उनकी चिंता का केंद्र रही, न उनके लिए प्रासंगिक...अलगाव के अतिरेक में देश-विभाजन के दुष्परिणाम भी उनकी सोच का हिस्सा नहीं रहे...और जिहादी जोश के साथ वे इस सारी भीड़ को पाकिस्तान दर पाकिस्तान बनाते जाने के राजनैतिक हल पकड़ाते रहे...या उधर धकेलते रहे...

सन् 47 के बाद भारतीय मुसलमानों में एक मध्य वर्ग का उदय हुआ...यानी शिक्षा और सामाजिक बदलाव उन्हें उतने 'दुश्मन' नहीं लगने लगे। अंग्रेजों के जमाने में ऊँची सामाजिक या प्रशासनिक जगहें सिर्फ जमींदारों, नवाबों और ताल्लुकेदारों के पास थीं, अब वहाँ बीच से उठे हुए नए-नए लोग आने लगे। कहने की ज़रूरत नहीं है कि इस सामाजिक रूपांतरण का एकमात्र केंद्र अलीगढ़ विश्वविद्यालय था। देखने में आश्चर्यजनक अंतर्विरोध लग सकता है कि सन् 30 से 50 तक के काल में अलीगढ़ ने धार्मिक नेता ही नहीं, दिग्गज कम्यूनिस्ट विचारक और कार्यकर्त्ता भी दिए। 'कम्यूनलिज्म' और 'कम्यूनिज्म' का यह अजीब संगम था। बौद्ध धर्म और इस्लाम एवं ईसाइयत साम्यवाद के लिए सबसे जरखेज धर्म इसीलिए हैं कि तीनों ही मानवीय समानता के सामाजिक और व्यावहारिक रूप पर टिके हैं, मगर अलीगढ़ी 'साम्यवाद' एक बड़े अजीब ढंग से संप्रदायवाद का समर्थक था। अंतर्राष्ट्रीयता के जोश में दोनों ही अपनी जड़ों को इस देश के साथ जोड़ने से इन्कार करते थे। इस्लाम

का स्रोत और आदर्श मक्का-मदीना या इस्लामी देश बने रहे, तो भारतीय साम्यवाद हमेशा मॉस्को और पीकिंग को अपना दिशा-निर्देशक मानता रहा। दोनों रहते यहाँ थे, मगर आध्यात्मिक स्तर पर दोनों कहीं और थे। स्वतंत्रता के बाद का भारतीय मुसलमान जिस हद तक अपने हुकूमती अतीत से मुक्त होता रहा, उतनी ही शिद्दत से वह बाहरी इस्लामी केंद्रों पर निर्भर होता चला गया। उसके 'स्वप्न-लोक' पाकिस्तान या दूसरे खाड़ी देश ही बने रहे या फिर वे देश, जहाँ शरीयत का शासन है। इसलिए पाकिस्तान की सफलताएँ और जीतें उसे इस्लाम की अर्थात् अपनी उपलब्धियाँ लगती थीं। इराक पर अमरीकी हमला, एक बड़े साम्राज्यवादी मुंडे का छोठे निरीह व्यक्ति को कुचलना नहीं, इस्लाम पर क्रिश्चियनियेटी का हमला था। सारी दुनिया में प्रचारित भी इसी तरह किया गया। कुवैत और ईराकी झगड़े ने जरूर कुछ लोगों को बाँटा, उधर पाकिस्तान का दुमुँहा रवैया भी धर्मसंकट में डाले रहा...

6 दिसंबर की घटनाओं ने भारतीय मुसलमान को झटके के साथ दो जगहों पर झकझोर डाला। ''प्रश्न उठने लगा कि उसका अतीत अंतर्राष्ट्रीय है या राष्ट्रीय, यानी भारतीय मुसलमान का इतिहास सारे धर्म-समूहों के इतिहास के साथ-साथ अपना और भारतीय इतिहास भी है। दूसरे, हर बात में दिमागी रूप से दूसरे देशों में बने रहना, अब आगे चलना संभव नहीं है। शायद उसे अब दिखाई देने लगा कि पाकिस्तान हो या बंगला देश, सब पहले अपने-अपने राष्ट्रीय हित देखते हैं। सचमुच, वह समय नहीं रह गया है कि कहीं भी 'इस्लाम खतरे में है' का नारा सुना और जिहादी फौजें वहाँ चढ़ दौड़ीं। इराक हो या ईरान, अफगानिस्तान हो या सउदी अरब''—सब अपने-अपने राष्ट्र-हितों और देशी सीमाओं के लिए वफादार पहले हैं, इस्लाम के लिए बाद में। अगर ऐसा न होता और धर्म ही जोड़ने वाला एकमात्र तत्त्व होता, तो सारे इस्लामी देश दसियों साल एक-दूसरे को तबाह या नेस्तनाबूद न कर रहे होते। सारे शोर-शराबे और हाय-तौबा के बाद भी सभी इस्लामी देश सिर्फ बाबरी मस्जिद टूटने की भर्त्सना के वक्तव्य तो देते रहे, मगर न किसी ने व्यापारिक संबंध तोड़े, न राजनैतिक। बाबरी मस्जिद के नाम पर बंगला देश से अगर इस तरह के बीस-पच्चीस हजार जिहादी दिल्ली की तरफ दौड़ेंगे, तो सबसे पहले उनकी अपनी हुकूमत ही उन्हें डंडों और गोली से रोकेगी, इमाम बुखारी द्वारा पाकिस्तानी राजदूत के सामने रोने-गिड़गिड़ाने के बावजूद न सीमा-पार से इस्लाम बचाने के लिए फौजें आईं, न ऐटम बम फेंके गए। इससे अधिक पाकिस्तान कुछ करेगा भी नहीं। ज्यादा से ज्यादा वह यह कह सकता है कि यहाँ के धर्मांधों को मुहरे की तरह इस्तेमाल करके आतंकवादी गतिविधियों और दंगों को बढ़ावा देता रहे—यानी वही, जो कश्मीर और पंजाब में कर रहा है। जब धर्म के नाम पर भाड़े या मजहब के टट्टू उसकी लड़ाई लड़ते रह सकते हैं, तो उसे सीधे उतरने की जरूरत भी नहीं है। लड़ाई जारी रहती है और खर्चा या जोखिम बचे रहते हैं, मगर इस एवजी की लड़ाई का न इस्लाम

से कोई मतलब है, न बाबरी-मस्जिद से। यह सिर्फ पड़ोसी देश में अशांति और झगड़े फैलाकर विकास और सुरक्षा को कमजोर करते रहने की पुरानी रणनीति है, और भी बहुत-से देश आपस में यही कर रहे हैं—अमेरिका ने रूस और पूर्वी यूरोप में यही किया। सद्दाम हुसैन ने तो बी.बी.सी. पर साफ ही कह दिया कि "आप अपनी एक सड़ी-बुसी बाबरी मस्जिद को लेकर चिल्ल-पों मचाए हुए हैं, हमारी तो चालीस बड़ी-बड़ी ऐतिहासिक मस्जिदें अमेरिकन बमबारों ने ध्वस्त कर दी—कोई भी इस्लामी देश क्यों सामने नहीं आया ?"

इस सारे अंतर्राष्ट्रीय परिप्रेक्ष्य में भारतीय मुसलमानों के लिए शायद यह 'रियलाइज़ेशन' (आत्मबोध) का वह निर्णायक क्षण है, जब वे अपनी 'लॉयल्टी' इस्लामी अंतर्राष्ट्रीयता पर न लटकाकर भारतीय इस्लाम पर ही लौटें। आज की स्थिति में न कोई दूसरा देश किसी के अंदरूनी मामलों में दखल दे सकता है, न सिर्फ धर्म के आधार पर फौजी हमले कर सकता है। सबको अपनी समस्याएँ अपने-अपने स्तर पर ही सुलझानी होती हैं। मुझे लगता है कि भारतीय कम्यूनिस्टों की तरह इस्लामी धर्म-धुरीणों को भी इसी नतीजे पर पहुँचना होगा। दुनिया-भर के फतवों और दहाड़ों के बावजूद वे सलमान रुश्दी की "शैतानी आयतों को सभी मुस्लिम या भारत को छोड़कर दूसरे गैर-मुस्लिम देशों में प्रतिबंधित नहीं करा पाए..."

मुसलमान हो या हिंदू, दोनों को ही इस शेखचिल्ली स्वप्न और धमकी से मुक्ति पानी होगी कि वे पाकिस्तान, बंगला देश या किसी और मुल्क में चले जाएँगे। ज़बानी रूप से कोई कितनी भी सहानुभूति दिखाता रहे, आज कोई देश इस स्थिति में नहीं कि पच्चीस-पचास लाख लोगों को अपने यहाँ लाकर बसा लेगा या वे वहाँ जाकर सुख से रहेंगे। बंगला देश से तो अपनी ही जनसंख्या नहीं संभल पा रही, लाखों लोगों को वह हमारे यहाँ उलीच रहा है, वह यहाँ के हममजहबियों को कहाँ संभाल पाएगा ? दस-बीस हजार नौकरियों में चले जाएँ, वह बात दूसरी है। यह रास्ता भी संभव नहीं है कि उन्हें पाकिस्तान की तरह हिंदुस्तान में ही दूसरा द्वीप मिल जाए। एक तो हिंदू ऐसा नहीं होने देंगे, फिर वे यहाँ की सामाजिक जिंदगी में इतनी दूर तक घुले-मिले हैं कि पंजाब और असम की तरह उनका कोई अलग क्षेत्र नहीं है। आबादी का स्थानान्तरण एक नए गृह-युद्ध और कत्लेआम को जन्म देगा...फिर, हिंदू भी इस बात को जानते हैं कि आज के बारह करोड़ मुसलमान बाहर से ही नहीं आए—उनमें से साठ प्रतिशत उनकी अपनी वर्ण-व्यवस्था की देन हैं। ऊपरी जातियों के नृशंस और दानवी अत्याचारों से मुक्ति के रूप में उन्होंने इस्लाम अपनाया है। आज अगर असम-बंगाल में दलित-समस्या उस रूप में नहीं है, तो इसका एकमात्र कारण ही यह है कि वे लगभग सभी मुसलमान ईसाई बन गए हैं। आज भी वर्ण-व्यवस्था की कृपा से सारे देश में यह सिलसिला जारी है। सवर्ण हिंदू-उन्माद इस प्रक्रिया में और घी डालेगा। सवर्ण हिंदुओं यानी ब्राह्मणवादी पुजारी महंतों के जादू का दैत्य जितना ही

खूँखार होता जाएगा, दलित और नीची जातियाँ अपने बचाव या समानता का अधिकार माँगने के लिए वर्ण-व्यवस्था से उतनी ही दूर छिटकती जाएँगी। सभी धर्म-परिवर्तन नहीं करेंगे—हो सकता है, कल वे मुसलमानों से मिलकर मजबूर करें कि अपना अलग 'सवर्ण-स्वर्ग' लो और हिंदुस्तान में हमें बराबरी से रहने दो। बहरहाल, आज वास्तविकता यह है कि हिंदू और मुसलमान—दोनों जानते हैं कि इसी देश में उन्हें रहना है और कहीं कोई दूसरा विकल्प नहीं है। इस सच्चाई को वे आज समझ लें या पच्चीस-पचास हजार जानें गँवाकर इस नतीजे पर पहुँचें कि मजहब आज न अर्थशास्त्र से बड़ा है, न भौगोलिक सीमाओं से और न अपनी-अपनी राष्ट्रीयता से ...यही देश और यही राष्ट्र उनकी नियति है...इसलिए देर-सवेर उन्हें अपने धार्मिक और सामाजिक रवैयों को राष्ट्रीयता के संदर्भ में बदलना ही होगा...

राष्ट्रीय धार्मिकता की बात आज न पहली बार कही जा रही है, न हवा में कही जा रही है। पूर्वी बंगाल, केरल, तमिलनाडु को छोड़ भी दें, तो बाली-जावा-सुमात्रा का मुसलमान वह नहीं है जो इमाम बुखारी या शहाबुद्दीन सिद्ध करना चाहते हैं। वह वहाँ की सांस्कृतिक-सामाजिक ज़िंदगी का हिस्सा है। रामायण-महाभारत की कहानियाँ उसकी अपनी विरासत भी हैं। अपनी आत्मकथा में सुकर्ण गर्व से अपने नाम के स्रोत का बखान करता है। यह वही सुकार्नो है जो दसियों बरस विश्व इस्लामी संगठनों का अध्यक्ष रहा है। उत्तर भारत के मुसलमानों का यह राष्ट्रीय बोध हमें सबसे पहले साहित्य और संस्कृति में दिखाई देने लगा है। चूँकि इस्लाम में नृत्य, संगीत और चित्रकला की अपनी कोई परंपरा नहीं थी, इसलिए उनके पास इसके सिवा कोई विकल्प ही नहीं था कि वे इनके राष्ट्रीय स्वरूपों के साथ ही अपने-आप को जोड़ें। सूफियों ने तो यह काम सदियों पहले शुरू कर दिया था। आज भी मुसलमान उस्तादों को भारतीय संगीत कहीं भी गैर-इस्लामी नहीं लगता, बल्कि इस संगीत के तो एकमात्र संरक्षक और संवर्धक ही वही हैं, वरना भारतीय फतवेबाज मुल्लाओं के हिसाब से (बाहर का मुझे नहीं मालूम) तो संगीत के नाम पर नात, नोहाख्यानी और कव्वाली ही शरीयत सिद्ध हैं या चित्रकला का एकमात्र अर्थ है कुरान की आयतों के अरबी अक्षरों को बेहद कलात्मकता और खूबसूरती से सजाना...बाकी तो कुफ्र है ही...

यह सांस्कृतिक संघर्ष सबसे अधिक उजागर हुआ साहित्य में। मुसलमानों के पास फारसी की समृद्ध और उन्नत परंपरा थी और फिरदौस या शेख सादी जैसे दिग्गज रचनाकार थे। 'शाहनामा' जैसे ग्रंथ इस्लाम से पहले के थे, मगर उन्होंने उन सबको ठीक उसी तरह 'अपना' बना लिया था, जैसे सुदूर पूर्व के द्वीपों में रामायण-महाभारत की कथाओं को अपनाया गया। शायद उन्हें भी अंतर्द्वंद्वों, अंतर्विरोधों और भीतरी-बाहरी संघर्षों से गुज़रना पड़ा हो, जिनसे आज पाकिस्तान गुज़र रहा है और समझ नहीं पाता कि सन् 47 से पहले या इस्लाम के भारतीय आगमन से पहले के सांस्कृतिक-सामाजिक या पुरातात्विक इतिहास का क्या करें। मंदिरों के आविष्कार

के सिलसिले में जिस तरह भारतीय जनता प्रमाण-निर्माण कर रही है; हो सकता है, उसी तरह पाकिस्तान में तक्षशिला और मोहनजोदड़ो को भी इस्लामी इतिहास से जोड़ने के प्रयास चल रहे हों—'मोहन' शब्द तो वैसे भी 'मोहम्डन' या 'मोमिन' के पास पड़ता है। शब्दों की ऐसी समान ध्वनियों के आधार पर पूरा सिद्धांत खड़ा करने की बाजीगरी में 'हिंदू इतिहास विशेषज्ञों' से बहुत मदद मिल सकती है, जो 'माया' जैसे शब्दों के आधार पर 'मोक्षग्रह' (मैक्सिको) को अपना उपनिवेश बनाने की कला में माहिर हैं। बहरहाल, विचार से लेकर वेशभूषा तक, पाकिस्तान अभी इसी द्वंद्व से गुजर रहा है कि अपना और स्थानीय अपनाएँ या अमेरिकनी डॉलर की तरह इस दिशा में 'ईरान' से उधारी में 'अपनी राष्ट्रीय अस्मिता' खोजें—अरबों की तरह बुर्का-चोंगा लें या सिर पर चादर और स्कार्फ डालें या लंबे सलवार-कुर्ता अपनाएँ। कोट-पैंट-टाई पहनकर अपने को सीधे इंग्लैंड से इम्पोर्टेड या अंग्रेजों के नाती-पोते घोषित करने की मानसिक गुलामी इतनी आसानी से कैसे जाएगी ? सुनते हैं, एक बार भूतपूर्व पाकिस्तान अध्यक्ष ज़ियाउल हक से किसी ने पूछा कि आपकी 'पैन एम' एयरलाइन में एयर होस्टेस साड़ी पहनती है, यह कैसे इस्लामी है ? ''साड़ी पर हिंदुओं की बपौती नहीं है, वह हमारी अपनी ड्रेस है, मोहनजोदड़ो और हड़प्पा काल के प्रमाण हैं कि यहाँ महिलाएँ तब भी साड़ी पहनती थीं...''

तो बात साहित्य में चलने वाले इस अंदरूनी संघर्ष की हो रही थी। वहाँ सैकड़ों सालों से परंपरा थी कि किसी भी भारतीय हवाले (एल्यूज़न्स) का ज़िक्र गैर-इस्लामी है। डेढ़-दो सदी उर्दू शायरी उन पेड़-पौधों, फूलों-खुशबुओं, पशु-पक्षियों या शहरों-स्थानों पर ही निर्भर करती रही, जो सिर्फ इसलिए इस्लामी थे कि भारतीय नहीं थे...हिंदुओं के दुष्प्रभाव से बचने के ज़ोम में वहाँ हर भारतीयता से बचा जाता है। देशी आबोहवा, फलोरा-फौना (पेड़-पौधों) से कटी हुई इस शायरी की अपनी एक अलग ही आत्मनिर्भर दुनिया थी और भारतीय मुसलमान उसी गुलोबुलबुल में बने रहने को असली अदबी शऊर मानता था। रतननाथ शरसार, चकबस्त और फिराक जैसों ने जब हिंदू या भारतीय संदर्भ दिए, तो ऐसी हाय-तौबा मची कि खुदा की पनाह ! वे उर्दू अदब को गंदा कर रहे थे, मगर विभाजन के बाद उर्दू शायरी इन अरबी-फारसी तौक तमगों से मुक्त होकर भारतीय या पाकिस्तानी होने लगी और उसमें यहाँ के पेड़-पौधे, नदी-आसमान, पहाड़-झरने उभरने लगे। हालाँकि यह परंपरा भी पुरानी ही थी—मीर और नजीर अकराबादी तो ठेठ 'देसी' शायर थे। राही मासूम रजा ने 'तिलिस्मे होशरूबा' पर लिखे अपने शोध-प्रबंध में सिद्ध किया कि इन किस्तों में आए नदी-पहाड़, जंगल-खेत या पशु-पक्षी अवध क्षेत्र के अपने हैं। सिपाही-शहजादे भले ही अरबी-फारसी हों, मगर उनके गहने-कपड़े सब 'भारतीय' हैं। मुसलमान शायरों के इस खंडित व्यक्तित्व और अंतर्विरोध को सबसे अच्छी तरह 'जोश' मलीहाबादी में समझा जा सकता है। पाकिस्तान जाकर उन्होंने आत्मकथा लिखी, 'यादों की

बारात'। उसमें अवध की अमराइयों, फूलों-फलों, खेत-खलिहानों को वे जिस ललक या 'नॉस्टेल्जिया' से बेहद विस्तार से याद करते हैं, उसे पढ़कर लगता है कि जिस व्यक्ति की रग-रग में इस तरह हिंदुस्तान बसा हुआ है, वह अचानक शायरी में कैसे अपने को कहीं स्थानांतरित कर सकता है ? स्वतंत्रता से पहले के लगभग सारे उर्दू शायरों की संवेदना इसी तरह खंडित और बँटी हुई दिखाई देती है। फारसी 'लालाशेरुख' से उतरकर बेला-चमेली के फूलों या नीम और आम के बौरां तक आना सचमुच उनके लिए बड़ा क्रांतिकारी कदम रहा होगा...आज का तो शायद ही कोई शायर हिंदूकुश के पार परवा करता हो—मानसिक रूप से यही राष्ट्रीय होना है...बंगला में तो यह तत्व शुरू से रहा है...

6 दिसंबर 92 की इस बड़ी घटना के परिप्रेक्ष्य में भारतीय मुसलमान को राष्ट्रीयता की अपनी हदें अपने ही मानसिक और बाहरी भूगोल और जिंदगी की अपनी शर्तों के संदर्भ में तय करनी होंगी। खतरा यह है कि 'हिंदुत्व' के बढ़ते हुए सर्वग्राही उन्माद में 'अपनी पहचान' या अपने 'खतरे में पड़े मज़हब' को बचाने के लिए वह प्रतिक्रिया में और अधिक अंतर्राष्ट्रीय न हो जाए और अरब-अमीरात, पाकिस्तान या ईरान-इराक से सहायता की गुजार लगाने को ही 'मुसलमान' होना मान ले या उम्मीद लगाए रहे कि वे ऐटम बम डालकर इन काफ़िरों को नेस्तनाबूद कर देंगे। यह हिंदू सांप्रदायिक बुनियादपरस्ती को और भी आक्रामक या खूँखार बनाएगा। हिंदू राष्ट्रवाद के खिलाफ इस मोड़ पर भारतीय राष्ट्रीयता का विकल्प आज भारतीय मुसलमान ही दे सकता है। तब वह देखेगा कि वह अकेला नहीं है, हम साथ हैं। पूरा भारतीय राष्ट्र उसके साथ है, क्योंकि बनैले सवर्ण सामंतवाद के इस नरभक्षी राक्षस से खतरा सिर्फ उन्हें ही नहीं, हमें भी है और शायद उनसे ज्यादा है, क्योंकि हमें तो वे कमजोर बीवी की तरह घरों में बंद करके मुँह बाँधकर मारेगा और 'व्यक्तिगत मामला' कहकर पड़ोसी चुप्पी लगा जाएँगे...कोई कुछ नहीं बोलेगा।

सवर्ण सामंतवादी सांप्रदायिकता सिर्फ एक ही वर्ण को शीर्ष पर रखती है। बाकी सब तो धर्म और शास्त्र की शराब पिलाकर 'उनके लिए' लठैतों की तरह इस्तेमाल किए जाते हैं। भारतीय मुसलमानों को इस षडयंत्र के शिकार हुए लोगों से जुड़ना होगा, ताकि वह खुलकर कह सकें कि 'पाकिस्तान' कब्रिस्तान या किसी भी 'स्तान' में जाना होगा, तो वह आप ही जाएँगे। जिस समय और समाज को आप समझते ही नहीं हैं, वहाँ क्यों गदर मचा रहे हैं। जरा वहाँ जाकर अपनी अमोघ आध्यात्मिक शक्तियों का प्रयोग दिखाइए। हमें बेवकूफ बनाकर क्यों हमारी छातियों पर सवारी गाँठ रहे हैं !

['हंस', फरवरी 1993]

हम न मरहिं, मरिहै संसारा...

ऊपर दिए समाचारों की तारीखों में तीस सालों का अंतर है, मगर समाचारों का स्रोत एक ही व्यक्ति है—मनमोहन ठाकौर...देखा आपने, यह व्यक्ति किस तरह विष्णु के सुदर्शन-चक्र की तहर मेरी जान को लगा है—ठीक उसी तरह, जैसे 'ला-मिज़राब' उपन्यास में नायक ज्यां-वलू-ज्यां के पीछे लगा इंस्पेक्टर जैवर्ट जिंदगी के हर मोड़ पर उसके सामने आ खड़ा होता था। व्यवस्था का प्रतीक जैवर्ट भी था, मनमोहन ठाकौर भी है और यह 'व्यक्ति' मुझे हर बार मारता रहा है, कभी फ़रार बताकर, तो कभी दुर्दांत डाकू करार देकर...इन दोनों के लिए मैं एक शब्द देना चाहूँगा—'बागी'। वह भूल जाता है कि राजेन्द्र यादव नाम का व्यक्ति न ट्रेन-दुर्घटना से मरता है, न पिस्तौल की गोली से, न मंडल की गाली से और न किराये पर भेजे गए पर्वतेश मवाली से...क्योंकि वह भी तो एक प्रतीक है...जिसके लिए कभी कबीर ने कहा था, "हम न मरहिं, मरिहै संसारा..." या भगवतीचरण वर्मा ने फ़र्माया था, "तुम नश्वर हो, जग नश्वर है—बस, मैं हूँ केवल एक 'अमर'..."

मगर जहाँ तक व्यक्ति का सवाल है, तो एक इकबाल मैं आज किए ही लेता हूँ—खुदा को हाजिर-नाजिर जानकर कि अगर मेरे छः-सात शत्रु न हुए होते, तो अपनी शारीरिक अनुपस्थिति का आश्वासन मैं आपको बहुत पहले ही दे चुका होता। ऊपर से मैं चाहे जो कुछ भी क्यों न कहता रहा होऊँ, मगर वस्तुतः मैं अपने 'न होने' का अवसर और 'सुख' उन्हें नहीं देना चाहता था। यह कहीं उनकी दुरभिसंधियों को सफल न होने देने का पैंतरा भी था कि हम सब 'पहले आप, पहले आप' के तकल्लुफ ही दिखाते रहें। सच बात तो यह है कि हम सब उम्र के जिस पड़ाव पर पहुँच गए हैं, वहाँ तकल्लुफ की बहुत गुंजाइश नहीं है और कभी भी टिकट कट सकता है। अजीब ट्रेन है और अजीब टिकट है। न यह मालूम कि ट्रेन क्या है और न यह पता कि टिकट कहाँ का है...बस, हम हैं, ट्रेन है, स्टेशन है और यात्रा है—सब कुछ पीछे छूटता हुआ। एक नकाबपोश-सा टी.टी है, जो न जाने कब अचानक नमूदार

होता है, आपका टिकट देखता है, रहस्यमयी मुद्रा में 'हाँ' या 'ना' कहता है और गायब हो जाता है। आप मुड़कर देखते हैं, तो पाते हैं कि आपका सहयात्री किसी स्टेशन पर चुपचाप उतार दिया गया है या खुद आप ही किसी धुंधभरे गुमनाम प्लैटफॉर्म पर अकेले खड़े हैं और ट्रेन चली गई है...

तो दोस्तो, अगर मेरे ये 'षड्रिपु' न हुए होते, तो मेरी मौत का यह मंगल-हादसा बहुत पहले ही घटित हो चुका होता। आप जानते ही हैं कि मरघटों के साथ कुछ अजीब डरावनी तस्वीरें हम सबकी चेतना में बहुत गहरे बैठी हुई हैं...जैसे साँप की तरह एक मटमैली नदी, मनहूस और उजाड़ पीपल-पाकड़ के पेड़, लाखों साल पुराने कछुओं जैसे बेडौल टीले, कुछ पेड़ों की नंगी शाखों पर धुस्सा दिए सिकुड़े बैठे चौकन्ने गिद्ध, अदृश्य जगहों से पृष्ठभूमि संगीत देते सियार, कुंडली मारे राख में सोते कुत्ते ...हम जैसे मुलायम दिल तो सिर्फ इसीलिए अपना मरना स्थगित किए जाते हैं कि कहीं इनके हाथों न पड़ जाएँ...मालूम हुआ, ठुमकते हुए एक गिद्ध साहब आए और आपकी आँखें निकालकर चलते बने, कौवे आपके आस-पास गरबा नृत्य करते हुए अपने यार-दोस्तों को न्योत रहे हैं कि आओ, दावत शुरू करें; सियार-कुत्तों को कोई लेना-देना हो या न हो, तरह-तरह की आवाज़ें निकालकर ख़ामखाँ एक शास्त्रीय (क्लासिकल) वातावरण बनाए हुए हैं। अजीब हास्यापद और आपत्तिजनक मंज़र पैदा हो जाता है, जैसे आप मरे नहीं हैं, किसी फिल्म की शूटिंग हो रही है और डायरेक्टर कभी भी 'कट-कट' करता हुआ रि-टेक या पैकअप का आदेश दे सकता है। ऐसे में तो कोई भी खुद्दार आदमी उठकर कह सकता है : नहीं साहब, नहीं, हम इस तरह मरने से इन्कार करते हैं। बोलो, ऐंचों, ये भी कोई मरना हुआ...आखिर हम मर ही तो रहे हैं, अनुच्च गिरिराज की तरह शवसान का प्रदर्शन तो नहीं कर रहे ...न जमूरे की तरह या अजित कुमार के 'उल्लू के पट्ठे' की तरह उठकर हमें सबसे पैसे माँगने हैं...

अगर आप यह 'सुख' चाहते ही हैं, तो बेचारे दिवंगत को गरिमा से मरने दीजिए ...न जाने कितने दशकों से हम इस गरिमा से मरने की तस्वीर में ही तो रंग भरते रहे हैं। हर आस-पास मरने वाले को देखकर या बड़े-बड़े सियारों की तरह शहर की तरफ़ दौड़कर 'दिल्ली में एक मौत' नुमा कहानियों से इस 'मरने की तस्वीर' के संशोधित-परिवर्द्धित संस्करण निकालते रहे हैं। मूल तस्वीर तो इतनी ही है कि रात को हल्की दारू के नशे में, इस पतन पर पत्नी की मूक या मुखर भर्त्सना के संत-सहन के साथ भोजन किया, दूरदर्शन पर अंग्रेजी समाचार देखे; फिर किसी बहस, सीरियल या 'न्यूज दिस वीक' के दौरान झपकियाँ लीं, हारकर उठे, स्विच बंद किए, ताले-कुंडी जांचे, ब्रश किया, लेटकर कोई किताब-पत्रिका देखते-देखते गुड़प हुए और पता लगा, सुबह उठे ही नहीं...

'उठे नहीं' यानी वहीं सोये (या पड़े) हैं। और अलग खड़े देख रहे हैं, चकित

और दुखी हैं कि कब जाकर साली यह 'लेखकीय तटस्थता' हासिल हुई है—घरवालों पर पहला धक्का, रोना-धोना, फोना-फानी; सूचनाएँ और भागदौड़... जिसको खबर मिलती है, उसकी प्रतिक्रिया...''अरे, कल ही तो मिले थे...'' संस्कार कब है ? इलेक्ट्रिक या निगम-बोध ? हाँ, हाँ पहुँचना तो पड़ेगा ही...अब आप अपने यहाँ भी हैं और हरेक के साथ भी। दूरदर्शन, अखबारों के कवरेज पर भी आपका ध्यान है और शोकाकुलों या तसदीकियों के आने-जाने पर भी...'सही' समय, मौसम और अवसर हो, तो कितने लोग जमा हो जाते श्मशान भूमि में ? आपको मालूम है, कौन-कौन साहब कहाँ-कहाँ होंगे, कौन घर आएगा, कौन सीधे पहुँचेगा...किसको कहाँ से दारू-पार्टी में जाना है और किसको शादी, अभिनंदन, विमोचन या जन्म-दिन पर ...कोई बड़ा नेता-राजनेता तो आएगा नहीं, सबको ही तो आप गालियाँ देते रहे हैं अपने सत्ता-विरोध के ज़ोम में...अहमदाबाद से लौटने और कलकत्ता जाने के बीच के घंटों में ओशो नामवर तो लिफ़्ट न मिलने के कारण आ नहीं पाएँगे, बिना लिफ़्ट या सीढ़ी के बाथरूम तक नहीं जाते...कह देंगे, खबर ही नहीं लगी...अजित रेडियो की रिकॉर्डिंग से दौड़े-दौड़े आएँगे और किसी 'कोल्हू', 'रहट' उपनामी या 'सैयां के पैंया परूं'—छाप कवि का इंटरव्यू लेने वापस दूरदर्शन भागेंगे...बहुस्तरीय पापी पेट का सवाल...वी.आई.पी. प्लैटफॉर्म भी आपको नसीब नहीं होगा। इधर-उधर किसी कोने-किनारे ही आपकी चिता सजेगी। हो सकता है, आपके मन में यह विरोध भी उठे कि मैंने तो 'विद्युत शवदाह-गृह' के लिए कहा था...ये कम्बख्त कहाँ ले आए ...मगर वहाँ तो जगह कम है। ज़्यादा लोग आ गए तो ? अजी, कोई ज्यादा नहीं, दस-बीस आ जाएँ, वही गनीमत है...कौन-से आप पंकज बिष्ट-नुमा किसी साहित्यिक खाड़कू के हाथों शहीद हुए हैं, अपनी मौत ही तो मरे हैं। उम्र भी तो हो गई थी। अब नहीं मरते, तो क्या मोरारजी बनकर जिंदगीभर आवारा मसीहाई करते, देश की छाती पर ही मूंग दलते रहते... ? बहरहाल, आइए; अब जरा शोक-सभा का नज़ारा लिया जाए...

और मेरा 'डर' यहीं से शुरू होता है...अखबारी श्रद्धांजलियों या शोक-सभाओं में ही लोगों को वह मौका मिलेगा, जो आप जीते-जी उन्हें कभी नहीं देना चाहते थे। जिंदगी-भर साहित्यिक मूल्यों की माँ की ऐसी-तैसी करने वाला या भाड़-झोंकू कहने वाला आपकी उपलब्धियों, योगदानों, मौलिक महत्त्वपूर्ण चिंतन का बखान करेगा; 'हंस' में महिलाओं पर विशेष-कृपा करने का आरोप लगाने वाला, आपके मन में नारी-जाति के प्रति महान सम्मान का नाम देगा और न जाने किस-किस क्षेत्र में अपूरणीय क्षति के ब्योरे देगा या 'हमारे साथ जो-जो किया है, उसके बाद तो राजेन्द्र जी को मरने से कौन बचा सकता था' का रमेश उपाध्यायी या 'मैं तो चालीस साल पहले ही जानता था कि इसका, राकेश-कमलेश्वर या मेरे सारे दुश्मनों का यही होना है' का अश्कीय भाव ओढ़े अधिकतर साहित्यकार शोकाकुल बने अशोक (वाजपेयी)

निंदा में व्यस्त इधर-उधर टहलेंगे...कहानी, समीक्षा, राजनैतिक पत्रकारिता, अपने महत्त्व पर खुद शेखी-भरी अफवाहें फैलाने, फिल्म-लेखन, दूरदर्शन, फ्लैट दबोचने, झूठ बोलने के कीर्तिमान स्थापक, प्रेमिकाबाजी में जड़-मूल से महान क्रांतियाँ पैदा करने वाला कमलेश्वर, मनगढ़ंत लतीफे, वार्तालाप या घटनाएँ या दूसरों की नीचताएँ, कमीनापन उजागर करते हुए सिद्ध करेगा कि "कहाँ मैं, जिसे गोर्बाचोब अपना राजनैतिक और रीगन अपना साहित्यिक सलाहकार बनाने के लिए एड़ियाँ रगड़ते मर गए, और कहाँ यह टुच्चा दिवंगत..." इसकी डायरी या अधूरी रचना हाथ पड़ने दो, फिर उसमें ऐसी आधारशिलाएँ भरकर दिखाता हूँ कि याद करेगा...बाल ठाकरे मेरा दोस्त है, उसके सैनिक सारी नींव-दीवारें खोद डालेंगे, शैलेश मटियानी को यह दूसरा आघात होगा, मगर आत्मनियुक्त शंकराचार्य का पद कैसे छोड़ेंगे..." राष्ट्र, कानून, संविधान, मानवता तो बहुत ऊँची बातें हैं, मगर मैं सच कहता हूँ कि राजेन्द्र जी को न साहित्य की समझ थी, न भाषा की...लेखन और संपादन का तो ककहरा भी वे नहीं जानते थे। मनुस्मृति जैसे महान और शाश्वत ग्रंथ की एक पंक्ति भी जी लेते, तो बाल्मीकि और कालिदास के बाप हो जाते...मुझे अफसोस यही है कि जिंदगी-भर मैं उन्हें नहीं समझा पाया कि सैकड़ों वर्षों से जो पहाड़ी लड़कियाँ दिल्ली, बंबई, कलकत्ता के वेश्यालयों में लाखों की संख्या में आती रही हैं, इस सबके लिए वे खुद जिम्मेदार हैं, वहाँ भी राजेन्द्र जी सामाजिक-राजनैतिक या सामंती सवर्ण शोषण ही देखते रहे...मैं फिर कहता हूँ कि दलित नाम की कोई चीज़ नहीं होती, वह सिर्फ एक मानसिकता है—जिस तरह मारने वाला नहीं, मरने वाला ही स्वयं अपनी हत्या का जिम्मेदार होता है; उसी तरह दलित अपनी अशिक्षा या दयनीयता के लिए स्वयं जिम्मेदार है...या जिम्मेदार हैं, वे परिस्थितियाँ जिनका निर्माता स्वयं भगवान है..." गिरिराज किशोर की व्यक्तिगत स्पर्द्धा, नई कहानी गिरोह द्वारा अपनी जायदाद पर डाका डाले जाने की खुंदक अब किसके सहारे परवान चढ़ेगी, "हमेशा अलग और नए ढंग से सोचता था, जिसे मैं अनैतिक, अधार्मिक समझता हूँ, वही सब करता था, गांधी के प्रति अपेक्षित श्रद्धा न होने से ही मारा गया, मगर कुछ कहिए, बोल्ड था और बड़े से बड़े तीसमार खां को ठेंगे पर रखता था। कम्बख़्त में इस उम्र में भी ऐसा चुंबक था कि महिलाएँ प्रभावित हो जाती थीं...कृष्ण का कुछ अंश तो जरूर रहा होगा..." गहरे प्यार और सम्मान को क्रमशः घृणा और उदासीनता में बदलने की प्रक्रिया से गुज़रते सेवाराम शर्मा सात्विक रिलीफ और विष्णुकांत शास्त्री गैरिक उदासी से कहेंगे, "हिंदू धर्म और संस्कृति की महानता और दिव्य गरिमा को देख सकने में राजेन्द्र जी असमर्थ थे, इसलिए आत्मा की मुक्ति से वंचित ही रह गए ...उनमें न देवी-देवताओं के प्रति आस्था थी, न ऋषिकल्प भारतीयता के प्रति...सिर्फ प्रयोग के लिए इनमें एक बार ईमान लाते, तो काफी ऊँचाई तक जाने की क्षमता जरूर थी। मंडल-कमंडल जैसी नकली, झूठी और भौतिक बातों में समय बर्बाद न

करके आध्यात्मिक मूल्यों और भक्ति की तुरीयताओं को आत्मसात करते, तो शायद उनकी उपलब्धियाँ बहुत महान होतीं...'' पतित व्यक्ति के प्रति परम धर्मनिष्ठ हिंदू जैसी सात्विक करुणा असाध्यता के निरुपाय और विवश-उद्वेग से उच्छ्वसित हो उठता है, ठीक उसी भाव-स्थिति में शर्मा जी के मुँह से निकलेगा, ''भगवान, राजेन्द्र जी की आत्मा को मुक्ति देना। क्षमा करना, वे खुद नहीं जानते थे कि वे क्या कर रहे हैं और कहाँ गिरे-पड़े हैं...आमीन''...फिर अचानक स्वयं ही चौंककर चुप हो जाएँगे कि कहीं पास खड़ी सरयू जी को प्रभावित करने के चक्कर में मैं किसी फादर की ही भाषा तो नहीं बोलने लगा...मगर फादर की भाषा बोलेगा भीष्म...बहू-विरोधी सास की तरह युवा प्रतिभाओं का यह शत्रु, गमगीन और मिस्कीन चेहरा बनाकर कहेगा, ''यार, मुझे तो तब सूचना मिली, जब मैं होनोलूलू में साहित्य पर पाँच लाख का पुरस्कार लेकर टिम्बकटू में मिनी शंकराचार्य का फिल्मी रोल करने गया था...मैं उसका लिखा देख तो नहीं पाया, मगर आदमी तो अच्छा ही था, पढ़ता भी बहुत था। शीला से कहूँगा कि उसकी किताबें पढ़कर मुझे बता दे...'' मगर संतमुखी इस शैतान की भीतरी शिकायत यही होगी कि समय-असमय फ़ोन से अब अश्लीलतम पंजाबी चुटकुले किसे सुनाएगा या हाथ मिलाते ही उँगली से हथेली पर गुह्य इशारे किससे करेगा...

जिंदगी-भर हरेक को अपनी शर्तों के अनुकूल न बना पाने की खिन्न विफलता से क्षुब्ध महिलाएँ हमेशा की तरह मेरी शोक-सभा में भी चुप रहेंगी, मगर पुरुषों के मुकाबले मेरे 'हरामीपने' को बहुत जल्दी क्षमा करके मन ही मन उदात्त करुणा से भर उठेंगी—आदमी शायद उतना बुरा नहीं था, जितना वे लोग माइक पर बता रहे हैं, बल्कि इसीलिए अच्छा ही था। मगर खुद बोलेंगी कुछ नहीं—जीवनसाथीनुमा घुन्ना यही न सोच बैठे कि कहीं ये कम्बख्त दिवंगत को सचमुच ही तो पसंद नहीं करती थी। अब सभी तो शोभना भूटानी या पद्मा सचदेव की तरह मुँहफट होती नहीं हैं कि दस आदमियों के बीच कह दें कि कौन उनके लिए क्या भाव रखता था, या कैसे प्रेमपत्र लिखता था। इतना श्रद्धास्पद बनने के लिए हमने कोई हरकत की नहीं कि शिवानी जी के 'गुरुदेव' की तरह हर साँस में हमारा हनुमान चालीसा पढ़ा जाए ...वैसे भी, मुँह से चाहे जो कहती रहें, महिलाएँ बड़े से बड़े तीसमार खां के लिए श्रद्धा-व्रद्धा नहीं रखतीं, बड़े-बड़े श्रद्धेयों की असलियत वे जानती हैं—हाँ, कभी-कभी वात्सल्य का भाव आ जाता हो, यह बात दूसरी है...आखिर अनामिका, विमल और उसके पुत्र पर या क्षमा, सुधीश पचौरी की लम्पटताओं पर लाड़ ही तो बरसाती रही हैं...

इस प्रकार आपके न रहने से सारे साथी लेखक-पुरुष सुखी, मुक्त और निश्चिंत होंगे और सारी नारियाँ प्रतिक्रियाविहीन रहेंगी, मन्नू भले ही आत्मतर्पण के बहाने आपका तर्पण कर दे—यानी कुल मिलाकर राजेन्द्र जी, आप परम क्लासिकल पानी के बुलबुले की तरह ही 'अनलैमेंटेड' (स्यापाहीन ?) यानी 'दो गज ज़मीं भी न मिली'

की हसरत में ही मुल्के-अदम की तरह कूच करेंगे और काल का झाड़ू अगले दिन आपका और आपकी महान रचनाओं का कूड़ा-करकट झाड़-बुहार देगा—बोल सियावर रामचन्द्र की जै...

अब यहाँ विचार या अफसोस का मुद्दा यह है कि जब आप अपनी नियति इतनी चित्रात्मक स्पष्टता से जानते थे, तो क्यों इस मुग़ालते की जुगाली करते रहे कि कोई मीर बाकी आपके नाम की बाबरी-मस्जिद खड़ी कर देगा ? या जब तक आपकी स्मृति में अशोक की लाट तैयार नहीं होगी, आप मरने की मेहरबानी करके ही नहीं देंगे ? क्यों सारी ज़िंदगी दूसरों को कोंचते और अपने-आप को नोंचते रहे ? वैसे भी, आपके पास था क्या, जिस पर महान उपलब्धियों की खुशफहमियाँ पालते रहे ? हमेशा से कब्ज के मरीज, एक पाँव से लाचार, एक आँख लगभग बेकार, बुद्धि-वंचित यदुकुल में जन्म, विशारद-साहित्य-रत्न की मार्फत बी.ए., देश की फटीचर जबान में एम.ए., याददाश्त के नाम पर अंडा, साधारण से डॉक्टर के बेटे, दस भाई-बहनों में सबसे बड़े—न पैसा, न प्रभाव...फिर आप क्यों और किस बूते पर साहित्य की ऐसी दुनिया में आ गए, जहाँ एक से एक फ़न्ने खां दंड पेल रहे हों ? माना कि आपने जो गुण गिनाएँ हैं, उनमें से ज़्यादा में आपका चुनाव नहीं था, मगर अपनी उन सीमाओं को स्वीकार करके चुपचाप किसी कोने में पड़े टीचरी या कम्पाउंडरी करते नहीं रह सकते थे ? कम से कम गुरुवर पं. जगन्नाथ तिवारी को यही संतोष रहता कि बेचारे को एक ठीया दे दिया। आखिर किस हवा और हिमाक़त में आप आगरा से कलकत्ता और कलकत्ता से दिल्ली की खाक छानते रहे ? किया होगा आपके हमवतनी ग़ालिब ने यही सब, मगर जनाब, उसके पास प्रतिभा थी, लियाक़त थी और उसकी ज़बान शाही सम्मान से नवाज़ित थी...गदहपचीसी की कच्ची उम्र में दूसरे जिस हीरो से आप अपने-आप को जोड़ते रहे, वह चेखव, कहानी का राजा भोज था और आप गंगू तेली की परछाईं भी नहीं। कहीं आपके न चाहते या जानते, लॉर्ड बायरन तो आपके भीतर नहीं घुस बैठा था ? मगर हुजूर, वह लॉर्ड था, शाही खानदान से था और डेयर-डेविल (धांसू) था। न आप वैसे यूसुफ, न रईसजादे...कुल मिलाकर सारी ही बातें तो आपके खिलाफ़ थीं...

अब जब 'पकड़' ही लिये गए हो, तो सारी बातें खुद सच-सच स्वीकार कर लो, वरना फिर साहित्य के यमदूतों के आगे झख मारकर स्वीकार करनी होगी...आरोप या सवाल यही है कि वह कौन-सी हल्दी की गाँठ थी कि आप लेखन का 'कारे-दराज़' लेकर आ बैठे और साहित्यिक खुदाओं को ललकारते रहे...

लोग तकल्लुफ, प्रशंसा या मुँहदेखी में चाहे जो कहते रहें; लगन, इच्छा-शक्ति या संकल्प, मगर इस बात को आपके सिवा कोई नहीं जानता कि आपके पास एक ही पूँजी या प्लस-पाइंट था और वह थी— ज़िद। इस बात की ज़िद कि इस ज़ालिम जमाने में कोई किसी की शक्ति नहीं बनता, गॉड फादर भी चेले की संभावनाएँ देखते

हैं और कोई तपस्या किसी देवता से वरदान नहीं निचोड़ सकती; जो भी कुछ पाना है, सिर्फ़ अपने बल पर ही पाना है ! कहा नहीं जा सकता : यह तत्त्व आपके भीतर विपरीत परिस्थितियों की चेतना, उसमें अपने अस्तित्व की सुरक्षा और बनैली जिजीविषा से आया था या जिद्दी बाप से विरासत में मिला था...मगर सारी उदारता और मानवीयता के बावजूद बाप की ज़िद, दिए गए सामंती मूल्यों से जुड़ी थी, इसलिए उसे वह सही मानता था और उस पर टिके रहने को ही नैतिक दृढ़ता समझता था। नतीजे में वह आत्महंता ज़िदों में शहीद हो गया। पुराने किस्म के वह उन बहादुर लड़ाकुओं में था, जो अपनी छोटी-सी गढ़ी को ही अभेद्य या दुर्जेय समझते हैं और वहाँ से सारी दुनिया को ललकार डालते हैं या आत्मरक्षा को ही सत्य की रक्षा मानकर लड़ते हैं, क्योंकि 'सत्य' हमेशा उन्हीं के साथ होता है। यानी दूसरे 'सत्यरक्षक' के हाथों मार दिए जाते हैं, मगर समझते हैं कि आन के लिए मर मिटे हैं। वे सामंती अंतर्विरोधों पर कभी कोई सवाल नहीं उठाते, क्योंकि वे ही सही होते हैं, दूसरे गलत। इसलिए गुणात्मक रूप से अलग होने के साथ-साथ आपकी जिद शायद आत्मरक्षात्मक नहीं, आक्रामक रही...यानी जो, जैसा आपको मिला है या दिया गया है, वही आपकी सीमा क्यों हो, पार जाने की चुनौती क्यों न बने ? उपलब्ध क्या करना है, यह दूसरी बात है, मगर शारीरिक और मानसिक गड्ढों की दयनीयताओं में ही क्यों पड़े रहना है ? यह जिजीविषा और ज़िद न होती, तो आदमी आज भी गुफाओं और पेड़ों पर ही रह रहा होता...जो जैसा दिया गया है, न वह प्रारब्ध है, न पूजनीय। शायद यहीं से आया होगा वह दुस्साहस कि न कुछ अंतिम है, न प्रश्नातीत। पवित्र या सैक्रोसेंट मानकर हम जिसे निर्विरोध भाव से प्राप्त या स्वीकार कर लेते हैं, वही तो 'शिलीभूत' महानता है—फ्रोजिन ग्रेटनेस या शालिग्राम ! यथास्थिति के अस्वीकार की यह तड़पती धारा अगर अपने जैसे 'सीमाबद्ध' लोगों को मानसिक या सामाजिक रूप से मुक्त कर सके, तो क्या यही उसकी सार्थकता नहीं है ? जीवित व्यक्तियों का शापग्रस्त होकर शिलीभूत हो जाना ही तो शालिग्राम हो जाना है—जिंदगी के प्रवाह से किनारों पर फेंके गए महान...जिनमें अभी भी जीवन बचा है और बंद नहीं हो गए हैं, मुझे उन्हीं से तो संवाद जोड़ना होगा। आपको क्यों हमेशा यह एहसास बेचैन करता रहा कि साहित्य की इस संभ्रांत और कुलीन दुनिया में आप एक घुसपैठिया और बहुरूपिया की तरह बिना टिकट घुस आए हैं और कभी भी पकड़े या मारे जा सकते हैं। वस्तुतः आपकी असली जगह तो निचली गहराइयाँ हैं, जिनकी यातना का पक्षधर बनकर आप फ़कीरों का भेस बनाकर घूम या मसीत में सोते रहे हैं और इस चमकती दुनिया की हर चीज़ को चोर की तरह जांच-परख रहे हैं कि यह 'वहाँ के लिए' कितनी प्रासंगिक और उपयोगी होगी। कुछ रचनाकार जरूर किसी ऊँची और ऊपरी दुनिया के संदेश लेकर आते होंगे, आपको तो 'तीसरी दुनिया' का राजदूत बनकर ही यहाँ रहना है !

आप मानें या न मानें राजेन्द्र जी, यह निश्चित है कि इधर आपका दिमाग पटरी से उतर गया था और दृष्टि में ऐसा विकार आ गया था कि आप न पैकिंग की तारीफ कर पाते थे, न क्वालिटी की—आप हमेशा अफीम के प्रभाव, किसके द्वारा उसका कहाँ इस्तेमाल हो रहा है, इसी को लेकर हाय-तौबा मचाते रहते थे। अब वह आदमी गँड़ासे या गिलोटिन की प्रभावी टेकनीक, लोहे की क्वालिटी, फ़िनिश और परंपरा को कैसे एप्रिशियेट कर पाएगा, जो हर वक्त उसके उपयोग (?) का ही रोना रोता रहे...जिन धर्मग्रंथों में आप सवर्ण-सामंती षड्यंत्र ही सूंघते रहे, कम से कम उनकी कलात्मक उत्कृष्टता, भाषा-सौंदर्य, काव्य-संपदा और दार्शनिक गहराइयों को ही एक बार देख लेते, तो शायद कुछ मानसिक इलाज होता...सोचिए, आप ही डाकू, बागी या पागल बताकर नहीं मारे जाएँगे, तो क्या नरेन्द्र कोहली को यह 'सम्मान' मिलेगा ?

बहरहाल, राजेन्द्र जी, अब यह मान ही लें कि इस 'ज़िद' नाम के तत्त्व ने आपके अवचेतन को अनेक विकृतियों, परिवर्तनों और रूपांतरणों की प्रक्रिया में डाले रखा है। व्यवहार में प्रायः हर चीज़ के प्रति विरोधहीनता और वैचारिकता में निडर अस्वीकार की स्थायी मुद्रा दे डाली है। आप इसे महत्त्वपूर्ण और महत्त्वहीन का विभाजन या विवेक भले ही कह लें, मगर यही अंतर्विरोध आपके व्यक्तित्व को वह गतिशीलता देता रहा है, जिसे आप आत्मप्रशंसा में 'जीवंतता' या 'जीवट' का नाम देते और दूसरों द्वारा वन-ट्रैक होने के आरोप स्वीकारते रहे हैं...

'जीवंतता' या उम्र, मृत्यु या भीतरी-बाहरी जड़ता का अस्वीकार—हर उस दबाव या शर्त का अस्वीकार, जो लेखक को मार देता है या उसे निरर्थक बना देता है ...स्वतंत्र और निर्भीक लेखक की हैसियत से जीने का सपना—सार्त्र को आदर्श बनाकर। यानी नौकरी, सम्मान, पुरस्कार, पद अपने लिए सब कुछ पा लेने के शीर्षासनों से बचना...किसके लिए करना है सब ? क्यों करना है सब ? लगता है, आपने जो लाइन चुनी है, उसमें पैसा ही सारी जलालतों की जड़ है, वही मरकट की नाई नचाता है। इसलिए सिर्फ इतना चाहिए कि खाना-रहना चलता रहे, दोस्तों के साथ कुछ शामें अच्छी गुजर जाएँ और सूरत से यतीम या भिखमंगे न नजर आएँ...बाकी न भविष्य निधि, न बैंक निधि। करना क्या है ? (सांई इतना दीजिए, जामै कुटुम समाय) पिता और प्रकृति ने ऐसा स्वस्थ शरीर दिया है कि (आगे का नहीं मालूम) पिछले चालीस-पचास सालों में कभी बुखार तक के इलाज की जरूरत नहीं पड़ी। मेहमान या मित्र को कभी सिरदर्द की गोली की ज़रूरत पड़े, तो पड़ोसी या दुकान तक दौड़ना पड़े...दुर्घटनाओं पर तो क़िसी का बस नहीं है, मगर न मृत्यु कभी दूर-दूर तक चिंता की चीज रही, न डर का हिस्सा...डर सिर्फ एक रहा, दीन और दयनीय बन जाने का...मौत तो जिस दिन होगी, वह हो जाएगी—अपने-आप या दूसरों के हाथों। अफसोस सिर्फ यही है कि बहुत कुछ अधूरा और बिखरा छूट जाएगा...कौन संभालेगा

यह सब ? ऐसा भी तो कोई नहीं है कि 'पुस्तक जल्हण हत्थ दै, चल गज्जन नृप काज...'' के भाव से सौंपकर 'राजीव लोचन राम चले, तज बाप कौ राज बटांऊ की नाई...' न बेटी को साहित्य से शौक, न परिवारियों को...

राजेन्द्र जी, इसी से जुड़ा एक सवाल आपको हमेशा परेशान करता रहा है। आदमी जीवन में समझौते पहले करता है या विचारों में ? शायद समझौते हम सब करते हैं, जैसे मोर्चों पर हर लड़ाई हारी या जीती जाती है, मगर संपूर्णता में युद्ध जीतने की योजना आँखों से ओझल कभी नहीं होती। आदमी शायद हर समझौते या नीचता के लिए पहले तर्क गढ़ता है, ताकि अपने सामने 'सही' बना रह सके। हत्या करने के लिए भी उसे 'सत्य का पक्षधर' होने का आश्वासन चाहिए, मगर अपने ही अंतर्विरोधों की कचोट लेखक को सबसे अधिक नहीं छीलती ? क्या वह अपने से यह सवाल पूछना ही बंद कर देता है कि उसे क्यों वह चाहिए, जो उसे अपने ही आदर्शों के सामने झूठा कर देता है ? आपने तो तय कर लिया कि जब अपने लिए कुछ चाहिए ही नहीं, तो दुनिया-भर की लटर-पटर क्यों करें ? जो ठीक लगेगा, बोलेंगे...जो समझ में आएगा, लिखेंगे—मन होगा, सो पढ़ेंगे, मगर दूसरों को लेकर आपको दुख या परेशानी क्यों है ? आप क्यों यह मानते हैं कि जरूरत तो न भीष्म को है, न नामवर को, न अजित कुमार को है, न कमलेश्वर को, न मनोहर श्याम जोशी को। सभी के बेहद संक्षिप्त परिवार हैं और वे सभी व्यवस्थित हैं। हाँ, शायद इन सबको न जाने कितने भाई-भतीजे फिट करने हैं, नाती-पोतों के भविष्य बनाने हैं, झूठ-सच, कंजूसी, कमीनापन और दुनिया-भर की पंचायतें करनी हैं—वाइस चांसलर, गवर्नर, एम.पी., पी.एम. बनना है, यानी सभी कुछ वह करना है, जो हर्षद मेहता, नटवर लाल या हाजी मस्तान को करना है...इसलिए बेहद बचा-बचाकर बोलते हैं, हर सही-गलत के लिए दर्शन और दृष्टिकोण गढ़ते हैं, हर उठती हुई लहर पर सवार हैं और दौड़ रहे हैं अपनी ही पूँछ-पिछुआते टॉमी या टीपू की तरह...यहाँ से वहाँ और वहाँ से यहाँ, हर पुरस्कार, हर सम्मान और हर कंधा हमें चाहिए—चाहे इसके लिए कितनी ही नगेंद्री ऊँचाई तक क्यों न जाना पड़े...अरे साहब, इतनी सब हाय-हाय किसके लिए मचाए हैं ? मान लीजिए, दस-पचास लाख छोड़ भी गए, तो क्या बच्चे आपके लिए ताजमहल बनवा देंगे ? अजी, राम का नाम लीजिए, हम में से हरेक के बच्चे हमसे लाखगुना ज्यादा समर्थ हैं और साहित्य-संस्कृति नाम का कोई कैंसर उनकी हड्डियों को नहीं खा रहा। अगर उन्होंने हमसे कुछ लिया है, तो वह है झूठ, दुनियादारी, पैसा-परस्ती, सिफारिशें और रिश्वतें—इसलिए वे आपकी तरह आदर्शवाद और मतलबवाद की दो नावों पर पाँव रखकर नहीं चलते...यह आडंबरी द्वंद्व उनकी चेतना का हिस्सा ही नहीं है। आप समझते हैं कि जिनका नाम ले-लेकर जिंदगी-भर आप जो कुछ करते रहे हैं, वह सब उनके अस्तित्व का हिस्सा नहीं है ? इसलिए वे आपकी तरह भीतरी और बाहरी 'धिक्कार' को नहीं जीते और मिमियाकर नहीं,

छाती ठोककर कहते हैं कि उन्हें बहुत पैसा चाहिए, सुख-समृद्धि और आराम उनका हक है, अगर उनके लिए कुछ कर सकते हैं, तो सिर्फ इतना ही कि वे सही-गलत, कानूनी, गैर-कानूनी जो भी करें, उसे आप अपने बाप-व्यक्तित्व से प्रोटेक्शन या संरक्षण दें...सचमुच, क्या आप इस गलतफहमी से मुक्त नहीं हो सकते कि अपने को वंचित करके आप उन्हें निज़ाम का खजाना छोड़ जाएँगे ? क्या आप अब शांति से बैठकर उस 'सही जिंदगी' की शुरुआत नहीं कर सकते, जिसे आप बीस साल की उम्र से स्थगित करते आए हैं ? मगर अब जिंदगी बची कहाँ है, उसे तो आपने 'अपना दुश्मन' बनकर मार डाला है...

मगर रुकिए राजेन्द्र जी, रुकिए...क्या यह सब मन को समझाने या 'होलियर दैन दाउ' (तुमसे ज्यादा सच्चा) का झूठ नहीं है कि उन्हें तो पद-प्रतिष्ठा-पैसा चाहिए था, इसलिए वे इसमें जुटे थे और अपने वास्तविक को स्थगित करते रहे...और आप ही भगवद्-भजन में लगे रहे...पहला सवाल तो यही है कि यह आपने अपने लिए कैसे तय कर लिया कि आपको यह सब नहीं चाहिए था या आपको नहीं मिला ? हो सकता है, आपको नहीं मिला, इसलिए अंगूर खाने वालों के लिए आपके मन में खटास है ! फिर जो कुछ आपको मिला, वह सब तो आपके पिताश्री नहीं छोड़ गए थे—चलिए, यह भी एक बार मान लिया कि न रिरियाकर मिला, न तिकड़मों से, मगर है तो आपके पास भी वही सब, जिसके लिए आपको दूसरे उलटे लटके दिखाई देते हैं। नहीं, यह सच नहीं है, क्योंकि जो कुछ भी आज है, उसमें अस्सी प्रतिशत मन्नू का अर्जित है। 'अक्षर' शुरू होने के दस साल बाद जब उसने तय कर लिया कि एफ.डी.,पी.एफ. इत्यादि से निकालना बहुत हो चुका, अब मैं न 'अक्षर' में कुछ दूँगी, न लूँगी। सिर्फ अगली-पिछली रॉयल्टी ही मेरा योगदान रहेगी। इसके बाद ही तो उसने अपनी ठसक के साथ वेतन, बाहरी किताबों की रॉयल्टी, लेखन, फिल्मों और सीरियलों को आधार बनाया और तीस साल काम करने के बाद जो हर सामान्य मध्यवर्गीय के पास हो जाता है, वही पाया। माना कि 'दस फार, नो फर्दर' (बहुत हुआ, अब नहीं) कहने का विवेक और साहस आपमें रहे, मगर फिर वह क्या था कि आप भी अपने को औरों की ही तरह स्थगित करते रहे—या 'न लिखने के कारण' खोजते रहे...

शायद गलत चुनौतियों को स्वीकार करके जिंदगी झोंक देना ही आपकी सबसे बड़ी दुर्घटना रही है। लेखकीय स्वतंत्रता या ठसक को बनाए रखने और जिस-तिस के आगे हाथ पसारने की जरूरत से बचने से प्रेमचंद, यशपाल की तरह 'अक्षर' बनाया। सोचा, जब अपनी और मन्नू की किताबों का प्रकाशन-वितरण करेंगे ही, तो क्यों न दस और लेखकों को इसका लाभ मिले, मगर बीस-बाइस साल की जद्दोजहद का हासिल क्या रहा ? यही कि अपनी पुस्तकें, रॉयल्टी, पारिश्रमिक, समय, श्रम—सब कुछ इसी में झोंकते रहे...और लेखकों की रॉयल्टी खाने का 'सुयश' भोगते रहे, भेंट

में मिले एक नए रूमाल तक को भी दिखाने में अपराध-बोध महसूस करते रहे कि इसे भी लेखकों के शोषण के खाते में डाल दिया जाएगा...हाँ, सबसे बड़ा लाभ और संतोष यही रहा कि मित्रों से मिलने-जुलने, उठने-बैठने का अड्डा बना रहा—एक मिनी 'कॉफी हाउस'—मगर इसे भी बचाए रखने के लिए क्या-क्या नहीं किया। पहले प्रकाशन का वितरण दूसरों को दिया, फिर सारा प्रकाशन ही समेट लिया (मानो मित्रों के हिसाब से 'लाखों की कमाई' वाली दुधारू गाय को दान दे देने में भी कोई चालाकी हो...) चलो, वहाँ तक तो गनीमत थी, मगर फिर आपने 'हंस' क्यों ओढ़ लिया ? समकालीन रचनात्मकता को केंद्रीय मंच देने का अहंकार...साहित्यिक पत्रिका निकालेंगे और वैचारिक स्वतंत्रता का बिगुल बजाएँगे...आपके भीतर बैठा शेखचिल्ली कितनी उम्र लिखाकर लाया है, महामहिम राजेन्द्र जी ?

याद है, एक बार जब आप कसौली के 'कल्याण' होटल में महीने भर रहे थे ? वहाँ रोज कद्दू की सब्जी बनती थी। जब आप पूछते थे, आज सब्जी क्या है, तो जवाब मिलता 'खाओ तो कद्दू से, न खाओ तो कद्दू से...' आपको नहीं लगता, यह 'हंस' भी वही कल्याण होटल है ? यहाँ भी तो वही अठारह-बीस घंटे का घिराव, भयानक घाटा, किसी को साथ लेने, न लेने के तनाव या अवरोध, लेखकों को पारिश्रमिक न दे पाने का लांछन, कभी अपेक्षित क्रांतिकारी न होने का आरोप, तो कभी अतिक्रांतिकारी होने की गाली...लेखक-लेखिकाओं के साथ पक्षपात करने के, रचना और विचार थोपने के दबाव, बार-बार हितैषियों और मित्रों से 'हंस' को बचाने की अपीलें...'तिकड़म-सूंघी' मित्रों के अविश्वास...और आप हैं कि अपनी पुरानी जिद को 'कॉन्फिडेन्स' का नाम देकर धांसे चले आ रहे हैं...अरे, हर पत्रिका कागज के कोटे या डी.ए.वी.पी. के विज्ञापनों का सिलसिला बना लेती है। आप भी कम से कम वही कर लेते...वह तक तो आपसे हुए नहीं और मित्रों की ही जान को लगे रहे कि विज्ञापनों-ग्राहकों द्वारा घाटे के बावजूद 'हंस' को चलाए रखने में मदद करें ...बिना अपना कोई गणित फिट किए...हाँ, इस प्रक्रिया में लाख रुपए के दो अनुभव जरूर मिले...आप कुछ अच्छा करें, तो लोग निःस्वार्थ मदद करते हैं, वरना सात साल इसे चलाए रखने के लिए आपके पास था क्या ? दूसरे यह कि 'हिंदू वैचारिक उदारता' सिर्फ ढोंग और झूठ है—वह आलोचना और आत्मालोचना बर्दाश्त ही नहीं कर सकती ...आप भी जानते हैं कि अपने संपादकीयों में आप कोई नया तीर नहीं मार रहे—सिर्फ आत्मालोचना और विश्लेषण के उसी सिलसिले को बनाए हुए हैं, जिसकी शुरुआत बुद्ध, कबीर, राजा राममोहन राय, ईश्वरचंद्र विद्यासागर, बंकिम, रवींद्रनाथ, विवेकानंद, भारतेन्दु, प्रेमचंद, भगत सिंह, राहुल, लोहिया, महात्मा गाँधी, फुले या अंबेडकर ने की थी...देख कर कैसा लगता है कि जड़ हिंदू मानसिकता आज भी वहीं है। उनके पास साधन हैं, मगर शर्त यही है कि हिंदू धर्म की सारी नृशंसताओं, अन्यायों और अतार्किकताओं की आलोचना बंद कीजिए और जितनी और जैसी चाहिए, मदद

लीजिए—उनका बस चले, तो 'हंस' को 'कल्याण' बना दें...है न, कल्याण होटल वाली स्थिति—खाओ तो कद्दू से, न खाओ तो...उनके हिसाब से अपने घर की गंदगी हमें इसलिए नहीं बुहारनी चाहिए कि दूसरों के यहाँ हमसे ज्यादा गंदगी है...या गंदगी सिर्फ दूसरों के यहाँ है, हमारे यहाँ कहाँ ?

मगर चलो, इसी बहाने आपको चमत्कारों में विश्वास तो हुआ, वरना जहाँ बड़े-बड़े संस्थान पत्रिकाएँ बंद करते जा रहे हैं, आप जैसा फटीचर कैसे सात साल से इसे घसीटे हुए है। यह जानते हुए कि पेट्रोल कभी भी खत्म हो सकता है, आप इसी अंधविश्वास को धांसे हुए हैं कि सड़क है, तो पेट्रोल की व्यवस्था भी होती ही रहेगी...जाल समेटने का कोई इरादा ही नहीं है क्या हुजूर... ? या दूसरों को ही यह पुण्य कार्य करना होगा ? मगर चलते-चलते यह तो बताते जाइए कि आपकी इस 'जिद' से जुड़ी स्मरणीय घटना कौन-सी है, जिसने आपको अपने से बाहर निकाल फेंका...लिलियन रॉथ की आत्मकथा 'आई विल क्राइ टुमॉरो' वाली बात आप कई बार बता चुके हैं। उसे छोड़िए...याद है वह दूसरी घटना ?

सन् 52 की बात है, सारे दिन दिल्ली में भटककर, कॉफी हाउस या इधर-उधर दोस्तों से मिलते-मिलाते देर हो गई थी। मुझे और मोहन राकेश को आगरा जाना था। शीला जी उन दिनों दयालबाग में ही थीं और राकेश जालंधर से वहीं आया था। तय हुआ, सुबह दिल्ली चलते हैं, शाम तक लौट आएँगे। रात की पैसेंजर मिली—काफी देर प्लैटफॉर्म पर घूमते, चाय पीते हुए। राकेश लगातार सिगरेट पी रहा था। उन दिनों मैं सिगरेट-शराब-मांस-जुए को संस्कारहीनता और चारित्रिक पतन मानता था, मगर पंजाबी का चरित्र या नैतिक मूल्यों से क्या वास्ता, इसलिए राकेश की 'नीचता' अजूबा नहीं थी। गाड़ी आई, तो जैसे-तैसे एक थर्ड क्लास के डिब्बे में बैठ गए। सोने की जगह नहीं थी। पुराने ढंग का डिब्बा था। सामने गेरुए कपड़ों में एक संड-मुसंड घुटे सिर का साधु बैठा था और लगातार गीता के श्लोक बोल रहा था। राकेश संस्कृत जानता था, बोला—उच्चारण शुद्ध और याददाश्त अद्भुत है, मगर वह तटस्थ बना रहा। हो सकता है, आगरा की अपनी तनावभरी जिंदगी की बात सोच रहा हो...साधु हर थोड़ी देर बाद अपने कमंडल से बीड़ी-माचिस निकालता और जला लेता। फिर कभी झोले से बाजीगर की तरह एक पेड़ा खींच लेता और मुँह में उछाल देता। आस-पास गाँव वाले जैसे लोग श्रद्धा से उसे देख रहे थे। मेरी हथेलियाँ उसके चिकने सिर पर हाथ फेरने को मचल रही थीं। उसके पास ही कोई नव-विवाहिता, घूँघटे काढ़े गठरी-मुटरी बनी बैठी थी—साथ में या तो ससुर था या जेठ। रात बारह से ऊपर का समय था और छत पर एक रोता-सा मरियल बल्ब जल रहा था। साधु नींद के बहाने उस 'गठरी' पर झुकने की कोशिश करता और वह कुहनी मारकर उसे सीधा कर देती। झटके से जब साधु जी कई बार सीधे हुए, तो हमारा ध्यान उधर गया। अचानक मैंने देखा, साधु का एक पाँव लड़की के

पाजेब वाले पाँव की तरफ अनजाने सरकता और फिर वापस आ जाता। शायद उधर कोई देख भी नहीं रहा था। क्या यह लड़की भी खेल रही है ? अपने साथ वाले से शिकायत क्यों नहीं करती, शायद रिश्ता बोलने का नहीं था। हो सकता है, सोचती हो कि झगड़े से क्या फायदा, खुद ही निपट लेगी। पता नहीं, कब राकेश और मैं उस साधु का मजाक उड़ाने लगे—कभी उसके घुटे सिर, कभी शौकीन तबीयत, तो कभी मेहनत न करके मस्ती मारने का। "हमें भी चेला बना लो तो झंझट से छुट्टी मिले"। राजामंडी स्टेशन पर उतरने लगे तो साधु ने गाली दी, "दुष्टो, नरक में जाओगे ! साधु की आतमा कूं बहौत कलपायौ है।" हँसते हुए बाहर आए। राकेश ने दयालबाग का ताँगा लिया। मैं अपने घर उतरा, तो मास्टर साहब (पं. रामस्वरूप शर्मा) बाहर ही मिले, "डॉक्टर साहब की तबीयत बहुत खराब हो गई है, उन्हें सुरीर से यहीं ले आए हैं।" यह बाप के मरने की सूचना थी—उस दिन भीतर का ईश्वर और बाहर का बाप—दोनों एक साथ ही मरे थे—धर्म और परंपरा की मृत्यु के रूप में...शायद उसी दिन किसी बंदूक की गोली पर कहीं मेरा नाम भी खुद गया था।

सार्त्र ने अपनी आत्मकथा 'शब्द' में लिखा है : मैं, यानी एक मरा हुए व्यक्ति अपने-आप को बेहद नापसंद करता था। नौ-दस साल की उम्र तक आते-आते तो मैं पूरी तरह 'मरणोपरांत' हो चुका था। जब आप पूरी जिंदगी जी लेते हैं, तो अंत को ही प्रारंभ का सत्य भी समझने लगते हैं...अपनी जिंदगी को बिंबों और तस्वीरों में देखने से पहले ही मृत्यु मुझे जन्म की दिशा में धकेलती और जन्म, मृत्यु की ओर प्रेरित करता। जिस क्षण मैंने इस क्रिया-प्रतिक्रिया को देखना बंद किया, मैं अपनी वास्तविकता में आ गया—यानी दिल की हर धड़कन के साथ जन्म लेते और मरते हुए दो ध्रुवों के बीच, टूटने के बिंदु तक खींचा जाने लगा..."

जब आप मरते हैं, तो आपके साथ एक पूरा समाज, संसार और युग मरता है। राजेन्द्र जी, क्या आपके साथ ऐसा नहीं हुआ ? तब फिर अपने तर्पण के साथ क्यों आपने दूसरों का भी फ़ातिहा पढ़ डाला... ? मृत्यु अपने-आप को देश-काल से उखाड़कर अलग खड़े हो जाना है—यह उखाड़े जाना अकेले तो नहीं होता—बहुत से रेशे या पतली जड़ें भी ऊपर खिंची चली जाती हैं—उन सबका साथ आना ही मृत्यु की तसदीक है।

कहीं ऐसा तो नहीं है कि सीमाओं का अतिक्रमण करने की अपनी पुरानी जिद में आप जीवन की सीमाओं के पार चले गए हों और साथ ले गए हों अपना संसार—यानी एक पापी पूरी नाव ले डूबा हो...—मगर आप 'व्यक्ति' कहाँ, आप तो विचार हैं (दुर्दांत या 'कु' ही सही) और विचार कभी नहीं मरते—नैनं छिदंति शस्त्राणि, नैनं दहति पावकम्।

[आत्मतर्पण, 'हंस', अप्रैल 1993]

तीन राष्ट्रीयताओं के बीच

बड़े और दूरगामी महत्त्व की घटनाएँ बहुत छोटी होती हैं। कम-से-कम लगती ज़रूर हैं। अगर समाज में ये न घटित होती रहें, तो भविष्य की यात्राएँ असंभव हो जाएँ। इन्हीं मंजूषाओं में सुरक्षित होते हैं आने वाले समय के बीज, यानी आदमी के सपने। हिंसा, आगज़नी, ध्वंस और विनाश के वर्तमान परिप्रेक्ष्य में बक्सर नाम के छोटे-से शहर (वह भी बिहार) में पिछले महीने (17 मार्च को) एक पुस्तकालय की स्थापना, सच पूछो, तो घटना है भी नहीं। अखबारी सनसनी के इस युग में घटनाएँ अक्सर 'नेगेटिव' (निगुर्ण ?) होती हैं, इसलिए व्यक्तिगत प्रयासों से किसी पुस्तकालय की स्थापना जैसी घटना का नोटिस भी नहीं लिया गया। जहाँ हर रोज कहीं मंदिर टूट रहा है, कहीं मस्जिद; कहीं घर या बस्ती में आग लगाई जा रही है, कहीं बहुमंजिली इमारत में बम-विस्फोट हो रहा है, वहाँ सार्वजनिक हित में कुछ भी बनाना या तो दुस्साहस है या बेवकूफी...धर्मोन्माद हमेशा समाज को स्मृतिविहीन बनाता है। वह निर्माण के नाम पर पुस्तकालयों, संग्रहालयों, मूर्तियों और स्मारकों को ध्वस्त करता है, ताकि सपाट धरती पर अपना नया इतिहास लिख सके। उसे तो चुना हुआ अतीत और सुविधाजनक इतिहास चाहिए। वह इतिहास की गलतियां या पुरखों की कमजोरियाँ सुधारने के अहंकार में भविष्य की नहीं, अतीत की जिम्मेदारियाँ ओढ़ता है। वह ऐसा बेताल है, जो विक्रमादित्य की हर भावी यात्रा के सामने दीवार बन कर खड़ा है... बीते युगों की पहेलियों, कूट प्रश्नों और उलटबासियों के जवाब जब तक आप नहीं लाएँगे (ठीक वही जवाब, जो उसे चाहिए), तब तक आगे बढ़ने नहीं दिया जाएगा।

लोकप्रिय और कर्मठ नेता कॉमरेड ज्योतिप्रकाश की हत्या हुई थी, क्योंकि वह दलितों और दमितों की आवाज़ थे। बस से उतार कर गोली मार दी गई, मगर जिस तरह मलयश्री हाशमी ने 'सहमत' और जन-नाट्य आंदोलन खड़ा करके सफदर के हत्यारों से बदला लिया, ठीक वैसा ही प्रतिशोध लिया ज्योतिप्रकाश की बेटी मंजु

ने। उसने उनकी स्मृति में अपने साधनों से एक पुस्तकालय की स्थापना की...किसी राम का मंदिर नहीं, ज्ञान का मंदिर। देवताओं के मंदिर हमारी यात्राओं के 'अंत' होते हैं, ज्ञान के मंदिर नई यात्राओं के प्रस्थान-बिंदु। बिहार के इस छोटे-से शहर की छोटी-सी घटना का साक्षी होना मेरे लिए सचमुच गौरव और आश्वस्ति की बात थी। कहीं एक नई पीढ़ी है, जो इस तरह सोचती है...मगर फिर ऐसे हर प्रयास को देखकर एक सवाल ज़रूर उठता है (शायद अपनी ही मानसिकता के कारण) कि इसमें खाने-पीने के सिलसिले कहाँ होंगे, या कहाँ बनेंगे ? काश, यह सब इतना ही निर्दोष हो, जितना होने का आश्वासन है। इतना अच्छा होना अविश्वसनीय-सा लगता है। 'इट इज़ टू गुड टू बी ट्रू'। कहीं कुछ अच्छा, निर्दोष या ईमानदार है या ऐसा ही बना रह सकता है, यह विश्वास आज झूठ लगने लगा है। मानो अगर ऐसा हुआ, तो हम बर्दाश्त नहीं कर पाएँगे और खुद जाकर उसे वही बना देंगे, जिसकी आशंका हमारी आत्मा को चैन से सोने नहीं देती। एक तरफ तो हम चाहते हैं कि कहीं तो कुछ अच्छा हो। हम न कर पाएँ, तो कोई और ही करे, मगर दूसरी तरफ यह भी जानते हैं कि ऐसा होगा नहीं। होना भी नहीं चाहिए, वरना हम खुद झूठे पड़ जाएँगे। इसलिए होने नहीं देंगे। जब तक उसे अपने धरातल पर नहीं ले आएँगे, शांति से नहीं बैठेंगे, ताकि संतोष से कह सकें—"हम तो पहले ही कहते थे..."

कैसी विडंबना है। जो हम नहीं कर पाए, वह दूसरे भी न करें। कहेंगे ज़रूर, पर चाहेंगे कभी नहीं। डरते हैं कि कहीं ऐसा सचमुच हुआ, तो उसका पहला शिकार हम खुद होंगे। हमारी नस-नस में यह कौन-सा राजनेता घुसा बैठा है, जो मंचों और सभाओं से बड़े-बड़े शब्दों की बौछार करता है, पर भीतर अच्छी तरह जानता है कि वह झूठ बोल रहा है। भाषा का छल अपने ही अस्तित्व को अर्थहीन और अप्रासंगिक बनाता है। ईमानदारी की बात तो यही है कि हम बिलकुल नहीं चाहते कि कोई समाज, देश या भविष्य की बात सोचे या इस दिशा में संघर्ष करे, क्योंकि अंततः वह हमारे ही हित के खिलाफ होगा। अपराध-बोध से क्षत-विक्षत हम वह पीढ़ी हैं, जो आत्महत्या न कर पाने की मजबूरी में नरभक्षी हो गई है। भाषा, साहित्य, संस्कृति, धर्म की हड्डियाँ चिचोड़ती, वर्तमान और भविष्य के बीच खड़ी यह पीढ़ी अपने बच्चों के आईनों में अपनी ही तस्वीर देखकर दहल जाती है...काश, ये वैसे न हों, मगर अफसोस, वे वैसे ही हैं।

कैसी पीढ़ी तैयार की है हमने ? कैसा लगता है उसे देखकर ? जो पीढ़ी आज देश का भविष्य बनकर खड़ी है, क्या उसी के सपने हमने देखे थे ? मंजु जैसे अपवाद इस सैलाब में कितने दिन बने रहेंगे ? धँसते किनारों की प्रक्रिया में इन्हें भी तो बाढ़ का हिस्सा बनना है। मंजु राजनीति में हैं, अजब नहीं कि कल अखबार में ऐसी कोई सूचना पढ़ने को मिले, जिसकी हमें आशा या आशंका है। तब निर्द्वंद्व होकर हम आत्मधिक्कार का कीर्तन करेंगे और अपने को संतोष देंगे कि ईमानदारी से सामूहिक

(व्यक्तिगत नहीं) कंफैशन कर रहे हैं। बस, हो गए उजले धुल-पुंछकर ! और यह नई पीढ़ी ? कितनी आस्थाएँ टिकाई थी इस पर। कितने सपने देखे थे। 'हम अपने ज़माने में कितने मेधावी थे...कितने मेहनती, ईमानदार और प्रतिबद्ध। और ये आज के लड़के ?...' यही वृद्ध-विलाप हर नई पीढ़ी पुरानों से सुनती आई है। हमने भी सुने थे और हमसे पहलों ने भी। भाषाएँ बदली हैं, मगर अंतरा वही है। दायित्व-मुक्ति का क्या यही एक रास्ता है ? ये नए लोग आसमान से तो नहीं टपके हैं। जी नहीं, साइलेंसर-विहीन मोटर-साइकिलें दौड़ाते ये टी.वी. स्क्रीन तोड़कर भी तो हमारे ऊपर नहीं झपटे हैं। हमने ही तो दिए हैं इन्हें ये काले चश्मे, मोटर-साइकिलें, मर्दानगी और शक्ति के सुपरमैनी दुस्साहस ! हमीं ने तो दिए हैं इन्हें ये संस्कार कि हमें या खुद एक-दूसरे को कुचल कर अपने रास्ते बना लें...फिर बोतल से निकले जिन्न का आकार देखकर क्यों हमारे हाथ-पैर फूल गए हैं ?

कहाँ मिली थी हमें यह बोतल ?

जिस माहौल में हमने साँस ली, उसमें चरित्र-निर्माण की किताबें भी थीं और आदर्श किस्म के अध्यापक भी। देश और समाज के लिए बलिदान होने वाले नायक भी थे और देश-विदेश की झकझोरती पुस्तकें भी। सुबह प्रभात-फेरियाँ थीं, दिन-भर अध्ययन और साँझ को बौद्धिक मनोरंजन। गुलामी के खिलाफ़ मर-मिटने वाले नारे थे, संरक्षण देता असुविधाजनक घर था, बाप का डर और माँ-बहनों का प्यार भी था। बीच-बीच में कोकशास्त्र, हस्तमैथुन, समलैंगिकता, ताश-बीड़ी और स्वप्न-दोष भी थे। हाँ, इन्हें लेकर एक भयानक अपराध-बोध भी था। सब मिलाकर अपना एक अकेला और बंद संसार था, जिसे घर पर किसी से 'शेअर' नहीं किया जा सकता था। घर का काम था—उपलब्धियों पर खुश होना या हरकतों को भुगतना। हाँ, बहन की सहेली या रिश्तेदार मेहमान या पड़ोस की किसी लड़की से लटर-पटर भी दिनचर्या का ज़रूरी हिस्सा था—उम्र की माँग...

मगर परिवार में धर्म और संस्कृति की जो विरासत पीढ़ियों से चली आ रही थी और हमारे अस्तित्व का हिस्सा बन रही थी—वह थी घूस और आडंबर की आदत, स्वार्थ-साधन और खुशामदपरस्ती की कला। हमारे सारे देवता घूस और खुशामदपसंद थे। हमारी सारी पूजाएँ मूलतः घूसोत्सव हुआ करती थीं...हर महीने होने वाली सत्यनारायण की कथा तो घूस-महिमा का प्रशिक्षण ही थी। तरह-तरह के प्रसाद बोलकर देवी-देवताओं को साधना पड़ता था। जैसी सेवा करोगे, वैसा मेवा पाओगे। काम होने पर ज़रूर प्रसाद चढ़ाया जाएगा। यह सिलसिला घर से बाहर तक जाता था—दफ्तरों या दुकानों तक...सेवा और मेवा का खेल। सामाजिक गर्व से कहा जाता था कि लड़के या दामाद का वेतन तो सिर्फ सौ रुपया है, लेकिन ऊपरी आमदनी पाँच सौ से कम नहीं। रिश्तेदारियों में हैसियतें निचोड़ी जाती थीं, खुलेआम लड़कों के सौदे होते थे ...बाप-दादाओं में शायद ही कोई हो, जो एक ही पत्नी लिये बैठा

हो—एक या दो पहले बीमारी, हत्या या आत्महत्या में मर चुकी होती थीं...हर परिवार में एक-न-एक बुआ, बहन या भाभी, नौकरानियों की तरह वैधव्य या परित्याग काटती थीं। और कभी-कभी अपने पीछे गुपचुप कहानियाँ छोड़कर गायब भी हो जाती थीं। घर का कोई लड़का रेल के डिब्बे से बल्ब, पंखा या नल की टोंटी उतार लाता, तो बापनुमा अभिभावक भी अपने दफ्तर से कागज-कलम झोले में भर लाता था...रोज़ की घूस लाकर पत्नी को सौंपता था। इम्तहानों में भी नकल, फर्रों और नतीजों के वक्त घूस-यात्राओं का ज़माना था। जो इस सब में नहीं थे, वे बेवकूफ माने जाते थे। पुलिस और जज, वकील और क्लर्क, अंग्रेज अफसरों के आतंक के बावजूद भरपूर माल उड़ाते थे...उन्हें रुपयों, शराब और मिठाइयों से भरी डालियाँ भेजते थे...सुराजियों या कम्यूनिस्टों से घर को छूत की बीमारी की तरह बचाया जाता था...इस तरह की खतरनाक बातें सिर्फ विद्यार्थियों तक सीमित थीं। राजनीति पर वकीलों या संपन्न व्यवसायियों का एकाधिकार था—और दोनों ही सुरक्षित खेल खेलना जानते थे।

दूसरी जो चीजें हमें संस्कार में मिली थीं—वह थी हिप्पोक्रेसी। यानी कथनी और करनी का भेद। आडंबर, ढोंग और पाखंड। इसकी जड़ें भी हमारे धर्म में ही थीं। हमारे महान शास्त्र और धर्मग्रंथ, उपनिषदों जैसा गंभीर और अद्‌भुत चिंतन, और गीता, उसका तो कहना ही क्या...मगर वह सारा ज्ञान या तो रटने के लिए था या विरोधियों, विदेशियों को आतंकित करने के लिए। अपने जीवन और आचरण का उससे कोई लेना-देना नहीं था। शबरी और निषाद को गले लगाने के रामायण-प्रसंगों पर धार-धार आँसू रोने वाला आँखें खोलते ही सामने वाले गुस्ताख़ निषाद को जलती लकड़ी फेंक मारता था। जमादार को जूठी और बासी रोटियाँ मिलती थीं और उसके सामने ही गाय-कुत्तों को ताज़ा, घी लगी पूरियाँ दी जाती थीं। नल या कुआँ अपवित्र करने पर उन्हें उलटा लटका दिया जाता था। इससे घर या समाज में कोई परेशानी किसी को नहीं होती थी। गुस्ताखी की हर सज़ा जायज थी, समाज में व्यवस्था और मर्यादा नहीं रखी जाएगी, तो ये नीच-कमीन सिर पर चढ़कर नाचेंगे। आज बात छोटी है, कल बड़ी होगी। इसीलिए इसे पहली बार में ही कुचल दो। कर्मकांड यानी पाखंड जितना ही बड़ा होगा, सामाजिक हैसियत उतनी ही ऊँची मानी जाएगी।

गाँवों से मेरा संपर्क नहीं रहा, मगर मेरे बचपन में हमारे शहरी मध्य वर्ग की जीवन-पद्धति यही थी। इनमें मुख्यतः थे सरकारी नौकर, दुकानदार या छोटे-मोटे व्यवसायी। स्वतंत्र पेशे थे वकालत, अध्यापन और डॉक्टरी या कारीगरी। प्रायः सभी की बाहरी दुनिया दूसरी थी, घर के अंदर की दूसरी। हाँ, घूस और बेईमानी, पांखड और ढोंग विभिन्न रूप बदलकर घर और बाहर की एकसूत्रता बनाए हुए थे। बहुत अपराध-बोध या उससे भी ज्यादा 'पाप-बोध' पैदा हो गया, तो व्रत-पूजा-अनुष्ठान थे ही, कचोटती आत्मा को झट शांत कर देते थे। और फिर आया दूसरा महायुद्ध लोगों ने ठेकों, नौकरियों, राशनों और मिलीट्री सप्लाइयों में काला-सफेद धन बटोरा।

सैकड़ों वाले हज़ार गिनने लगे, हजार वाले लाख। सब एक-दूसरे से जलते थे। गालियाँ देते थे और खुद वही सब कुछ पाने के गुंताड़े लगाते थे। घरों में रेडियो, पंखे, साइकिलें और मशीनें आने लगीं। अखबार-रेडियो जोर से पढ़े-सुने जाने लगे। राजनैतिक माहौल ज़ोर पकड़ने लगा। फिर मिली स्वतंत्रता और दंगे। शरणार्थी परिवारों का आना। पहले हमदर्दी, फिर टकराव। बाहर व्यावसायिक और अंदर 'नैतिक' आचरण को लेकर। घर-परिवार में 'कैद' लोगों को पंजाबी स्वाभिमान और खुलापन बर्दाश्त करने में दिक़्क़त तो होनी ही थी। 'बच्चे' बिगड़ रहे थे। छोले-प्याज और साफ-अच्छे कपड़े जीवन में घुसे आ रहे थे। देखते-देखते आठ-दस सालों में वे भी अपने में समेट लिये गए, क्योंकि इस बीच उद्योग, नए व्यापार और चुनाव नाम के तत्त्वों ने जीवन-स्तरों को तेजी से बदलना शुरू कर दिया था—पैसा इंग्लैंड के नहीं, अपने ही काम आ रहा था...अनंत संभावनाएँ, योजनाएँ खोलता हुआ। आगे बढ़ने यानी अपने को संपन्न करने के नए अवसर सामने थे। घूस, ढोंग, बेईमानी, लूट और जातिवाद के हजारों सालों के धार्मिक अभ्यास साथ थे ही; उन्हें हथियारों की तरह और भी प्रभावी बनाया गया और घर-परिवार से निकालकर प्रांतीय-राष्ट्रीय स्तर पर स्थापित कर दिया गया, मगर अभी खुलकर आने में समय था।

महान और पवित्र उद्देश्यों से प्रेरित-संचालित सारी योजनाएँ चूँकि सरकारी थीं, इसलिए किसी की नहीं थीं, वे घूस और लूट के लिए खुली थीं। राजनेता योजनाएँ बनाते थे, कुछ को लाभ पहुँचता था और चूहों का बहुत बड़ा दल उन्हें कुतरने के लिए टूट पड़ता था। जिनके लिए योजनाएँ बनाई जाती थीं, उन तक कभी नहीं पहुँचती थीं, बीच के ही लोग सारी धार को अपने-अपने घरों में मोड़ लेते थे। ऊपर से नीचे तक—इसमें सभी की मिली-भगत थी। चाहे वे नौकरशाह हों, राजनेता या फिर यूनियनें, चाहे सरकारी योजनाएँ हों या अर्द्धसरकारी उपक्रम, स्वतंत्र उद्योग हों या लघु उद्यम—सब कुछ सरकारी सहायता, ऋण, अनुदान और सहयोग (लाइसेन्स, परमिट, इंसेंटिव) से जुड़ा था या सरकार-निर्भर था, इसलिए कर्जे और घाटे में चलता था—बिना परिश्रम, योग्यता या सूझ-बूझ के यह आमदनी का ऐसा स्रोत था, जो अंधाधुंध सबका घर भर रहा था। दुनिया के इस सबसे विराट मध्य वर्ग में ही राजनेता थे, उनके लिए सेवाएँ उपलब्ध कराने वाले कार्यकर्ताओं की फौज थी, मंत्री-अफसर थे, व्यवस्थापक थे और थे ठेकेदार, दलाल, व्यवसायी। वे ही नियम-कायदे बनाते थे और वे ही लाभ कमाते थे। सारा तंत्र, सारे संस्थान, सारी संस्थाएँ उनके हाथों में थीं ...राज्य के सारे स्तंभ—विधायिका, न्यायपालिका, कार्यपालिका और प्रेस—सभी कुछ, योग्यता, दक्षता या कौशल—इन्हीं को संरक्षण-संवर्द्धन देने का दूसरा नाम था। असंतुष्टों को या तो खरीदकर हिस्सेदार बना लिया जाता था या निकालकर एक तरफ फेंक दिया जाता था...जो जिद्दी और दमदार थे, वे शक्ति, प्रभाव अर्जित करके मनमाफिक सौदा कर पाने में सफल होते थे...जाहिर है, इसमें बूथ-कैप्चरिंग, हत्याएँ,

ब्लैकमेलिंग, दंगे और प्रदर्शन, नैतिक-अनैतिक आर्थिक स्रोत—सभी कुछ शामिल था। उनके बिना सत्ता का यह खेल एक दिन नहीं चल सकता था। दिनोदिन फूलता-फलता चला जा रहा था यह मध्य वर्ग। जज, अफसर, वैज्ञानिक, शिक्षाविद्, विशेषज्ञ, पत्रकार, ठेकेदार, उद्योगपति और व्यापारी—मुख्यतः ये सभी ऊँचे वर्गों और वर्णों से आते थे, शासन और प्रबंधन का इन्हें सैकड़ों सालों का 'अनुभव' था। इसलिए शीर्ष पर बैठने को वे अपना प्राकृतिक अधिकार समझते थे। वहाँ बने रहने के उन्होंने बाकायदा शास्त्र और तंत्र (ऐथिक्स और ऐस्थेटिक्स) विकसित कर लिये थे, जिन्हें लाँघना हर ऐरे-गैरे के बस का नहीं था। उसके लिए एक खास 'योग्यता' ज़रूरी थी। शिक्षा-संस्थानों में उन्हीं के बच्चे टॉप करते थे, वजीफे और स्कॉलरशिप पाते थे और वहाँ से निकलते ही नौकरियों में पहली पांत में होते थे या विदेश चले जाते थे। राष्ट्र का सर्वश्रेष्ठ या तो उनके लिए सुरक्षित था या उनके बच्चों के लिए। हर घर, हर परिवार का एक बच्चा अगर किसी बड़े सरकारी-गैरसरकारी संस्थान का प्रबंधक या निदेशक था, तो दूसरा फैक्टरी या बिजनेस वाला, तीसरा किसी प्रशासन या अंग्रेज़ी प्रेस में, चौथा विदेश में भारतीय राष्ट्रपति से दसगुनी आमदनी करता हुआ। शहरी मध्य वर्ग या उसके दूर-दराज़ फैले सारे उपग्रहों की बनावट लगभग यही थी। इसमें कहाँ नैतिक-अनैतिक, कहाँ राष्ट्र और राष्ट्रीयता तथा कहाँ देश और भविष्य...चार हाथ से कर्ज़ा और बारह हाथ से लूट...(यहाँ ऊँची जगहों पर बैठे किन्हीं भी एक हज़ार लोगों की सूची के जाति-वाचक नामों को देख लेना दिलचस्प होगा)।

कितना अच्छा होता, अगर शक्ति और लूट का यह शहरी मध्यवर्गीय खेल ऐसा ही निर्विघ्न चलता रहता, मगर नहीं, इस एकाधिकार को शुरू से जो चुनौतियाँ मिल रही थीं, वे इन बीस-पच्चीस सालों में कुछ ज़्यादा ही खूँखार होने लगीं। पैसे और पहुँच के इस खेल को दो दिशाओं से चैलेंज मिला—एक शहरी निम्न वर्ग से, तो दूसरे गाँवों के खेत-खलिहानों से। छोटे दुकानदार, व्यापारी, क्लर्क और अर्द्धशिक्षित, मंदिर-मस्जिद, धर्म, संस्कृति और भाषा को लेकर 'हिंदुत्व' की रक्षा के लिए एकजुट हुए, तो किसान, खेतिहर मजदूर, कामगार अपनी उपज और फसल को लेकर हक माँगने लगे कि हमारा नाम लेकर हलुआ-पूरी बहुत हो चुकी, अब हमें भी कुछ मिले ...इस आवाज़ ने कहीं जाति का आधार लिया, तो कहीं अलग क्षेत्रीयता का। मोटे रूप में यह केंद्र या ज़्यादा सही कहें, तो केंद्रीय मध्यवर्गीय बुर्जुआ सत्ता के खिलाफ विद्रोह था। हाशियों पर फेंक दिए गए लोग अब एकजुट होकर सत्ता में अवसर और अधिकार चाहते थे। एक के पास हिंदुत्व का गौरवशाली इतिहास था, तो दूसरे के पास वर्ग और वर्ण के शोषण की निरंतर चलती गाथा थी। केंद्रीय सत्ता को खतरा हिंदुत्व से उतना नहीं था, जितना इन गंवारों-किसानों से। हिंदुत्व तो उनके अपने भी संस्कार थे और आगे-पीछे उनसे संतुलन-समझौते किए जा सकते थे, मगर इन उजड्डों और अशिक्षितों से सत्ता की साझेदारी मुश्किल थी, जिन्हें गांधी, मार्क्स,

जयप्रकाश, लोहिया और अंबेडकर ने शास्त्र दिया था और चरण सिंह, वी.पी. सिंह जैसों ने मंच...

मगर इस मोर्चे पर भी स्थिति इतनी सरल नहीं थी। किसान और खेतिहर देख रहे थे कि राजा-जमींदारों ने शहरों में अपनी कोठियाँ, व्यापार और उद्योग बना लिये हैं और खुद विधानसभाओं, लोकसभाओं में जा बैठे हैं। छूट गए हैं वो, जो उनके लिए खेती करते थे, बूथ लूटते थे, हत्याएँ-आगजनी करते थे, अपने भाई-बंधुओं के सिर फोड़ते थे, दुश्मनों और विरोधियों को ठिकाने लगाते थे, फिर इन अपराधों के झूठे-सच्चे मुकदमे भुगतते थे। वे उनकी कृपा और मुट्ठी में थे, पर उधर उन्हें यह लगने लगा था कि उनके लिए ही क्यों, यह तो अपने लिए भी किया जा सकता है। उनके वोट, उनकी शक्ति और उनकी लाठी-बंदूक तो हम ही हैं। जब केंद्र ने देखा कि जाति, हेकड़ी और लाठी के बल पर उजड्डों और गंवारों, मध्य जातियों का एक बहुत बड़ा वर्ग खुद विधानसभाओं, लोकसभाओं, प्रतियोगिताओं और परीक्षाओं में घुसा चला आ रहा है, तो पैरों के नीचे से धरती खिसकने लगी। लगा, मामला वंचितों-दलितों को शिक्षा, अवसर या उत्थान देने जैसा निर्दोष नहीं है। खतरा एकछत्र अधिकारों और अस्तित्व पर है और इसे उनके रहन-सहन, पहनावे-कपड़ों, भाषा-व्यवहार के उजड्डपने का मज़ाक उड़ाकर नहीं टाला जा सकता...न इन्हें कानून की कोई चिंता है और न कुलीनता या सम्मान की। कल तक के उनके लठैत अब खुद उन्हीं के बीच आ बैठे हैं और अपने को 'जननेता' कहते हैं। इनमें से किसी पर हत्या के मुकदमे लगे हैं, तो किसी पर लूट के। कुछ तो जेल में बैठे-बैठे ही चुन लिये गए हैं। अक्सर ही इनकी छवियाँ रॉबिनहुड की हैं।

बहरहाल, शहर और गाँव की लड़ाई अब खतरनाक मोड़ पर आने लगी थी। गाँव से कुछ साधन-संपन्न या सर्वहारा किस्म के लोग शिक्षा, नौकरी, राजनीति, पैरवी या न्याय, नमक खरीदने-बेचने आते रहे या धीरे-धीरे यहीं के माहौल के हिस्से बनते रहे, यह दूसरी बात थी, मगर ये कमबख्त तो सत्ता में हिस्सेदार की हैसियत से दल बनाकर आ रहे थे; राजधानियों में लाखों की रैलियाँ और प्रदर्शन करते थे और हर रोज जन-जीवन ठप्प कर देते थे। जिन्हें अपने आपराधिक अतीत या वर्तमान मिली-भगत के कारण जेलों के अंदर या फाँसी के तख्तों पर होना चाहिए था, वे मंत्री, मुख्यमंत्री और प्रधानमंत्री बने बैठे थे। यही नहीं, शिक्षा, नौकरी, उद्योग, धर्म हर जगह सत्ता में अपना हिस्सा माँग रहे थे। वह भी हमारी जैसी योग्यता के आधार पर नहीं, संख्या या क्षमता के आधार पर। यहाँ तो पानी सिर के ऊपर से गुज़र रहा था। खतरा इस बुर्जुआ वर्ग को अपने शहरी माफिया सरगनाओं से भी था, मगर वे सब तो 'अपने' थे, अपना ही हिस्सा थे। बड़े-बड़े देशी-विदेशी सौदों में घोटाला, कमीशन, घूस या बैंकों और दूसरी वित्तीय संस्थाओं में राष्ट्रीय-अंतर्राष्ट्रीय स्कैम, स्मगलिंग, चोरी या लूट का सिलसिला तो 'अपनों के बीच' का ही मामला था। यह

सब तो राजनेता, ब्यूरोक्रेसी, जूडीशियरी, प्रेस के बीच की आपसी लूट थी, एक ज्यादा खा जाता था, तो दूसरा चीखने-चिल्लाने लगता था, एक दूसरे को 'एक्सपोज़' करने या कपड़े फाड़ने लगता था। जब मामला करोड़ों-अरबों का हो, तो केवल कुछ को तो खाने-पचाने नहीं दिया जा सकता था। खेल ऊँचा भी था और खतरनाक भी, मगर था तो अपनों के बीच ही। माना कि एक, सौ करोड़ ले गया, तो दूसरा हजार करोड़, तीसरे ने सौ अरब लूट लिये, तो चौथे ने हजार अरब, मगर उसमें हज़ारों लोगों का हिस्सा भी तो था और वह सब 'ट्रिकल डाउन' करते (नीचे टपकते) हुए अपने और अपने बच्चों के पास ही तो आ रहा था। फिर, था यह सब कुछ 'फाइव स्टार' ही। शिक्षित, दक्ष, एफिशियेंट और सोफेस्टीकेटेड लेन-देन एक बात है, मगर कबड्डी और खो-खो खेलते सिर पर सवार ये गंवार-उजड्ड तो सारा गणित ही खत्म किए दे रहे थे। क्या ये इतने कौशल से बनाई गई सारी मशीन ही तोड़-फोड़ डालेंगे ? फिर हमारा और हमारे बच्चों का क्या होगा ? और देखते-देखते सारा प्रेस, मीडिया, इंटेलीजेंसिया, बुर्जुआजी के इस संकट को बचाने के लिए झटके से उठ खड़ा हुआ ...आँकड़े, प्रतिशत, एफिशियेंसी, मेरिट, देश और राष्ट्र अपने व्यक्तिगत भविष्य का दूसरा नाम हो गए थे और वही पूरे माहौल में राष्ट्रीय-अंतर्राष्ट्रीय स्तर पर गूँजने लगे। पहले दंगे, प्रदर्शन, आत्मदाह हुए। फिर आला दिमागों ने रणनीतियाँ तैयार कीं कि एक खतरे को दूसरे खतरे से ही काटा जा सकता है। और दो दुश्मनों को आपस में लड़ाने के लिए हिंदुत्व की गदा लेकर उभरने वाले पैटी-बुर्जुआ विद्रोह का रुख इन गंवारों की तरफ मोड़ दिया गया। रामरथ दौड़े, दंगों और सांप्रदायिक उन्माद में लाख-पचास हजार लोग मरे, शहर और बस्तियाँ जलीं, दस-बीस अरब का नुकसान हुआ, मगर धार्मिक बुलडोज़रों ने गाँववालों की इस शहरी चढ़ाई की आशंका दस-बीस साल के लिए टाल दी। अब केंद्र की प्राथमिकता हो गई सांप्रदायिकता। खेती-फसल, रोज़ी-रोटी, खाद-बीज, गरीबी-भुखमरी बाद में--पहले धर्म और सांप्रदायिकता का मामला तय करना है। वही राष्ट्र का एकमात्र मुद्दा है.. उधर केंद्र ने अपनों की शिकायतें या विद्रोह समाप्त करने के लिए अंतर्राष्ट्रीय पूँजी और व्यापार के दरवाज़े-चौखट खोल दिए...घोटाला, स्कैम, स्कैंडल जो भी करना है, यहीं करो, न देश-विदेश की सीमाएँ, न स्विस-अमेरिकन बैंकों में खातों को जोड़-तोड़। केंद्रीय बुर्जुआजी एक झटके से अंतर्राष्ट्रीय हो उठी। घर और बाहर का झगड़ा ही खत्म। प्रतीक रूप से कहें, तो हर संपन्न भारतीय दोहरी नागरिकता का सुख पाने के लिए स्वतंत्र हो गया। इतिहास की सीमाएँ हिंदुत्व ने तोड़ीं, तो भूगोल की वित्त मंत्रालय ने। देश के कर्णधारों ने खुलेआम मंचों से घोषणा कर दी कि अब भ्रष्टाचार कोई मुद्दा नहीं है, बल्कि ग्रोइंग इकॉनोमी (विकासमान अर्थतंत्र) की अनिवार्यता है। जहाँ सभी चोर हों, तो कौन किसे पकड़ेगा ?

बहरहाल, केंद्रीय शहरी बुजुर्आजी ने अपनी इन उलटबासियों और बाजीगरियों

से अपने स्वार्थों और रक्षा के लिए बड़ा मैदान भले ही मार लिया हो और भीतरी खतरों को भले ही कुछ समय के लिए स्थगित कर दिया हो, मगर संकट पूरी तरह टला नहीं है। धर्म-संप्रदाय, इतिहास-संस्कृति के घोड़ों पर सवार पैटी-बुर्जुआ विद्रोह और गाँवों-कस्बों से उमड़ती चली आती किसानी बाढ़—दोनों अभी भी केंद्रीय शहरी सत्ता को चैन की साँस नहीं लेने देंगी। शहरों, कस्बों में छाए हुए देसी उद्योग-धंधे, व्यापार-व्यवसाय, अंतर्राष्ट्रीय उद्योगों और व्यवसाय के हमलों के मुकाबले या तो पुराने, फूहड़, पिछड़े हुए होने के कारण दम तोड़ेंगे या उनकी नकल चोरी-तस्करी में महारत हासिल करने वाले नए गैरकानूनी अपराधी वर्ग को जन्म देंगे। तब 'स्वदेशी' का नारा उन्हीं के हितों के लिए दिया गया, किसी गांधीवादी राष्ट्र-प्रेम के कारण नहीं। उधर किसानी उत्पादनों को बेच-बेचकर लाया गया (एक्सपोर्ट के लिए और है भी क्या ?) ऐय्याशी और सुख-सुविधा का सामान और फौजी खरीद-फरोख्त गाँवों के आक्रामक असंतोष को और बढ़ाएँगे...हमें भूखा-नंगा रखकर मैकडोनल-पेप्सी, सौंदर्य-सामग्री या इलेक्ट्रॉनिक उपकरणों से देश को पाटने का आपको कोई हक नहीं है। आपके होटलों, दावतों-शादियों और अधिवेशनों में दस-दस हजार लोग हलुआ-पूरी भकोसें, हजारों टन खाना रोज फेंक दिया जाए और हमारे लिए न तो बिजली हो, न पानी...हजारों लोग अकाल और भुखमरी में दम तोड़ें...गाँव और शहर की यह बंदरबाँट अब बर्दाश्त नहीं की जाएगी। इन दोनों ही असंतुष्ट वर्गों का नारा होगा—राष्ट्रीय स्वाभिमान, राष्ट्रीय हित, जनता के अधिकार। मूलतः यह लड़ाई इन्हीं तीन राष्ट्रीयताओं के बीच होने जा रही है—राष्ट्र के विकास और हित में केंद्रीय बुर्जुआजी की अंतर्राष्ट्रीय राष्ट्रीयता; पैटी बुर्जुआ सांप्रदायिक दलों की सांस्कृतिक-धार्मिक राष्ट्रीयता और दलित और किसान वर्ग की स्थानीय अस्तित्वगत राष्ट्रीयता...जो सत्ता में भागीदारी के लिए जातीय, क्षेत्रीय या अल्पसंख्यकों के समीकरणों से शक्ति प्राप्त करेगी। इनमें सबसे पहला और स्वाभाविक तालमेल होगा केंद्रीय बुर्जुआजी और पैटी बुर्जुआजी के बीच। सबसे ज़्यादा चढ़ावा उन्हें ही चढ़ाया जाएगा और उन्हें भी ऊँचे खेल में शामिल कर लिया जाएगा, क्योंकि हिंदुत्व से न ब्यूरोक्रेसी को चिढ़ है, न लीडरशिप को। या तो केंद्र और अधिक धार्मिक (सर्वधर्म समभाव के साथ) होगा या हिंदुत्व और भी केंद्रीय। उधर वामपंथी पार्टियाँ धर्म पर 'पुनर्विचार' कर ही रही हैं, इसलिए अपनी-अपनी कसमसाहट के साथ नरसिंह राव, आडवानी और ज्योति बसु, हो सकता है, एक ही मंडप के नीचे बैठने की रिहर्सलें करें...घूस और पाखंड का पुराना मध्यवर्गीय बुर्जुआ समीकरण...सब मिलाकर यह बात तय है कि केंद्र में अब अंतर्राष्ट्रीय नटवर लाल, स्वामियों और चंद्रास्वामियों के साथ महंत, साधु, शंकराचार्य अधिक संख्या में दिखाई देंगे...सत्ता की नर्तकी अब कभी राष्ट्रीय-सांप्रदायिक परोपजीवियों को प्याला देगी, तो कभी अंतर्राष्ट्रीय पंचतारा सटोरियों को। दोनों का दुश्मन श्रम और उत्पादन का मालिक है। धर्म और विदेशी कर्जे से उसकी अनिवार्य निर्भरता हाशिये पर डालनी

है...जो कुछ ये दे सकते हैं, वह भी विदेश से ही माँगना है, ताकि खाने-पीने के स्रोत बने रहें। गेहूँ-आलू तक। डंकल के हथियार से इन्हें भी बधिया करना है। इधर हमारे कुछ मित्र 'राष्ट्रीयता' की बड़ी ही आत्यंतिक, (ऐब्सोल्यूट), आध्यात्मिक और ऋचा-बोझिल व्याख्याएँ दे रहे हैं। मैं ज़ोर देकर कहना चाहता हूँ --'राष्ट्र' और 'राष्ट्रीयता' अंततः सापेक्ष्य होते हैं और संदर्भों में ही उन्हें परिभाषित किया जा सकता है। हर समय, वर्ग और क्षेत्र की राष्ट्रीय अवधारणा अलग है।

फिलहाल केंद्र से असंतुष्ट दोनों धड़ों के पास राष्ट्रीयता के साथ ही दूसरा महत्त्वपूर्ण और निर्णायक मुद्दा है भाषा। भाषा यानी एक विशेष सांस्कृतिक और आर्थिक प्रभुता का वर्चस्व (मोनोपॉली) यानी भारतीय व्यवस्था पर सवार, सारे अवसरों को मुट्ठी में बंद किए अंग्रेज़ियत। हिंदुत्व की बोगी (हौवा) खड़ा करता हुआ पैटी बुर्जुआ निम्न मध्य वर्ग 'ऊपर' जुड़ता है घूस और पाखंड के साझे, संस्कृति और सांप्रदायिक सूत्र से—लूट और समृद्धि में हिस्सा पाने, तो दूसरी तरफ नीचे ग्राम-कस्बों से एकाकार होता है धर्म और भाषा के आधार पर—अवसरों के एकाधिकार को ध्वस्त करने...मुद्दा सांप्रदायिकता का हो या जाति और क्षेत्र का, लड़ाई और समझौते इन दोनों नीचे के वर्गों के 'ऊपर' के साथ ही हैं। करोड़ों की डकैतियाँ और अपहरण तो इस लड़ाई की छोटी अभिव्यक्तियाँ हैं। चालीस-पैंतालीस साल में यह अब साफ हो गया है कि शासन-सत्ता से कुछ भी पाना है, तो उसका एकमात्र रास्ता है अंग्रेजी। राष्ट्रीय और अंतर्राष्ट्रीय विशाल संसारों में पहुँचने का यही ऐसा संकरा द्वार है, जिसके दरवाज़े पर एफ़िशियेंसी, मेरिट, योग्यता के यक्ष बैठे हैं और वे किसी भी गैर-ज़मानती को प्रवेश नहीं करने देंगे। वहाँ कॉन्वेंटों से आए, लाखों की कैपिटेशन फीस देने और लाखों के दहेज लेने वाले या ऊँची रिश्तेदारियों की पालकियों पर सवार 'दुलरुआ' ही जा सकेंगे...अपनी-अपनी भाषाओं, संस्कृतियों की पृष्ठभूमियों से आए इन 'अशिक्षितों' के सामने इसके सिवा कोई रास्ता ही नहीं है कि फिल्में देखकर बैंक लूटें, अपहरण करें, ड्रग बेचें और जैसे भी हो, उन जैसी हैसियत बनाकर उस दुनिया में घुसपैठ के सपने देखें या फिर क्लर्क, चपरासी, दरबान, ड्राइवर बनकर संतोष-धन को चुभलाते रहें...। मगर वे रातोरात बैंकों, घूसों, शेयरों और देशद्रोह से लाखों-करोड़ों कमाएँ और हमें धैर्य, परिश्रम, नैतिकता और राष्ट्र-निर्माण के उपदेश पिलाते रहें। ये सब देखते रहने की भी तो एक सीमा होती है। आखिर कब तक कलकत्ता के मेडिकल कॉलेज की मेधावी चुन्नी कोतल अपने आदिवासी होने के अपमानों या दिल्ली आई.आई.टी. की चंद्राणी हाल्दार की तरह अपनी मातृभाषा की हीनता के लिए आत्महत्या करती रहेंगी...दिल दहला देने वाले आँकड़े हैं उन मेधावी, ज़हीन और ब्रिलियेंट नौजवानों, छात्र-छात्राओं के, जो हर जगह सिर्फ इसलिए मार खाते हैं कि 'दून' स्कूल और 'सेंट स्टीफंस' की अंग्रेजी नहीं बोल-लिख पाते। नतीजे में ललचाई आँखों से ताकते रह जाते हैं और सामने से ही खूबसूरत लड़कियाँ, डिग्रियाँ और

नौकरियाँ, कंटेसाओं-मारुतियों में या यामाहाओं पर बैठा कर बंगलों, डीलक्स फ्लैटों, होटलों या एयर इंडिया जहाजों और लुफ्ताहंसाओं में उठा ली जाती हैं। चाटिए बैठकर अपने देशप्रेम, राष्ट्रीय आदर्श और मातृभाषा को...गली-गली में 'इंग्लिश मीडियम स्कूलों' द्वारा भाषा की वैतरणी पार कराने वाले ये भूल जाते हैं कि भाषा जिस पवित्र गाय की पूँछ है, उसका नाम है वर्ग...वह वर्ग, जो पैसे के साथ-साथ रिश्तेदारियों का भी ज़ोर रखता हो, क्योंकि वही तो हैं, जो सारे फ़ैसलों पर कुंडली मारकर बैठे हैं। उस वर्ग या पंचतारा संस्कृति का हिस्सा बने बिना सत्ता और शक्ति की छूंछ भी नहीं मिलेगी। लोट-पीटकर किसी तरह आई.ए.एस., पी.सी.एस. में आ भी गए, तो वहाँ भी अछूत बनकर ही रहना होगा...धीरे-धीरे अपने को उन जैसा बनाते हुए।

तो ये हैं हमारे द्वारा तैयार की गई नई पीढ़ी—देशी भाषाओं के अधिकारों के लिए दसियों बरसों से धरना देती हुई, आत्महत्याएँ, हत्याएँ या चोरी-डकैती करती हुई, पुलिस की झूठी-सच्ची मुठभेड़ों में मरती हुई, उनके वैध-अवैध धंधों के लिए हरकारों (कूरियर) की जमात में शामिल या उनके लिए राजनैतिक लठैतों की फौज तैयार करती हुई...बेकारों, अशिक्षितों, संस्कृतिविहीनों की बेचेहरा भीड़...हिंसा के द्वारा न्याय या बदला लेने के सिनेमाई सपने देखती, खून और गुर्दे बेचती नौजवानी लाइनें...

और इन्हें या उन्हें हम साहित्य, संस्कृति, कला या भाषा समझाने के लिए सेमिनार करते हैं...देश के पतन पर आँसू बहाते हैं और दो-चार मिलकर स्थिति बदलने की कसमें खाते हैं—भूल जाते हैं कि इस सबके लिए इनके पास अवसर नहीं है और उनके पास फुर्सत की कमी है।

['हंस', मई 1993]

उस वक्त सल्तनत भड़वों और हिजड़ों के हाथों में थी...

अपने-अपने ढंग और धरातल से प्रेरित राष्ट्रीयता की परिभाषाएँ देती हुई आज की तीन सामाजिक शक्तियों की बात पिछले लेख में की गई थी। मुझे लगता है कि इन सामाजिक ध्रुवों के संदर्भ में ही राष्ट्रीयता को परिभाषित किया जा सकता है। इससे बाहर 'एब्सोल्यूट' या आत्यंतिक परिभाषा या तो दार्शनिक लगने वाली कोई खोखली सूक्ति होगी या फिर अर्थहीन उच्छ्वास का काव्य-वमन। अंग्रेजों के जमाने में राष्ट्रीयता की एक परिभाषा वह थी, जो सरकार हमें देती थी और दूसरी वह, जो हम अपने लिए तय करते थे। शासक और शासित या शोषक और शोषित की राष्ट्रीयता की अवधारणा एक हो ही नहीं सकती। वस्तुतः सत्ता में बैठे लोगों और उनका विरोध करने वालों के बीच लड़ाई इन्हीं अवधारणाओं को लेकर होती है। कभी-कभी ऊपर से शब्द एक हो सकते हैं, मगर उनके पीछे के मंतव्य कभी एक नहीं होते। ज़ाहिर है कि इन अवधारणाओं को हथियार बनाकर सत्ता हासिल करने की दावेदार सामाजिक शक्तियाँ आज सिर्फ तीन ही नहीं हैं—उनमें भी न जाने कितने भेदोपभेद हैं और निरंतर एक-दूसरे के बीच संक्रमण या घुसपैठ होती रहती है; क्योंकि सबकी दौड़ ऊपर पहुँचकर सत्ता में हिस्सेदारी की है। अपने-अपने आकार और प्रभाव दिखाकर सब एक-दूसरे को ब्लैकमेल करते हैं। हाँ, जिनके पास शासन के औज़ार हैं, वे बाकायदा झूठ, दमन और अत्याचारों का सहारा लेते हैं। लोकतंत्र सबको समान अवसर देने की घोषणाएँ चाहे जितनी करे, मगर अवसर हमेशा केवल कुछ को देता है। शक्ति, सत्ता और सत्य—सबके एकमात्र जायज़ मालिक वही होते हैं। कुछ होते हैं और कुछ को लगता है कि उन्हें होना चाहिए। चूँकि राजनैतिक शक्ति का एकमात्र स्रोत या प्रतीक 'राष्ट्र राज्य' है, सारे साधन, सत्ता उसी के पास हैं। इसलिए हर कोई उस केंद्र को हथियाना चाहता है। सबकी उम्मीदें वहीं टिकी हैं। वहीं हैं सारी समस्याओं

के हल। सबका अतीत, वर्तमान और भविष्य दिल्ली है—जो उसे जीत लेगा, वही सिकंदर होगा।

आज के परिदृश्य में उभरकर आई एक-दूसरे के भीतर घुसपैठ करती, संक्रमित होती और सौदे करती तीनों सामाजिक शक्तियों की मोटी-मोटी रूप-रेखा को एक बार फिर समझ लें। पहली है—राजनेता, उद्योगपति, ब्यूरोक्रेसी और अपराध की मिली-भगत से सत्ता में बैठा वह अभिजात वर्ग, जो हर कीमत पर यथास्थिति बनाए रखना चाहता है और इसकी राष्ट्रीयता दिल्ली-न्यूयार्क के बीच वाद-विवाद-संवाद बनाए रखने का दूसरा नाम है। एकता और अखंडता के नारे पर उसे सारे देश को लूटने, हर तरह की मनमानी करने की छूट चाहिए—चूँकि अंग्रेजी साम्राज्यवाद से इसे दान में स्वतंत्रता मिली थी। इसलिए भाषा, बानी, रहन-सहन, राजनीति, अर्थशास्त्र सभी में वह अंतर्राष्ट्रीय होने को अभिशप्त है—उसके आदर्श, मॉडल या सूत्रधार आज भी लंदन, न्यूयार्क हैं। चूँकि बाज़ार के अर्थतंत्र और संचार-माध्यमों से आज सारी दुनिया एक हो चुकी है। इसलिए हम न पिछड़े रह सकते हैं, न अलग-थलग। हमें आधुनिक होना ही होगा। बिना देश की असलियत जाने वे हर ज़्यादती की तुलना विदेशों से ही करते हैं—'आज भी हम यहाँ दस रुपए में बाल कटा लेते हैं, बाहर तो पच्चीस डालर (750 रुपए) देने होते। देखा, जीवन की हर नियामत कितने सस्ते में प्राप्त कर रहे हैं हम।' कर्ज हो या उधार; यह बौद्धिक, आर्थिक और सामाजिक समृद्धि तब तक नहीं बरस सकती, जब तक राजनैतिक स्थिरता यानी केंद्रीय सत्ता को निर्विघ्न और निर्द्वंद्व मनमानी करने की छूट न मिले...इसके लिए जायज-नाजायज़ कुछ भी करना पड़े, कोई मुज़ायका नहीं...। छोटे-बड़े व्यापारियों, उद्योग-धंधों, नौकरियों-व्यवसायों से बना। बहुआयामी, विराट मध्य वर्ग दूसरी शक्ति है, जो भारतीय जनता पार्टी के सम्मोहन में भारतीय संस्कृति, इतिहास, हिंदुत्व की गरिमा के सब्ज़बाग दिखाकर राष्ट्रीयता को परिभाषित करती है। मध्य वर्ग के बौद्धिक शून्य को यह धर्म, आस्था, अंधविश्वास, भावुकता और अतीत-महिमा से भरने में सफल होने का विश्वास पाले हैं। लंदन-न्यूयॉर्क इसका भी लक्ष्य है, मगर कस्बों, शहरों या प्रांतीय राजधानियों से होते हुए पहले इसे दिल्ली पहुँचना है। चूँकि इस वर्ग का एकमात्र या एकसूत्रीय नारा धर्म है। इसलिए इसे साधु-संत-महंतों और नेता-अभिनेता भीड़ भी चाहिए, और अपराध तथा ब्यूरोक्रेसी के धर्म-प्राण 'अनुभवी' भी। अपने आदर्शों, प्रेरणाओं और बनावट में वस्तुतः यह वर्ग पहले या ऊपरी वर्ग का ही हिस्सा या तलछट है। इसलिए अपने को पीछे छूटा हुआ वंचित या प्रवंचित महसूस करता है। मूलतः यह वर्टीकल और हॉरिजेंटिकल खिंचाव का एक ही साथ शिकार है, इसलिए दो विपरीत दिशाओं में बँटा है : इसकी दौड़ मूलतः सामाजिक-आर्थिक रूप से सिर्फ नीचे से ऊपर जाकर 'अभिजात' में शामिल होने की है, मगर राजनैतिक नेतृत्व इसे लंबाई में खींचकर दिल्ली तक लाना चाहता है। आधुनिक मोटर-पेट्रोल या बाज़ारू मोर-मुकुट को जोड़-तोड़

कर बनाए अपने इतिहास-रथ पर सवार इसके राजनेता सोमनाथ से चलें या कन्याकुमारी से—यात्रा का गंतव्य दिल्ली ही है। आश्वासन यही है कि एक बार दिल्ली पहुँच जाएँ, फिर विदेशियों-विधर्मियों, छद्‌म धर्मनिरपेक्षियों को ठिकाने लगाकर अपना 'अभिजात वर्ग' खुद बनाएँगे...इसीलिए मुद्दे, नारे और आरोप इनके भी ठीक वही हैं, जो ऊपरी सत्ता-वर्ग के हैं। दोनों एक-दूसरे की भाषा, मानसिकता और पहलकदमियों का इस्तेमाल आश्चर्यजनक एकरूपता से करते हैं। अगर लोकतंत्र का गले पड़ा झमेला न होता, यानी अल्पसंख्यक और सामाजिक न्याय की मुसीबत और उनके प्रति चिंता प्रकट करते रहने की शाब्दिक मजबूरी न होती, तो नरसिंह राव भी ठीक वही हैं, जो लालकृष्ण आडवाणी...आज भी दोनों राम-मंदिर या तिरुपति में साथ ही मत्था टेकते हैं। ऊपर से इन्हें धर्म और भीतर से राजनीति जोड़ती है। साहित्य, संस्कृति और इतिहास के सर्वश्रेष्ठ शब्दों का इस्तेमाल करते ये दोनों वर्ग अपने-अपने धरातल पर समान अपराधजीवी हैं।

इन दोनों की जान की मुसीबत है—खेत-खलिहानों, जंगल, पहाड़ों से आने वाला वह वर्ग, जो न इनकी तरह शिक्षित है, न शिष्ट...सामंती बीमारियों, विकृतियों में पला यह वर्ग सिर्फ गाली और गोली की भाषा जानता है। पचास साल आश्वासनों और इस्तेमालों में ऊपर ताकता यह वर्ग अब अधीर होकर खुद बाहर निकल आया है और ऊपर वालों के बनाए तंत्र को ध्वस्त करने में लगा है। चूँकि शिक्षा, संस्कार और आकांक्षाएँ लगभग एक ही हैं। इसलिए जहाँ दूसरा वर्ग पहले और ऊँचे वर्ग में सेंध और सौदे के तहत घुसना चाहता है, वहाँ यह तीसरा सबसे अधिक बहुसंख्यक वर्ग, धौंस और धमकी से वही शक्ति पाना चाहता है। ज़ाहिर है, इस नए हमले से ऊपर के दोनों वर्गों की जान सासत में है, क्योंकि इनके पास न योग्यता है, न शिक्षा—न संस्कार हैं, न राजनैतिक सूझ-बूझ...ये गंवार और दहकान तो मेरिट, एक्सिलेन्स, एक्सपर्टाइज़ यानी अंग्रेजी वर्चस्व के सारे तिलिस्म का ही सत्यानाश कर डालेंगे। इन मूर्खों को न आर्थिक पेचीदगियों का पता है, न राजनैतिक बारीकियों का। हमारे और हमारे बच्चों के लिए इतनी तिकड़म और मेहनत से तैयार सारी फसल यह रेवड़ ही चर जाएगा, तो कहाँ रहेगी दुनिया ? इनके नारे और मुद्दे भी तो कितने फूहड़ हैं : जाति, क्षेत्रीयता, भाषा, प्रांतीयता, दलितों, स्त्रियों और अल्पसंख्यकों की सुरक्षा—भुखमरी, शोषण, असमानता, सामाजिक अन्याय...अरे बोलो, आज की चमकती, चहकती दुनिया में ये भी भला मुद्दे हुए ? कहाँ धकेल देना चाहते हैं ये सारे देश को ? हम अगर धर्म, संस्कृति, इतिहास और हिंदू-अस्मिता की बात करते हैं, तो उसका एक स्तर है, भाषा है और वह आदमी की मूलभूत सामाजिक-आध्यात्मिक जरूरत है—ये साले लगे हैं चौबीस घंटे अपने अस्तित्व और अधिकार के संकट का रोना रोने में। बड़ी अजीब मनोरंजक और औघड़ स्थिति है—ऊपर के दोनों वर्ग गाँव-कस्बों से उमड़ती इस बाढ़ को रोकने में लगे हैं। कुछ-कुछ मुगल-साम्राज्य के अंतिम दिनों वाला दृश्य

है : बार-बार जाटों, मराठों, रूहेलों और सिखों के दल दिल्ली पर 'हमला' करते हैं, लूटपाट मचाते हैं और फिर वापस खदेड़ दिए जाते हैं। सबके अपने-अपने 'स्वायत्त' राज्य हैं। उस समय की लड़ाई तोप और तलवार से लड़ी जाती थी, आज वोट और प्रचार से। अमीर, उमरा, सरदार, सम्राट और शहरी नागरिक चैन की साँस लेते हैं कि कुछ समय के लिए तो बला टली—अभी खतरा बहुत दूर है। अच्छा है, कमबख्त आपस में ही लड़-मर रहे हैं। हमें सिर्फ करना यह है कि टुकड़े डालकर इन्हें दूर ही बनाए रखें या आपस में लड़ाए रखें—इनमें से कुछ को फोड़ें, कुछ को तोड़ें और इस बीच अपने किले मजबूत बना लें...मगर मुझे लगता है कि ख़तरा इतनी आसानी से टलेगा नहीं। दो बार इन्हें दिल्ली का चस्का लग चुका है और तीसरी या चौथी बार के लिए प्यास बढ़ गई है। अगर इनकी आपसी लड़ाई और ऊपर के दोनों वर्गों के षड्यंत्रों से दिल्ली बचा भी ली गई, तो अलग भाषाओं, प्रांतों, लैंडों और अंचलों के रूप में ये अपने-अपने द्वीप अलग बनाकर ही साँस लेंगे ...देश की भौगोलिक और सांस्कृतिक एकता-अखंडता के नाम पर 'दिल्ली की केंद्रीयता' बहुत अधिक समय तक अपना जादू बनाकर नहीं रख पाएगी। हो सकता है, ये 'केंद्रीयता' की सारी व्यवस्था को ही पलट दें। आज तो सारे देश की संपत्ति, साधन और लूट दिल्ली यानी केंद्र के हाथों में है : उसे यह चाहे पच्चीस हजार रुपए प्रति मिनट के हिसाब से पार्लियामेंट की हाथापाइयों में फूँकें या स्कैमों, स्कैंडलों और घोटालों में डकारें...दूसरी तरफ देश के करोड़ों लोग बाढ़, अकाल, भुखमरी और बेकारी में मरते रहें...बहुत शोर या हाय-तौबा मचे, तो प्रधानमंत्री या राष्ट्रपति हजार, दो हजार करोड़ का 'दान' दे आएँ...योजनाओं के उद्घाटन कर आएँ...जो अंततः अपने ही लोगों के खाने-कमाने के नए-नए नाले-परनाले प्रदान करने के रास्ते खोल लेंगे—यानी वे जहाँ हैं, वहीं बने रहें...हो सकता है कि व्यवस्था को यह रूप देना चाहें कि 'सब कुछ केंद्र के पास हो और वह हमें दे' की बजाय हमारा सब कुछ हमारे पास हो और हम केंद्र को अपना-अपना हिस्सा दें, ताकि 'भौगोलिक अखंडता और एकता' के लिए वह कुछ मूलभूत व्यवस्थाएँ बनाए रख सके : यानी इस सहयोगी फंड से केंद्र सेना, रेल, संचार, परिवहन, विदेश जैसे देशव्यापी विभागों का प्रबंधन करे...सब मिलाकर आज की सारी प्रक्रिया को पलटकर देश ऐसे प्रदेशों का संघ हो जो अपनी सुविधा और स्थितियों के अनुसार आप में और सब मिलाकर केंद्र से संबंध रखने को स्वतंत्र हो...बिना ऐसी पंचायती संघबद्धता लाए शायद केंद्र की इस तानाशाही से कभी छुटकारा नहीं मिल सकेगा कि जब चाहे वह सारे देश को कर्जों, दंगों और युद्ध में झोंक दे, गवर्नरों और मुख्यमंत्रियों को बदल दे, सरकारें पलटकर अपने चमचे बैठा दे या असुविधाजनक राज्यों के अनुदान या सहायता बंद करे, उन्हें भुखमरी-बेकारी में झोंक दे या बाँह मरोड़कर अपने प्रति वफ़ादारी निचोड़े...और विरोधी होने का मज़ा चखाए (बंगाल और बिहार इसके उदाहरण हैं)।

इस प्रक्रिया को बदले बिना देश के बचाव का कोई रास्ता नजर नहीं आता। लाचारी यह भी है कि केंद्र खुद इतना जर्जर, भ्रष्ट और अंतर्ध्वस्त हो चुका है कि आत्महत्या के सिवा उसके पास मुक्ति का कोई रास्ता नहीं है। नेहरू और वी.पी. सिंह के सिवा कौन-सा ऐसा प्रधानमंत्री, मुख्यमंत्री, नेता, अफसर है, जिसके साथ लाखों, करोड़ों और अब अरबों का घोटाला नहीं जुड़ा ? अपराध या भ्रष्टाचार साबित हो चुकने पर भी कभी किसी प्रधान, मुख्य या साधारण मंत्री ने आज तक अपनी इच्छा से त्यागपत्र दिया ? या उसे सजा हुई, उसकी संपत्ति कुर्क की गई ?

मीडिया, यानी दूरदर्शन, अखबारों और किसी भी प्रचार-माध्यम पर सवार निरंतर नियमित रूप से अपने थोबड़े और प्रवचन पोंकते इस चमचमाते एलीट वर्ग ने, कौन-सा अपराध है, जिसका इस्तेमाल नहीं किया ? लोकतंत्र के सारे स्तंभ इन्होंने जिस बेशर्मी से ध्वस्त किए हैं, उसे देखकर दुनिया का हर भ्रष्ट देश बौना लगता है। कभी-कभी तो इस माफिया गिरोह से मुक्ति पाने का एकमात्र रास्ता वही लगता है, जो हिंदी फिल्में रोज़ दिखा रही हैं; कोई एक सुपरमैन हो, जो धांय-धांय करता हुआ एक के बाद एक नेता को बिछाता चला जाए ! क्योंकि स्वयं यह वर्ग ऐसी भयानक 'डेथ-विश' (अभिनिवेश) का शिकार है कि इसके लिए दुनिया का हर मूल्य अर्थहीन हो गया है--चाहे वह हजारों-लाखों की ज़िंदगी हो या देश ! या तो इन्होंने सारे शब्दों के अर्थ बदल दिए हैं या अपने आचार से उन्हें निकाल ही फेंका है। अपनी हर नीचता और अपराध को सही सिद्ध करने के लिए भाषा के छद्म का जैसा भयानक इस्तेमाल ये उच्च और मध्यवर्गीय 'मैरिटिये' धड़ल्ले से कर रहे हैं, उसे देखकर सचमुच दिल दहल जाता है !

अभी-अभी लोकसभा ने पंजाब हाई-कोर्ट के चीफ़ जस्टिस और अब सुप्रीम कोर्ट के जज वी. रामास्वामी को जिस बेहयायी से पार्लियामेंट द्वारा दोष-मुक्त किया है, वह शायद भारतीय संविधान का सबसे काला अध्याय है। चलिए, अच्छा हुआ--रही-सही आख़िरी उम्मीद भी खत्म हुई। जुडीशियरी (न्यायपालिका) का कचूमर तो ये लोग पहले ही निकाल चुके थे। जो जैसा चाहता है, फैसला अपनी तरह करा लेता है। काटकर लिखे गए आँकड़ों और दस्तावेज़ों के पक्के सबूत मिल जाने पर भी जगन्नाथ मिश्रा जैसे लोग भ्रष्टाचार से मुक्त हुए, अंतुले को छोड़ दिया गया। चाहे चीफ़ जस्टिसों की नियुक्ति का सवाल हो या फैसलों का; जैसा ऊपर बैठे लोग चाहते हैं, वही होता है। जिसको चाहे पकड़वा देते हैं, जिसको चाहे छुड़ा लेते हैं। घूस, भ्रष्टाचार, करोड़ों का हेर-फेर तो अब कोई मुद्दा ही नहीं रहा। बंगरप्पा से लेकर रावपुत्र सभी समान उत्साह से दोनों हाथों लूट रहे हैं। कौन किसे रोके ? जिसे चिलम नहीं मिलती, वही अगले दिन अखबार में भंडाफोड़ की ख़बर रोप देता है। कुछ दिन अखबारों की सुर्खियाँ चीखतीं हैं और फिर सब ठंडा हो जाता है। सारे अखबारों के या तो मालिक खरीदे हुए हैं या संपादक। संपादक जब चाहता है, अपने हित और

स्वार्थ से प्रेरित किसी खबर को उछालता या मार देता है। सहायकों और संवाददाताओं की हालत कुंठित सरकारी अफसरों जैसी है। ईमानदारी या मिशन के ज़ोम में अगर विशेष लक्ष्मण-रेखा से आगे बढ़े, तो कुचल दिए जाओगे, फेंक देंगे कहीं जंगलों में। अच्छे-अच्छे उद्योगपतियों के वे ऐश नहीं, जो बड़े अखबार के छोटे संवाददाता ने जुटा लिये हैं।

ऊपर से नीचे तक सारी सामाजिक संरचना में घूस, ब्लैकमेलिंग और सौदेबाजी मांस-मज्ज़ा तक ऐसी पैवस्त है कि आम आदमी या तो भगवान का सहारा लेता है या किसी सुपरमैन यानी अमिताभ बच्चन जैसों का। उसे लगता है कि अब ये ही दो चमत्कार शायद उसे बचा सकें। वह उन्हें कल्पना में दंड देता है। ब्यूरोक्रेसी और राजनीति में भ्रष्टाचार और उसे संरक्षण देता या लेता गुंडाराज। नतीजे में सरकार न तो पंजाब के आतंकवाद को संभाल पा रही है, न सारे देश में फैले माफ़ियावाद को। शासन के आक़ा अपने स्वार्थ और विरोधी को ध्वस्त करने के लिए पहले खुद अपराधी तैयार करते हैं और जब वह दुर्दांत हो उठता है, तो खुद आक़ा बन बैठता है—चाहे वह वीरप्पन हो या भिंडरवाले और बाल ठाकरे...ज़रूरत हुई तो सौ-पचास पुलिसवालों की बलि चढ़ा दी जाती है। इस प्रसंग का शायद सबसे घिनौना खेल हर्षद मेहता कांड या बंबई के विस्फोट कांड में दिखाई दे रहा है ! अपराधियों को पकड़ने के लिए कोई दुबई भागता है, तो कोई पाकिस्तान—मगर असली अपराधी आज भी बंबई में ही मंत्री/मुख्यमंत्री बने बैठे ऐश कर रहे हैं और प्रधानमंत्री में हिम्मत नहीं है कि बार-बार जिस व्यक्ति की तरफ उँगली उठ रही है, उसे छू भी सकें... आप देख लीजिए, अगर वह नहीं चाहेगा, तो सी.बी.आई. वहाँ कदम नहीं रख सकती। अपनी पुलिस और सी.आई.डी. को संभाला जा सकता है, असुविधाजनक अफसरों को ठिकाने लगाया जा सकता है, सी.बी.आई. का क्या ठिकाना ? हजारों निर्दोषों की जान और अरबों के राष्ट्रीय नुकसान को जिस उदासीन ढुलमुल तरीके से लिया जा रहा है, उससे बड़ा देशद्रोह भी कुछ हो सकता है ? सचमुच, कैसे राक्षस आ बैठे हैं ये, जो रामनामी शाल-दुशाले ओढ़-ओढ़ कर कभी अधिकारियों को उपदेश देते हैं, तो कभी युवकों और किसानों को। घूस, भ्रष्टाचार को तो इंदिरा जी ने ही खुलेआम 'विश्वव्यापी बीमारी' बताकर स्वीकृति दे दी थी। अब लगता है, ये महान सपूत 'राष्ट्रद्रोह' को भी शब्दकोश से निकाल फेकेंगे...

रामास्वामी के केस ने मानो देश की प्रतिमा का सिर एक ही बार में हथौड़े से चूर-चूर कर डाला है। धृतराष्ट्र की अध्यक्षता और भरी सभा में द्रौपदी को बेइज्जत करना इस बीभत्स नाटक के सामने बच्चों का खिलवाड़ लगता है। एक जज पचास-साठ लाख रुपये से अपने घर की सज्जा करा ले, साढ़े पाँच लाख रुपये के टेलीफोन कर डाले, सुप्रीम कोर्ट के तीन साथी जजों की मंडली जिसे एक सिरे से भ्रष्ट और बेईमान कहे और पार्लियामेंट, उन आरोपों को एक वकील की बाजीगरी

दिखाकर दोषमुक्त कर दे...सचमुच, बेमिसाल हास्यास्पद ट्रेजिडी है ! भाषा के क्या-क्या कमाल सामने आए हैं कि बार-बार दाद देने को जी चाहता है ! भ्रष्टाचार नहीं। यह तो सिर्फ हेरा-फेरी (इर्रेगुलैरिटी) या सरकारी पैसे का दुरुपयोग है—अब वे जज साहब चाहे हाथी पर बैंड बाजों के साथ अपनी सवारी निकालें या घर और दफ्तर के लाखों के कालीन खरीदें ! उस हिसाब से 'भ्रष्टाचार' कोई शब्द ही नहीं है। सभी कुछ तो हेरा-फेरी और दुरुपयोग ही है—चाहे बोफोर्स हो या हर्षद मेहता का शेयर घोटाला। जूते की नोक पर तीनों महान 'न्यायमूर्ति'। स्पष्ट है कि मंत्रियों और नेताओं ने अपने को आगे बचाने के लिए यह 'फूहड़' नज़ीर स्थापित की है। दूसरे, अगर रामास्वामी ने कुछ हेरा-फेरी की भी है, तो वापस कर देंगे ! वाह, क्या निर्बोध तर्क है ! आप मेरे घर डाका डालें, मेरी जेब काटें और पकड़े जाएँ तो लिया हुआ माल वापस कर दें—इसमें अपराध कहाँ है ?. सारे बैंक-डकैत या नटवर लाल और हर्षद भी कल माल वापस कर देंगे और अभियोग-मुक्त हो जाएँगे ! आगे देश का हर चोर-डाकू चाहे तो माल लौटाकर निर्दोषिता ख़रीद सकता है ! इस केस की सबसे महत्त्वपूर्ण बात यह कि संविधान और कानून चाहे हर नागरिक को समान मानने की घोषणाएँ करते हों, मगर एक चीफ जस्टिस और साधारण क्लर्क को एक ही अपराध के लिए एक ही तराजू पर नहीं तौला जा सकता ! फिर, ईसा-मसीह का महान वाक्य "...इस अपराधी पर पहला पत्थर वह मारे, जिसने कोई पाप न किया हो !" यानी रामास्वामी पर आरोप वही लगाए, जो सिर से पाँव तक ऐसी ही हेरा-फेरियों में लिप्त न हों ! इस पत्थर का तो सचमुच जवाब ही नहीं है ! नरसिंह राव से लेकर चंद्रशेखर तक इसका क्या जवाब दें ? सभी तो इस कीचड़ में लोट लगाते रहे हैं। यही नहीं, अपराधी दक्षिण का है। इसलिए उत्तर वाले उसे व्यर्थ परेशान कर रहे हैं ! बोलो—महात्मा गाँधी की जै...जब आप जो चाहें, करने के लिए निर्बंध हैं, क्योंकि आप कहीं उत्तर वाले होंगे तो कहीं दक्षिण वाले—कहीं हिंदू होंगे, तो कहीं मुसलमान, कहीं उच्च वर्ण के होंगे, कहीं अवर्ण ...कहीं केरल के होंगे, तो कहीं तमिलनाडु के... ? है किसी वकील जज में किसी पर अभियोग लगाने की हिम्मत ? अभी कुछ दिन पहले प्रस्ताव आया था कि प्रधानमंत्री, मुख्यमंत्री, राष्ट्रपति, स्पीकर, हर अपराध और आरोप से ऊपर होंगे—उन पर कोई कानून लागू नहीं होगा ! जिस बिना कैडरवाली पार्टी के करोड़ों के सारे ताम-झाम, आयोजन, समारोह सिर्फ़ घूस, ब्लैकमनी और सरकारी हेरा-फेरी से चलते हों, वह किस मुँह से रामास्वामी को मुजरिम कहती ?

इस तरह दुनिया के हर अपराध को इस एलीट वर्ग ने अपने विशिष्ट कानूनी कपट से खुली छुट्टी दे दी है। आप कल पार्लियामेंट भी उड़ा दें, तो आपके बचाव के लिए खुले-छिपे संपर्क निकल आएँगे। सारे आरोपों पर हँसते हुए आप जहाँ हैं, वहीं बने रहेंगे—जांच-कमीशन बैठाएँ जाएँगे और धीरे-धीरे उसकी फाइलों पर धूल

जम जाएगी। फिर या तो उनका एक दिन पता ही नहीं लगेगा या आग लग जाएगी—उसके लिए फिर नए कमीशन बैठाए जाएँगे। नई घोषणाएँ होंगी। आज किसे याद रहता है कि कुओ-डील क्या है और प्रकाशचंद्र सेठी पर तब क्या आरोप लगे थे ? कानून और संविधान तो आपका कुछ नहीं बिगाड़ सकता, हाँ आपका ही कोई खुंदकी सहयोगी कुछ उद्घाटन करके थोड़ी बहुत परेशानी पैदा कर सकता है। सो उसके लिए इंदिरा जी या संजय गांधी इलाज बता ही गए हैं यानी 'संयोग' से वह किसी कार एक्सीडेंट में मरेगा, कोई उसे गोली या बम से मार देगा—या वह खुद 'आत्महत्या' कर लेगा। ऊपर से नीचे तक नज़ारा यही है ! कभी-कभी मैं सोचता हूँ कि अगली किसी पीढ़ी ने इतिहास की छानबीन की और उस सामग्री को सामने आने दिया गया, तो नज़ारा क्या होगा इस युग का... ?

तो यह है हमारा अभिजात वर्ग—एक-दूसरे को काटता, फाड़ता, बचाता और सब मिलाकर देश और सरकार को लूटता-तोड़ता; हर कानून, विधान-संविधान की हड्डियाँ चिचोड़ता और भाषा-संस्कृति की माँ की ऐसी-तैसी करता...मगर जैसा कि मैंने कहा, ये सीज़र की रखैलें हैं, हर भौतिक भव-बाधा से ऊपर हैं; मेरिट, योग्यता, दक्षता के एकमात्र दावेदार...अगर ये नहीं रहेंगे, तो बाकी अयोग्य, अनडिज़र्विंग, अशिक्षित लोग देश को न जाने किस भाड़ में ले जाकर पटक देंगे...इस ऊपरी वर्ग के नीचे का मध्य वर्ग भी ठीक इन्हीं सपनों से आक्रांत और रातो-रात इनमें शामिल हो जाने की उतावली में धर्म और इतिहास के कंधों पर सवार चढ़ा चला आ रहा है, या उसका सहारा है अपराध, स्मगलिंग, अपहरण और ब्लैक-मेलिंग...

इस कार्निवाल के बाहर ठठ के ठठ 'सबाल्र्टन' यानी फ़ालतू लोग अगर तंबू-कनातें फाड़कर अंदर घुसे आ रहे हैं, तो उन्हें कैसे आने दिया जाएगा ? करोड़ों रुपए के कीमती झाड़-फानूस क्या इनके बैलों और ट्रैक्टरों के गले में लटकाने के लिए हैं ? जब तक दोनों वर्ग मिलकर इस साझे दुश्मन को नहीं रोकेंगे, तब तक सामना कैसे करेंगे इनका ? चलो, ऐसा करते हैं—इनमें से चार-छः को बुलाकर अपने में शामिल कर लेते हैं। और कुछ नहीं, तो जोकर का ही काम देंगे; मनोरंजन ही होगा। इस बीच इन्हें अगर इस खेल में ही मज़ा आने लगा, तो फिर हमारी तरफ से बाकियों को खुद संभाल लेंगे। ज़्यादा से ज़्यादा यही तो होगा कि ये भी अपने दोस्तों-रिश्तेदारों को अंदर ले आएँगे। जो नहीं आ पाएँगे, वे भी तो खुद इनके सिर फोड़ेंगे। हमारा काम आसान हो जाएगा।

इस सर्कस को कहते हैं बीसवीं सदी के अंत का भारतीय वर्तमान...''ऐतिहासिक प्रमाणों से पता चलता है कि उस काल में लोग किस तरह सद्भावपूर्वक धर्मसभाएँ करते थे और देश और मानवता की चिंता में निष्ठापूर्वक निर्णय लेते थे...चूँकि आपस में सब अपने को एक-दूसरे से अधिक धार्मिक समझते थे, इसलिए मतभेद की स्थिति में एक-दूसरे को मुष्टिका-प्रहारों से सही मार्ग पर ले आते थे। कभी-कभी इस प्रकार

की शारीरिक सेवा के लिए बाहरी सेवाएँ भी लेनी पड़ती थीं। आपस के प्रश्नों को आपस में ही निपटा लेते थे। उन्हें सार्वजनिक करना घोर अनैतिक माना जाता था, क्योंकि बाहरी लोगों से अत्यधिक भयभीत रहते थे। इसलिए बंद रथों में, भयानक आग्नेयास्त्रधारी काली बिल्ली जैसे सेवकों की सुरक्षा में ही निकल पाते थे--अन्यथा जनता इन्हें पत्थर मार-मारकर चूर्ण-विचूर्ण कर डालती। एक-दूसरे को ध्वस्त करने का कार्य आपस में ही बाँट रखा था और अवसर मिलते ही विपक्षी का नाश कर डालते थे...सब मिलाकर वह राज्यहीनता की आदर्श स्थितियाँ थीं; जहाँ सारे नियम-कानून बड़ों के घर की रंडी बनकर रह गए थे।''

किसने कहा था कि हर व्यवस्था हमेशा बाहर से ही नहीं टूटती, अपने भीतर उभरने वाले अंतर्विरोध ही उसका नाश करते हैं--विशेष रूप से तब, ज़ब भौतिक और ऐतिहासिक रूप से अपने बने रहने का नैतिक अधिकार और प्रासंगिकता खो चुकी होती है।

❒ ❒ ❒ ❒

सुमित्रानंदन पंत के बाद हिंदी के सबसे सौम्य, शालीन और निरभिमानी कवि शमशेर 11 मई को नहीं रहे। हिंदी-उर्दू-अंग्रेज़ी के संस्कारों से अपनी रचना को निरंतर समृद्ध करते हुए वे हिंदी के सबसे बड़े प्रयोगशील कवि थे। इस दृष्टि से उन्हें अज्ञेय और मुक्तिबोध के साथ रखा जा सकता है। जिंदगी में संघर्ष उन्होंने कम नहीं किए, मगर उनकी छवि न अज्ञेय की तरह करिश्माई है, न मुक्तिबोध की तरह जुझारू। वे हमेशा एक निर्वासन में बने रहे। इस गुमनामी के पीछे शायद यही विश्वास था कि ''बात बोलेगी, हम नहीं...''

['हंस', जून 1993]

नारी, तुम केवल श्रद्धा हो...

दलितों के साथ स्त्रियों की दुर्दशा भी गांधी जी का बहुत बड़ा सरोकार रही है। वह उनके सामाजिक सर्वोदय का ज़रूरी हिस्सा था। उनका संघर्ष समग्र था। एक तरफ वे स्वराज की बात करते थे, तो साथ ही सामाजिक बुराइयों, पिछड़ेपन, अन्याय को दूर करने की चेतना पैदा करना चाहते थे, ताकि देश उस 'स्वाधीनता' को संभालने लायक बन सके। चिंता, प्रतिज्ञा और प्रयास तीनों ही उनकी गहरी समझ और दूर दृष्टि के प्रमाण हैं, मगर जब 'स्वराज' मिला, तो उनका चाहा कुछ भी नहीं हुआ। माला हम गांधी के नाम की कितनी ही जपें और "हाय, अगर यह देश गांधी की बताई राह पर चला होता, तो आज हमें ये दुर्दिन न देखने होते" जैसे मर्सिया पढ़ते हुए गांधी नाम के ताज़िये के सामने कितनी ही छातियाँ कूटें, मगर यह सच है कि इतिहास ने गांधी को एक 'विराट-फुस्स्' की नियति दे दी है। हाँ, हर भक्त के भीतर यह आस्था बनी रहनी चाहिए कि एक दिन फिर कृष्णावतार होगा (तदात्मानं सृजाम्यहम्), फिर क्राईस्ट पुनर्जीवित होंगे, फिर आख़िरी पैगम्बर आएँगे और फिर एक दिन सारा देश और समस्त विश्व गांधी को पहचानेगा, उनके रास्ते पर चलेगा...

सवाल कभी-कभी सिर उठाता है कि सारी सदाशयता के बावजूद गांधी दलितों की समस्याओं और यातनाओं के उन आयामों को क्यों आत्मसात नहीं कर पाए, जिन्हें ज्योति बा फुले और अंबेडकर ने भुक्तभोगी होने के नाते वाणी दी। शायद स्त्रियों के बारे में भी उनकी एप्रोच उसी दुविधा (एम्बिवनलेन्स) की शिकार रही, जिससे मृदुला गर्ग जैसी तेजस्वी महिला आज तक ग्रस्त और पुरानी महादेवी वर्मा प्रायः मुक्त हैं। इसका कारण यह भी हो सकता है कि दलित और अस्पृश्य एक अलग और दूर का वर्ग था, स्त्रियों की तरह जीवन, घर और समाज में गुँथा नहीं था। किसी अर्थ में वह हम स्वयं थे। वीरभारत तलवार ने कांग्रेस (जो तब गांधी जी के आदर्शों से ही प्रतिबद्ध थी) के इस अंतर्विरोध को इन शब्दों में रखा है, "स्वराज के राष्ट्रीय

आंदोलन के साथ स्त्रियों का सवाल उसी तरह टकरा रहा था, जिस तरह किसानों, मजदूरों या अछूतों का सवाल टकरा रहा था। जो जमींदार और उनके वकील राष्ट्रीय आंदोलन के नेता बनकर अपने लिए अधिकारों की माँग कर रहे थे, वे खुद किसानों को किसी तरह के अधिकार देने को तैयार नहीं थे। जो ब्राह्मणवादी नेता अंग्रेज़ों से स्वाधीनता चाहते थे, उन्होंने समाज के करोड़ों लोगों को अछूत कहकर हर तरह से पराधीन बना रखा था। यही अंतर्विरोध राष्ट्रीय आंदोलन के पुरुष नेताओं और स्त्री-समुदाय के बीच मौजूद था। इस पर तीखा व्यंग्य करते हुए उमा नेहरू ने (स्त्री-दर्पण, मई 1918 में) राष्ट्रवादी पुरुषों से पूछा, "केवल राष्ट्रीय स्वतंत्रता जाने ने तुम्हें कैसा मलिन, कैसा व्याकुल, कैसा दुखित बना दिया है ? फिर स्वयं सोचो, जिसके शरीर की, जिसकी आत्मा की, जिसके हृदय की सारी स्वतंत्रता लुट गई हो, उसका हार्दिक भाव कैसा हो सकता है ?" (राष्ट्रीय नवजागरण और साहित्य : पृष्ठ 141) स्वयं गाँधी जी स्त्रियों में शिक्षा, सामाजिक चेतना, साहस इत्यादि सभी कुछ चाहते थे, लेकिन मूलतः इस सवाल पर भी उनका रवैया समझौतावादी ही था, जैसे वे बाल-विवाह के विरोधी थे लेकिन विधवा-विवाह के पक्ष में नहीं थे। स्त्रियाँ घर से बाहर सामाजिक-राजनैतिक आंदोलन में हिस्सा लें, 'पिकेटिंग' करें, यह तो उन्हें पसंद था, लेकिन आर्थिक रूप से स्वनिर्भर हों– यह उनके गले नहीं उतर रहा था। उन्होंने स्त्रियों के अधिकारों का उसी हद तक समर्थन किया, जहाँ तक पुरुष वर्चस्व पर आंच न आए। ज़ाहिर है, गांधी जी की जड़ें जिस बुर्जुआ समाज में थीं, अपनी सारी उदारता और सदाशयता के बावजूद उसकी व्यवस्था को वे बहुत तोड़ नहीं सकते थे। मज़दूरों, खेतिहरों, दलितों और स्त्रियों के अधिकारों की बात वे उसी सीमा तक उठा सकते थे, जहाँ तक अपने सहयोगी वर्ग को तैयार किया जा सके। यह अंतर्विरोध उन्नीसवीं सदी के समाजचेताओं में तो और भी अधिक तीव्रता से उजागर है : जो राजा राममोहन राय सती बाल-विवाह के मसले पर सबसे अधिक मुखर थे, सुनते हैं, वे स्वयं ही विधवाओं के प्रश्न पर दयनीय रूप से रूढ़िवादी थे, "अगर हमें चमड़े के जूते पहनने हैं, तो गौ-हत्या की तरफ से आँखें मूँद लेनी होंगी। उसी तरह अगर हमें हिंदू समाज को बिखरने से बचाना है, तो विधवाओं के सवाल को न उठाना ही बेहतर है..." इसी आशय का एक पत्र उद्धृत किया है प्रसिद्ध इतिहासविद् डॉ. सुधीर चंद्र ने 'पुनर्जागरण युग के तीन उपन्यासकार' नाम के शोध-निबंध में...। बंकिम तो बाकायदा बहुविवाह और सती के समर्थक तथा विधवा-विवाह के विरोधी थे।

कभी-कभी मुझे आश्चर्य होता है कि वे क्या मनोवैज्ञानिक या सामाजिक कारण रहे हैं कि पितृसत्ता स्थापित होते ही पुरुष ने सब कहीं स्त्री को कुचला है। दलितों को प्रायः शस्त्र से, स्त्रियों को शास्त्र से...अर्द्धनारीश्वर की पूजा करनेवाला क्यों स्त्री को हत्या और आत्महत्या के बीच जीने के लिए मज़बूर करता गया ? जिसे माँ-बेटी-बहन-प्रिया कहकर गले लगाता है, उसे ही तथाकथित शास्त्र-पोषित सामाजिक

मर्यादाओं या विश्वासों के नाम पर नृशंस होकर मार डालता है—कभी उसके पैदा होते ही (आजकल तो भ्रूण रूप में भी), तो कभी वय प्राप्त करने पर...सबसे ज़्यादा दिल दहला देने वाली बात तो यह कि उसने इस स्त्री-वध-अनुष्ठान में खुद स्त्री को अपना सहयोगी बना लिया है। मानसिक अनुकूलन (कंडीशनिंग) की हद तो यहाँ तक है कि स्त्री स्वयं, बिना पुरुष की उपस्थिति के, स्वेच्छा से अपनी हत्या के इस अनुष्ठान को संपन्न करती है और उसे कोई अपराध-बोध या पाप की अनुभूति नहीं होती। अपनी ही प्रजाति को इस तरह मिटाने में जुटी स्त्री क्या सचमुच कभी नहीं सोचती कि वह ऐसी दक्षता से किसकी इच्छाओं या कुंठाओं को सरअंजाम दे रही है ? तो क्या अपने अंतरतम और अवचेतन में पुरुष स्त्री से भयभीत है ? क्या वह उसे अपने से ज़्यादा शक्तिशाली मानता है ? भारतीय दर्शन ने उसे संस्कार दिए हैं कि प्रकृति, पुरुष के बिना जड़ है, मगर कहीं वह शायद यह भी मानता है कि स्त्री प्रकृति है—मानव प्रजाति की निरंतरता बनाए रखने का माध्यम है। तब क्या प्रजनन और संरक्षण में अपना सिर्फ प्राकृतिक उपयोग किए जाने का प्रतिशोध लेता है पुरुष ? स्त्री के मुकाबले अपनी यौन-अक्षमता की कचोट क्या उसे नृशंस या प्रतिहिंस्र बनाती चली जाती है ? 'आदमी की निगाह में औरत' नाम के लेख में मैंने विस्तार से इसी पितृसत्तात्मक सामंती सोच को समझने की कोशिश की है।

परिवार नामक संस्था द्वारा पुरुष-निरंकुशता की किलेबंदी न की गई होती, तो शायद पुरुष न बालिका को बर्दाश्त करता, न बुढ़िया को। दोनों ही उसके लिए बोझ हैं। उसका प्राकृतिक जुड़ाव युवती के साथ है—वह भी अपनी एकमात्र मिल्कियत बनाकर। पशु-पक्षियों में भी कुछेक अपवादों को छोड़कर परिवार या शिशु-पोषण मादा की ही ज़िम्मेदारी है—नर एक अलग और बाहरी प्राणी है। हाँ, सुरक्षा और संरक्षण उसे झुंडों और कबीलों में बाँधे रखता है। परिवार स्त्री के पक्ष में समाज द्वारा पुरुष की नाकेबंदी है, उसकी स्वच्छंदता को रचनात्मक दिशा देने की घेराबंदी है। संन्यासी और भगोड़ा बनकर ही वह उससे मुक्त हो पाता है। जब तक नहीं भाग पाता, तब तक अपने बंधे होने की सज़ा औरत को देता रहता है। यहाँ तक कि अपने मरने के बाद भी उसके शारीरिक या आधिभौतिक (मेटाफिजिकल) वध का प्रबंध कर जाता है। स्त्री को हज़ारों सालों से अबला, असहाय, अधूरी और अपने ऊपर निर्भर बनाकर रखना, परिवार के भीतर ही अपनी निरंकुश स्वच्छंदता को बरकरार रखने की रणनीति है। उसने सारे सामाजिक कानूनों को कुछ इस तरह गढ़ा है कि पुरुष-वर्चस्व को कहीं कोई चुनौती या खतरा नहीं है। पहले स्मृतियाँ और नीतिशास्त्र खुलकर जिस बात को कहते थे, आज कानून उसी यथास्थिति को बारीक और पेचीदा ढंग से कहता है कि स्त्री के पास सिर्फ कच्चे पत्ते हैं, सारे ट्रम्प और तुरुप आज भी पुरुष के कब्ज़े में हैं। खेल लो, कितनी देर खेलती हो...

पिछले दो दिनों (6 और 8 जून) से मैं दूरदर्शन पर दो प्रोग्राम देख रहा हूँ :

'फेमिना' पत्रिका द्वारा 'मिस इंडिया' का और जे.के. टायर द्वारा 'मिस यूनिवर्स' का चुनाव। अद्‌भुत एंद्रजालिक दृश्य, भव्य चकाचौंध वाले सेट्स, रोशनियाँ, जादुई स्टेज-सेटिंग और थोक में सुंदरियों के झुंड, हँसती-खिलखिलाती जवानियाँ—फिर एक-एक सुंदरी का आकर अपने-आप को प्रदर्शित करना, घूम-घूमकर अपना आगा-पीछा दिखाना, निर्णायकों द्वारा नंबर दिए जाना—पहले छः, फिर तीन और अंत में एक सर्वश्रेष्ठ का चुनाव—यानी कूल्हे, कमर, छातियों, टाँगों और चेहरों के इंचीटेप से नाप-जोख, चलने, खड़े होने और दीखने में उनका आनुपातिक उपयोग...कम्बख्त कौन ठूँठ होगा, जो इस दृश्य से अपनी आँखों को सार्थक न करे...सुंदरी तो तस्वीर में भी शोला होती है, फिर ये तो जीती-जागती देवियाँ थीं—हाँ, जो सचमुच वहाँ बैठे तालियाँ बजा रहे थे, उनकी किस्मत का तो कहना ही क्या ? हरामजादे अकेले ही सारे मजे लूट रहे थे। भाड़ में गई कालाहांडी और चूल्हे में गया पलामू...इस समय मेधा पाटकर, सूज़ी थारु, मधु किश्वर और नलिनी सिंह जैसियों के नाम लेकर गुड़-गोबर करने की ज़रूरत नहीं है। यह सब है, मगर आखिर सौंदर्य-चेतना भी तो कोई चीज़ है। यह सौंदर्य न हो, तो आदमी सिर्फ ग़लाज़त, संघर्ष, भुखमरी के बीच कैसे जिएगा ? फिर, यह कोई नई चीज़ है ? न जाने कब से हमारे यहाँ नगर-सुंदरियाँ, ग्राम सुंदरियाँ चुनी जाती रही हैं। आज भी हर कॉलेज या महिला संस्था का सबसे रोमांचक प्रोग्राम यही 'मिस मिरांडा', 'मिस मसूरी' ही तो होते हैं...ईश्वर ने सौंदर्य दिया है, तो उसे प्रदर्शित करने या तुलनात्मक श्रेष्ठता तय करने में कौन-से पहाड़ टूटे पड़ रहे हैं ? हमारे इस सामाजिक एहसान को आप क्यों नज़रअंदाज़ करते हैं कि पहले राजा, नवाब, ज़मींदार अपने हरमों से सुंदरियाँ बुलवाकर (या उठवाकर) सर्वश्रेष्ठ का 'चुनाव' करते थे—मीना बाज़ार और इंद्र-सभाएँ लगाते थे। हमने अन्य संगीत और कलाओं की तरह सौंदर्य को भी सामंती चंगुलों से निकालकर जन-जन के लिए सुलभ कर दिया है... ? अगर शरीर है, तो उसे सुंदरतम रूप में प्रस्तुत करने में न शर्म की ज़रूरत है, न अपराध-बोध की...जो काम सारी संस्कृति, कलाएँ करती आ रही हैं, वही तो हम भी कर रहे हैं—सामाजिक सौंदर्य-बोध का संस्कार ...सौंदर्य का समाजीकरण। अब यह पंगा लेने की ज़रूरत नहीं है कि इन सुंदरियों के कोमल कर-कमलों से हम टायर बेच रहे हैं या स्कूटर...यह सब तो प्रसंगांतर बातें हैं। यही क्या कम है कि स्कूटर, शैम्पू, टायर खरीदने वाले को यह सुंदरी मुफ्त...आज तस्वीर में, कल साक्षात्—निर्भर करेगा कि बिजनेस कितना और कैसा देते हैं आप... ?

स्त्री अपनी बौद्धिक या अन्य उपलब्धियों के लिए चाहे जितनी हाय-तौबा मचाती रहे, पुरुष की जिद है कि साम, दाम, दंड, भेद से वह उसे कमर, कूल्हे, नितंब, छातियों से ऊपर नहीं उठने देगा। देह को वह इस धमाके, ग्लैमर और चकाचौंध के साथ पेश करेगा कि हर औरत देह बने रहने को ही अपने होने की एकमात्र सार्थकता मानने को मजबूर हो जाए...उसके दिमाग में मज्जा तक खुद जाना चाहिए कि जब

तक उसके पास लुभावनी देह है, तभी तक उसकी विश्वव्यापी प्रतिष्ठा है, वह हिमालय के शीर्ष पर है...अब (उनके शब्दों में) हीन-देह वाली कुंठित महिलाएँ या स्वामी अग्निवेश जैसे सिरफिरे लाख शोर मचाएँ कि वे हमारी माताएँ और बहनें हैं। उन्हें 'डॉग-शो' और 'हॉर्स-शो' के धरातल पर मत उतारो, मगर इस नक्कारखाने में सुनवाई किसकी है ! कितना दयनीय है कि कुत्तों और घोड़ों में जिस इंटेलिजेंस या कौशल को पुरस्कृत किया जाता है, इन नितस्बिनियों या पयोधराओं से वह उम्मीद भी नहीं है। आई क्यू (सामान्य ज्ञान) के लिए "आप अगर विश्वसुंदरी चुन ली गईं, तो क्या करेंगी ?" जैसे प्राइमरी स्कूल के स्तर के सवाल ही उनसे पूछना काफी समझा जाता है और वह भी अपनी भोली अदा से आँखें मटकाकर कहती हैं कि "मानव-कल्याण के लिए मैं अपना सर्वस्व लगा दूँगी..." जो उसे सचमुच करना है, वह कभी नहीं कहेगी कि इस तमाशे से निकलते ही मुझे मॉडल, एयर-होस्टेस, रिसेप्सनिस्ट, ऐक्ट्रेस बनना है, स्मगलरों और राजनेताओं या माफिया सरदारों के लिए 'पैडलिंग' करनी है, उनके बिस्तर और शरीर गरम करने हैं...बाज़ारू और घटिया सवाल ही पूछने हैं तो क्यों नहीं कोई इस विश्वसुंदरी से पूछता कि मैडोना, पामेला बोर्डेस या क्रिस्टीन कीलर के बारे में उनकी क्या धारणा है या 'सूटेबुल बॉय' में क्या बात पसंद या नापसंद है, खुशवंत के 'देहली' में दिल्ली कहाँ तक है ? मगर नहीं, उनसे ऐसा कोई सवाल नहीं पूछा जाएगा, जिसमें बुद्धि, ज्ञान या विवेक का दख़ल हो, वह सब तो पुरुषों की बपौती है। मुझे सचमुच ताज्जुब होता है, इन सुंदरियों में कभी भी कोई पलटकर क्यों नहीं पूछती कि देह हमारी अपनी उपलब्धि नहीं है, उसे हमने सजाया, संवारा और तराशा ज़रूर है मगर दी हुई वह हमारे माँ-बाप और प्रकृति की है। संयोग ही है कि वह आपके हिसाब से सुंदर भी है। इसे प्रदर्शित करना, प्रतियोगिता में रखना या पुरस्कृत करना हमें कुत्तों और घोड़ों के धरातल पर उतारना है। प्रदर्शन, प्रतियोगिता और पुरस्कार उन क्षमताओं का होना चाहिए जो हमने स्वयं अपने प्रयत्नों से अर्जित की हैं—पुरुष-बाधाओं और अपनी देह की सीमाओं के बावजूद जिन्हें हमने उपलब्ध किया है। नहीं सुंदरी, आपको यह विशेषाधिकार नहीं दिया जाएगा। आप शरीर की नुमाइश में ही अपनी पहचान या आइडेंटिटी खोजें...वह भी अप्रयुक्त, अक्षत-योनि, तरोताज़ा, 'अनटच्ड बाई ह्यूमन हैंड', 'फ्रेश फ्रॉम द अवन' सौंदर्य...बहुत अपमानजनक लग रहा है क्या ? शब्दों के अर्थ नहीं जानतीं आप ? हमारी नफ़ासत है कि हम आपको 'मिस इंडिया' या 'मिस यूनिवर्स' का खिताब दे रहे हैं, वरना आशय तो हमारा 'वर्जिन इंडिया' या 'वर्जिन यूनिवर्स' से ही है। शायद 'मिस' का एक अर्थ यह भी तो है न ? 'परीक्षण' कराके मंच पर आई हैं न ? कितने खूबसूरत शब्द हैं मिस, वर्जिन या वर्चुअस...ठीक वैसे ही दावत देते, लुभावने आमंत्रण, जैसे मिठाई सजाए कोई हलवाई कह रहा हो—आइए मेहरबान, गरमागरम, एकदम ताज़ा, महकती, रसीली, मीठी और ज़ायकेदार इमरती—सिर्फ आप ही के चखने के लिए बचाकर रखी है...

कितनी लाख औरतों को मौत के घाट नहीं उतारा है इस वर्जिनिटी, कौमार्य या अक्षत योनि की शर्त ने...कितने घर नहीं बर्बाद हुए इस एकमात्र शब्द से कि हमसे पहले किसी ने 'हमारी औरत' को जूठा तो नहीं कर दिया ? कभी किसी पुरुष ने यह शर्त अपने ऊपर लागू होने दी है ?

और इन्हीं दोहरे मानदंडों का पिटारा है आज का सारा भारतीय कानून...कितना सही नाम रखा है अरविंद जैन ने अपनी पुस्तक का 'औरत होने की सज़ा'...कहती रहिए आप सारे कानूनों को सामंती, सवर्णवादी या 'मेल-शॉवेनिस्टिक'...हम क्यों आसानी से उस कानून में फेरबदल करें जो हमारे ही वर्चस्व में सेंध लगाते हों ? हमें क्या मुसीबत है कि अगर औरतें हमारी खेती हों, दो औरतों की कानूनी गवाही एक मर्द की गवाही के बराबर मानी जाए, बलात्कार पुरुष करे और उसे साबित करने की ज़िम्मेदारी औरत पर हो और इस प्रक्रिया में पुलिस-कस्टडी या नारी-निकेतन की देखभाल में दस-बीस मर्द और भी बलात्कार का सुख भोगें या भरी कचहरी में आपके शरीर का एक-एक हिस्सा मजिस्ट्रेट और जज के सामने वकील पेश करे और बेशर्मी से पूछे कि "क्या पैनेट्रेशन हुआ था, हुआ तो कितना ? इस क्रिया में आपको मज़ा किस क्षण से आना शुरू हुआ ?" जाइए, लीजिए मदद कानून की ! क्या आप नहीं जानतीं कि वेश्यावृत्ति में मुजरिम ग्राहक नहीं, वह वेश्या है, जो आपको 'सेवा' बेचती है ? दुकान है और दुकान पर खराब माल या गैर-कानूनी माल बेचने वाला ही तो अपराधी है, खरीदार को क्यों परेशान होना पड़े ?

अच्छा माल देंगी, तो फाइवस्टार होटलों, हवाई जहाजों में मिस इंडिया के मंचों पर सजेंगी; खराब और घटिया माल देंगी, तो फोड़े-फुँसी भरे शरीर में मंदिर के बाहर खुले में, टीन का डिब्बा खनखनाती मक्खियाँ उड़ा रही होंगी...हर आने-जाने वाले को याचना-भरी निगाहों से देखती हुई...

नहीं मृदुला जी, सचमुच स्त्री दलित नहीं है। मैं यह भूल गया था कि प्रबुद्ध स्त्री दुनिया की हर स्थिति का मूल्यांकन सिर्फ अपनी व्यक्तिगत हैसियत और स्थिति से करती है—बड़े उद्योगपति, अफसर, मंत्री इत्यादि की पत्नियाँ दलित कहाँ हैं ? कैसे हो सकती हैं ? जो अपने को ऐसा कहती हैं, वे मूर्खाएँ "रोटी नहीं है, तो केक तो खा ही सकती हैं", मगर सच पूछिए, तो समाज एक लंबी रेलगाड़ी है, उसके एयर-कंडीशंड कूपे में बैठी औरत दावे से कह सकती है कि वह सेकंड या थर्ड क्लास के ठसाठस भरे डिब्बे में बैठी पसीने-पसीने होती औरत से अलग है, कि उसे उनके साथ शामिल करके उसका अपमान किया जा रहा है, न उसकी हैसियत उन जैसी है, न सोच—वह अधिक मुक्त होकर चिंतन कर सकती है। यह मर्द-मानसिकता का घिनौनापन है कि वह दोनों को एक ही बाड़े में धकेलकर अपने बड़प्पन पर गर्व महसूस करे...

काश, इस अलग हैसियत की औरत को किसी तरह यह बात समझाई जा

सकती कि ऊँचे-नीचे आरामदेह या तकलीफ-भरे डिब्बों के बावजूद ट्रेन तो एक ही है और वह एक ही गंतव्य को जा रही है, दुर्घटना में एक ही नियति को प्राप्त करेगी और एक ही झटके में आप भी पटरी के किनारे उन्हीं रोड़ी-पत्थरों पर बैठी होंगी जहाँ दूसरी बैठी हैं...

मुझे अभी भी लगता है कि ट्रेन एक ही है, जिसमें दलित भी बैठे हैं और स्त्री भी—पटरियों की दिशाएँ नहीं बदली गईं, तो गंतव्य भी एक ही है...विश्वास न हो तो कंट्रोल-रूम से पूछ लीजिए...

असल में मृदुला गर्ग ही नहीं, न जाने कितनी प्रबुद्ध महिलाएँ हैं, जो इस ठप्पे से भड़कती हैं कि महिलाओं के केस में गहरी उतरेंगी या उनकी अपनी दृष्टि से आवाज उठाएँगी, तो उन पर 'फ़ेमिनिस्ट' (नारीवादी) हाने का ठप्पा लगा दिया जाएगा। दलितों के साथ अपने को जोड़ना तो सामाजिक प्रतिष्ठा के लिए घातक है ही। "कहाँ वे चूड़े-चमार और कहाँ हम..."

पता नहीं, कितनी ऐसी सामाजिक समस्याएँ हैं, जिनसे हम आज सिर्फ इसलिए बच निकलना चाहते हैं कि कोई 'ठप्पा' न लगा दे। उन्हें हमने अपमानजनक 'टैबू' बना दिया है; एक हद के बाद औरतों की बातें करेंगे, तो लोग हमें 'फेमिनिस्ट' कहेंगे, सामाजिक न्याय की बात करेंगे तो मंडलवादी कहे जाएँगे। गरीबी, भुखमरी, शोषण, बेकारी की बात कहेंगे, तो लोग कम्युनिस्ट कहेंगे—जीवन का हर मूलभूत सवाल और संघर्ष मानो हमारे लिए वर्जित बना डाला गया है। अफसर, उद्योगपति, नेता, साधु और बाकी यथास्थिति के अलम्बरदार ऐसा कहें, तो उनके वर्गहित समझ में आते हैं, मगर उनकी ही निगाह में सम्मानित, प्रतिष्ठित, पुरस्कृत होने की लिप्सा में अगर समाजचेता, विचारक, लेखक और चिंतक भी उन सवालों को 'बदनामी' के भय से टालेंगे, तो लानत है उनके 'बुद्धिजीवी' होने पर। चिंतन, विश्लेषण, ईमानदारी और फिर अपने या वर्ग-हितों से उठकर उसे बेलिहाज निर्भीक होकर कहने का साहस अगर हमारे पास नहीं है, तो 'बुद्धिजीवी' होने की मजबूरी क्या है ? आज के इस युग में 'राजनैतिक गंदगी' में न पड़ने के डर से लेखक भी अगर इन सवालों से नहीं टकराएगा, तो कौन यह जिम्मेदारी संभालेगा ? दलित मानवता की यातना और संघर्ष को कौन वाणी देगा ? और अगर यह सब गलत है, तो फिर तो सुख ही सुख है। शुद्ध और आत्यंतिक (एब्सोल्यूट) साहित्य का निर्माण कीजिए, 'साहित्य की स्वायत्त सत्ता' का अनुसंधान कीजिए। महिमा-गान और कीर्तन के अंदाज में बताइए कि साहित्य कैसे और कहाँ महान है—उसे भौतिक ताप और पाप से बचाकर अपनी नहीं, दूसरों की चुनी हुई चुप्पियों की फ़ेहरिस्त पेश कीजिए...या आदमी नहीं, हिंदू होने की त्रासदी पर विलाप कीजिए...बस, साहित्य भी महान, आप भी महान...सब मिलाकर अपना देश महान !

['हंस', जुलाई 1993]

साहित्य के 'आर्चिपॅलागो' (दंडद्वीप)

जिस तरह पचास साल पहले गाँवों में शिक्षक, पुरोहित, ज्योतिषी, वैद्य, कवि और कभी-कभी डाकपाल तक अक्सर एक ही 'पंडित जी' हुआ करते थे, उसी तरह सन् 50 के आस-पास तक अध्यापक और साहित्यकार एक ही चोले में निवास करते थे। वे साहित्य पढ़ाने के कारण ही अपने को साहित्यकार समझते थे। हाँ, उनमें से कुछ किसी शिक्षा-अधिकारी के आने या प्राचार्य की विदाई, मित्र और संबंधी की शादी इत्यादि पर भावभीने 'सेहरानुमा' भी लिख देते थे। अधिक विद्वान हुए, तो मैथिलीशरण गुप्त या हरिऔध की शैली में कोई पौराणिक और ऐतिहासिक खंड या महाकाव्य भी रच लेते थे। हर अध्यापक अपने को साहित्यकार कहलाना पसंद करता था। आगे चलकर कॉलेज या विश्वविद्यालयों के प्राध्यापकों ने कैंची और गोंद के चमत्कारिक प्रयोग किए। उनके पास पद थे, प्रतिष्ठा थी, स्वयंसेवक थे और नौकरियाँ या डिग्रियाँ देने की हैसियत थी, पास-फेल करने, कोर्स बनाने और लाइब्रेरियाँ भरने की तिलस्मी चाबियाँ थीं। इसलिए उनके नाम के साथ किताबें-दर-किताबें जुड़ती चली जाती थीं। आज भी शिक्षण-संस्थाओं और प्रकाशकों की आलमारियाँ इस दृष्टिहीन कचरे से अटाटूट भरी हैं। किसी भी कॉलेज के सबसे मूर्ख, दकियानूसी, अनपढ़, घुन्ने, कंजूस, पैसा-पकड़, गंवार और षड्यंत्रकारी बजरबट्टू का नाम होता था—'हिंदी प्राध्यापक' और वह अपने को रामचंद्र शुक्ल या हजारी प्रसाद द्विवेदी का बाप समझता था। साहित्यकार होना उसी की बपौती थी। कोर्स, टेक्स्ट बुक्स, इतिहास-लेखन या संकलनों के चलते वह लेखकों के वर्तमान और भविष्य बना-बिगाड़ सकता था। इसलिए वह साहित्य-नियंता होता था। बिना इस लड्डूखोर कद्रूप गणेश की वंदना किए कोई भी साहित्यिक अनुष्ठान आगे नहीं बढ़ सकता था। 'उखड़े हुए लोग' से लेकर अपनी कई रचनाओं में चूँकि मैंने इस नरोत्तम की काफी वंदना की है। इसलिए शिक्षण-साम्राज्य से प्रायः मुझे 'देस-निकाला' ही मिलता रहा है।

सन् 60-65 के बाद पत्र-पत्रिकाओं, सरकारी हिंदी-नीतियों और दूसरे माध्यमों

ने और सबसे अधिक वामपंथियों के हमलों ने, इस टूटे-फूटे 'विश्वविद्यालयी हिंदी-साम्राज्य' को लगभग पिछवाड़े के कोनों में धकेल दिया। हिंदी के बड़े-बड़े सम्राट और राजा-नवाब वहीं किसी डाल से लटके 'त्रिलोक का राज्य' संभालते और समुद्र की लहरों को आदेश देते पाए जाते हैं। कुछ किराये पर थीसिसें, पुस्तकें लिखते हैं तो कुछ 'पढ़ाने' के साथ-साथ किताब-कापियों, चीनी-तेल या बीमा-शेयरों की एजेंसियाँ लिये 'साहित्य की सेवा' कर रहे हैं। कोढ़ फूटे इस नए ज़माने के प्रगतिवादी आंदोलन को, जिसने 'बंधुआ साहित्य' को विश्वविद्यालयी राजा-महाराजाओं के चंगुल से मुक्त कर दिया, लगता है अब तो रहा-सहा प्रिवी-पर्स भी छिनकर ही रहेगा...क्या दिन थे, जब निराला, प्रसाद, पंत, महादेवी, प्रेमचंद जैसे चपड़कनाती बिना हमसे सर्टिफिकेट लिये साहित्यकार होने की जुर्रत नहीं कर सकते थे...नई सामाजिक और राजनैतिक हलचलों, विशेष कर साहित्य के प्रगतिवादी आंदोलन से विश्वविद्यालयों की चिढ़ और कुंठा का कारण यही नहीं है कि वहाँ सारे चोटी-जनेऊधारी व्यवस्था-पोषक पोंगे बैठे थे और साहित्य के शाश्वत मूल्यों का रीतिकाल चलाए हुए थे, बल्कि मुख्य कारण यह भी रहा है कि यह आंदोलन उनकी ज़मींदारियों को नकार कर समांतर साहित्यिक दुनिया बना रहा था, वह उनकी कला-समझ और परंपराओं के अस्वीकार या संशोधन का दबाव पैदा कर रहा था, साहित्य को समाज और आदमी से जोड़ रहा था—और यहीं मठों-गद्दियों का वर्चस्व खतरे में था। लोग बिना उनसे पूछे भी रचनाकार बन रहे थे। साहित्य के शाश्वत, स्वायत्त कला-मूल्यों और रस-सौंदर्यशास्त्रीय शुद्ध सिद्धांतों के मठ और ठस साहित्य को बचाने की लड़ाई प्रयाग विश्वविद्यालयी 'परिमल' से लेकर सांस्थानिक 'भोपाली घराने' तक चलती रही है। चाहे बीते देवताओं के ब्रह्मास्त्र हों या यूरोप-अमेरिका के आधुनिकतम प्रक्षेपास्त्र—दोनों का गुस्सा इस गुस्ताख उभरती दुनिया के सामाजिक और रचनात्मक उभार को कुचलने पर ही उतरता रहा है। अर्थशास्त्र हो या साहित्य-संस्कृति, इस दुनिया को तो उपनिवेश बनकर ही रहना है—चाहे अतीत के बनकर रहें या आधुनिकता और उत्तर-आधुनिकता के...चाहे "राम दशरथ के घर जनमें, घराना हो तो ऐसा हो" के खंजड़ी-गायक विद्यानिवासी प्रेत हों या यूरोप-अमेरिका की गुमनाम कब्रों से गोगिया-पाशा और पी.सी. सरकार के चमचमाते अंदाज में धमाके से मंच पर पेश किए जाते अशोक वाजपेयी के अभिप्रेत ...बात एक ही है। 'ग़ालिबी अंदाज में कहें' तो "अस्ल में दोनों एक हैं..."

नई स्थितियों ने रचनाकार और प्राध्यापकों की छँटाई तो कर दी, मगर समीक्षा नाम की विधा आज भी वहीं कैद है। दूसरे शब्दों में, साहित्य में समीक्षा की पूँछ पकड़कर आज भी 'राजा और रंक बना डालने' की कुंठा प्राध्यापक समीक्षकों में देखी जा सकती है। परिणाम, रचना और समीक्षा के विकृत और तनावपूर्ण संबंध या समीक्षा की दयनीय सतह-धर्मिता है। कविता की सुरक्षित और आज़मूदा ज़मीन छोड़कर इधर-उधर जाने में समीक्षक की रूह काँपती है। वह घिघियाते हुए 'मूंदहु आँख कतहु

कछु नाहिं'' के भाव से यही कह पाता है कि बाकी कहीं कुछ है ही कहाँ, जिस पर समीक्षा ध्यान दे...हम भूले नहीं हैं, ये ही आचार्य 50-75 साल पहले कहा करते थे कि ब्रजभाषा के सिवा कविता है ही कहाँ, जिस पर बात की जा सके...वस्तुतः इस प्रकार के वक्तव्य में ध्वनित भय के पीछे रचना के साथ-साथ समीक्षा-दृष्टि का बदल जाना भी है। सारी दुनिया में रचना और समाज के बदलते रिश्तों की पड़ताल के दौरान ही नई समीक्षा विकसित हुई है। पुराने और नए रीतिकाल में बँधा हमारा प्राध्यापक-समीक्षक न तो इस नई स्थिति को समझ पाता है, न शायद समझने की उसकी बौद्धिक तैयारी है। कोई आश्चर्य नहीं कि अपने यहाँ भी समाजशास्त्र, इतिहास, सामाजिक नृतत्वशास्त्र के मिश्रण से एक ज़्यादा समृद्ध, पैनी और वेधक (प्रोबिंग) समीक्षा विकसित हो और उसके लिए कूट-कविता के मुकाबले दूसरी विधाएँ अधिक प्रासंगिक हो उठें...

मगर हम फिर साहित्य-मुक्ति पर लौटें। बनारस और इलाहाबाद के बंद परिसरों की कुलीन और घुटन-भरी चिताओं से उठकर भागी हुई 'साहित्य' नाम की कुलवधु (या विधवा ?) ज़्यादा खुले और व्यापक संसार में आई, तो संरक्षण या सुरक्षा देने के नाम पर यहाँ उसे मिले पत्रकार...इस बीच बड़े औद्योगिक प्रतिष्ठान अंपने अंग्रेज़ी पत्रों के साथ-साथ हिंदी पत्र भी शुरू कर चुके थे और वहाँ बड़ी संख्या में रचनाकार नौकरियाँ करने लगे थे (यहाँ मैं जानबूझकर सरकारी संस्थानों के हिंदी अधिकारियों, सूचना और प्रसारण मंत्रालय की पत्रिकाओं के संपादकों या आकाशवाणी इत्यादि के साहित्यकारों को इसलिए छोड़ रहा हूँ कि वे सरकारी नियंत्रणों में बँधे थे और बहुत अधिक क्रांतिकारी/परिवर्तनकामी नहीं हो सकते थे)। औद्योगिक संस्थानों से निकलने वाले हिंदी साप्ताहिकों और दैनिकों में जो पत्रकार प्रारंभ में लिये गए थे, वे न तो साहित्यकार थे, न पत्रकार—वे कांग्रेस के स्वतंत्रता-सेनानियों की तीसरी-चौथी लाइन के 'हिंदी-सेवी' किस्म के लोग थे—वेशभूषा में गांधीवादी, आचार-विचार में आर्य-समाजी और व्यवहार में मुलायम-मतलबी राजनीतिज्ञ...उनकी योग्यता और क्षमता सिर्फ़ इतनी थी कि उनके राजनैतिक संबंध उन लोगों से लगभग चमचों जैसे थे, जो अब कांग्रेसी राज्य में ऊँची और प्रभावशाली कुर्सियों पर आ गए थे। पत्रकारिता से अधिक वे अपने इन संपर्कों से मालिक के सामने 'उपयोगी' बने रहना बेहतर समझते थे। मगर पूरे प्रतिष्ठान में सब मिलाकर उनकी भी स्थिति लगभग वैसी ही दयनीय शूद्र की थी, जैसे शिक्षण-संस्थाओं में बरसों से हिंदी प्राध्यापकों की बनी रही है। इसका कारण सिर्फ इतना ही नहीं है कि अंग्रेज़ी शासन, सत्ता, नौकरी, राजनीति और अंतर्राष्ट्रीयता की भाषा थी और हिंदी अनुकम्पा, सेवा या अनपढ़ वोटरों की 'वर्नाकुलर', बल्कि इसका एक कारण यह भी था कि अंग्रेज़ी पत्रकारिता की पहले विदेशी और फिर देशी परंपरा लंबी थी। वे लोग अधिक प्रोफ़ेशनल थे। अक्सर उनकी पहली निष्ठा होती थी अपने प्रोफेशन से, फिर कहीं और। उधर हिंदी संपादक की

प्रतिबद्धता पत्रकारिता के साथ कम, मालिकों और शासकों के प्रति अधिक थी। वे कभी 'लाइज़ोंमैन' या 'दलाल' की स्थिति से ऊपर उठे ही नहीं। अगर इनमें धर्मवीर भारती, मोहन राकेश, अज्ञेय, रघुवीर सहाय, राजेन्द्र माथुर, सुरेन्द्र प्रताप सिंह, विष्णु खरे और किसी हद तक प्रभाष जोशी जैसे लोग न होते, तो अंग्रेज़ी पत्रों से जुड़ी हिंदी-पत्रकारिता का इतिहास मीडियॉकरों, बिचौलियों, खुशामदियों, पोंगापंथियों, प्रागैतिहासिक पुराण-पुरुषों, दलालों (दल्लों ?) या राजनैतिक कारसाज़ों (ऑपरेटरों) का अखंड और दुर्लभ 'हू-इज़-हू' होता...संतोष सिर्फ इतना ही है कि वे स्वयं अपनी उपलब्धियों में, पेशे के किसी स्मरणीय क्षण को नहीं; पैसा, फाइव-स्टार ऐश्वर्य, मंत्रियों के साथ चाय, विदेश यात्राओं को ही गिनते हैं। इनकी तुलना में तो क्षेत्रीय कहे जाने वाले पत्रों ने ज्यादा योग्य और कुशल संपादन-कर्मी दिए हैं...एक समय तो ऐसा था, जब सारे राष्ट्रीय पत्रों में 'नई दुनिया' (इंदौर) के लोग छाए हुए थे...मगर अधिकांश क्षेत्रीय पत्रों की त्रासदी दूसरी है और उसकी तुलना स्थानीय लघु उद्योगों से की जा सकती है। वहाँ मालिक ही संपादक होता है और उसे अफसरों, राजनेताओं, राजधानियों और मंदिरों—सभी जगहों पर चढ़ावे देने पड़ते हैं, लोक-परलोक दोनों साधने पड़ते हैं। उन्हें पुण्य भी करना है और दवाओं या अन्य खाद्य वस्तुओं में मिलावट भी। मालिकों में अधिकतर ऐसे वैश्य या व्यवसायी लोग हैं, जो मूलतः उद्योग नहीं, व्यापार के युग में जी रहे हैं। इसलिए किसी भी क्षेत्र में 'प्रोफ़ेशनल कमिटमेंट' या 'इंटेग्रिटी' जैसी बातों को आज भी नयों का सिरफिरा फ़ितूर कहते हैं।

हिंदी-पत्रकारिता का दुर्भाग्य यह रहा है कि न तो उसके पास इंडियन एक्सप्रेस जैसा स्वतंत्र पत्र-समूह रहा, न क्षेत्रीय स्तर पर 'नई दुनिया', 'आनंद बाज़ार', 'मलयालम मनोरमा', 'संदेश', 'एनाडु' जैसे दबंग और जिम्मेदार पत्र। राष्ट्रीय स्तर पर वह अंग्रेज़ी की पिछलग्गू और क्षेत्रीय स्तर पर कोटा-परमिट लाइसेंस छाप व्यापार ही बनी रही। न उनके पास अपना 'विज़न' था, न प्रोफ़ेशनल योग्यता...इसलिए कोई आश्चर्य नहीं कि सारी हिंदी-पत्रकारिता शक्ति और सत्ता आते ही 'भारतीय जनता पार्टी' के आगे घुटनों के बल रेंगने लगी...धार्मिक पोंगापथी और बौद्धिक दीवालियेपन का इससे अच्छा शरण-स्थल उन्हें और मिलता भी कहाँ ? 'अहा ग्राम जीवन भी क्या है ?' के भाव से हरियाली तीज और सकट चौथ के गुण गाइए और ऋचाओं-वेदमंत्रों में ज़िंदगी-भर किए गए अपराधों-पापों और हेराफेरी का प्रायश्चित्त कीजिए...राष्ट्रीय, अंतर्राष्ट्रीयताओं जटिलताओं में कौन सिर खपाए... ? चौपाल पर बैठकर सत्यनारायण की कथा न कही, पत्रकारिता के वातानुकूलित कक्ष में बैठकर प्रवचन दे डाला—फर्क क्या पड़ता है ? सेठ खुश कि पौली में पुरोहित बैठा दिया है और धुआँधार रामायण या चंडी-शतक का पाठ कर रहा है। काम पूरा कर ले, तो दो रोटियाँ डाल दी जाएँगी ...आख़िर खाने से पहले कुत्तों और बैलों का भाग तो निकाला ही जाता है।

किसी भी संस्था या संस्थान में भ्रष्टाचार और खुशामदपरस्ती (साइकोफेन्सी)

हमेशा ऊपर से छनकर ही नीचे आती है। संपादक के पद पर बैठे इस नर-पुंगव को कभी भी यह बर्दाश्त नहीं होगा कि उसके यहाँ उससे अधिक योग्य और प्रतिभाशाली लोग बने रहें। या तो स्थिति इतनी असह्य बना दी जाएगी कि वे खुद ही छोड़कर चले जाएँ या फिर धीरे-धीरे उनका बधियाकरण कर दिया जाएगा। अकबर चाहे खुद अनपढ़ रहा हो, मगर उसमें इतनी सूझ-बूझ थी कि हर क्षेत्र का योग्यतम व्यक्ति उसका नवरत्न बने। यह सूझ-बूझ आनंद बाज़ार-समूह के अभीक सरकार या पिछले दिनों की रमा जैन में भी हो सकती है, अशोक जैन या समीर जैन में नहीं। वे तो पत्रकारों को ताश के पत्तों की तरह फेंटने या फेंकने में विश्वास करते हैं।

अजीब स्थिति है कि जब तक कोई आंदोलन, संगठन या पत्र किन्हीं लक्ष्यों, उद्देश्यों और मिशन के लिए प्रतिबद्ध बने रहते हैं, उनमें गतिशीलता भी होती है और रचनात्मक माहौल भी, मगर जैसे ही मिशन की जगह व्यक्ति खुद ले लेता है या आत्म-संवर्धन (सेल्फ-प्रोमोशन), निजी स्वार्थ या आत्मप्रचार ही उद्देश्य बन जाते हैं, तो सब कुछ घुटने और बिखरने लगता है। पत्रकारिता में तो यह बात और भी अधिक लागू होती है। पत्र हो या पत्रिका, उसे व्यक्तित्व, पहचान या विशिष्टता संपादकीय 'विज़न' ही देता है। सन् '60 से '75 के वर्षों का 'धर्मयुग' इसका जीवंत उदाहरण है। आज अगर हर रोज़ व्यक्तित्व-विहीन 'नवभारत टाइम्स' या 'राष्ट्रीय सहारा', छपे पन्नों के फूहड़ पाँवपोश बनाकर परोसे जा रहे हैं, तो इसके पीछे भी संपादकीय अनुपस्थिति ही है। वहाँ न साहित्य पनप सकता है, न पत्रकारिता; सिर्फ़ राजनैतिक सौदेबाज़ी हो सकती है।

सारे हिंदी-प्रेम के बावजूद यह स्वीकार करना होगा कि आज अंग्रेज़ी पत्रकारिता ज़्यादा कुशल, योग्य और प्रोफ़ेशनल हाथों में है। प्रोफ़ेशनल होना विशिष्ट और अलग होना भी है। हिंदी-पत्र में काम करने वालों की तो अभी तक यही पहचान तय नहीं हो पा रही है कि वह पत्रकार है या साहित्यकार। पिछले प्राध्यापकों की तरह अपने किशोर-काल में कविता-कहानियों के आधार पर यह पत्रकार भी ज़िंदगी-भर अपनों को साहित्यकार ही समझता रहता है—पत्रकारों में साहित्यकार और साहित्य में पत्रकार ...शायद ही मैंने कभी सुना हो कि अमुक जी इसलिए अंग्रेज़ी के साहित्यकार हैं कि वह उस भाषा के पत्रकार या प्राध्यापक हैं। हिंदी में यह घपला भाषा और साहित्य को एक समझने से पैदा होता है। भाषा जितनी व्यापक इस्तेमाल में आती है, उतना ही उसका विशिष्टीकरण भी होता है। राजनेता, प्रचारक, पत्रकार, प्राध्यापक, साहित्यकार एक ही भाषा का इस्तेमाल करने के कारण ही एक-दूसरे के स्थानापन्न नहीं हो सकते। आज भी हिंदी पत्रकार की मुख्य कुंठा साहित्य है। चूँकि अभी वह प्रोफ़ेशनल नहीं हुआ है। इसलिए उसे यह तय करने में कठिनाई आ रही है कि वह मूलतः साहित्यकार है या पत्रकार...निश्चय ही पत्रकार होने को वह आपद्धर्म, नौकरी की मजबूरी और घटिया काम मानता है। बीस साल बाद भी अपने को विश्वास दिलाए

रखना चाहता है कि वस्तुतः यह 'स्थगित साहित्यकार' ही है। एक-न-एक दिन इस निर्वासित राजकुमार को ज़रूर अपनी गद्दी मिलेगी...'साहित्य-सेवा' करने के लिए पर्याप्त साधन, सुविधा और समय के अभाव में किसी चमत्कार की आशा में बैठा यह व्यक्ति अपने पेशे के प्रति न ईमानदार है, न दक्ष। बड़े पत्रों में बैठे इस 'स्थगित साहित्यकार' के साहित्य के साथ रिश्ते बड़े अजीब, असहज और लगभग विद्वेषपूर्ण हैं। उसी दुनिया का होने के कारण शुरू-शुरू में ज़रूर वह अपने पत्र में ज़ोर-ज़ोर से साहित्य और रचना के प्रति सम्मान या समझ दिखाता है, मगर जैसे-जैसे खुद स्थगित होता जाता है, वैसे-वैसे पत्र से साहित्य को भी स्थगित करता चला जाता है। तब वहाँ रचनाकार नहीं, गणितज्ञ बैठा होता है, जिसे उतना ही और वैसा ही साहित्य चाहिए, जैसा उसके अपने लिए ज़रूरी है।

प्रोफ़ेशनल न होने का एक और उदाहरण शायद बात को साफ करे। हिंदी और अंग्रेज़ी की पत्रकारिता का अपने-अपने साहित्य के प्रति रवैया देखिए...अंग्रेज़ी पत्रकारों के लिए 'सूटेबुल बॉय' का प्रकाशन एक घटना है और विक्रम सेठ, स्टार ...हर अंग्रेज़ी पत्र ने अकुंठ भाव से उस पर लिखा है—बल्कि उसे एक बेहद ही महत्त्वपूर्ण समाचार की तरह उछाला गया है। क्या आप अपने यहाँ किसी एक पुस्तक या लेखक पर ऐसा 'कवरेज' देख पाएँगे ? चलिए, पौने तीन करोड़ की अग्रिम रॉयल्टी को मुद्दा बनाकर देशी-विदेशी मीडिया ने उसे काफ़ी उछाला, मगर क्या पचास साल में हिंदी साहित्य-जगत् में कोई ऐसी घटना ही नहीं हुई, जो व्यापक स्तर पर 'न्यूज़' बन सके ? ज़रूर हुई होगी, मगर पत्रों में बैठे साहित्यकार जब तक उसे अपने संबंधों, समीकरणों और समझ की परख-नली से गुजार न लें, तब तक कैसे उसे 'प्रचार' दे दें ? कुंठा और खुंदक की हद तो यह है। हिंदी-पत्रकार भी उन्हीं पुस्तकों और व्यक्तियों को उछालेंगे, जिन्हें अंग्रेज़ी वाले पहले निपटा चुके हैं—यूरोप-अमेरिका से आकर इंडिया इंटरनेशनल सेंटर में ठहरने वाले हर कवि-रचनाकार के लिए वे जिस उत्साह से दौड़ लगाते हैं, वह देखने लायक है। सिर्फ इसलिए कि अंग्रेज़ी पत्रों, विश्वविद्यालयों के अंग्रेज़ी विभागों, दूतावासों के जन-संपर्क अधिकारियों या दूरदर्शन ने 'बीसवीं सदी के इस महानतम रचनाकार' को भरपूर कवरेज दिया है। वे यह भूल जाते हैं कि नटवर लाल वहाँ भी हैं और वे अपने-अपने विदेशी सांस्कृतिक विभागों में घुसकर हर साल विदेश-भ्रमण करते हैं। 'जो कुछ इम्पोर्टेड या वाया विदेश है, वही महान है'—की जड़ता से मुक्ति कब होगी इस पत्रकार की... ?

साहित्य और संस्कृति के क्षेत्र में समाचार लायक घटनाएँ—हत्या, बलात्कार, अपहरण, भ्रष्टाचार या आर्थिक घोटाले नहीं होते। संगीत में किसी नई रचना की अदायगी (परफ़ॉर्मेंस), चित्रकला में किसी की प्रदर्शनी, नाटक में महत्त्वपूर्ण प्रस्तुति की तरह साहित्य की घटनाएँ किसी रचना या पुस्तक का प्रकाशन, पत्रिका का निकलना या बंद होना, सार्थक गोष्ठियों-सेमिनारों का होना है। इस दारिद्रय को क्या

कहें कि हमारे यहाँ 'घटना' किसी साहित्यकार की मृत्यु या उसे पुरस्कार मिलने से आगे जा ही नहीं पाती ! पेंग्विन के सहयोग से 'ग्राण्टा' भारत में छपे, यह तो 'घटना' है, मगर 'हंस' बिना किसी विशेष साधन-सुविधा के आठ साल पूरे कर ले, यह 'घटना' नहीं है, बल्कि उससे अन्य शिकायतों के साथ एक यह भी है कि वह नयों को बहुत उछालता है। आई.टी.ओ. के एक महत्त्वपूर्ण कवि को तो तकलीफ ही यह है कि मैं अपने लेखकों और रचनाओं के साथ इतना 'इन्वॉल्व्ड' क्यों रहता हूँ कि छोटे-बड़े, सीनियर-जूनियर को एक ही पायदान पर रख देता हूँ ?

ज़ाहिर है कि बड़े पत्रों में बैठे इन स्थगित या छोटे साहित्यकारों में जब तक प्रोफ़ेशनल इंटेग्रिटी (पेशे के प्रति निष्ठा) नहीं विकसित होती, तब तक वे व्यक्तिगत खिचड़ी ही पकाते या पटरी के दुकानदारों की तरह किसको कितना महत्त्व दें—के बटखरे ही बदलते रहेंगे। न ये साहित्य के लिए कुछ करेंगे और न साहित्य इनके लिए...पिछले 30-40 साल में अगर साहित्य को बचाया है तो लघु पत्रिकाओं ने ...इन तथाकथित बड़े पत्रों ने नहीं। यहाँ मैं इस गैर-रचनात्मक माहौल में निस्संकोच और बेशर्त लघु पत्रिकाओं के महत्त्व, योगदान और भूमिका को स्वीकार करूँगा।

हाँ, यहाँ मेरे अपने 'अगर-मगर' (रिज़र्वेशन्स ?) हैं। वस्तुतः लघु पत्रिका बड़े पत्रों की व्यावसायिकता और वर्चस्व के खिलाफ एक विद्रोह और प्रतिरोध का स्वर है—जो कुछ बड़े पत्र अपने व्यावसायिक हितों, स्वार्थों, दबावों, राजनीतियों और कुंठाओं के कारण नहीं छाप पाते, वह लघु पत्रिकाएँ करती हैं। लोकतांत्रिक अभिव्यक्ति की स्वतंत्रता ही इनका बल होती है—वे बड़े पत्रों की 'हैजेमनी' (एकछत्र आधिपत्य) के समानांतर स्वतंत्र और निर्भीक आवाज़ हैं। सामाजिक आंदोलनों और लेखकीय विज़न के साथ जुड़कर ही उनकी धार तेज़ होती है। इस दृष्टि से लघु पत्रिकाओं की बड़ी भूमिकाएँ हमारे सामने हैं, राजनैतिक दमन के दौरान विरोध और प्रतिरोध का स्वर इन्हीं लघु पत्रिकाओं ने खुले या भूमिगत रहकर उठाए रखा है, सही यह भी है कि इन लघु पत्रिकाओं के पीछे कोई व्यक्ति, छोटी-मोटी संस्थाएँ या राजनैतिक संगठन होते हैं। या तो शीघ्र ही इनके आर्थिक स्रोत सूख जाते हैं या दिलचस्पियाँ समाप्त हो जाती हैं। लेखकीय दृष्टिकोण को सामने रखनेवाली पत्रिकाएँ एलियट, सार्त्र से लेकर प्रसाद, पंत, महादेवी, प्रेमचंद, यशपाल, अज्ञेय ने निकालीं या बंगला में सबुज-पत्र, शनिवारेर चीठी, यमुना जैसी पत्रिकाओं ने रचनात्मकता को दिशा दी। मैं तो 'आलोचना', 'पूर्वग्रह' और 'हंस' को भी इस अर्थ में लघु पत्रिका मानता हूं कि गलत या सही, विशेष लेखकीय दृष्टिकोण, अपनी तरह के पाठकों से संवाद, विचारों में शिरकत ही इनका उद्देश्य रहा था और मूल आग्रह, सामग्री या दबाव व्यावसायिक बिलकुल नहीं रहे, न अपनी बात न कहने के लिए कोई बाहरी अंकुश था। एक अर्थ में ये व्यावसायिकता और व्यवस्था के खिलाफ 'प्रोटेस्ट' की पत्रिकाएँ रहीं। इसके सिवा लघु पत्रिकाओं (चाहें, तो उन्हें 'साहित्यिक पत्रिका' कह लें) का

कोई और रोल न उन्हें सार्थकता दे पाता है, न प्रासंगिकता।

आश्चर्य और खेद होता है कि 'पहल' जैसी सशक्त लघु पत्रिका के इतने लंबे अनुभव वाला पका रचनाकार ज्ञानरंजन जब राजनेता की तरह तालियाँ बजवाने के जोश में बेहद ही गैर-ज़िम्मेदारी की बातें बोलता है। ज्ञान को तो लघु पत्रिकाओं को फिसलनों, भटकनों और उद्देश्यहीनता से आगाह करना चाहिए था। लघु पत्रिकाएँ कागज़-छपाई की क्वालिटी, अनियमितता और प्रकाशन की अनिश्चितता से तय नहीं होंगी—उनके पीछे के उद्देश्य और दृष्टिकोण ही उनके होने के अर्थ तय करेंगे। अंक एक निकले या पचास...व्यावसायिकता में वर्जित और निषिद्ध विषयों और रचनाओं से निर्धारित होंगे उनके तेवर...फिर चाहे वे राजनैतिक प्रतिबद्धता से आएँ या लेखकीय सरोकारों से...

जिस दूसरी बात पर ज्ञान को रोशनी डालनी चाहिए थी, वह थी लघु पत्रिकाओं के पीछे के तात्कालिक, अदूरदर्शी (मायोपिक) उद्देश्य और परिमाणतः व्यापक व्यक्तित्वहीनता। आज कुछ पत्रिकाओं को छोड़कर अधिकतर तो 20-30 अंक निकालने के बाद भी अपने क्षेत्र तय नहीं कर पाई हैं। इस दिशा में सबसे सार्थक प्रयास किया है लखनऊ से निकलने वाली पत्रिका 'दस्तावेज' ने। बाकी तो न प्रयोगशील हैं, न विशिष्ट—वही कविता, कहानी, लेख और समीक्षाएँ—अधिकांश प्रायोजित या आत्म-प्रचारक। बहुसंख्यक वे, जो थोक में कविताएँ ठूँसकर मित्रों को उपकृत करती हैं—अच्छे-बुरे के विवेक से वंचित...चार पत्रिकाओं को मिला दें, तो पता ही नहीं चलेगा कि कौन कहाँ से शुरू होती है। जब विदेश से लौटकर मणिका मोहिनी ने 'वैचारिकी' निकाली, तो मैंने यही पूछा था कि तुम्हारी पत्रिका को मैं हिंदी में निकलने वाली बाकी डेढ़ दो-सौ पत्रिकाओं से कैसे अलग करूँ ? हरेक के वही कवि, वही लेखक हैं। कम-से-कम इसे नारी-दृष्टि और लेखन की ही पत्रिका बनातीं। कुछ तो अलग सामग्री होती। समझ में नहीं आता कि जो मित्र व्यावसायिकता को निषेधित करते हैं, वे विशिष्ट क्यों नहीं हो सकते ? अंग्रेज़ी में उपन्यासों, कहानियों, कविताओं, नाटकों या अन्य विधाओं पर अलग-अलग लघु पत्रिकाएँ मिल जाएँगी। ज्ञानरंजन की तरह हर अंक की तैयारी, परिश्रम किया जाए तो दर्जन-भर पत्रिकाएँ आज भी खड़ी की जा सकती हैं, जिन्हें एक-दूसरे का स्थानापन्न कर सकना मुश्किल हो। यह विशिष्टता उन्हें अनिवार्य भी बनाएगी और महत्त्वपूर्ण भी...

मैं समझता हूँ, अब समय आ गया है कि लघु पत्रिकाएँ अपनी साइज़-कागज़ की बच्ची और बचकानी स्थापनाओं से ऊपर उठकर 'वयस्क' हों और विचार तथा दृष्टि की बात करें—तभी वे व्यावसायिक लिहाजों द्वारा निरंतर छोड़ी गई या छेंक दी गई ज़मीन के गड्ढों को भर सकेंगी। सिर्फ संकलन, संपादन नहीं होता। संपादन का अर्थ रचनात्मक माहौल और रचनाओं को संभव बनाना भी होता है। दृष्टिहीनता का इससे ज़्यादा दयनीय उदाहरण और क्या होगा कि सरकारी, अर्द्धसरकारी पत्रिकाएँ

'लघु पत्रिकाएँ' में सूचीबद्ध हों—और... खैर...आदमी का व्यक्तित्व तय करने वाला दर्जी नहीं होता, उसका अपना मन और शरीर होता है, जो उसका चरित्र तय करता है।

❐ ❐ ❐ ❐

पर्याप्त तैयारी न होने के कारण 'नीर-क्षीर' खंड इस अंक में नहीं जा रहा है। इसी प्रकार महीनों आश्वासनों पर लटकाए रखने के बावजूद नामवर सिंह के लिए 'सांप्रदायिकता की वैकल्पिक विचारधारा' पर लिखना संभव नहीं हुआ। हवाई भाग-दौड़ों में शायद लिखना अब उन्हें ज़रूरी भी नहीं लगता। ओशो रजनीश की तरह किसी को उनके भाषणों की ही पुस्तकें तैयार करनी चाहिए। अब मालूम होता है कि क्यों 'आलोचना' छः-छः महीने नहीं निकल पाती थी। लिखना वैसे भी खतरनाक काम है, एक जगह कुछ बोलना पड़ता है, दूसरी जगह कुछ और, जिसे सुविधानुसार नकारा जा सकता है। फिर, आजकल सारे देश की हालत इतनी पतली (फ्लुएड) है कि पता नहीं, कौन-सा ऊँट किस करवट बैठ जाए और तब अपने लिखे से मुकरना मुश्किल पड़ जाए...आदमी को सारे दरवाज़े खुले रखने चाहिए। पता नहीं, किस रास्ते नारायण प्रकट हों...बहरहाल, अपनी इस असमर्थता के लिए वे पाठकों से बहुत-बहुत क्षमा चाहते हैं। शुक्र है कि नामवर जी के लिए लिखना चाहे जितना भारी पड़ता हो—स्मृति, जबान और निगाह तीनों बहुत तेज़ हैं, और सफल नेता या अभिनेता के यही शास्त्रीय गुण हैं। लेखक के लिए शोक और वक्ता की लंबी उम्र के लिए शुभकामनाएँ।

['हंस', अगस्त 1993]

उन्माद का गणित

अभी-अभी 'सहमत' संस्था ने 13-14-15 अगस्त को अयोध्या में एक आयोजन किया—'मुक्तनाद'। उद्देश्य था : सांप्रदायिक तनाव, असुरक्षा और आतंक के माहौल में अपनी रचनात्मक एकजुटता के माध्यम से विश्वास। मेल-जोल और सौहार्द के लिए अपनी रचनात्मक उपस्थिति दर्ज कराना। भाग लेने के लिए आमंत्रित थे देश के शीर्षस्थ संगीतज्ञ, चित्रकार, लेखक, नाट्यकर्मी, फिल्मकार और अन्य बुद्धिजीवी। देश के सारे कलाकर्मियों को एक मंच और एक सरोकार से जोड़ना 'सहमत' की मूल प्रेरणा रही है, मगर इस आयोजन को लेकर संघ-परिवार और वामपंथियों ने तरह-तरह के सवाल उठाए। मानव-संसाधन मंत्रालय के सहयोग से किया जाने वाला क्या यह दूसरा 'सोम यज्ञ' था ? क्या 'सहमत' कांग्रेस की अंदरूनी लड़ाई का इस तरह हिस्सा बनकर अपनी विश्सनीयता बनाए रख सकेगा ? क्या यह सारा आयोजन 25-30 लाख रुपए की सार्थकता सिद्ध कर सकेगा ? और आखिर इस सबका हासिल क्या रहा ? जिन कांग्रेसियों ने सफदर हाशमी की हत्या की, उनसे ही इस तरह हाथ मिलाना क्या उसकी स्मृति का अपमान नहीं है ?—ये बुद्धिजीवियों के बीच उठने वाले ऐसे सवाल हैं, जिनके उत्तर हमें आज नहीं तो कल, तलाशने ही होंगे कि ऐसे किसी भी आयोजन, सेमिनार, गोष्ठी की आज कोई जरूरत या सार्थकता है भी या नहीं ? सरकार अपने अनहुए आयोजन के लिए 50 करोड़ अमेठी में खर्च कर सकती है, या 60 और छह हजार करोड़ घूस, दलाली और सांसदी सौदेबाजी में खा सकती है तो कुछ लाख घोषित रूप से किसी संस्था, आयोजन या कार्यक्रम को देना गलत है या सही ? आज कौन-सा ऐसा आयोजन है जो सरकारी या व्यावसायिक घरानों द्वारा प्रत्यक्ष-अप्रत्यक्ष रूप से प्रायोजित नहीं है ? वाम पार्टियों सहित कौन-से ऐसे राजनैतिक संगठन हैं, जो सिर्फ अपने 'कैडर' के साधनों से काम चला रहे हैं ? यू.जी.सी. और अन्य अकादमियों के आर्थिक स्रोत क्या है ? इन प्रश्नों को अगर छोड़ भी दें, तो सबसे बड़ा सवाल यही है कि क्या इस समय हमें कुछ भी नहीं करना

चाहिए ? क्योंकि न आयोजनों से कुछ होगा या अखबारों में लिखने-पढ़ने से। तटस्थ, निष्क्रिय और चुप बने रहिए और आपस में ही बहसें-लड़ाइयाँ कीजिए। जो कुछ हो रहा है, वह होता रहे और हम सिर्फ दूरदर्शक बने रहें—क्या यह अपने-आप में एक राजनैतिक रणनीति नहीं है ? इसका किसी भी रूप में कोई प्रतिकार होना चाहिए या नहीं ? बहरहाल, 'सहमत' का इस तरह सरकारी मोर्चा बन जाना शायद ही किसी के गले उतरे।

दूसरा सवाल 'सहमत' द्वारा उठाई गई विषय-वस्तु को लेकर है। पहले को तो एक तकनीकी मुद्दा बनाकर टाला जा सकता है कि 'सहमत' को अपना कार्यक्रम इस तरह न करके उस तरह करना चाहिए था। इस जगह न करके कहीं और उस जगह या उस समय करना चाहिए था। चाहे हर्षद मेहता से पैसे ले लेते, मगर सरकार से नहीं लेने चाहिए थे...हाँ, शुक्र है, अभी तक संघ-गुट को इस बात का खयाल नहीं आया कि हो सकता है, 'सहमत' ने पैसा पाकिस्तान इंटेलिटेन्स एजेंसी से लिया हो। हिंदुओं की भावनाओं को ठेस लगाने का पुण्य काम हो और पाकिस्तान पैसा न दे, ऐसा कैसे हो सकता है ?

मगर दूसरा सवाल हम सबसे जुड़ा है और अभिव्यक्ति की स्वतंत्रता का प्रश्न बनकर खड़ा होता है। 'सहमत' ने अयोध्या में एक चित्र-प्रदर्शनी लगाई। उसमें अयोध्या के पुराने इतिहास, वैभव और महत्त्व को दर्शाया गया था। उसी में राम-कथा के विभिन्न रूपों को दिखाने वाले चित्र भी थे, क्योंकि तुलसीदास तक आते-आते राम-कथा अनेक रूपों में पुराणों या अन्य धर्मग्रंथों में आई है, जैन और बौद्ध ग्रंथों में इसके विशद संदर्भ हैं। उन्हीं में 'दशरथ जातक' की एक जातक-कथा बिना किसी टिप्पणी के ज्यों की त्यों प्रदर्शनी में प्रस्तुत कर दी गई कि सीता राम की बहन थी और लंका-विजय के बाद दोनों पति-पत्नी की तरह 16,000 वर्षों तक राज्य करते रहे। संघ-गिरोह का हंगामा इसी को लेकर है कि 'सहमत' को हिंदू-भावनाओं पर इस तरह आघात करने का कोई हक नहीं है। सवाल यह उठता है कि संघ-परिवार द्वारा अनुमोदित तथाकथित हिंदू-भावना की रक्षा के लिए क्या राम-कथा के विभिन्न रूप और स्रोत नष्ट कर देने होंगे ? क्या रामकथा और उसके सामाजिक आधारों पर कोई बौद्धिक या शोधात्मक, 'एकेडेमिक' बहस बर्दाश्त नहीं की जाएगी ? बौद्ध और जैन धर्म के ग्रंथों के प्रति ब्राह्मणी हिंदू धर्म की यह हिक़ारत क्या आज भी उतनी ही जायज और स्वीकार्य है, जैसी 1000-1500 साल पहले रही है ? संघ परिवार जब यह आरोप लगाता है कि बौद्ध जातक का यह प्रसंग इसलिए वहाँ दिया गया है कि इस्लाम में भी बहन-भाई शादी कर सकते हैं, तो क्या वह यह भी बताना चाहता है कि जातक, इस्लामी समाज-संबंधों की नकल पर लिखे गए ?

संघ-परिवार जिसे क्लियरेंस सर्टिफिकेट दे, वही वास्तव में राम-कथा है, इतिहास सुधारने के लिए हजार-पाँच सौ साल का जो भी समय निर्धारित करे—वही हमारी

चिंता और विचार की समय-सीमा है, दूसरे समुदायों से घृणा और हिंसा के जो भी संबंध तय करे, वही हमारी व्यवहार-संहिता है—इनके आगे-पीछे की हर चीज हिंदू-विरोधी है और छद्‌म धर्मनिरपेक्षता है—इस हिटलरी आदेश को अगर फ़ासिज्म नहीं कहते हैं, तो किसे कहते हैं ? यह खुमैनीवाद नहीं, तो क्या है ? समाज के सोच, आचरण और आपसी संबंधों को नियंत्रित-निर्धारित करने वाले इन धर्मांध और कट्टर अध्यादेशों में कहाँ का उदारवाद और कहाँ की अभिव्यक्ति की स्वतंत्रता ! "क्या वे (मुसलमान) ऐसा बर्दाश्त करेंगे ?" के जवाबी मानदंडों पर संघ-परिवार जो राजनैतिक विधि-निषेध बना रहा है, उनमें अपने दिमाग और जबान अब उन्हीं के हाथों गिरवी रख देने पड़ेंगे...

अच्छा हुआ, 'सहमत' ने पुस्तकों की प्रदर्शनी नहीं लगाई, क्योंकि तब सबसे पहले पार्लियामेंट में उछाली जाती फादर कामिल बुल्के की प्रसिद्ध पुस्तक 'राम-कथा के स्रोत', चाहे जितने शोध और मेहनत से लिखी गई हो और चाहे जितने प्रामाणिक स्रोत दिए गए हों, मगर बुल्के आखिर थे तो ईसाई ही। और एक विधर्मी की यह हिम्मत कि हमारी धर्म-कथा को इस तरह प्रदूषित, भ्रष्ट करे ?...राम...राम। हे राम, किन अनपढ़, मूर्खों और बुद्धिहीनों की लंका में डाल दिया है 'विवेक' नाम की सीता को...जो अपनी ही संस्कृति की हरी-भरी टहनियों को काट-छाँटकर सपाट सीधे डंडे और ठूंठों में बदले जाते हैं...चलिए, एक बार माना जा सकता है कि आज अयोध्या का जो माहौल है, उसमें किसी बौद्धिक, एकेडमिक या ऐतिहासिक, जानकारी, प्रदर्शन या प्रशिक्षण की सहिष्णुता नहीं है, मगर बात क्या सिर्फ अयोध्या की है ? 22 अगस्त को ग्वालियर में हबीब तनवीर के नाटक पर जिस तरह पत्थर फेंके गए और शोर मचाया गया, उन सब हुड़दंग का क्या तर्क है ? 1936 से हजारों बार छत्तीसगढ़ के गाँवों-कस्बों में खेले जाने वाले नाटक 'जमादारनी' में एक भी शब्द हबीब तनवीर का नहीं है, यहाँ तक कि प्रस्तुति भी प्रायः उन्हीं लोगों की है। नाटक में पाखंड, छुआछूत और शोषण का वही मजाक उड़ाया गया है, जो सैकड़ों सालों से गली-गली में होता रहा है—भारतेन्दु से लेकर निराला, प्रसाद, प्रेमचंद, अमृतलाल नागर करते रहे हैं। "हम हिंदू धर्म का यह अपमान बिलकुल बर्दाश्त नहीं करेंगे" एक महिला पत्रकार ने तमतमाकर मुझसे पूछा, "क्या हबीब साहब इस्लाम के बारे में ऐसा नाटक करेंगे ?" हिंदू धर्म को नए ढाँचे में ढालनेवाला वही थोक निर्णायक सवाल। मुझे भी उसी हलजे में कहना पड़ा "जरूर करेंगे। 'आपने जिस लाहौर नहीं देख्या' देखा है ? उसमें मुल्लाओं और मुस्लिम ढोंगी, कट्टरपंथियों का इससे ज्यादा तीखा मजाक है। हबीब ने निर्देशन किया है और असगर वजाहत ने लिखा है। मैं आपसे पूछता हूँ— आपने 'दीक्षा' फिल्म देखी है ? उसमें अंत में नाना पाटेकर, पुजारी को संबोधित करके जो कुछ बोलता है, हबीब तो उसका दसवां हिस्सा भी नहीं दिखा पाए और याद रखिए, उसके निर्देशक कश्मीरी ब्राह्मण अरुण कौल के अनुसार, टीम के 46

लोगों में 37 ब्राह्मण हैं...इसका मतलब है कि आप न तो 'मोटे राम शास्त्री का सत्याग्रह' होने देंगे, 'न घासी राम कोतवाल'। जमादारनी ढोंगी, लालची, लम्पट पंडित को झाड़ू मारती है या मूर्तियाँ छू देती है, इससे हिंदू धर्म का अपमान कैसे हो गया ? यानी पाखंडी, कर्मकांड और छुआछूत ही आज आपके लिए हिंदू धर्म रह गया है ?

मगर नहीं, वहाँ न किसी तर्क की गुंजाइश थी, न संवाद की। उस दिन ग्वालियर में सचमुच मुझे बेहद शांति मिली कि जिस बात की आशंका थी, वह समय आ गया है—अब उड़ाएँ श्रीलाल शुक्ल 'राग दरबारी' जैसी रचनाओं में ढोंग और पाखंड का मजाक, अब लिखें शिवप्रसाद सिंह विधवाओं और सामंती शोषण की कहानियाँ, अब दिखाएँ शैलेश मटियानी अपने कहानी-उपन्यासों में दलितों, शूद्रों, वेश्याओं, मुसलमानों के प्रति हमदर्दी, अब करें विश्लेषण प्रभा दीक्षित, सती-प्रथा या विवेकानंद का...या कहें तो मैं उनकी रचनाओं से वे हिस्से निकालकर रख दूँ, जो उस 'महान हिंदू धर्म' के लिए अपमानजनक है और तब विष्णुकांत शास्त्री, विनय कटियार, अशोक सिंहल, स्वामी वामदेव से आग्रह करूँ कि इन्हें भी वही सजा मिलनी चाहिए, जो शिव सैनिक विजय तेंडुलकर और निखिल वागले को दे रहे हैं या प्रो. प्यार सिंह को अकाल तख्त ने दी है। हम लोग तो खैर, सलमान रुश्दी हैं ही...

श्लोकजीवियो, 'अभिव्यक्ति की स्वतंत्रता' पर अब तो कुछ बोलो या अभी भी इसी खुशफहमी में बने रहोगे कि हमला हम पर नहीं, दुश्मनों पर है—यहूदियों, कम्युनिस्टों, ट्रेड यूनियनिस्टों और कैथलिकों पर है...हम तो सुरक्षित हैं...

ग्वालियर की 'संवाद' गोष्ठी में जब पुरुषोत्तम अग्रवाल ने कहा कि एक 'सनकी बुड्ढा' वह गांधी था, जो सारे विरोध के बावजूद नोआखली जा पहुँचा था या आमर अनशन पर बैठ गया था, तो कौन-सा कुफ्र तोड़ दिया था ? ये गेरुए गांधी-प्रेमी क अभिधा के अलावा लक्षणा, व्यंजना कुछ नहीं समझते ? याद रखिए, आज वे हम भाषा छीन रहे हैं, कल ज़बान छीनेंगे।

मैं फिर जोर देकर कहना चाहता हूँ कि सवाल न 'राम-कथा जातक' का है, न समय और स्थान का। इस घटना को अलग करके देखना गलत है। यह तो अभिव्यक्ति का गला घोंटने का चलता हुआ सिलसिला है, जिसका प्रारंभ इधर दिसम्बर को पत्रकारों को पीटने, स्त्रियों के साथ दुर्व्यवहार करने से हुआ था आ जो 'सहमत' की प्रदर्शनी या ग्वालियर और अन्य जगहों पर हबीब तनवीर के न के साथ, बंबई में 'महानगर' के संपादक निखिल वागले जैसे पत्रकारों की पिटाई, उन्हें जान से मारने की धमकियों के रूप में हो रहा है। संघ-गिरोह की साजिश कि वह हमें हर 'घटना' को अलग करके बताता है, ताकि उसके पीछे के सि को छुपाया जा सके।

[**'हंस', सितंबर 1993**

मानसिक उपनिवेशवाद के ख़िलाफ़ लड़ाई

सन् 66 के पहले दिन मैं कोचीन में था—अखिल भारतीय लेखक-सम्मेलन में। कुछ मित्रों ने वहाँ से कन्याकुमारी जाने की योजना बनाई थी। 150 किलोमीटर के लिए बस और फ़ैरी की व्यवस्था थी। मन में अपने-आप निर्णय हुआ कि नहीं जाना है। राकेश और अन्य मित्रों ने बताया कि कन्याकुमारी अब बहुत दर्शनीय हो गई है : विवेकानंद-शिला पर भव्य मंदिर बन गया है, चारों तरफ बाज़ार और पार्क हैं। लगा कि यही शायद मैं बर्दाश्त नहीं कर पाऊँगा। मेरे मन में बसा था 51-52 का 'अकृत्रिम' अंतरीप। डॉ. रामविलास शर्मा, अमृतलाल नागर और मैं—हम तीनों ही पश्चिमी तट से दक्षिण की यात्रा पर गए थे और एक दिन-रात केप होटल में ठहरे थे। चारों तरफ रेतीला विस्तार, लाल सफेद धारियोंवाला परकोटा और मंदिर—सामने बनैले समुद्र के बीच विवेकानंद-शिला, तेज़ समुद्री हवाओं में उड़ती रेत, तीनों तरफ फैले सागर की गरज...पंद्रह बरस से मन में बैठी इस 'कन्याकुमारी' को आज के आधुनिक मेक-अप वाले पिकनिक स्पॉट में बदले हुए देखना शायद एक भावनात्मक धक्का होगा।

उस समय भी लग रहा था कि मैं कहीं अनजाने ही यशपाल की एक कहानी जी रहा हूँ, प्रेमिका या वाग्दत्ता ने छैल-छबीले युवक को मन में बसाया हुआ है, मगर जब वही 10-20 साल बाद परदेस से (वहाँ की किसी जेल में बंद था) लौटता है, तो इस 'अधेड़' के 'दर्शन' को वह बर्दाश्त नहीं कर पाती। क्या इसी 'प्रौढ़' के लिए मैंने अपनी ज़िंदगी बर्बाद कर डाली ? (प्यार का मोल)

और यही डर था 40-45 साल बाद स्वयं यशपाल की कहानियों के सारे संग्रहों को एक साथ पढ़ते हुए...अब कैसी लगेंगी ? 18-20 साल की उम्र में यशपाल की रचनाएँ हमारी गीता थी। सुर्ख लाल कवर वाली किताबों के साथ होना क्रांति के लिए 'बम' साथ लेकर घूमने की तरह रोमांचकारी था—कहानियों-उपन्यासों से अधिक छाया हुआ था यशपाल का अपना व्यक्तित्व...चंद्रशेखर-भगत सिंह के साथी होने का प्रभा-मंडल, मुठभेड़ के समय आख़िरी गोली के बाद ही पकड़े जाने का दुस्साहस,

फाँसी की सज़ा के बावजूद जेल में ही प्रकाशवती जी से विवाह करने का रोमान ...फिर लेखन के बल पर ही सम्मान से लखनऊ में 'कोठी' लेकर अपनी रचनाओं या 'विप्लव' का प्रकाशन...साहबों की तरह कोट-पैंट-टाई और चुरुट वाला रोबीला अफसर...कृष्णा सोबती के शब्द उधार लूँ तो कहाँ हिंदी का पान-चबाऊ 'धोतीबाज़ रघुपतिया' लेखक और कहाँ यह क्रिश्चियन साहब की धज...ज़िंदगी के हर मोर्चे पर विद्रोही...और उसी की रचनाएँ हमें बता रही थीं क्रांतिकारों का इतिहास, मार्क्सवादी दर्शन और स्वप्नों का शोषणहीन समाज...राहुल जी के **वोल्गा से गंगा** और **भागो नहीं, दुनिया को बदलो** के साथ...बाद में इस सूची में बहुत लोग जुड़े—जैनेन्द्र, अज्ञेय, भगवतशरण उपाध्याय, इलाचंद्र ज़ोशी...मगर उस समय केवल दो लेखक युवक-हृदय के 'हीरो' थे—यशपाल और राहुल सांकृत्यायन...सत्ता और व्यवस्था— दोनों को चुनौती देते दुस्साहसी विचारक...'एडवेंचर' शब्द ही शायद हमें उनसे बाँधे था। डेढ़ महीने की दक्षिण यात्रा के पीछे भी कहीं राहुल जी का **घुमक्कड़शास्त्र** नहीं था ?

मगर अब यशपाल की सारी कहानियों को पढ़ना एक दूसरा अनुभव था। पुरानी 'छाप' और नई प्रतिक्रियाओं में तालमेल बैठाने में निश्चय ही असुविधा हुई। लगा, यशपाल बहुत बौद्धिक हैं, एक ऐसे चौकन्ने और चौकस (कांशस) लेखक, जिनमें संवेदना से अधिक 'तर्क' है। उनके समकालीन जैनेन्द्र और अज्ञेय जी भी कम बौद्धिक नहीं हैं, मगर यशपाल इन दोनों से अधिक 'रूखे' हैं। जैनेन्द्र में एक अजीब निष्कवच मासूमियत है, वे भटके हुए लगते हैं, रास्ते तलाश करने का भ्रम देते हैं, मगर जहाँ हैं, वहीं अर्थ पाने की कोशिश करते हैं। सहजता और सूक्ष्म संवेदना ही उनका संबल है। इसे वे बाहर से लिये गए हथियार की तरह नहीं, आंतरिक शक्ति बनाकर चलते हैं। स्थितियों के सामने समर्पित लोगों से उनके पात्रों की दुनिया बसी है। कह सकते हैं, वे नियति के स्वीकार के कहानीकार हैं। कभी-कभी झुँझलाहट भी होती है कि उनकी नायिकाएँ सब-कुछ बिना शिकायत सहती क्यों रहती हैं, विद्रोह या प्रतिरोध क्यों नहीं करतीं ? बाद के चिंतन या उपन्यासों में तो उन्होंने इस प्रतिरोधहीनता को ही अपना 'दर्शन' बना लिया है। उनके पात्रों की 'सफ़रिंग' (दुख) आज भी मन में पिघलन पैदा कर देती है। यही सफ़रिंग दोस्तोयेव्स्की को धर्म के सीमांतों तक ले जाती है, जैनेन्द्र रहस्यवाद की सरहदों से लौट आते हैं। वे जटिल और संश्लिष्ट कथाकार हैं, एक साथ कई-कई पहलू झलकाने वाले, तराशे हीरे की परतों वाले कथाकार...सफ़रिंग के लिए उन्होंने प्रायः नारी को चुना है—दोस्तोयेव्स्की के विपरीत। 'त्यागपत्र' (रेज़िग्नेशन) उनकी लंबी कहानी का ही नहीं, शायद उनके सारे प्रारंभिक कथा-साहित्य का शीर्षक है।

सामाजिक स्थितियों को नियति मानकर सफ़रिंग को लगभग 'ग्लोरीफ़ाई' (महिमा-मंडित) करने या बाद में प्रचंड तार्किकता से ज्यों-का-त्यों स्वीकार करने की इस जैनेन्द्रीय प्रवृत्ति को मुखर होकर अस्वीकार करते हैं यशपाल और छूट भागना

चाहते हैं अज्ञेय। वे बराबर के कवि हैं। इसलिए सौंदर्य के अनजान रूपों और रहस्यों की तरफ खिंचते हैं। अपरिचित और विलक्षण की तलाश उन्हें भटकाती भी है और विविधता भी देती है। वे संवेदनाओं, संबंधों, स्थितियों और आगे जाकर विचारों में अन्वेषी यायावर की तरह घूमते हैं। उनकी कहानियाँ इन्हीं 'यात्राओं' में इकट्ठे किए गए नमूने हैं। कभी ये नमूने हमें आकर्षित या चकित करते हैं, कभी नहीं भी, मगर वे हमेशा जिज्ञासा, उत्सुकता और परख (एप्रिसियेशन) की माँग करते हैं—कम से कम उन्हें 'व्यर्थ' कहकर एक तरफ नहीं सरकाया जा सकता। जैनेन्द्र उदासी और 'मैलेंकॉली' के कथाकार हैं (चेख़व की तरह), अज्ञेय 'थ्रिल' और स्फुरण के—'और भी बहुत कुछ है जहाँ तक जाना या उसे पा लेना है' की चेतना के। शायद प्रेरणा के नहीं। उपन्यासों के विपरीत, अज्ञेय की कहानियों में गति का भ्रम होता है, हालाँकि **रोज़** या **गैंग्रीन** में वे जैनेन्द्र की गतिहीनता के अधिक निकट हैं।

इन दोनों के मुकाबले अधिक ठहरी हुई ज़मीन पर हैं यशपाल (इनकी शायद एकमात्र अपवाद कहानी **मक्रील** है, जो अज्ञेय की संवेदना के अधिक निकट है), अपनी स्थितियों, संबंधों, सूचनाओं और सेट-अप (परिवेश) में यशपाल इनमें सबसे अधिक 'डेटेड' (समयबद्ध) कहानीकार हैं। जैनेन्द्र और अज्ञेय अपने परिवेश और काल—दोनों को लगभग अतिक्रमित करते हैं। यशपाल को पढ़ते हुए आज भी उस समय और समाज को हमेशा ध्यान में रखना पड़ता है। यहाँ मुझे वे प्रेमचंद्र के अधिक निकट लगते हैं। हालाँकि प्रेमचंद का प्रारंभिक कच्चापन (विशेषकर उनकी अब खोजकर निकाली गई कहानियों जैसा) इन तीनों ही कथाकारों में नहीं है। या तो ये शुरू से ही प्रौढ़ रहे हैं या प्रौढ़ होने पर कहानियों में आए हैं। अज्ञेय की **विपथगा** युग की कहानियाँ कच्ची भले ही हों, बचकानी नहीं हैं। कम-से-कम मुझे नहीं लगतीं।

प्रेमचंद और यशपाल की कहानियाँ तत्कालीन समाज और मानसिकता की दस्तावेज़ी कहानियाँ हैं। दोनों ही साहित्य के माध्यम से समाज की मानसिकता बदलना चाहते हैं। एक के पास गांधीवादी दृष्टि है, दूसरे के पास मार्क्सवादी। कहानियाँ उनके सामाजिक कर्म का हथियार हैं, शृंगार या अलंकार नहीं, दोनों का सरोकार हैं सामंती समाज और उपनिवेशी सत्ता। यशपाल मान्य व्यवस्था और यथास्थिति को आक्रामक ढंग से तोड़ते हैं, उनकी व्यर्थता को उद्घाटित करते हुए। प्रेमचंद इधर-उधर भटकने के बाद वापस वहीं लौट जाते हैं। (**कफन, सद्गति, सवा सेर गेहूँ, ठाकुर का कुआँ, पूस की रात** अपवाद हैं)। मूलतः उनका कहानी-व्याकरण बहुत सीधा है : परिस्थिति और मानसिकता के तनाव से व्यक्ति और परिवार में संघर्ष होता है, स्थिति टूटने तक आती है, मगर फिर अचानक 'सद्बुद्धि' आकर सब-कुछ संभाल लेती है। समीक्षकों ने इसे 'हृदय-परिवर्तन' कहा है। चाहें तो यहाँ जैन-कथाओं के यक्ष या शैतान द्वारा व्यक्ति को पथभ्रष्ट करने और बाद में 'सत्य की विजय' के विश्वास की छायाएँ भी देखी जा सकती हैं। प्रेमचंद किसानों और अछूतों के शोषण से दुःखी ज़रूर हैं,

मगर सामंती व्यवस्था के मूल्य-बोध को ही 'भारतीयता' भी मानते हैं—कम से कम पारिवारिक संबंधों में। स्वार्थ और लालच आपसी रिश्तों में ग़लतफ़हमी पैदा करते हैं, मगर भावनात्मक और संस्कारगत तूफ़ानों से गुज़रकर उनके पात्र नाटकीय परिताप के साथ 'वापस' आ जाते हैं। सारा भावनात्मक चौखटा और संबंधों के स्वरूप फिर वहीं के वहीं पहुँच जाते हैं। यहाँ परिस्थितियों के स्वरूप, बनावट, विकास और नाटकीयता को बदलने या तोड़े जाने की अनिवार्यता में नहीं देखा जाता। इन सबको बचाने और बनाए रखने की सद्भावना में रूढ़ियों और संस्कारों को भी शाश्वत मानवीय मूल्यों का 'शिव' के पर्याय के रूप में स्वीकार कर लिया जाता है। तत्वतः प्रेमचंद का आदर्शवाद सामंती मूल्यों की रक्षा और हिमायत का दूसरा नाम है...हालाँकि वे सामंती समाज के विरोधी हैं। मुझे लगता है कि समाज-व्यवस्था और उसे निर्धारित करने वाले मूल्यों की अंतर्निर्भरता शायद उनके सामने स्पष्ट नहीं है। समाज बिगड़ गया है, मगर मूल्य सही हैं। बल्कि बिगड़ा ही इसलिए है कि समाज 'सच्चे' मूल्यों पर आचरण नहीं करता। आज भी अगर वास्तविक नैतिक मूल्यों को जीवन में उतार लें, तो सारी गड़बड़ियाँ ठीक हो जाएँ। तब आदर्श व्यक्ति, परिवार और समाज की स्थापना हो जाए। शायद यही गांधीवाद है। ऊपर गिनाई गई कहानियों के दलित-पात्र व्यवस्था से लड़ते नहीं हैं। हाँ, उसके द्वारा कुचल दिए जाते हैं। यह नृशंसता और संस्कारबद्ध पात्रों की करुण परिणतियाँ ही व्यवस्था के प्रति आक्रोश पैदा करती हैं।

और इन्हीं मूल्यों, विश्वासों और यथास्थिति के अस्वीकार से शुरू होती है यशपाल की कथा-यात्रा। वे मानते हैं कि स्थितियाँ बदलने से मूल्य भी बदलते हैं और मानसिकता भी। प्रगति के बाधक हैं संस्कार। नए समाज को लाने के लिए इन संस्कारों से लड़ना होगा। इस अर्थ में यशपाल भी 'आदर्शवादी' हैं, क्योंकि प्रेमचंद का आदर्श अगर एक विशेष वर्ग और उस व्यवस्था में स्वीकृत, मगर 'सार्वभौमिक' कहकर पूजित "सत्य, शिव, सुंदर" की पुनर्स्थापना है, तो यशपाल का 'आदर्श' है मार्क्सवादी विचारधारा पर आधारित वर्गमुक्त, शोषणहीन समाज की वकालत। मनुष्य के मूलभूत 'शिव' में विश्वास रखते हुए प्रेमचंद यथास्थिति यानी प्राचीन मूल्य-व्यवस्था को कुछ सुधारों के साथ वापस लाना चाहते हैं, तो यशपाल उन्हें 'सामंती, शोषण-केंद्रित, अवैज्ञानिक और तर्कहीन' कहकर उन पर निर्मम प्रहार करते हैं, ताकि नए समाज के लिए रास्ता साफ़ हो सके। यह परिवर्तन की मानसिकता को समझकर ही हो सकता है।

और इसीलिए मुझे यशपाल सामाजिक जिरह या बहस की कहानियों के लेखक ज़्यादा लगते हैं। वे प्रायः हर जगह यथास्थितिवादियों से शास्त्रार्थ की परशुरामी मुद्रा में हैं। अपने तर्कों की अकाट्यता और यथास्थितिवादियों के अंतर्विरोधों के प्रति वे इतने अधिक आश्वस्त हैं कि उन्हीं के गढ़ों में जाकर उन्हें ललकारते हैं। पुराण-कथाओं

पर आधारित लगभग एक दर्जन कहानियाँ इसका प्रमाण हैं। अपने समय में उन्हें लेकर भयानक विवाद भी उठे हैं। यहाँ उनकी कहानियों को तीन वर्गों में बाँटा जा सकता है : पौराणिक युग की कहानियाँ, शहरी मध्य-वर्ग की कहानियाँ और गाँवों-कस्बों, विशेषकर क़बीलों और पहाड़ों के जीवन की कहानियाँ। प्रेमचंद के बाद शायद वे हिंदी के अंतिम कथाकार हैं, जिन्होंने मुसलमानों और ईसाइयों के जीवन पर ईमानदारी से लिखने की कोशिश की है।

अपनी इस बहस में यशपाल कुछ मूलभूत सवाल उठाते हैं, जिन पर यथास्थितिवादी या तो प्रायः चुप हैं या उन्हें शाश्वत और अपरिवर्तनीय मानकर संतुष्ट। कुछ सवालों की शुरुआत मानवीय अस्तित्व से ही जुड़ी है। इन पर किसी भी तरह का संशय किया जाए, यह कोई भी व्यवस्था-पोषक बर्दाश्त नहीं करता। कहना चाहिए, इन पर बहस या पुनर्विचार की माँग करने वाली रचनाएँ ही क्रांतिकारी या आपत्तिजनक मानी गई हैं। अपने 'होने' के साथ ही आदमी तीन जगह 'बाहर' से जुड़ता है—स्त्री के साथ, प्रकृति के साथ और शेष समाज के साथ। इनमें पहले या बाद में कौन है, यह अंडा और मुर्गी वाली बहस है। हाँ, यह साफ़ है कि इन्हीं तीनों के साथ संबंध या समीकरण बनाने में अध्यात्म, नैतिकता और राजनीति का विकास होता है। अपने 'होने' या 'न होने' के प्रश्नों और शेष प्रकृति की रहस्यमयी लीलाओं के 'दर्शन' या जिज्ञासाओं ने अध्यात्म, पूजा और दैवी शक्तियों के मानवीकरण का विकास किया, जिसकी परिणति, दर्शन और धर्म के चिंतन में हुई। प्रजनन, सुरक्षा और संरक्षण ने स्त्री-पुरुष के बीच के रिश्तों को 'परिवार' नामक संस्था तक पहुँचाया और आपसी सहयोग, सुरक्षा, संतुलन या शांति की ज़रूरत ने दूसरों के साथ सामाजिक और व्यावहारिक संबंधों को निर्धारित किया। मोटे रूप में धर्म, नैतिकता और राजनीति—इन तीन आधारभूत सवालों से जूझते हुए ही आदमी ने अपनी सारी सभ्यता और संस्कृति का विकास किया है, जिसे हम 'व्यवस्था' कहते हैं। वह इन्हीं तीन तत्त्वों से बनी है। ज़ाहिर है कि मानवीय विकास में हमारे संबंध न प्रकृति से वही बने रह सकते हैं, जो हज़ारों साल पहले थे, न स्त्री और परिवार से, न शेष समाज से। परिवर्तन, विकास विवृत्ति और विकृति की प्रक्रिया में इनके स्वरूप और व्याप्तियाँ बदली हैं, क्षेत्र और सीमाएँ बदली हैं, अनंत शाखा-प्रशाखाओं का विस्तार हुआ है। सुरक्षा, संरक्षण और शांति की कामना से, व्यवस्था बनाए रखने के लिए जो आचार-संहिताएँ बनाई गईं, उन्हीं के निर्धारण और कार्यान्वियन के लिए बनी पंचायतें, धर्म-पीठ और राज्य और साम्राज्य। जैसे-जैसे आदमी अपनी अस्तित्वगत समस्याओं को अपनों में से अधिक समर्थ हाथों में सौंपता गया, स्वार्थ और सत्ता के केंद्र उभरते गए। पहले रहस्यमयी आध्यात्मिक शक्तियों के मालिक धर्म-गुरुओं ने स्वयं, फिर बाद में अन्य बाहुबलियों के साथ मिलकर, सुरक्षा देने के आश्वासन पर आदमी के सारे जीवन, आचार, व्यवहार और सोच को नियंत्रित या संचालित करने के लिए स्मृतियों, शास्त्रों

और शस्त्रों की रचना की, ताकि व्यवस्था को निर्विघ्न स्थायित्व दिया जा सके। आदेश और आवश्यकताएँ प्रारंभ में अभ्यास में आई और फिर धीरे-धीरे संस्कार बन गई। इसलिए ज़रूरी नहीं कि यथास्थिति बनाए रखने वाले हमेशा शासन और सत्ता में ही रहे हों, वे शक्ति-केंद्रों से अलग रहकर भी उन विधि-निषेधों के संस्कारों से संचालित-नियंत्रित होते रहे, जो उनके भीतरी मनोजगत् का अनिवार्य हिस्सा बन चुके थे—लगभग अंधविश्वासों की तरह और स्वायत्त। गुलामों के हाथों को बाँधे रखने वाली हथकड़ी, हज़ारों सालों में बदलकर चूड़ी और शृंगार बन गई।

हज़ारों सालों से बद्धमूल इन तीनों अवधारणाओं को तोड़ने और झकझोरने वाले अनेक चिंतक रहे हैं, मगर सबसे प्रमुख हैं डार्विन, फ्रायड और मार्क्स...पहले हम देवता थे और अब क्रमशः बौने और क्षुद्र हो रहे हैं, इस विश्वास का खंडन किया डार्विन के विकासवाद ने; हमारे भीतर आत्मा और ईश्वर नहीं, सेक्स-कुंठाओं की खंडहरी भूलभुलैया है, इन्हें लेकर लादी गई वर्जनाएँ ही मानसिक विकृतियों और पतन के लिए ज़िम्मेदार हैं, यह बताया फ्रायड ने और मानव-सभ्यताओं का विकास अतार्किक, मनमाने ढंग से नहीं होता—उनके पीछे कुछ शक्तियाँ, द्वंद्व और पैटर्न होते हैं, यह स्थापना की द्वंद्वात्मक भौतिकवाद द्वारा मार्क्स ने। ज़ाहिर है, यथास्थिति के इन तीनों आधार-स्तंभों को ध्वस्त करने वाले विचारक ही उग्र क्रांतिकारी माने गए और सभी ने 'अतीत के स्वर्गों' का निषेध किया। ऐसी ही रचनाओं को भयानक रूप से आपत्तिजनक या 'क़ाबिले ज़ब्ती' बताया गया। यशपाल के पूरे चिंतन और कथा-दृष्टि को समझने के लिए आधुनिकता की इस पृष्ठभूमि को समझना बहुत आवश्यक है, क्योंकि हिंदी कथा-साहित्य को वैचारिक आधुनिकता देने वालों में वे पहले व्यक्ति हैं।

यशपाल मार्क्सवाद के घोषित प्रवक्ता हैं। इस दिशा में उन्होंने सरदार भगत सिंह के चिंतन को ही अधिक धार और विश्लेषण दिया है। उन्होंने सामाजिक बदलाव की मानसिकता गढ़ने के लिए कथा-माध्यम चुना है। प्रचारक होने का आरोप वह सहर्ष स्वीकारते हैं। उनका विश्वास है कि जिसके पास अपना विचार है, वह उन्हें दूसरे तक पहुँचाएगा ही। प्रचार-हीनता ही विचार-हीनता भी है। हाँ, हो सकता है कि वैचारिक आग्रहशीलता में वे अपने पुराने आर्य-समाजी शास्त्रार्थों से ही प्रेरित रहे हों। खंडन-मंडन का उनका तरीका वही है।

औपनिवेशिक सत्ता या ब्रिटिश-साम्राज्यवाद का विरोध, उन्होंने **साग, अंग्रेज का घुँधरू** जैसी एकाधिक कहानी को छोड़कर अपने उपन्यासों में किया है। **दादा कामरेड, देशद्रोही, मेरी तेरी उसकी बात** के नायक अंग्रेज़ी शासन से लोहा लेते लोग हैं। वहाँ उन्हें बड़े फलक की ज़रूरत है। कहानियों में सामंतवादी विश्वासों और मूल्यों की पहचान और विरोध ही प्रायः उनके कथ्य हैं। पौराणिक युग, शहरी मध्य-वर्ग और पहाड़ों या कबीलों के गरीब लोगों से बसा है उनका कथा-संसार। शायद उनका

मानना है कि सामंती सोच, स्त्री-पुरुष संबंधों की जड़-नैतिकता के रूप में हमारी रग-रग में धँसा है और उसने संस्कारों का रूप ले लिया है। आदमी की अंतश्चेतना में धर्म और नैतिकता प्रायः एक हो गए हैं। शायद इसीलिए अक्सर उनके आक्रमण का मुख्य लक्ष्य सेक्स-नैतिकता, उसके विभिन्न रूप और उन्हें दबाने-कुचलने से उत्पन्न विकृतियाँ या मध्य-वर्ग का आडंबरी व्यवहार है। यहाँ वे सबसे अधिक 'बोल्ड' (निर्भीक) और जिहादी हैं। रामविलास शर्मा जैसों ने उन्हें अश्लील और सेक्स-विकृतियों का कहानीकार बताकर तीव्र भर्त्सना की है। बदले में यशपाल उन्हें 'आर्य-समाजी' मानसिकता का आलोचक मानते हैं और इसके खिलाफ़ ही उनकी असली लड़ाई है। सेक्स, प्रेमचंद में नितांत वर्जित और पहाड़ी तथा इलाचंद्र जोशी में मनोजगत् की इकलौती समस्या है। उन पर फ्रायड से प्रभावित होने के आरोप हैं।

जहाँ तक खुले चित्रण का संबंध है, यशपाल उस अर्थ में 'अश्लील' बिलकुल नहीं हैं, जिस तरह **'अंगारे'** युग के उर्दू लेखक रहे थे—या बाद में इस्मत चुगताई और सआदत हसन मंटो रहे। वहाँ सेक्स लगभग विस्फोट या व्यक्तिगत रूमानी विद्रोह की तरह आता है। कहीं-कहीं नुमाइशी। यशपाल के लिए वह ऐसी सामाजिक समस्या है, जो संस्कार बनकर मनुष्य के सोच और सामाजिक विकास में बाधक बनकर खड़ी है। ये वर्जनाएँ कहीं सिर्फ ढोंग या दिखावा हैं, तो कहीं धार्मिक अंधविश्वास—और सब कहीं स्त्री-पुरुष संबंधों को बदलती स्थितियों के संदर्भ में देखने से इन्कार करती हैं। यह सामाजिक या मूलभूत सचाई से मुँह फेरना है। सेक्स ने न धर्म के बंधन माने हैं, न स्मृतियों के, न मध्यवर्गीय आडंबर के। **मनु की लगाम, ज्ञानदान, धर्म-रक्षा, भगवान के पिता के दर्शन, शिव-पार्वती, शम्बूक, ओ भैरवी** या **नारद-परशुराम संवाद**, हों या फिर **प्रतिष्ठा का बोझ, आतिथ्य, सबकी इज्जत, नकली माल, अगर हो जाता, उत्तमी की माँ** जैसी मध्यवर्गीय ढोंग के नीचे यातना, कुंठा और दिखावे की दुहरी ज़िंदगी जीते, खोखली आत्महंता इज्ज़त संभालते परिवार...जैसा कि मैंने कहा, यशपाल के लिए सेक्स सामाजिक विकृतियों से अलग या इकलौती समस्या नहीं है, वह उनके लिए संपूर्ण विद्रोह का हिस्सा ही नहीं, धर्म और राजनीति की तरह व्यवस्था के आधारभूत स्तंभों के खिलाफ़ लड़ाई है। लड़ाई चाहे अंग्रेज़ी उपनिवेशवाद के विरोध में हो या भारतीय संस्कृति के नाम पर सामंती मूल्यों और अंधविश्वासों के—यशपाल राजनैतिक और मानसिक या सांस्कारिक गुलामी के प्रतिरोध में खड़े क्रांतिकारी लेखक हैं—एक अधिक स्वतंत्र और विषमता-मुक्त संसार के पक्षधर होकर...जब वे पुराण-युग के अंतर्विरोधों और वैदिक नृशंसताओं पर प्रहार करते हैं, तो उनका आधार बुद्ध-दर्शन होता है (**दिव्या** और **अमिता** इसी युग के उपन्यास हैं।) वर्तमान राजनीति का खोखलापन उजागर करने का उनका हथियार है मार्क्सवाद और मध्यवर्गीय नैतिकता के आडंबरी जीवन को उधेड़ने के लिए फ्रायड से अधिक बर्ट्रेंड रसेल उनके निकट हैं। वे हर प्रकार की गुलामी के खिलाफ़ सन्नद्ध योद्धा की तरह हैं।

लेकिन एक कहानीकार के रूप में यही यशपाल की सीमा भी है। प्रेमचंद की तरह उनके लिए कहानी लिखना, अभिव्यक्ति के संतोष से अधिक सामाजिक या राजनैतिक कर्म है। आज की भाषा में कहूँ तो दोनों ही 'सोशल-ऐक्टिविस्ट' हैं और साहित्य उनका 'ऐक्ट ऑफ फेथ' है, या अनुष्ठान है। आग भले ही उनमें मोपासां जैसी हो, कला निश्चय ही कमज़ोर है। आश्चर्य नहीं होना चाहिए कि प्रेमचंद और यशपाल ने न कहानी-कला के साथ कोई प्रयोग किए, न भाषा की संभावनाओं की दिशा में अन्वेषण। कहानी को पठनीयता देने में उनकी भाषा का स्तर और स्वरूप प्रायः सब कहीं एक और इकहरा है, पौराणिक या धार्मिक आख्यानों में संस्कृत बोझिल और सामाजिक कथाओं में सीधी, सपाट...शायद अपने विचारों को लेकर ही वह इतने अधिक आश्वस्त और निश्चिंत हैं कि विधा को सिर्फ उपयोग के लिए इस्तेमाल करते हैं। लड़ाई में भी अपने हथियारों और उनके प्रयोग को बदलने की ज़रूरत होती है—इसमें शायद न प्रेमचंद को विश्वास है, न यशपाल को। कभी-कभी तो यह भी भ्रम होता है कि वे कहानियाँ नहीं, दृष्टांत-कथाएँ लिख रहे हैं। इस दिशा में शायद सबसे अधिक प्रयोग 'अज्ञेय' ने ही किए हैं। **मक्रील** जैसी सूक्ष्म संवेदनाओं और जहाँ हसद नहीं; **परदा** जैसी प्रतीकात्मक कहानी यशपाल के यहाँ और नहीं हैं। दोनों के पात्र प्रायः 'टाइप' हैं—वे व्यक्तिगत निर्णयों से नहीं, सामाजिक प्रवृत्तियों से परिचालित हैं।

मगर जैसा कि मैंने कहा, उत्तर भारत के मध्य-वर्ग की सामाजिक, राजनैतिक और मनोवैज्ञानिक जटिलता, बेचैनियों और अंतर्विरोधों के वे अप्रतिम ऐतिहासिक कथाकार हैं। दो महायुद्धों के बीच के भारतीय समाज के चित्रण के लिए निश्चय ही वे सबसे अधिक प्रामाणिक कथाकार के रूप में याद किए जाएँगे। वे उस बौद्धिक युवा शक्ति के प्रतीक हैं, जो अतीत और वर्तमान— दोनों ही उपनिवेशवादों के खिलाफ़ संघर्ष कर रही थी। यशपाल शुरू से ही पहले राजनैतिक और फिर बौद्धिक क्रांतिकारी बने रहे। सत्ता, चाहे वह सात समुंदर पार से आती अंग्रेज़ी की रही हो या सांस्कृतिक स्वर्ग-मृग के रूप में सुदूर अतीत से आती सामंतवादी ब्राह्मणी व्यवस्था की—यशपाल को कभी आतंकित नहीं कर पाई। उन्होंने दोनों के खिलाफ़ हथियारों और विचारों से युद्ध किया।

बुनियादपरस्ती और पुनरुत्थानवाद के इस अंधड़ में यशपाल हमारे लिए आज और अधिक विश्वसनीय या प्रासंगिक हैं।

इन दिनों देश के प्रसिद्ध चित्रकार सतीश गुजराल ने अपनी पुस्तक 'द वर्ल्ड ऑफ सतीश गुजराल' के संदर्भ में एक पत्रकार को दिए गए इंटरव्यू में अजीब सवाल उठा दिया है और जैसा राजनीति-विषैला माहौल इस समय देश में बना दिया गया है, सतीश का प्रश्न एक सांप्रदायिक मुद्दा बन उठा है। उनका कहना है कि हुसैन, दुर्गा के चित्र बनाते हैं या पेरिस में बैठे रज़ा तंत्रों को आधार बनाकर पेंटिंग कर

रहे हैं, वे क्या इनके पीछे के दार्शनिक प्रत्ययों को भी समझते हैं ? क्या यह हिंदू पुराण-प्रतीकों का व्यवसायीकरण नहीं है ? यहाँ तक तो सतीश की बात कला या साहित्य के क्षेत्र के एक मूलभूत सवाल पर पुनर्विचार की माँग करती है। मगर आगे इस प्रसंग की दूसरी नोक है। हुसैन ने कलकत्ता में दुर्गा की पेंटिंग बनाई और फिर उन पर सफ़ेदा पोतकर नाम दिया : 'विसर्जन'। माना कि हुसैन लोगों का ध्यान खींचने के लिए ऐसे 'गिमिक' (लटके) करते हैं और रोज़ नए शोशे छोड़ते हैं, मगर इस घटना पर सतीश की टिप्पणी है कि क्या वे कुरान की आयत को आधार बनाकर की गई पेंटिंग या काबे के चित्र के साथ ऐसा व्यवहार कर सकते हैं ? और जैसा कि प्रत्याशित था, इस विवाद पर अडवाणी जी की टिप्पणी भी आ गई कि "सतीश की बात बिलकुल सही है। हुसैन ने दुर्गा का यह अपमान मुसलमान होने के कारण ही किया है और हम अपने देवी-देवताओं का 'अपमान' अब नहीं सहेंगे..." हालाँकि बाद में सतीश ने यह वक्तव्य देकर अडवाणी जी को झिड़क दिया कि यह दो कलाकारों के बीच की समस्या है। मेरी आपत्ति इसलिए है कि हुसैन कलाकार हैं—उन्हें हिंदू-मुस्लिम के ख़ानों में बाँटकर देखने की ज़रूरत नहीं है। हाँ, कला-साहित्य और संस्कृति के क्षेत्र के कुछ बेहद महत्त्वपूर्ण सवाल तो इस टिप्पणी में निहित हैं ही। इसे उठाया जिस तरह गया है, उसमें एक तरफ तो हिंदू-उदारता का गुणगान होता है, दूसरी तरफ "क्या वे यह ऐसा बर्दाश्त करेंगे ?" के 'उनके' द्वारा निर्धारित ढांचे में इस 'उदारता' के वध का वही आयोजन। सबसे पहले तो मुझे सतीश की इस टिप्प्णी में हीनता-ग्रंथि से पीड़ित एक भयानक ईर्ष्या की गंध आती है। इसे मैं अस्वाभाविक भी नहीं कहता, क्योंकि साहित्य-कला के क्षेत्र में न जाने कब से ईर्ष्या-द्वेष के ये खेल चले आते रहे हैं। अगर हुसैन की विश्वव्यापी ख्याति से कुछ लोगों को जलन होती है तो इसमें अजब कुछ भी नहीं है। हर कलाकार को लगता है कि दूसरे को ख्याति खुद उसे वंचित करके ही मिल रही है, मगर उस जलन को उन्होंने जिस सांप्रदायिक लहजे में व्यक्त किया है, वह आपत्तिजनक ही नहीं, क्षुद्र भी है !

कला के क्षेत्र में सवाल मूलभूत यह उठता है कि क्या एक धर्म के व्यक्ति को दूसरे धर्म-प्रतीकों को लेने का अधिकार है ? यह उसका विस्तार है या हथियाना (एप्रोप्रियेशेन) ? कथाकार शानी का कहना है कि एक हिंदू या मुसलमान दूसरे की 'साइकी' (मानसिक बनावट) को समझ ही नहीं सकता। इसलिए जब भी वह दूसरे के धार्मिक प्रतीकों या पुराण-कथाओं का इस्तेमाल करेगा, तब कारण दूसरे होंगे—कहीं व्यावसायिकता होगी, कहीं सार्वजनिक लटका होगा या कहीं अपने को सेक्युलर (धर्मनिरपेक्ष) दिखाने की चालाकी होगी। इंतजार हुसैन और राही मासूम रज़ा हों या हुसैन और रज़ा, सब अपने को गैर-मज़हबी दिखाकर हिंदुओं की वाहवाही लूटने की कमजोरी के मारे हुए हैं ! खुद झूठ खा रहे हैं और दूसरों को झूठ परोस रहे हैं। शानी गंभीर और महत्त्वपूर्ण कथाकार हैं, मगर तत्कालीन भावोस्फोट में यहाँ अंतर्विरोधी

हो गए हैं। पिछले दसियों वर्षों से वे यह शिकायत करते रहे हैं कि हिंदी कथा-साहित्य में ईमानदारी से मुस्लिम चरित्रों ने आना क्यों छोड़ दिया है ? हमारी रचनाओं में ऐसे मुस्लिम पात्र कहाँ हैं, जो फिल्मी 'हिंदू मुस्लिम भाई-भाई' या 'गंगा-जमुनी कल्चर की लफ्फाज़' की नारेबाजी से अलग हों ? 'गोदान' को भारतीय उपन्यास कैसे कहा जा सकता है, जबकि वहाँ एक भी मुस्लिम पात्र नहीं है ? क्या उनका समाज में होना भारतीय वास्तविकता नहीं है ? मेरा ख्याल है कि शानी ने खुद ही यहाँ इस सवाल का जवाब दे दिया है कि दो धर्मों से आए लोग एक-दूसरे की साइकी को नहीं समझ सकते। इसलिए 'जेनुइन' लेखन में दिखाई नहीं देते।

मगर सतीश गुजराल हों या शानी, सवाल का इस तरह उठाया जाना मुझे बेहद ख़तरनाक लगता है और हमारी आज तक की साहित्य-कला संबंधी धारणाओं को ध्वस्त करता है। चलिए, हुसैन या राही मासूम रज़ा भारत में हैं और हिंदुओं की धार्मिक भावनाओं को सहलाकार या अपना मुसलमान न होना दिखाकर 'वाह-वाही' लूट रहे हैं, मगर इंतज़ार हुसैन पाकिस्तान में हैं और रज़ा पेरिस में...उनकी मजबूरी क्या है ? क्या सिर्फ कुछ नया, अलग या 'ओरिएन्टल' करने का फ़ैशन ? हम तो अब तक यही सीखते रहे हैं कि साहित्य, कला की दुनिया, धर्म, नस्ल, राष्ट्र या भूगोल की सीमाओं के पास जाती है, वह हमारा उन्नयन या अतिक्रमण करती है और हम देश-काल से उठकर उन्हें आत्मसात करते हैं, मगर अब प्रकारांतर से कहा जा रहा है कि जायसी, रसखान, रहीम सब मुस्लिम साम्राज्य के बावजूद सिर्फ एक झूठ जी रहे थे। वहाँ मजबूरी क्या थी ? गेटे, एलियट, ऐजरा पाउंड को किसे खुश करना था भारत की ओर दौड़ते हुए ? और अगर ऐसा ही है, तो सदियों से चले आते संगीत का क्या होगा ? कहाँ जाएँगे उस्ताद बिस्मिल्लाह खां और कहाँ जाएँगे डागर बंधु या मियां तानसेन ? मुगल और राजपूती पेंटिंगें ? दिलीप कुमार और नसीरुद्दीन शाह ? वहीदा, नरगिस और शबाना ? खुद शानी ने क्यों लिखी हैं हिंदू पात्रों की कहानियाँ ? वह क्या है, जो उन्हें देश-काल से पार ले जाकर 'ब्लैक लिटरेचर' से जोड़ता है ? या क्यों सतीश गुजराल मैक्सिको की दौड़ लगाते हैं ? बाहर से प्रभाव लेना कला की व्यापकता और संवेदना की सार्वभौमिकता है। अपने यहाँ के प्रभाव लेना खुशामद की राजनीति ? फिर, अगर तर्क को इसी तरह लेना है, तो मेरा कहना है कि धर्म, नस्ल ही क्या, कोई भी एक आदमी दूसरे की 'साइकी' को समझ ही नहीं सकता। क्या तालस्तोय और ज़ोला, फलाबेयर औरत की 'साइकी' को समझते थे ? तब फिर किसी भी कला-साहित्य-संगीत की गुंजाइश और ज़रूरत ही कहाँ रह जाती है ? आगे हम इसी नतीजे पर पहुँचते हैं कि आदमी सिर्फ अपनी ही 'साइकी' समझ सकता है। क्या सचमुच समझ सकता है ? यह 'अपनी ही साइकी' क्या है ? यह आसमान से उतरी है या धीरे-धीरे विकसित हुई है और इसे ढालने में 'औरों' का भी कुछ योगदान है ? वे 'दूसरे' कौन हैं, जो बोध और चेतना बनकर हमारे भीतर उतर आए हैं ?

अगर दूसरे हमारे नरक हैं, तो हम दूसरों के लिए क्या हैं ? जो कुछ भी हमने 'ग्रहण' किया है, वह सब 'विदेशी' और 'विधर्मी' नहीं है ? 'अपनी पहचान' या आत्म-साक्षात्कार के नाम पर स्वतंत्र और स्वाधीन होते चले जाने की यह झख या तो हिंदू मोक्ष तक जाती है या अस्तित्ववादी आत्महत्या तक...नहीं बंधु, नहीं, हम तभी तक हैं, जब तक 'दूसरे' हैं या कहें कि 'दूसरे' हैं, इसीलिए हम हैं।

और इसीलिए मैं कहता हूँ कि हुसैन को पूरा हक है कि वह दुर्गा के चित्र बनाएँ और डागर बंधु गणेश-वंदना करें...या मैथिलीशरण गुप्त और प्रेमचंद 'कर्बला' की कथा लिखें। उन्हें यह भी हक है कि जैसे चाहें, अपनी कृति का विसर्जन करें। हम अपनी रचना को फाड़ें, तोड़ें, पोतें या जैसे चाहें, नष्ट करें या उसे 'डिसओन' (निरस्त) करें, यह हमारा अपना अधिकार है। यह तर्क भी सांप्रदायिक परिणाम तक असांस्कृतिक है कि दुर्गा हिंदुओं की देवी हैं और उनके 'विसर्जन' का एक विधान और अनुष्ठान है—उन्हें बकायदा नहीं, तालाब में 'सिराया' जाता है। इसलिए दुर्गा के चित्र पर सफेदा पोतना हिंदू-भावना का अपमान है, वह भी बंगाल में। "क्या वह कुरान की आयतों के चित्र या अल्लाह लिखकर उस पर सफेदा पोत सकते थे ?" के जवाब में मेरा कहना है कि उस हिसाब से तो वे चित्र, मूर्ति, संगीत, नृत्य, अभिनय, लेखक कुछ भी नहीं कर सकते थे—सभी कुछ तो खुदा की बनाई दुनिया का पुनर्सृजन यानी कुफ़्र है, मस्जिद में बैठकर शराब पीने की इच्छा से बड़ा विद्रोह और क्या होगा ? क्या यही विद्रोह कम है कि वे कलाकार हैं—और हर कलाकार की कुछ सनकें और छूटें होती हैं—वह हमें बिना गिला देनी पड़ती हैं। जैसे अन्य धार्मिक अनुष्ठानों के अपने विधानं या 'रिचुअल' हैं, उसी तरह हर कला की अपनी भाषा और अपना व्याकरण है। संगीतकार की प्रार्थना-पद्धति ठीक वही नहीं है, जो धर्मावलंबी या पुजारी की है। हर चित्रकार अपनी कृति में अलग रंगों को अलग अर्थों में इस्तेमाल करता है—अगर हुसैन सफ़ेदे को विसर्जन के अर्थ में इस्तेमाल करते हैं तो हमें उस 'धार्मिकता' का सम्मान ही करना चाहिए...क्योंकि जहाँ मूर्ति या चित्र की प्राण-प्रतिष्ठा एक धार्मिक अनुष्ठान है, वहीं विसर्जन भी उतना ही 'धर्म-सम्मत' है। एक कलाकार या लेखक से हम यह क्यों उम्मीद करें कि वह अपनी कला में हमारे ही मुहावरे और तरीके से अनुष्ठान करे ? उसकी भाषा और मुहावरा अलग हैं। मदर टेरेसा की पूजा करने की अपनी भाषा है और पुरी के शंकराचार्य की अपनी ...कहीं हम अपने रचनाकार से उसकी भाषा छीनकर अपने विधि-निषेध थोपने की तरफ तो नहीं जा रहे हैं ?

और अगर हुसैन ने जाने-अनजाने सर्जन के विरुद्ध यह 'वि-सर्जन' बाबरी मस्जिद टूटने के माहौल की प्रतिक्रिया में अपनी भाषा में किया है तो मैं कहना चाहता हूं कि यह हताशा की आत्महंता परिणति है। दूसरे मेरी कृति को नष्ट कर रहे हैं, क्या इसलिए स्वयं मैं अपनी बनाई कृतियों को नष्ट कर दूँ ? यह वैसी ही आत्महत्या

है, जैसे 1984 में स्वर्ण-मंदिर अपवित्र किए जाने के जवाब में सिख स्वयं अपने गुरुद्वारों को अपवित्र करना शुरू कर दें। चित्र दुर्गा का हो या घोड़े का, हुसैन साहब, है तो वह आप ही की रचना...चूँकि मेरे एक बेटे को कत्ल किसी और ने किया है या कत्ल करने की धमकी दी है, इसलिए बाकी बेटों को कत्ल मैं खुद करूँगा–यह कौन-सी मानसिक अवस्था है ? क्या सचमुच कलाकार हताशा के इसी बिंदु पर आ गया है ?

['हंस', अक्तूबर 1993]

ऊर्ध्व-मूल अश्वत्थ है हिंदी...

भारतीय संविधान ने जिस दिन हिंदी को 'एकमत' से राजभाषा का दर्जा दिया, उसी दिन वह जनता की भाषा के रूप में अपनी प्रासंगिकता खो बैठी। वह सरकारी भाषा हो गई। जाने कितने विकास और समाज-कल्याण के कार्यक्रम थे, जो हमारे स्वतंत्रता-संग्राम के अनिवार्य हिस्से थे : छुआछूत, असमानता, सामाजिक न्याय, सांप्रदायिक सौहार्द्र, अशिक्षा, गरीबी, बेरोज़गारी, स्त्री-मुक्ति, कुटीर उद्योग, आर्थिक वैषम्य--ये सभी गांधी जी के सामाजिक और स्वतंत्रता-संघर्ष के मोर्चे थे। वे समग्र सामाजिक परिवर्तन और उत्थान के कार्यक्रम थे और विदेशी शासन से लड़ने की तैयारियों के अनिवार्य अस्त्र-शस्त्र थे। तब 'स्वतंत्रता' के लिए इस 'स्वाधीनता' की ज़रूरत कम नहीं थी—'स्वराज' का अर्थ था एक स्वस्थ, समर्थ, स्वनिर्भर देश—जड़ता-मुक्त, ऊर्जायुक्त, मगर जैसे-जैसे ये सरकारी कार्यक्रमों के खाते में डाले जाते गए, समाज अपनी ज़िम्मेदारियों से बरी होता गया। सभी कुछ ऐसी ब्यूरोक्रेसी (नौकरशाही) के हाथों में चला गया, जिसे काम न करने और फाइलों का पेट भरने का पुराना अभ्यास था। उसका एकमात्र सरोकार था—सरकारी संपत्ति को हड़पना और 'ऊपरी आमदनी' की जोड़-तोड़ बैठाए रखना। जिस विदेशी डंडे के ज़ोर से यह ब्यूरोक्रेसी काम करती थी, वह चला गया था और जो अब हमारे ऊपर था, वह हमारे जैसा ही भ्रष्ट और 'खाऊ' था। पहले सरकार को इसलिए लूटना और ठगना था कि 'साहब' सात समुंदर पार था और अब इसलिए कि 'अंकुश' निराकार या अपना जैसा ही 'देशप्रेमी' था। पहले विदेश जाने वाले धन में हिस्सा लगता था, अब जनता को दिए जाने वाले साधनों में चौथ वसूली जाने लगी। 'कर्त्तव्य' और 'ज़िम्मेदारी' नाम के दो दुर्गुणों को ब्यूरोक्रेसी ने कभी मुँह नहीं लगाया। पहले पराई सरकार को लूटना, धोखा देना या काम न करना 'राष्ट्रीय' कर्म था--बाद में वह अपनी सरकार का चरित्र बन गया। हाँ, अधिकारों और हिस्सेदारी के लिए वह पहले से अधिक सचेत और सक्रिय हो गया। ऐसे में सामाजिक उत्थान और कल्याण की राष्ट्रीय

योजनाओं और कार्यक्रमों का जो होना था, वह सामने है। करोड़ों-अरबों के बजट हैं, लाखों की भरती है, हज़ारों दफ्तर हैं और यहाँ से वहाँ तक फाइलों के ढेर हैं, मगर काम सिर्फ़ नेताओं के भाषणों और कागज़ों में है...बाकी जनता का सरोकार तो है ही नहीं, "सरकार का काम है, करेगी ही।" यहाँ सरकार आकारहीन भगवान का दूसरा नाम हो गया।

इसलिए जब आज हम जगह-जगह हिंदी का विरोध देखते हैं, तो वह एक सबसे अधिक बोली-समझी जाने वाली भाषा का विरोध नहीं, केंद्र के एक अध्यादेश का प्रतिरोध है और यह विरोध कहीं राष्ट्रीय झंडे के लिए है (कश्मीर/पंजाब), तो कहीं संविधान के लिए, कहीं हिंदी के लिए, तो कहीं राष्ट्रगीत के लिए...केंद्र और प्रदेशों की आपसी खींचतान की समग्र शृंखला में एक कड़ी हिंदी भी है। स्थिति की इस वास्तविकता को समझे बिना जब हमारे 'हिंदी कीर्तनिए' दक्षिण को उपदेश देने लगते हैं, तो लगभग सरकार के 'कार-सेवक' लगते हैं। केंद्र की हमलावर फौजों के सामने हिंदी जैसी गायों को देखकर भावुक भक्त हाथ जोड़कर गौ-स्तुति करने लगें, तो उन पर तरस ही खाया जा सकता है। उधर हर 14 सितंबर को 'हरि पालने झुलावै' के अंदाज़ में हिंदी-वंदना करने वाली सरकार ने इस 'कानूनी' भाषा को न दांत दिए हैं, न नाखून...यानी हिंदी दोनों तरफ से मारी जा रही है। जो भाषा न रोज़ी दे सकती है, न नौकरी; न प्रतिष्ठा दे सकती है, न प्रभाव—उस सरकारी झुनझने को मैं ओढ़ूँ या बिछाऊँ ? इस 'सैंत-मैंत के चंदन' को घिसने से जब कुछ लोग इन्कार कर देते हैं, तो हम सियारों की तरह 'देशद्रोही-देशद्रोही' के चीत्कार करने लगते हैं। केंद्र की सत्ता, वर्चस्व, मनमानियों और भ्रष्टाचारों का विरोध करना राष्ट्र का विरोध करना भी है, यह किस वेद में लिखा है ? घूस-झूठ, अपराध और गद्दारियों से सत्ता में बैठी केंद्रीय सरकार जब अपनी धूर्त और मूर्ख चालबाजियों को 'राष्ट्रीयता' कहकर हमारे गले उतारती है, तो हमें बहुत-सी चीज़ें थूकनी पड़ती हैं—हिंदी भी उन्हीं में से एक है। स्थिति के इस पक्ष को समझे बिना हम यह अंतर्विरोध नहीं समझ पाएंगे कि 'हिंदी-विरोधी'...दक्षिण ही कल तक हिंदी फिल्म-निर्माण का दूसरा सबसे बड़ा केंद्र था और आज भी टी.वी. के हर चैनल पर हिंदी प्रोग्राम वहां ज़ोर-शोर से देखे जाते हैं। दक्षिण भारत हिंदी-प्रचार सभाओं की परीक्षाओं में लाखों विद्यार्थी हर वर्ष हिंदी सीखते या सुब्बुलक्ष्मी और लता के गीत सुनते हैं।

दुनिया की हर भाषा में एक आंतरिक खाई होती है—बोली जाने वाली भाषा और लिखी जाने वाली भाषा के बीच। ये दोनों एक-दूसरे से ऊर्जा और अभिव्यक्ति के नए मुहावरों का आदान-प्रदान भी करती हैं और दूरी या निकटता भी बनाए रखती हैं। इस स्थिति के अलावा हिंदी का एक अतिरिक्त आयाम है उसका संपर्क-भाषा होना ! सारे देश में हर कहीं वह व्यवहार की काम-चलाऊ भाषा भी रही है। भारतीय संस्कृति की तरह हिंदी एक बहुलतावादी भाषा है, हर इकाई और कहीं-कहीं आपस

में विरोधी इकाइयां भी इसमें अपना योगदान और रंगीनी देती हैं—बंबइया, कलकतिया और मद्रासी या कश्मीरी 'हिंदियाँ' एक नहीं हैं, मगर मूल हिंदी को शक्तिशाली नाटकीयता निश्चय ही देती है—विविध, विरोधी, मगर एक ! सोखने और समाने की यही व्यापक और निर्विरोध प्रवृत्ति हिंदी की वास्तविक शक्ति है। इसी अर्थ में वह शायद इकलौती भारतीय भाषा है, जो हमारे एक राष्ट्र होने का आश्वासन देती है। 'ऊपरी मलाईदार परत' पर आज जो काम अंग्रेज़ी करती है, वह निचले और बहुसंख्यक स्तरों पर सैकड़ों सालों से हिंदी करती रही है। अंग्रेज़ी को अतिरिक्त बल और फायदा मिला है—उसके विचार और विज्ञान की सार्वभौमिक भाषा होने और भारतीय सरकार का प्रशासनिक हथियार होने का। उसे ब्यूरोक्रेसी ने भ्रष्टाचार के साथ ही विरासत में लिया है, वहीं वह नौकरी, सम्मान और संभ्रांति की भाषा है। वह मालिक है, बाकी चाकर। भारतीय भाषाएँ पढ़कर आप सिर्फ टीचर और चपरासी ही बन सकते हैं। उद्योग-व्यापार को मैं जान-बूझकर इसमें शामिल नहीं कर रहा हूँ, क्योंकि वह लचीला वर्ग है। कल अगर सरकार अपभ्रंश को प्रशासनिक भाषा बना दे, तो आप देखेंगे कि सारे उद्योग-व्यापार उसका प्रयोग करने लगेंगे। अभी तक रूसी और अब जापानी या जर्मन भाषाओं के प्रति उनका 'प्रेम' किसी से छिपा नहीं है। बहरहाल, अंग्रेज़ी की कुर्सी पर बैठा कोई अनपढ़ जाहिल जब रोज़मर्रा व्यवहार में लाई जाने वाली हिंदी पर टिप्पणी करता है कि "हिंदी साहित्य दरिद्र है" या "हिंदी पान वालों और तांगे वालों की भाषा है" तो उसका अर्थ सिर्फ़ यही है कि न तो वह भाषा और साहित्य का फर्क़ कर रहा है, न उसे भाषा के सामाजिक आधार का कोई ज्ञान है। बैरों और गाइडों की भाषा सुनकर अगर मैं कहने लगूँ कि "यही है आपका अंग्रेज़ी साहित्य ?" तो वह मेरी विशुद्ध मूर्खता है...

इसी कुतर्क का अगला विस्तार खुशवंत सिंह जैसे लोग हैं, जो हिंदी को इसलिए दरिद्र बताते हैं कि वहाँ 'रैट' और 'माउस' के लिए अलग शब्द नहीं हैं। किसी भी भारतीय भाषा का रत्ती-भर भी ज्ञान न रखने वाले इन अनपढ़ों के आगे यह 'बीन' बजाने का कोई अर्थ नहीं है कि 'चूहा' और 'मूस' हमारे यहाँ भी हैं; या चाची, भाभी, मौसी जैसे सारे जीवंत संबंधों को 'ऑण्ट' शब्द से निपटाने वाली भाषा के दलाल क्यों भारतीय भाषाओं पर मुँह खोलने की हिमाक़त करते हैं ? वस्तुतः यह भाषा से अधिक वर्ग-विद्वेष की मानसिकता है और नीरद सी. चौधरी के उन सठियाये वक्तव्यों तक जाती है, जिनके अनुसार हिंदुस्तानी न कभी सभ्य हो सकते हैं, न अंग्रेज़ी लिख सकते हैं, क्योंकि वे उकड़ूँ बैठकर पाख़ाना करते हैं। वे प्रभु-वर्ग के लोग हैं और असभ्य, दहकान हिंदुस्तानियों की भाषा, बोली, खाने-बैठने सब पर अपने उच्च विचार दे सकते हैं। उँगलियाँ सान-सानकर खाने वाले भी कहीं बुद्धिजीवी हुए हैं ? उनके पास भी कोई भाषा या साहित्य है ? बहरहाल, उग्र केंद्र-विद्वेष और वर्ग-विद्वेष के बीच भी अगर हिंदी सैकड़ों सालों से धर्म, व्यवसाय और व्यवहार के धरातलों पर सारे भारत

की एकमात्र भाषा बनी रही है, तो यह उसकी ऊर्जा या लचीलेपन का ही प्रमाण है—बल्कि इन दबावों के बीच हिंदी विद्रोह और स्वतंत्र चेतना की भी भाषा है।

मगर हिंदी की यह व्यापकता और स्वीकृति उसके प्रायः काम-चलाऊ या बोली-समझी जाने वाले रूप तक सीमित है—राजनेताओं के भाषणों से लेकर धर्मोपदेशकों के प्रवचनों तक या कहें, अपने से अलग लोगों के बीच संवाद और व्यवहार तक। हाँ, इसमें दूरदर्शन की वह कॉकटेली भाषा भी शामिल कर लें जो मुँह टेढ़ा करके शुद्ध कॉन्वेन्टी उच्चारण में बोली जाती है...लिखित रूप की स्थिति अलग है, वहां हमारे सामने चार 'हिंदियां' हैं : प्रशासनिक, पत्रकारिता, प्राध्यापकीय और रचनात्मक हिंदी। शायद यह विभाजन आज हर भारतीय भाषा में है और साथ ही मानकीकरण तथा विकसनशीलता के बीच द्वंद्वात्मक संबंध भी सभी धरातलों पर सक्रिय है। सब कहीं प्रशासनिक भाषाएँ ज़रूरत के हिसाब से गढ़ी जाती हैं, वे 'सटीक' (प्रिसाइज़) होने की प्रक्रिया में जितनी ही दुर्बोध होती जाती हैं, उतनी ही अस्पष्टता की शिकार भी हैं। यानी वे एक तरफ तो इतनी 'प्रिसाइज़' होती हैं कि समानार्थी शब्दों पर हफ्तों बाल की खाल निकालती रहें, दूसरी ओर इतनी अस्पष्ट भी होती हैं कि मंतव्य के अनुसार मनमाने अर्थ निचोड़े जाते रहें। जज रामास्वामी के केस में 'करप्शन', 'एब्यूज', 'मिसएप्रोप्रियेशन' और 'इर्रेग्युलेरिटी' शब्दों की बारीक कलाबाजियाँ हम देख ही चुके हैं। प्रशासनिक शब्द शुरू में अजूबे, हास्यास्पद और दुर्बोध लगते हैं, मगर धीरे-धीरे अभ्यास से व्यवहार में ही नहीं आने लगते, अपने विशिष्ट अर्थ-निर्धारण भी कर लेते हैं। कल तक कानूनी भाषा चित्र-विचित्र अरबी फारसी के शब्दों से लदी रहती थी और संबंधित लोग 'समझ' भी लेते थे, आज हिंदी में समझते हैं ! मगर प्रशासकों या पेशों की एक अलग दुनिया है—उनके आचार-व्यवहार और भाषा भी हमसे अलग हैं।

भाषा की असली घुसपैठ या कन्फ्यूज़न, प्राध्यापन, पत्रकारिता और रचना की दुनिया में हैं, क्योंकि तीनों अपने को 'साहित्यकार' या भाषा-निर्माता कहते हैं। इनके बीच सीमा-रेखा तय करना भी मुश्किल है। अगर एक उद्योग का फूहड़ रूपक लूँ, तो रचनाकार दुनिया-भर से कच्चा माल लाकर भाषा का उत्पादन करता है, प्राध्यापक उसे छान-फटककर गुणवत्ता के हिसाब से अलग-अलग पैकिंग करता है और पत्रकार उसे व्यापक उपभोक्ताओं तक पहुँचा देता है ! मगर इस रूपक से बात बनेगी नहीं, क्योंकि भाषा के धरातल पर प्राध्यापक प्रायः घनघोर रूढ़िवादी है और उस साहित्य या भाषा को घास नहीं डालता, जिसे 'अरथा' कर विद्यार्थियों पर अपनी विद्वत्ता का आतंक न जमा सके। उसे शास्त्र, इतिहास, व्याख्याएँ और टिप्पणियाँ लिखनी हैं, यानी हर चीज़ का ऐसा मानकीकरण करना है कि उबाऊ और ठस, परिणामतः 'शाश्वत' हो सके। सुनते हैं, पुराने यूनानी लोग अपने सद्यःजात शिशुओं को रात-भर के लिए पहाड़ों की चोटियों पर छोड़ आते थे—ठंड या खुलेपन के बावजूद। जो शिशु बचा

रह सके, उसी को स्वस्थ नागरिक होने लायक माना जाता था ! प्राध्यापक भी समकालीन साहित्य को 'समय' नाम के भेड़िए के सामने छोड़ देता है। 'समय' की इस कसौटी पर जो खरा उतरेगा, वही वास्तविक साहित्य होगा, मगर सुनते हैं, इधर कसौटी बदल गई है और 'समय' का स्थान 'स्वार्थ' ने ले लिया है, यानी तुलसी या प्रसाद के साथ-साथ झक्कू लाल जी भी शाश्वत हो गए हैं और प्रेमचंद, डमरू सिंह के साथ पढ़ाए जाते हैं।

हिंदी की वास्तविक त्रासदी यही है कि वह हर कहीं 'अनुवाद' की भाषा है और प्रबुद्ध पाठक के मन में हमेशा रहता है कि 'प्रामाणिक' नहीं है। प्राध्यापक अगर पुराने संस्कृत शास्त्रों या देशी-विदेशी समीक्षा-सिद्धांतों के अनुवाद पर अपना ढाँचा खड़ा कर रहा है, तो पत्रकार अंग्रेज़ी पत्रकारिता के आतंक से त्रस्त है। हर कहीं 'प्रामाणिकता' के लिए मूल पर जाना पड़ता है, वरना एक अधूरापन और असंतोष बना रहता है। हममें से अधिकांश हिंदी अखबार में पढ़े हुए को अंग्रेज़ी अखबार से पूरा करते हैं या इस दया-भरे पूर्वाग्रह के शिकार हैं कि जो सिर्फ़ हिंदी अखबार पढ़ते हैं, उनकी जानकारियाँ कितनी अधूरी या ग़लत हैं। वे जो भाषा पढ़ते और समझते हैं, क्या दोनों के बीच दूरी नहीं है ? अडवाणी का एक ही वक्तव्य हिंदी में एक अर्थ देता है, तो अंग्रेज़ी में दूसरा। निश्चय ही इसमें हिंदी और अंग्रेज़ी मानसिकता या प्रोफ़ेशनल तटस्थता (चाहे दिखावे के लिए ही हो) का भी हाथ है, क्योंकि हिंदी में उमा भारती 'दहाड़ती' या 'ललकारती' हैं, अंग्रेज़ी में सिर्फ़ 'बोलती' या 'कहती' हैं। अनुवाद के अलावा हिंदी पत्रकारिता इसलिए भी अविश्वसनीय है कि वह बहुत संकरी और ओछी 'जगद्गुरु-कुंठा' के लकवे से ग्रस्त है। वहाँ आज भी मराठवाड़ा के भूकंप के मुकाबले "मोक्ष ही मनुष्य का लक्ष्य है" वाला पोप-भाषण ज़्यादा जगह घेरता है। तत्त्वतः वह उत्तर भारतीय 'पान-चोटी-धोती' की गुफाओं में ही जीने को अभिशप्त है।

इसी महीने (2-3 अक्तूबर को) जब मैंने कानपुर की लेखक-गोष्ठी में रचनात्मक हिंदी के संदर्भ में कहा था कि 'हिंदी एक नकली और रूटलेस (छिन्नमूल) भाषा है' तो बहुत लोग चौंके और तिलमिलाए थे (गनीमत है, गिरिराज किशोर की पिस्तौल घर में ही छूट गई थी)। साथ ही, मैंने यह भी कहा था कि ऐसा कहते हुए मैं खुद अपने सारे लेखन को ख़तरे में डाल रहा हूँ, मगर हमारी पीढ़ी तक तो कम-से-कम यह बात सच लगती है। मुझे अक्सर यह बात कचोटती है कि हम अपने लेखन को लेकर कम खून-पसीना नहीं बहाते और एक-से-एक घनघोर विचार-मंथन, सेमिनार, गोष्ठियों में रोज हलकान होते रहते हैं—लेखन में अक्सर दूर की कौड़ी भी ले आते हैं और हममें से हरेक विश्वस्तरीयता का मारा हुआ भी है—फिर भी क्या बात है कि हिंदी की शायद ही कोई रचना उस तरह हलचल मचा पाती है, जैसी दूसरी भारतीय भाषाओं की अपनी रचना मचा देती है ! अब सांप्रदायिकता और शुरू

से अश्लीलता, शायद दो ही ऐसे मुद्दे हैं, जिन्हें लेकर अखबारों में कुछ शोर-शराबे हुए हैं। गुलामी के दिनों के इक्के-दुक्के उदाहरण छोड़ दें, तो मुझे ऐसे लेखक याद करने में दिक्कत हो रही है, जिन्हें सिर्फ लिखने के कारण जेल जाना पड़ा था। वे राजनैतिक आंदोलनों में थे और इसलिए जेल गए, या सत्ता के कोपभाजन बने। एमर्जेंसी के दौरान भी अपने भाषणों या लेखों के लिए कुछ लोग परेशान हुए, मगर अपने उपन्यास, कहानी, कविता के लिए शायद ही किसी रचनाकार को कोई परेशानी उठानी पड़ी हो। क्या इसलिए कि हमारी भाषा भीतर से किसी को झकझोरती और उलीचती नहीं है—न लिखने वाले को, न पढ़ने वाले को ? क्या हम हिंदी-प्रदेश में किसी ऐसे विस्फोट की कल्पना कर सकते हैं, जहाँ भाषा का आधार बनाकर जनता स्वतंत्रता की लड़ाई लड़े और अलग देश बना ले ? निश्चय ही बंगलादेश बनने में और भी बहुत-से कारण रहे होंगे, मगर मुख्य मुद्दा भाषा ही था। बहुत समय नहीं गुज़रा, जब तोप्पिल भासी के नाटक 'तुम्हीं ने मुझे कम्युनिस्ट बनाया' के हज़ारों प्रदर्शनों ने केरल में वामपंथी सरकार की स्थापना की, बंगाली जात्राओं ने पूरे बंगाल को लाल रंग से रंग डाला या तेलुगु के 'एनाडु' अखबार ने सरकार पलट दी, गुरुशरण सिंह नुक्कड़ नाटकों के बल पर पंजाबी उग्रवाद से लड़ता रहा। चेराबंड राजू, वरवर राव से भी पहले 'श्री श्री' अपनी कविताओं के लिए जेल गए। हजारों उदाहरण हैं, जहाँ स्थानीय भाषा परिवर्तन, प्रतिरोध और प्रभाव का हथियार बनी है, मगर इधर क्यों लोहिया का हिंदी-आंदोलन केवल कुछ विद्यार्थियों तक सीमित रह गया और काशी विश्वविद्यालय के सिवा कहीं भी दो दिन नहीं चल पाया।

शायद भाषा के स्तर पर इस छिन्नमूल होने का कारण यह भी है कि हम जिस भाषा में पिछले सौ सालों से लिख रहे हैं, वह हमारी रचनात्मकता की अंतरंग अभिव्यक्ति नहीं, अनुवाद की भाषा है, इसलिए किताबी है। एक या दो अंग्रेजी जानने वाली (केवल कुछ बड़े महानगरों की मध्यवर्गीय) पीढ़ी को छोड़ दें, तो 'हिंदी' हम में से किसी की अपनी जबान नहीं है। अनुभव और संवेदना की भाषाएँ—ब्रज, अवधी, भोजपुरी, मैथिली, बुंदेलखंडी, राजस्थानी, पंजाबी हैं, तो विचार और चिंतन के लिए अंग्रेजी ! मैं भी औरों की तरह कहता रहा हूँ कि हिंदी की समृद्धि, संपन्नता और शक्ति ही यही है कि हमारे पास समर्थ बोलियों के अक्षय स्रोत हैं, हर सरहद पर बड़ी भारतीय भाषाओं के थपेड़े हैं और वह उर्दू या अंग्रेजी की तरह 'आधारहीन' नहीं है, मगर ईमानदारी से देखें, तो अंग्रेजी और उर्दू की तरह हिंदी का भी न कोई आधार है, न भौगोलिक क्षेत्र...वह सब कहीं 'ग्रहण' की गई भाषा है। हो सकता है, मेरी दो पीढ़ियाँ वही हिंदी बोलती हों, जिसमें मैं लिख रहा हूँ, मगर इस सत्य को कैसे झुठला दूँ कि द्वीप-समूह की तरह मैं उन भाषाओं से घिरा हूँ, जिन्हें बोलने वाले करोड़ों की संख्या में लहरों की तरह मेरे तटों को सींचते हैं, उन्हें हमने अपनी सुविधा के लिए 'बोलियों' का नाम दे दिया है, मगर उनमें से हर बोली स्वतंत्र भाषा

है—समर्थ और संपन्न...हममें से सभी ने हिंदी 'सीखी' है—यानी 'गँवारू भाषाओं' से जानबूझकर मुक्त हुए हैं। अंग्रेजी की तरह ही हिंदी भी हममें से अधिसंख्यकों के लिए 'एक्वायर्ड' भाषा है। इसलिए उसकी शुद्धि की चिंता हमें हर समय दुबला किए रहती है। अपने मानकीकरण के दुर्गों में हम भाषाई प्रयोगों को लेकर अतिरिक्त चौकन्ने हैं, यह भूलकर कि उसका अशुद्ध होना ही उसका सर्वव्यापी होना भी है।

इस दृष्टि से मुझे उर्दू, हिंदी के मुकाबले ज़्यादा गहरी जड़ों वाली भाषा लगती है। यह सही है कि उर्दू भी मध्य-वर्ग की शहरी जबान रही है। हिंदी धर्म-बोझिल है, तो उर्दू सामंती मानसिकता से अवरुद्ध। कुछ समय पहले तक वह काफी धर्म-निरपेक्ष भाषा भी थी और मेरी या मेरे से पहले की सारी पीढ़ी मुख्यतः उर्दू में ही दीक्षित हुई थी। खड़ी बोली हिंदी को संवारने और वर्तमान रूप देने में, लोकभाषाओं से भी अधिक उर्दू का हाथ रहा है। यह मानते हुए भी कि उर्दू, हिंदी की ही एक शैली है, मुझे यह भी मानना पड़ता है कि उर्दू गद्य और पद्य का इतिहास भारतेन्दु की हिंदी से सौ साल पुराना है। भूलता नहीं हूँ कि खड़ी बोली की प्राचीनता सिद्ध करने के लिए हम अमीर खुसरो, वली हैदराबादी या बाद में इन्शा अल्ला खां का नाम लेते हैं और 'हिंदवी छुट किसी बोली का पुट न होने' से अपने-आप को जोड़ते हैं, मगर इस तय को यहाँ नजरअंदाज नहीं किया जा सकता कि उर्दू ग़ज़लें और गद्य इसी खड़ी बोली में लगातार लिखे जाते रहे। डिप्टी नजीर, सर सैयद अहमद खां या उमराव जान के गद्य और उनके समकालीन हिंदी गद्य की तुलना शायद मेरी बात सिद्ध करे। मेरे अनुमान से उर्दू भाषा का पतन उस दिन से हुआ, जिस दिन उसे 'मुस्लिम पहचान' का जरूरी हिस्सा बना दिया गया। यह 'मुस्लिम पहचान' मुरादाबाद, अलीगढ़, दिल्ली और लखनऊ तक सीमित थी और उन छीजते सामंती परिवारों की सिकुड़ती रणनीति थी, जिनके पास शक्ति और सामर्थ्य तो नहीं थी, मगर वे अपने-आप को तहज़ीब और तमद्दुन का एकमात्र वारिस मानते थे। अदाब, अलक़ाब, खाने, पहनने, बोलने, तलफ्फुज में जो उन जैसा नहीं था, वह या तो दहक़ान और ना-ख्वांदा था या दूसरे दर्जे का मुसलमान...उर्दू को पहले उन्होंने कोठों और महफ़िलों में क़ैद किया, फिर ले जाकर मदरसों में घोट डाला। बाक़ी समाज के लिए उर्दू की उपयोगिता यही रह गई कि इमामों के खुतबे सुनकर उद्वेलित किया जाता रहे, मुशायरों में फड़कते हुए शेर कहे जाते रहें और वाह-वाही लूटी जाती रहे। आज वह सिर्फ धार्मिक राजनीति की ज़बान है। अपने इसी अहंकार मे उन्होंने बंगलादेश बनाया और इसी के चलते आज भी पाकिस्तान में मुहाजिर बने फ़जीहत करा रहे हैं। यहाँ मैं कह यह रहा हूँ कि इस छिन्नमूल तबके ने न तो अपनी जड़ें किसी भौगोलिक क्षेत्र से जोड़ीं, न उर्दू को लोकभाषाओं के पास फटकने दिया—नतीजे में खुद औरों के मुकाबले कुछ ज़्यादा ही मुसलमान बनते गए और साथ ही उर्दू को भी अधिक-से-अधिक मुसलमानी बनाते गए। ज़मीन से न जुड़े होने का 'दार्शनिक आधार' इस

नारे में हुआ कि 'धर्म देश से ऊपर है' यानी इन कुछ सौ कुलीन घरानों के पास जब ज़मीन-जायदादें न रहीं, तो टिकने का एकमात्र आधार 'धर्म' रह गया और इसी प्रतिहिंसा में उन्होंने उन करोड़ों को हलाक़ कर दिया, जिनकी जड़ें जमीन और वहाँ की बोलियों में थीं। मुअज़्जिज़ शुरफ़ा आक़ा और इमाम उन्हें उनकी असली पहचान बता रहे थे, इसलिए बाकी रिआया को तो मुसलमान होना ही था। बहरहाल, बात उस खड़ी बोली हिंदी की हो रही थी, जिसमें लिखने वाले घर और आचार-व्यवहार में तो अपनी भाषा बोलते थे और लिखने या दूसरों से संपर्क में दूसरी भाषा। इस ग्रहण की गई भाषा में न वह धड़कन थी और न वह संवेग। साँस साँस दुःख सुख में गुंथी थी वह अपनी भाषा। हमारी—इस लिखित भाषा में जहाँ भी थोड़ी-बहुत जान या सामर्थ्य दिखाई देती है, वह वहीं है, जहाँ लोकभाषा का 'ब्लड-ट्रांस्फ्यूज़न' या रक्त-मिश्रण है; अमृतलाल नागर, मनोहर श्याम जोशी, रेणु और कृष्णा सोबती इसके सबसे जीवंत उदाहरण हैं। पहले मुझे सुदर्शन, अश्क, यशपाल, भीष्म, राकेश की भाषा की रक्तहीनता या इकहरापन चकित करता था—अब लगता है कि शायद पंजाबियत को अधिक-से-अधिक बचाकर उत्तर प्रदेशियों जैसी मानक हिंदी लिखने का आग्रह ही इसके पीछे रहा होगा। कृष्णा जी ने यह नहीं किया और एक अलग जानदार भाषा बनाकर खड़ी कर दी...वे दूसरों के लिए लिख रहे थे, कृष्णा जी अपने लिए।

मैं यह भी मानता हूँ कि लेखक 'अपनी' भाषा में ही मौलिक और नवोन्मेषी (इन्वेटिव) होता है। शायद एक नकली और सीखी हुई भाषा में अपनी प्रतिभा खपाए जाने के कारण हम न भाषा में मौलिक हैं, न विधाओं और उनके रूपाकारों में प्रयोगशील। गाँव से शहर, शहर से महानगर और महानगर से विदेशों की ओर जाती भेड़िया-धँसानी भगदड़ ने ज़िंदगी के हर क्षेत्र में हमारे लक्ष्य और 'मॉडल' यहाँ नहीं, वहाँ तय कर दिए हैं और अब तो वे संचार-माध्यमों के भयानक आक्रमणों में यहीं थोपे जा रहे हैं। दूरदर्शन के दस-दस चैनल हमें 'संपन्न, समृद्ध और सुसंस्कृत' (एफ्लुएण्ट) बना रहे हैं।

आज हम जिस भाषा में लिखने को अभिशप्त हैं, छिन्नमूलता में उसकी तुलना भारतीय अंग्रेजी लेखन से ही की जा सकती है। वैसे भी शब्द, व्याकरण, लिपि में भले ही हिंदी हो, मानसिकता और आंतरिक एप्रोच में वह अंग्रेजी के ज़्यादा निकट है। अज्ञेय और निर्मल वर्मा इसके शायद सर्वश्रेष्ठ उदाहरण हैं, जो भाषा के बदलते ही अधिक मौलिक लगने लगते हैं। अफ्रीकी साहित्य के विद्वान वीरेन्द्र कुमार बरनवाल से मैंने एक बार पूछा था, "जिन अफ्रीकी साहित्यकारों को इधर धड़ाधड़ पुरस्कार या सम्मान मिल रहे हैं, क्या उनकी भी स्थिति वहाँ वैसी ही है, जैसी हमारे यहाँ के अंग्रेजी लिखने वालों की ? यानी क्या वे वहाँ के जीवन-यथार्थ से उतने ही अपरिचित, कुलीन और विदेशोन्मुखी लोग है ?" उनका जवाब था—"शायद वहाँ उस हद तक वैसा नहीं है, क्योंकि वहाँ की अपनी भाषाओं की न तो अभी तक कोई लिपि है,

न लिखित रूप। इसलिए उन्होंने जीना, लिखना, सोचना सब अंग्रेजी से ही जाना है। वे अंग्रेजी में अधिक सहज और आत्मीय हैं।'' बात मुझे अपने संदर्भ में सोचने लायक लगी। हमारे यहाँ हजारों सालों के इतिहास वाली समृद्ध, संपन्न और पूर्ण विकसित दसियों भाषाएँ हैं और उनसे होते हुए जब हम एक सीखी और ग्रहण की गई अंग्रेजी में लिखते हैं, तो जीवन स्थितियों से लेकर बोली-मुहावरों तक अनुवाद ही करते हैं, जहाँ ग़रीबी और भुखमरी भी 'दिलचस्प' बन जाती है। आगे जाकर यही स्थिति हिंदी और उन बड़ी भाषाओं के बीच भी सच है, जिन्हें हम अपने बड़बोलेपन में 'क्षेत्रीय भाषा' या 'बोलियाँ' कहते हैं ! चूँकि यह अनुवादजीवी होना हमें वहाँ से तोड़ देता हैं और यहाँ कहीं जोड़ता नहीं है, इसलिए हिंदी को लेकर अखिल भारतीय होने में ही हम अपनी संतुष्टि और मुक्ति खोजते हैं...यह स्थिति क्या हिंदी की व्यावसायिक फिल्मों से अलग है, जिन्हें अखिल भारतीय होने के दबाव में हर जगह का ख्याल रखते हुए एक झूठ और नकलीपन में जीना पड़ता है ? ये फिल्में सब जगह की होती हैं और कहीं की नहीं होतीं। स्थिति उस समय और भी कचोट-भरी हो जाती है, जब तुलना अन्य भारतीय भाषा की फिल्मों से की जाती है। वे अपने साहित्य से भी जुड़ी होती हैं और जीवन से भी...मैं सचमुच उस लगाव और जुड़ाव को महसूस करने की कोशिश करता हूँ, जहाँ एम.जी. रामचंद्रन, एन.टी. रामाराव के लिए तमिल और तेलुगु प्रदेश के लोग बाक़ायदा आत्मदाह कर लेते हैं, और दिग्गज स्टार होने के बावजूद अमिताभ बच्चन के मरने-जीने को लेकर कुछ किशोरियों की सान्निपातिक चीखों तक ही बात समाप्त हो जाती है...आत्मा और अंतर्मन का वह कौन-सा तार है, जो सत्यजित राय की शव-यात्रा में सारे कलकत्ते को उलट डालता है ? पागलपन की हद तक यह जुड़ाव भाषा से नहीं, तो कहाँ से आता है? फिल्म हो या साहित्य, उन्हें हम बेचेहरा, बेजमीन दर्शकों/पाठकों को संबोधित कर रहे हैं। वे सब कहीं हैं और कहीं नहीं हैं।

जब मैं जिज्ञासा की तरह अपने कुछ 'सर्वज्ञ' मित्रों से पूछता हूँ कि इस्लाम में ऐसा क्या है कि कल तक के हिंदू को भी इतना पागल, कट्टर और जिहादी बना देता है ? आखिर अंधश्रद्धा तो हिंदुओं में भी कम नहीं है। कहीं यह साथ खाने और साथ पूजा करने का सामाजिक आश्वासन ही तो नहीं है, जिसकी अनुपस्थिति में समूह में भी हर हिंदू अकेला और दूसरों से श्रेष्ठ है और जिसके होने से हर मुसलमान बड़ी बिरादरी का एक हिस्सा...इसका सीधा जवाब था कि ''अगर आपको इस्लाम इतना ही अच्छा लगता है, तो मुसलमान क्यों नहीं हो जाते ?'' मेरी भाषा-संबंधी इस उलझन को सुनकर गिरिराज किशोर ने भी कहा था कि ''अगर ऐसा ही है, तो आप 'हंस' को ब्रज या किसी अन्य बोली में क्यों नहीं निकालते ? बल्कि आप लिखना भी उसी में शुरू कर दीजिए...'' जवाब में मैं कहना चाहूँगा कि ये सब मेरी बौद्धिक उलझनें और सोचने की प्रक्रिया हैं—किन्हीं नतीजों पर पहुँचे हुए फ़ैसले नहीं, और अगर मैं

फैसलों पर पहुँच भी जाऊँ, तो भाई जान, मैं भी उन्हीं मानसिक अभ्यासों, संस्कारों, प्रतिष्ठाओं और परिपाटियों का मारा हुआ हूँ, जिनके आप हम सब हैं। जिस तरह पूरी जिंदगी को गलत समझते हुए भी आदमी जीता चला जाता है, उसी तरह मैं भी हिंदी में ही लिखूँगा और हिंदी में ही 'हंस' निकालूँगा, मगर यह सोचने या बहस करने का हक तो हमारे पास भी रहने दीजिए कि हम कहाँ गलत, झूठे और अनुवाद हो गए हैं—इस हद तक कि मौलिक या तो अंग्रेजी में दिखाई देता है या लोकभाषाओं में...और शहरी मध्यवर्गीय हम हैं कि दोनों में से कहीं के नहीं हो पाते...उससे भी बड़ी ट्रेजेडी यह है कि इस सचाई को स्वीकार करने की ईमानदारी का सामना करने से भी कतराते हैं...या जो ऐसा करता है, उसका मुँह बंद कर देना चाहते हैं। कितना सुखद है, पहले से लिये गए कुछ अभिजात, आरामदेह और शांतिप्रद फैसलों को अपनाकर 'अंतिमताओं' में बने रहना और बचे रहना ऐसे प्रश्नों से, जो अपने अस्तित्व को ही ख़तरे में डाल दें...

['हंस', नवंबर 1993]

है कोई ख़रीददार... ?

हो सकता है, औरों की भी हो, मगर मेरी बड़ी अजीब आदत है : पत्र-पत्रिकाओं में अक्सर ही महत्त्वपूर्ण व्यक्तियों के इंटरव्यू निकलते रहते हैं, किसी ने लंबी साधना और अध्यवसाय के बाद जो भी कुछ हासिल किया है, उसे आप उसी के मुँह से संक्षिप्त और सूत्र रूप में जान लेना चाहते हैं। सबकी रचनाओं, कार्यों या दूसरी उपलब्धियों को न तो विस्तार से जानने का अवसर पास होता है, न क्षमता। फिर स्वयं संबद्ध व्यक्ति के मुँह से उसके अपने अनुभवों, कर्मों या जीवन का 'निचोड़' प्रस्तुत करने से अधिक प्रामाणिक या प्रभावशाली और क्या होगा ? किसी घटना, शख़्सियत या कृति पर महत्त्वपूर्ण व्यक्ति के विचार या प्रतिक्रिया से परिचित होने का मौक़ा और कहाँ मिलेगा ? मगर यह सिर्फ़ एक आदर्श स्थिति है कि ऐसा होना चाहिए। कम-से-कम साधारण पाठक के मन में 'इंटरव्यू' की यही तस्वीर या अपेक्षा है।

लेकिन इधर 25-50 वर्षों से सारा दृश्य बदल गया है। शायद ही कोई पत्र-पत्रिका हो, जो किसी-न-किसी के इंटरव्यू न देती हो—राजनेताओं ने तो आधी से ज़्यादा पत्रकारिता को अपने चेहरों और विचारों से लाद दिया है। विचारों और विश्लेषण का इतना शॉर्टकट किसे सुविधाजनक नहीं लगता ? दूरदर्शन का हर चैनल, हर समय कोई-न-कोई इंटरव्यू देता ही रहता है। इनमें से ज़्यादातर झूठे, बनावटी और तात्कालिकता के लिए तैयार किए गए लगते हैं। शुरू में या आज भी अपने मूल में, यह सबसे विश्वसनीय विधा बेहद ग़ैर-भरोसेमंद हो गई है, ख़ासतौर से पत्र-पत्रिकाओं में आने वाले इंटरव्यू...जो कुछ कहा है, वह ठीक उन्हीं शब्दों में नहीं आ रहा—या तो अर्थ, बलाघात, रेखांकन, तर्ज़ और तेवर बदल दिए गए हैं, अनुवाद सही नहीं है या फिर यही व्यक्ति कल इसका विरोध करेगा कि उसे सही समझा या प्रस्तुत नहीं किया गया, दरअसल इस बात का यह मतलब न होकर यह था...राजनीति ने ज़िंदगी के हर मूल्य की तरह इंटरव्यू को भी फ़ालतू, भरती की जगह भरने का कूड़ा, दूसरों को

मारने-गिराने का हथियार या अपने झूठे-सच्चे प्रचार का भोंपू बना दिया है। आज पाठक भी उसे एक प्रायोजित झूठ की तरह लेता है। कम-से-कम मुझे तो हर पत्र-पत्रिका में इंटरव्यू देखते ही पन्ने पलटने की इच्छा होती है। अक्सर ही मैं प्रश्नों की बनावट, भाषा, स्तर देखकर संतुष्ट हो जाता हूँ, क्योंकि अधिकतर उत्तर पहले ही मालूम होते हैं। हाँ, लेखकों, कलाकारों, विचारकों और अल्पज्ञात लोगों के इंटरव्यू आज भी मुझे आकर्षित करते हैं। लगता है, वहाँ अभी भी बहुत कुछ 'बचा' हुआ है। पत्रिकाओं से अधिक दृश्य-साक्षात्कार ज़्यादा सहज लगते हैं।

दरअसल, मेरे लेखन के प्रारंभ में इंटरव्यू भी रहा है। उन दिनों (सन् 51-52 में) मैंने चेख़व को काफ़ी पढ़ा था। उसकी अपनी रचनाओं के अलावा उससे संबंधित जो भी कुछ सुलभ हो पाया, उस सबको देखने की कोशिश की थी। एम.ए. के बाद कलकत्ता में शोध-प्रबंध लिखने गया, मगर नेशनल लाइब्रेरी में बैठकर ओल्गा-निपर और चेख़व के पत्र पढ़ा करता। उस मानसिक दुनिया को मैंने रूप दिया—'चेख़व, एक काल्पनिक इंटरव्यू' में। यह पुस्तकाकार भी प्रकाशित हुआ। प्रयास यही था कि चेख़व के उत्तर उसकी किसी रचना, पत्र या समकालीन स्रोत से ही लिये जाएँ, सिर्फ़ सवाल मेरे अपने हों। पुस्तक की उन दिनों काफ़ी चर्चा भी हुई थी।

किसी भी इंटरव्यू में सवालों की भाषा, नोंक और दिशा ही तय करते हैं कि जवाब क्या होंगे। कभी-कभी तो मैं सिर्फ़ प्रश्न देख लेता हूँ और पता लग जाता है कि सामने वाले को क्या कहना है। अक्सर भारतीय राजनीति के 'महत्त्वपूर्ण' व्यक्तियों के साथ यही होता है। उनके विचारों के समानांतर उनके कार्य होते हैं। इसलिए अब यह पूछना भी लगभग व्यर्थ हो गया है कि "अडवानी जी, अभी दो महीने पहले तो आपने ठीक इसके विपरीत बात कही थी।" जवाब होगा, "नहीं, पत्रकार ने मुझे ग़लत 'कोट' किया है, मेरा मतलब तो वह नहीं, यह था।" वस्तुतः आज का राजनेता, विचार-बद्धता से नहीं, स्थिति-बद्धता से चलता है। इसलिए उसे साल में चार बार बात बदलनी पड़ती है। बाहर के राजनेताओं के इंटरव्यू हमें इसलिए रोचक लगते हैं कि एक तो वे अधिक प्रोफ़ेशनल लोगों द्वारा लिये जाते हैं। दूसरे, बातों और व्यवहार के अंतर दिखाने वाले उनके रोज़मर्रा के तान-पलटे हमारे सामने बहुत साफ़ नहीं होते। उन्हें हम सिर्फ़ उनके शब्दों से जानते हैं। सबसे अधिक उबाऊ इंटरव्यू फ़िल्मी सितारों या साहित्यकारों के होते हैं। फ़िल्मों में राजनीति की तरह रोज़ स्कैंडल होते या कराए जाते रहते हैं, इसलिए चटखारे लेने के लिए उनको पढ़ना मनोरंजक है। साहित्यकार से यह पूछना मर्यादा-विरुद्ध माना जाता है कि "आजकल आपका कहाँ इश्क चल रहा है ?" अगर कभी किसी ने ऐसा सवाल पूछ भी लिया तो वह आध्यात्मिक भाव से कहेगा, "मेरा पहला और आख़िरी इश्क मेरा साहित्य है" यानी दूसरे के साहित्य या समकालीन पुस्तक पर बात करना उसकी 'भावनाओं को ठेस' पहुँचाना है, "मुझसे बात कर रहे हैं, तो मेरी ही बात कीजिए"...ज़्यादातर

वह अपने ही बारे में बोलता है और प्रायः ईमानदार नहीं होता। इंटरव्यू के नाम पर उस ठस पठन-सामग्री के लिए मैं इंटरव्यू लेने वाले की अयोग्यता को ही ज़िम्मेदार मानता हूँ। उसके पास न अपेक्षित तैयारी होती है, न सूझ-बूझ।

हमारी स्थिति में पहुँचे हुए प्रायः हर व्यक्ति को साल में दो-तीन दर्ज़न बार किसी न किसी इंटरव्यूकार का सामना करना पड़ता है। जब से शोध-निर्देशकों को यह इलहाम हुआ है कि जीवित लेखकों का एक इंटरव्यू शोध के अंत में ज़रूर हो, तब से प्रश्नावलियों की बाढ़ अलग। फिर, हर रोज़ साहित्य या राजनीति में भी ऐसा कुछ 'घटित' होता रहता है, जिस पर अपनी 'बहुमूल्य प्रतिक्रिया' छोटे इंटरव्यू के रूप में (संभव हो, तो टेलीफोन पर ही) देना भी ज़रूरी है। शुरू में 'अहं' तृप्त होता था, अब कोफ़्त होती है। शोधार्थी/शोधार्थिनी चाहते हैं कि आप सब कुछ स्वयं ही लिखकर दे दें। दे भी दें, तो कितनी बार वही-वही बातें लिखेंगे ? फिर, खुद ही लिखना है तो शोध की नदी में डालने के लिए क्यों, अलग लेख लिखकर अपने नाम से क्यों नहीं छपवाएँगे ? सबसे ज़्यादा धर्म-संकट होता है संघर्षशीलों के साथ। वे नए-नए दिल्ली में आए हैं और कहीं पांव टिकाने के लिए संघर्ष कर रहे हैं। राजनैतिक संपर्कों से लेकर जाति/शहर संबंधों तक के घोड़े दौड़ा रहे हैं। इस बीच कुछ फ्री-लांसिंग करनी है। नए हैं, देहात-कस्बों की पृष्ठभूमि है, पटना-भोपाल वालों की अंग्रेज़ी इतनी अच्छी नहीं है कि कुछ अनुवाद कर सकें या देशी-विदेशी स्रोतों के आधार पर अपना कुछ बना सकें—दो ही सहारे हैं, या तो किसी नई किताब की समीक्षा तैयार कर दें या आपका साक्षात्कार बनाकर दे दें। प्रसिद्ध रचनाओं या रचनाकारों के सहारे ही कोई सीढ़ी मिले। स्थिति करुण भी है, दयनीय भी। अगर अपने दो-चार घंटे देने से किसी की कुछ मदद होती हो, तो इन्कार करना अमानवीयता है। आप निश्चय ही भरपूर सहायता करना चाहते हैं, मगर वहाँ दिक्कत वही है : आप इस संघर्षी को पहले तो यह बताइए कि आपने किस क्षेत्र में क्या-क्या लिखा है, स्वयं ही प्रश्नावली बनाइए और स्वयं ही उत्तर लिखिए या लिखवाइए...छपने पर दोनों पक्ष प्रसन्न भले ही होते रहें, मगर आप खुद जानते हैं कि दूसरे के नाम से छपे इस 'आत्म-प्रचार' के लेखक आप स्वयं हैं। देखा जाए, तो खुद अपनी ही महानता पर दूसरे नाम से लिखने, छपवाने के मुकाबले तो यह तरीका ज़्यादा सुरक्षित है, क्योंकि अब आपकी तरफ़ से लड़ने वाला वह व्यक्ति साक्षात् मौजूद है, जिसके नाम से इंटरव्यू छपा है। अश्क जी, मोहन राकेश या राजकमल चौधरी ज़रूरत पड़ने पर भले ही ऐसा व्यक्ति न खड़ा कर सकें, मगर चेखव की परंपरा से तो अपने को जोड़ ही सकते हैं। स्वयं मुझे भी दूसरों को काटने वाले लेख नरेंद्र शिरोमणि या श्यामलता के नाम से लिखने पड़ते थे। रेणु के साहित्य पर गहराई से लिखने वाली गौरा मुखर्जी, सचमुच एक चलती-फिरती महिला हैं, यह सिद्ध करने के लिए रेणु को 'प्रकाशन-समाचार' में अपनी अल्पशिक्षित साली का चित्र छपवाना पड़ा था। इलाहाबाद, बनारस में आज भी यह

रिवाज़ लोकप्रिय है। पॉल जॉन्सन ने अपनी चर्चित पुस्तक 'इंटेलेक्चुअल्स' में अनेक दिग्गजों के इस पक्ष पर प्रकाश डाला है। सदी के प्रारंभ का फ्रैंक हैरिस तो इस कला का बेताज बादशाह है। उसकी पुस्तक 'माई लाइफ़ ऐंड लव्ज़' लेखकीय 'नीचताओं' का अनिवार्य संदर्भ-ग्रंथ है।

मगर पॉल जॉन्सन में जहाँ भयंकर एकेडमिक तैयारी, रचनाओं, डायरियों और दूसरे स्रोतों का गहरा अध्ययन है, वहीं फ्रैंक हैरिस में बड़े-से-बड़े लेखक के साथ अपने सीधे संबंधों की जीवंत प्रामाणिकता है। वे इंटरव्यू नहीं, विश्लेषणात्मक लेख और संस्मरण हैं। इंटरव्यू करने वालों से मेरी सबसे बड़ी शिकायत ही यही है कि उनकी तैयारी बिलकुल नहीं होती। विद्यार्थियों और संघर्षियों को एक बार क्षमा किया जा सकता है, लेकिन पुरस्कारों, जन्मदिनों पर आने वाले अच्छे साहित्यकारों या पत्रकारों द्वारा लिये गए इंटरव्यू प्रायः बेजान, ठस, अभिनन्दनी और आरती-उतारू होते हैं। न उनसे रचनाकार या रचना-प्रक्रिया को जानने की कोई अंतर्दृष्टि मिलती है, न रचनाओं को नई तरह से समझने का कोई कोण। अगर कोई 'अवसर' न हो, तो हमारे यहाँ बड़े-से-बड़े लेखक का कोई इंटरव्यू ही न आए। वस्तुतः दूसरे का इंटरव्यू लेना समीक्षा लिखने की तरह घटिया या दोयम दर्जे का काम माना जाता है। इस मानसिक कुंठा का अपना ही एक उदाहरण दूँ– सन् 70-71 की बात है। 'सारा आकाश' उपन्यास पर फ़िल्म आ चुकी थी और उसकी काफ़ी धूम थी–कम से कम 'नई लहर' सिनेमा के क्षेत्र में। तभी राजेन्द्र सिंह बेदी की 'दस्तक' आई। फ़िल्म उतनी प्रसिद्ध नहीं हुई। रेहाना को लेकर प्रेस-क्लब में एक मीटिंग थी–बेदी भी आए थे। मेरे पास टी.वी. से फोन आया कि "क्या मैं राजेंद्र सिंह बेदी का एक इंटरव्यू लेना पसंद करूँगा ? दोनों की रचनाओं पर फ़िल्में आई हैं, इसलिए संयोग महत्त्वपूर्ण है।" बेदी की कहानियों का मैं भयंकर प्रशंसक हूँ, मगर मैंने कहा, "मैं बेदी का इंटरव्यू क्यों लूँगा ? मेरी फ़िल्म से 'नई लहर' के सिनेमा की शुरुआत होती है, वह ज़्यादा सफल है। ज़रूरत हो, तो बेदी मेरा इंटरव्यू लें..." आज भी मैं मानता हूँ कि इससे ज़्यादा बेहूदगी और बेवकूफ़ी की दूसरी बात नहीं हो सकती। कहाँ बेदी जैसा कथाकार और कहाँ मैं, मगर हिंदी लेखक की हल्दी की गाँठ वाली कुंठा...

समीक्षा की तरह–इंटरव्यू भी दो दिमाग़ों की खुली मुठभेड़ है, चाहे दोनों के बीच दूरियाँ पीढ़ियों की हों या संस्कारों और स्तरों की। इसके लिए ज़रूरी है एक तटस्थ श्रद्धा, निर्भीक इन्क्वायरी, सामने वाले का संपूर्ण अध्ययन और चुस्त सवालों की पूर्व तैयारी...अगर अपनी पूरी जानकारियों के साथ इंटरव्यूकार गुस्ताख़ होने की हद तक आक्रामक (शब्दों में चाहे जितना विनम्र) और चौकन्ना नहीं है, तो शीघ्र ही सामने वाला हावी होकर उसे अपना प्रचारक बना लेता है। साहित्यिक या राजनैतिक पत्रकार का यह प्रोफ़ेशनल प्रशिक्षण है कि वह अच्छा इंटरव्यूकार भी हो और सामने वाले से सत्य या श्रेष्ठ निकाल सके। उसकी तैयारी होनी चाहिए कि अपने 'नायक'

को, उसकी अपनी ही रचनाओं, वक्तव्यों, समकालीनों के हवालों से उसके बड़बोलेपन या अंतर्विरोधों को उजागर कर सके, वरना सारी मेहनत गरुड़-काकभुशुंडि संवाद होकर रह जाती है। मुझे लगता है, इंटरव्यू वह आईना है, जिसमें आप अपनी झुर्रियों, सलवटों, तिल और मस्सों को पहचानते हैं। कुछ हैं कि इस आईने में सिर्फ़ अपने मेकअप का सौंदर्य और रौब देख-देखकर ही रीझते हैं। हममें से अधिकतर ने कमलेश्वर और शिवप्रसाद सिंह के ''मैं-मैं'' छाप इंटरव्यू देखे होंगे—हीन-भावना के 'पैथोलॉजिकल केस' की तरह इन्हें देखना उपयोगी और दिलचस्प है : 'मैं नई कहानी का जन्मदाता, मैं साहित्यिक क्रांति का सूत्रधार, मैं पत्रकारिता का पुरोधा, मैं नई फ़िल्म का प्रारंभकर्ता, मैं व्यावसायिक फ़िल्मों का हिटलर, मैं दूरदर्शन का कुतुबनुमा, मैं डांगे का सलाहकार, मैं बाल ठाकरे का गुरु, मैं इंदिरा गांधी का ब्रेन-बैंक, मैं बंगला देश बनाने वाला पत्रकार-जनरल...या मैं शैली का राजकुमार, मैं जमनियाँ का भूतनाथ, मैं अरविंदो का सांकोपांजा, मैं उपन्यास का सिकंदर, मैं कहानी का धुरंधर'—अब सामने बैठा बेचारा गणेश भकुआए भाव से इन 'व्यासों' के मुँह से झरते फूलों को चुनता रहता है, उसके पास इतनी तैयारी, हिम्मत या चतुराई नहीं है कि विनोद दुआ, प्रणय राय, सईद नक़वी या रजत शर्मा की तरह इनके झूठों, लन्तरानियों या शेख़ियों को प्रति-प्रमाण देकर ध्वस्त कर सके...

इंटरव्यू का एकमात्र गुण सार्थक, सहज और रोचक वार्तालाप है—वहाँ बिना भटके सामनेवाले का सर्वश्रेष्ठ निकालना होता है—व्यक्ति के जाने कितने जाले और जटिलताएँ हैं, जिन्हें वेध कर हम उस तक पहुँचते हैं—यह पटाना भी है और पटकना या फटकना भी। न ऐसा लगे कि आप पुलिसिया 'पूछताछ' कर रहे हैं, न शिव-पार्वती संवाद का वह स्वरूप जहाँ—'हाँ तो स्वामी, ऐसा क्यों हुआ ?'—की पुनरावृत्तियाँ... सुविधाजनक प्रश्नों के उत्तरस्वरूप शंकराचार्य या रजनीश के प्रवचनों को इंटरव्यू का नाम देना—विधा के साथ ज़्यादती है। आज हमारे पास 'टेप' की सुविधा है। इसलिए 'इंटरव्यू' को उतना ही जानदार बनाया जा सकता है, जितना कभी दूरदर्शन या दूसरे कैसेटों पर 'देखने' को मिल जाते हैं।

वस्तुतः इंटरव्यू व्यक्तित्व और कृतित्व के द्वंद्वात्मक संबंधों का अध्ययन है। जाहिर है कि हमारे यहाँ उसे गंभीरता से लिया ही नहीं गया। बाक़ायदा तैयारी या योजना बनाकर कुछ लोगों ने ज़रूर ऐसी कोशिशें की हैं : छठे दशक में रामचरण महेंद्र या पद्मसिंह शर्मा 'कमलेश' के 'मैं इनसे मिला' या अभी-अभी प्रकाशित उषा महाजन की पुस्तक 'समय के साक्षी' पठनीय, रोचक और जानकारियों के लिए उपयोगी पुस्तकें हैं और साहित्यकारों-पत्रकारों के माध्यम से अपने समय को इतिहास-बद्ध करने की कोशिश करती हैं। रामचरण महेंद्र या कमलेश जी के इंटरव्यू जहाँ प्रश्नावली भेज/दिखाकर सामने वाले साहित्यकार से ही सब कुछ कहलवा लेने के मशीनीपने से ग्रस्त हैं, वहाँ उषा में बातचीत की सहज जीवंतता है और दिल्ली के माध्यम से भारतीय

पत्रकारिता के वर्तमान की रूपरेखाएँ स्पष्ट होती हैं। हिंदी-अंग्रेज़ी के साथ उर्दू और पंजाबी के भी कुछ पत्रकार ले लिये होते, तो तस्वीर ज़्यादा मुकम्मल होती...प्रभा खेतान ने सुभाष मुखोपाध्याय और आलोक रंजन दास गुप्ता के ब्रिलियेंट इंटरव्यू लिये हैं...

मगर कलक यही होती है कि भारतीय, विशेष रूप से हिंदी पत्रकारिता ने इस दिशा में शायद ही कोई ऐसा व्यक्तित्व दिया हो, जिसके लिए आप बेचैनी से प्रतीक्षा करें, जिसने इस दिशा में विशेष पहचान बनाई हो, जो ओरियाना फलाची की तरह आपको रोमांच से थरथरा दे...अपने-अपने देश की नियति को निर्धारित करने वाले, सत्ता-शीर्ष पर बैठे लोगों के बेबाक इंटरव्यू लेना इस औरत का पैशन (उन्माद) है और ईरान के अयातुल्ला खुमैनी, गद्दाफ़ी, ईदी अमीन या अराफ़ात के इंटरव्यू किसी थ्रिलर की तरह पढ़े जा सकते हैं। इसके लिए वह औरत की हर कला आज़माती है। हालाँकि ओरियाना अपने हर शिकार को चूहे-बिल्ली का खेल बना देती है, मगर बड़े से बड़ा राजनेता चाहता है कि वह उसका इंटरव्यू ले। स्वयं उसे अफ़सोस है कि वह हिटलर और स्तालिन का इंटरव्यू नहीं ले पाई। इंदिरा गांधी घंटे भर का समय देती हैं और तीन दिन साथ रखती हैं। भुट्टो महीनों ओरियाना का पीछा कराता है और लगभग पकड़वाकर कराची बुलाता है, ज़बर्दस्ती इंटरव्यू देता है और बाद में इंदिरा जी के बारे में अपने एक वाक्य को, ''मेरा नहीं है'' कहकर निकलवाने के लिए सारे हथकंडे अपनाता है...ओरियाना की 'इंटरव्यू हिस्ट्री' आज भी मेरी प्रिय पुस्तक है। पत्रिका की सारी अश्लीलता के बावजूद अमेरिकन 'प्ले बॉय' को सिर्फ़ एक इंटरव्यू के लिए दसियों सालों से पढ़ा जाता है। कितनी तैयारियों, परिश्रम और कल्पनाशीलता से तैयार किए जाते हैं ये इंटरव्यू। दुनिया के किसी भी क्षेत्र का कौन-सा व्यक्तित्व है, जो वहाँ नहीं है। अपने यहाँ के 'डेबॉनायर' और 'जेंटिलमैन' ने भी उस नकल में अच्छे इंटरव्यू दिए हैं, मगर हिंदी पत्रकारिता में आज भी रूसी करंजिया, प्रीतीश नन्दी, दिलीप पडगांवकर जैसे लोग कहाँ हैं ? हमारे यहाँ तो चोटी लटकाए भगवान से साक्षात्कार करने वाले मनीषी (मुंशी) बैठे हैं, जिन्हें मनुष्यों की तरफ़ देखना अपने पद का अपमान लगता है। कहाँ व्यापेगी इन्हें जगत्-गति। साहित्य के क्षेत्र में 'पेरिस रिव्यू' बरसों से हर अंक में एक इंटरव्यू देता है। 'प्ले बॉय इंटरव्यूज़' की तरह 'राईटर्स ऐट वर्क' नाम से ये पुस्तकाकार भी छपे हैं। ऐसी रचनाओं को पढ़ना दुनिया के किसी भी अच्छे लेखन से कम समृद्धिकारी नहीं है...देखकर लगता है कि इंटरव्यू लेना उतना निचला काम नहीं है, जैसा हमने उसे बना दिया है। हिंदी में तो अज्ञेय और मनोहर श्याम जोशी ने ही शायद इस विधा को थोड़ी-बहुत गरिमा दी है, वरना कभी कोई अच्छा इंटरव्यू दिखाई दे जाए, तो अविश्वासी-विस्मय होता है।

इस दिशा में शायद 'सिमॉन द बोउवा' की पुस्तक 'आदियू' (सार्त्र को अलविदा) मेरे लिए सबसे विलक्षण प्रयोग है : सार्त्र और बोउवा आधी सदी एक-दूसरे के साथ रहे। सार्त्र के अंतिम दिनों के एक-एक क्षण की साक्षी बोउवा ने उसकी जिजीविषा

को विस्तार के साथ ठीक उसी दोस्ताना (कॉमरेडी) सम्मान के साथ लिखा है, जैसे 'ऐन ईज़ी डेथ' में अपनी माँ की आखिरी साँसों को...'आदियू' में शेष तीन-चौथाई सार्त्र के इंटरव्यू हैं—गहराई में जाते और अंतस्तल को उद्घाटित करते...व्यक्तिगत, राजनैतिक, साहित्यिक, दार्शनिक—कोई ऐसा पहलू नहीं है, जो रेखांकित न किया गया हो। ये मूलतः खंडों में विभाजित विषय-केंद्रित इंटरव्यू हैं। आत्मीय परिचय की लंबी अवधि को देखते हुए तटस्थ, तीखा या बेरहम होना बोउवा के लिए निश्चय ही आसान नहीं रहा होगा। सामने वाला चालाकी, आत्मप्रचार या झूठ-शेखी की शरण ले सके, इसकी भी संभावनाएँ नहीं थीं। अगर बोउवा की अपनी अंतरंगता न होती, तो पूरी पुस्तक में सार्त्र की शारीरिक, साहित्यिक, बौद्धिक और दार्शनिक शल्यक्रिया का क्लिनिकल अध्ययन प्रस्तुत करने का खतरा भी था। दूसरी ऐसी पुस्तक मैंने पढ़ी पिछले वर्ष 'आकाशवाणी' द्वारा प्रकाशित गंगेश गुंजन द्वारा संपादित 'अज्ञेय'। रघुवीर सहाय और गोपालदास नागर ने अलग-अलग बैठकों में अज्ञेय के विभिन्न पक्ष चुनकर इंटरव्यू लिये हैं। या 'पहल' द्वारा पुस्तककार प्रकाशित सुरेश पांडेय द्वारा लिया गया नामवर सिंह का इंटरव्यू...काश ! 'आदियू' की तरह व्यक्ति को संपूर्णता में पकड़ने का ऐसा ही प्रयास उन दिनों किसी ने निराला, पंत, प्रेमचंद को लेकर भी किया होता।

शायद अब मैं अपने मित्रों के सामने सफ़ाई दे पा रहा हूँ कि लाख सुझावों और दबावों के बावजूद, एकाध बार को छोड़कर क्यों मैं 'हंस' में इंटरव्यू छापने से बचता रहा हूँ। बल्कि मेरी तो इच्छा है कि स्थापित और वरिष्ठ लेखक, नए संभावनाशील रचनाकारों से उसी अकुंठ भाव से साक्षात्कार कर सकें, जैसे अज्ञेय ने फणीश्वर नाथ रेणु के साथ किया था। अमेरिकन मुहावरे में पूछूँ—है कोई बायर ?

❑ ❑ ❑ ❑

1993 का यह वर्ष मुख्यतः विश्वसनीयताओं की मृत्यु का वर्ष रहा है : मूल्यों, आस्थाओं, विश्वासों और राजनीति में संविधान की मृत्यु या हत्या हम पिछले दिनों हर रोज़ देखते रहे हैं, मगर शुरू में शमशेर की मृत्यु, इधर मृदुला गर्ग-आनंद के पुत्र और चित्रा मुद्गल-अवध की पुत्री यानी आठ महीने के नव-विवाहित युगल की दुर्घटना-मृत्यु, कला-मर्मज्ञ एल.पी. सिहारे का निधन, प्रसिद्ध कथाकार सुमति अय्यर की हत्या, कवि कुमार संभव और कथाकार मनीष राय की आत्महत्या—और पहले आधे टिहरी गढ़वाल के भूकंपीय ध्वंस के बाद महाराष्ट्र के लातूर जिले में पचासों हज़ार प्राणों का अंत, बाबरी मस्जिद ढहाने के बाद आने वाले सूरत और बंबई के हत्याकांड...

निधन, दुर्घटना, प्राकृतिक विनाश, हत्या, आत्महत्या, महाप्रलय और सामूहिक हत्याकांड—मृत्यु के कितने सर्वग्रासी स्वरूपों के विध्वंसक 'स्वाद' देकर जा रहा है यह वर्ष...अगर अभी भी कहीं बचा है, तो भगवान 1993 के इस वर्ष की आत्मा को शांति दे...क्योंकि हर आस्था और विश्वास का मरना स्वयं ईश्वर की ही मृत्यु है...

[**'हंस', दिसंबर 1993**]

जो दुर्घटनाओं में भी बचा रहता है अर्थात् संकल्प

कानपुर के मित्रों ने गिरिराज के सम्मान का आयोजन किया था। साहित्यिक बातें नहीं होंगी, केवल व्यक्तित्व पर ही केंद्रित रहेंगे। प्रियंवद के बहुत आग्रह के बाद तय हुआ कि 'राजधानी' से जाऊँगा, अगले दिन रहूँगा और सोमवार को शताब्दी से लौट आऊँगा। मुझे भी लगा, मेरे बिना गिरिराज का आयोजन नहीं होगा। केवल मैं और नरेशचंद्र चतुर्वेदी थे। इधर जे.पी. दास ने उड़ीसा भवन में फकीर मोहन सेनापति के शताब्दी-वर्ष की आयोजन-समिति में मुझे डाल दिया था, सो वहाँ जाना था। भयानक सर्दी थी। गए। वहाँ से 'अक्षर' और फिर वहाँ से स्टेशन। चंदर लिपट लिया था। स्टेशन तक गया, मगर प्लैटफॉर्म के टिकट में ही उलझा रहा। ट्रेन चली। साथ में कोई जैन मारवाड़ी थे, जिनकी चांदनी चौक में कचौड़ी-भुजिया की दुकान है। वे लोग लेते रहे और मैंने अपनी दो घूँट ली। सहयात्रियों का औपचारिक आत्मीय परिचय ...खाना हो चुका था। घड़ी देखी, दस बजने वाले थे और सवा दस तक कानपुर आने वाला था। सोचा, ठीक दस बजे सामान लेकर बाहर की तरफ चलूँगा। शायद पाँच मिनट थे। तभी बड़ी जोर से धमाका हुआ और बुरी तरह डगमगाता हुआ डिब्बा जैसे धरती पर घिसटने लगा। पहले एक ओर झुका, फिर दूसरी ओर टेढ़ा होकर टिक गया। रोशनी गायब। चीख-पुकार, चीजों का गिरना, बुरी तरह झकझोरा जाना। की होलो, की होलो– की आवाजें...समझ में नहीं आया, क्या हो रहा है ! एक्सीडेन्ट हुआ था– यह तो साफ था, मगर ट्रेन टकराई है, बम फूटा है, कुछ नहीं पता। रोशनी करो, रोशनी करो का शोर...टॉर्च लाओ, माचिस जलाओ...उस क्षण शायद एक वाक्य मन में गूँजा था, 'सो दिस इज द एंड'–अब अंधेरा था और चारों ओर रोते-चिल्लाते लोग थे। मैंने सीट के नीचे के सामान को देखा–अटैची ठीक थी, किताबों का पैकेट नहीं था और ऊपर लटका थैला मेरे ऊपर और झुक गया था। किसका क्या हुआ,

दिखाई नहीं दे रहा था। सिर्फ इतना ध्यान था कि कोई बहुत बड़ा हादसा था, जो गुज़र गया। अब कुछ नहीं हो सकता– का एक निश्चिंत भाव था और मैं चुपचाप बैठा रहा। सामने की कुर्सी वाली जेब में हाथ डाला, तंबाकू और पाइप गायब थे। सुबह तक तो यहीं बैठना था, अब क्या करें... ?

कभी इधर टॉर्च और कभी उधर माचिस जल रही थी और लोग बाहर भाग रहे थे। कोई सामान ढूंढ रहा था और कोई भगवान का जाप कर रहा था। कोई रोक रहा था, बाहर मत जाइए। मैं भी अंधेरे में समझा रहा था, "बाहर मत जाइए। अंधेरा है और पता नहीं, डिब्बे की पोजीशन क्या है। उतरने पर गड्ढा मिलेगा या रोड़ियाँ। हो सकता है, इधर-उधर से गाँव वाले लूटने चले आएँ। हो सकता है, जिन लोगों ने एक्सीडेंट कराया है, वे ही आ जाएँ...बाहर अंधेरा और ठंड है, दस बजे हैं, कहाँ रात-भर पड़े रहेंगे। अब जो होगा, सुबह ही होगा। पता नहीं, 'रैस्क्यू टीम' कब आएगी। बहुत बच गए, दूसरे डिब्बों का क्या हाल होगा। एक साहब का ब्रीफकेस कहीं उछल गया था और वे काफी जोर-जोर से बोलते हुए लोगों को निर्देश दे रहे थे, टार्च की माँग कर रहे थे। मैं दो सीटों वाली लाइन में था–सीट नंबर 16। दूसरी तरफ तीन सीटों की लाइन झुककर एक दूसरे पर चढ़ गई थी और पीछे किसी का पाँव दब गया था और वह लगातार चीख रहा था कि कुर्सियाँ उठाइए–मेरा पैर टूट गया है। लोग अपना-अपना सामान निकालने के लिए कुर्सियाँ उठाने को जोर लगा रहे थे, मगर वे थीं कि टस से मस नहीं हो रही थीं। कुछ लोग पता नहीं, कहाँ बाहर चले गए थे, उनमें से कुछ वापस आते और स्थिति बताते। आस-पास कोई स्टेशन नहीं है। बिलकुल इसके बगले में कोई और डिब्बा खड़ा है और वहाँ भी वही दृश्य है। मैं वहीं बैठे-बैठे समझा रहा था कि बाहर जाने या इस तरह घबराने से क्या होगा। कुछ लोगों ने अपने ब्रीफकेसों के प्रहारों से दो खिड़कियाँ तोड़ डाली थीं कि हवा आती रहे...पैर दबा आदमी लगातार चिल्लाए जा रहा था। कभी कोई टॉर्च जलती थी, कभी माचिस...मैं कई बार हाथ नीचे घुमाकर देख चुका था, अटैची थी, मगर किताबों का पैकेट नहीं था, सुबह देखेंगे। जब भी कोई टॉर्च से अपनी चीज़ें देखने आता, मैं बंडल की बात पूछता और बाहर खिड़की से झाँककर स्थिति का पता लगाने की कोशिश करता...

शायद मृत्यु के किनारे से लौटने का यह चौथा अनुभव था। पहली बार टाटा नगर में गोली लगी थी, कमलाकांत द्विवेदी के साथ। दूसरी बार शर्मा जी के पास एज़ल जाते हुए हवाई जहाज के अनियंत्रित हो जाने पर और तीसरी बार गोपाल के साथ प्रगति मैदान के सामने अपनी फियेट के ब्रेक-फेल हो जाने पर...कैसा लग रहा है, मैं अपने-आप से पूछ रहा था। हाँ, मुझे कोई घबराहट या नर्वसनेस नहीं हो रही। सिर्फ प्रतीक्षा कर रहा हूँ कि यहाँ से आगे क्या है ? सुबह रोशनी में स्टाक-टेकिंग होगी। पता नहीं, कहाँ हैं और कैसे जाएँगे...इस बीच काफी लोग बाहर निकल गए

थे। खिड़की के पास बहुत दूर दो बत्तियाँ चमक रही थीं। शायद कोई ट्रक या ट्रैक्टर जैसा आया है। एक धुँधली-सी रोशनी हिलती हुई पास आ रही थी, शायद टॉर्च है। वे दोनों रोशनियाँ पीछे स्थिर खड़ी थीं, उनके पीछे काफी रोशनी थी। लगता था, कोई फैक्टरी है या स्टेशन...खासी देर बाद वह रोशनी आई, कोई नीचे से गुजरा। हमारे डिब्बे में से पूछा गया, 'कौन है' ? किसी ने कहा—बिना पूछे किसी को मत आने दीजिए। उधर से बताया— पुलिसवाला है। ऊपर आया। उसके पास बड़ी टॉर्च थी। चारों तरफ घुमाई। सब लोग फिर अपना-अपना सामान देखने लगे। फिर वह चला गया। कोई प्रार्थना जैसी कर रहा था। कानपुर या पीछे खबर हो गई होगी। मेरी तरफ की खिड़की से कुछ भी दिखाई नहीं दे रहा था—बस, वही दो बत्तियाँ और पीछे की रोशनी। बत्तियाँ कभी बंद हो जातीं। फिर दो बत्तियाँ और दिखीं, और घूम गईं। कोई जीप जैसी चीज थी। लोग बिछी हुई कुर्सियों को उठाने या अपना सामान तलाश करने की कोशिश कर रहे थे। यह अनुभव बाद में कभी नहीं मिलेगा, लोग विश्वास नहीं करेंगे—मन में रिकॉर्ड कर लो। मैं अपने से कह रहा था। अभी कुछ भी हो सकता था। हाथ-पाँव-सिर कुछ भी टूट सकता था, झटके से मर भी सकते थे—मुझे कुछ नहीं होगा— का आत्मविश्वास चकनाचूर हो सकता था। पता नहीं, एक सिरे से लोग कैसे आ-जा रहे थे। खिड़की के बाहर कभी दो, कभी एक टॉर्च दूर चमकने लगती थी। कोई बदनीयती से आ गया, तो मुसीबत होगी। सुना है, दुर्घटना के बाद आस-पास के लोग लूट लेते हैं। कई हवाई जहाज या ट्रेन दुर्घटनाओं के बारे में देखा-सुना है। अंदर कोई कुछ सामान कहीं से लाता और दूसरा कहता, यह मेरा है। कुर्सियों के नीचे झाँकना-टटोलना चल रहा था। बंगाली भद्र बुढ़िया इधर से उधर चक्कर लगा रही थी। आधे लोग बाहर थे। कुछ आ-जा रहे थे। पाँव दबा आदमी बीच-बीच में कराहकर सहायता के लिए पुकारने लगता था। दो-एक लोगों ने उसकी मदद के लिए जोर लगाकर कुर्सियाँ उठाने की कोशिश की थी, मगर वे हिलीं नहीं। मुझे पाइप और पानी पीने की इच्छा हुई। इधर-उधर नीचे टटोला। एक बड़ा थर्मस हाथ आया। इसे हिलाकर मैं देख चुका था। लगा, अंदर काँच टूट चुका है। इस बार पानी जैसा हिला। खोलकर दो-चार घूँट पिए। कोई साहब माँग रहे थे, उन्हें दे दिया। अब पाइप का क्या हो ? याद आया, एक पाइप और तंबाकू थैले में रखा है। ऊपर लटका थैला उतारा। टटोलकर पाइप-तंबाकू निकाला, दो-एक घूँट पिया। अब तो सुबह तक यहीं बैठना है ! किस-किसका ध्यान आ रहा है ? मन्नू, टिंकू, नगीना या ...प्रभा खेतान। 'हंस' का क्या होता ? सुबह गिरिराज का आयोजन शोकसभा में बदल जाता...जब यह घटित हो रहा था, क्या तुम्हें भगवान का ध्यान आया था ? अरे, अब तो एक घंटा निकल गया है और मुझे भगवान का ध्यान ही नहीं आ रहा ? नहीं, मुझे शायद इसकी जरूरत ही नहीं है भीतर से...प्रियंवद क्या कर रहा होगा। अच्छे-खासे दिल्ली बैठे थे, चले आ रहे हैं चूतिये...ताहि न आवै ताहि

पर, ताहि तहाँ लै जाए...मैं अपने-आप से मज़ाक कर रहा था। खिड़की के पास अब बहुत-सी टॉर्चें हिलती हुई आ रही थीं। बाहर शायद घनी झाड़ियाँ थीं। बिलकुल सिनेमा का दृश्य था, जैसे छिपे हुए लोगों को सर्च पार्टी खोजती है। अंदर कुछ लोगों ने फिर मिलकर जोर लगाया और बगल वाली कुर्सियों को सीधा किया। बहुत बोलने वाले साहब की अटैची मिल गई थी और वे चुप हो गए थे। कुछ लोग "बाहर दरवाजे पर रहो और बिना पूछे अंदर मत आने दो...क्यों साहब, आपको मिट्टी के तेल की गंध आ रही है ? हाँ, हाँ, आ तो रही है। यह कहाँ से है ? कोई भी माचिस वगैरह मत जलाओ। आग लग सकती है। आग लग गई, तो सचमुच बड़ी मुसीबत हो जाएगी..." इस बार पाँच-छः लोग मिलकर कुर्सी उठा रहे थे और पाँव दबा आदमी पाँव खींचने की कोशिश कर रहा था। उससे पाँव नहीं खींचा जा रहा था, वह रो रहा था। दो-एक लोगों ने उसे खींचा। अब उसका रोना सुनाई नहीं दे रहा था। डिब्बे में पाँच-सात लोग ही रह गए थे। अचानक कुछ लोग आए—हम मेडिकल के लोग हैं, किसी को चोट या मदद। पाँव वाले आदमी को इंजेक्शन लगा दिया गया। बाहर शायद काफी लोग जमा हो गए हैं। हमारे डिब्बे के झुके वाले हिस्से में हथौड़ों की चोट करके रास्ता बनाया जा रहा था। लगता है, निकलना पड़ेगा। बेकार यहाँ कोई लूटने-मारने वाला घुस आया तो बचाव भी मुश्किल होगा। कोई कह रहा था, आइए साहब, आप भी आ जाइए। रेलवे पोर्टर आ गए थे और सामान निकाल रहे थे। ठोकरों से भोजन की थालियाँ खड़खड़ा उठती थीं।

अब तय किया कि बाहर ही निकलो। देखें क्या है, यहाँ बैठे-बैठे भी क्या होगा। एक पोर्टर को बुलाकर सामान पकड़ाया और बड़ी मुश्किल से बाहर निकला। बीच का रास्ता नाली जैसा बन गया था। पाँव फिसल रहा था। जैसे-तैसे बाहर निकले। दो डिब्बों को जोड़ने वाले रास्ते से जगह बनाई गई थी—ऊबड़ खाबड़। पीछे वाला हिस्सा झुककर जमीन के पास आ गया था। लोगों ने मदद की और नीचे उतार दिया। बाहर भीड़ थी—मेले जैसी। कुछ लोग बीच में आग जलाकर उसके आस-पास बैठे या खड़े थे। कहीं रेलवे इंजन आ लगा था और उसकी हेड लाइट ने सारे वातावरण में रोशनी कर दी थी। उधर खेतों के पार से लोग लगातार टॉर्चें जलाते आ रहे थे। कुछ लोग अपने सामान लेकर कहीं जा रहे थे। रेलवे पुलिस, पोर्टर, दूसरे खलासी पहुँच चुके थे, मेडिकल टीमें आ रही थीं। मैं अपना सामान आग वाले घेरे के पास रखे खड़ा था। देखते हैं, आगे क्या होगा...डेढ़-दो घंटे हो चुके थे। पास ही कोई पत्रकार काग़ज-पैड लेकर कुछ लोगों से सवाल कर रहा था। मैंने पूछा, तो पता लगा 'स्वतंत्र भारत' के कोई एस.पी. सिंह है। मैंने अपना परिचय दिया, तो चौंक पड़ा, अरे आप...क्या इंतजाम है ? मैंने कहा, कुछ नहीं। पूछा, क्या करेंगे ? मैंने कहा, जो सबका होगा, वह हमारा भी होगा। शायद सुबह ही कुछ होगा...बोला, आप यहीं रुकिए, मैं अभी कुछ करता हूँ और फिर वह चला गया। कानपुर से यह जगह 50-60

किलोमीटर पहले है—सबसे पास स्टेशन है रूरा...बाहर रोशनी में अपने डिब्बे को देखा, तो धक्का लगा। झुककर तिरछा हो गया था और सामने का हिस्सा इस तरह पिचक गया था, जैसे सिगरेट की डिबिया को मुट्ठी में दबा दिया गया हो—तो मैं इसमें था ? अभी भी कुछ लोग डिब्बे में जाते थे और कुछ लोग जोर से पूछते थे, यह ब्रीफकेस किसका है ? थर्मस या थैला जिसका हो, ले ले...अजीब आत्मीयता और सहायता का माहौल था...सब एक-दूसरे की मदद करना चाहते थे। काफी लोग कानपुर से आ गए थे, "देखिए, मैं यहाँ का डी. एम. हूँ, आप यहीं खड़े रहिए और ध्यान रखिए, किसी का नुकसान न हो...जो सामान ले जा रहा हो, उसे रोककर पूछिए"...डी.एम. सिपाहियों को आदेश दे रहा था। 'मेडिकल हेल्प, मेडिकल हेल्प...' कहते हुए कुछ लोग इधर से उधर घूम रहे थे...साला पाइप पता नहीं कहाँ चला गया, मैं भीतर से परेशान था और सोचता था, डिब्बे से निकलकर कोई आवाज लगाए—"यह पाइप किसका है ?" तभी पास की कुर्सी पर बैठे वह जैन सज्जन आए, "आपकी तंबाकू का पैकेट पता नहीं कैसे मेरे कोट की जेब में आ गया।" उन्होंने पैकेट दे दिया। उछलकर तंबाकू को भी कहाँ पहुँचना था। पूछा, दूसरी जेब में भी देख लीजिए, शायद पाइप आ गया हो ! हम दोनों ही हँस पड़े और मैं सहसा चुप हो गया। लोगों को अपनी जान की पड़ी है और मैं अपना पाइप ही लिये फिर रहा हूँ ! यह माहौल हँसी-मज़ाक का नहीं है। फिर भी पता नहीं क्यों, सब-कुछ सपने में होता हुआ और निहायत 'अनरीयल' लग रहा था...

अचानक सामने ही एक चेहरा देखकर मुँह से निकला, 'प्रियंवद'। "अरे भाई साहब, आप ? आप ठीक तो हैं न ? कुछ नहीं हुआ न ?" लगा उसे सहसा विश्वास नहीं हो रहा था। सचमुच, बहुत घबराया हुआ था, "मैं एंबुलेंस लेकर आया हूँ, डॉक्टर है, आप चिंता मत कीजिए। दो-तीन गाड़ियाँ हैं..." मैंने कहा, "मुझे तो कुछ नहीं हुआ, मगर पूछ लो किसी और को जरूरत हो।" वह बोला, "अच्छा आप यहीं खड़े रहिए, मेरी भाभी भी इसी गाड़ी से आ रही थीं। मैं उन्हें देख लेता हूँ।" फिर वह चला गया। उसके बड़े भाई, भतीजे और कुछ मित्र भी साथ थे। मैं अकेला खड़ा जायजा लेने लगा। कोई दाढ़ी वाले साहब हमारे डिब्बे के निकास के नीचे ही एक तरफ पड़े थे। कपड़े फट गए थे और शायद मर चुके थे। लोग देखते थे और बचकर आगे निकल जाते थे। कोई बता रहा था कि सी. फोर में किसी का मानसिक धक्के से ही हार्ट-फेल हो गया था। आस-पास के गाँव वालों ने शायद बहुत मदद की थी और लकड़ियाँ ले आए थे। दो-तीन जगह अलाव जैसे जल रहे थे। जैसे ही कुछ ने सुना कि मुझे लेने कोई आ गया है, सब अनुरोध करने लगे— भाई साहब, जाकर जरा फोन कर दें, घर वाले बहुत परेशान होंगे। पास वाले जैन ने कागज पर दिल्ली, चूरू, जयपुर के फोन नंबर दे दिए। मैंने सबसे कहा, आप कागज पर लिखकर दे दीजिए। छः-सात चिटें हो गई थीं। कुछ दिल्ली की और शेष कानपुर की...प्रियवंद

फिर आया, भाभी नहीं मिल रहीं। उनकी एक चप्पल मिली है, अटैची नहीं है। सारे डिब्बे देख लिये ...एक बार फिर देख आएँ, 'एनाउन्समेंट' कराएँगे। मुसाफिरों का खेतों की तरफ दलों में या अकेले जाना और उधर से आना जारी था। परिवार अपने-अपने सामान उठाए, बच्चों को लिये इधर से उधर आ-जा रहे थे। कुछ धैर्य से जमीन या अटैचियों पर बैठे थे। तभी अचानक शोर मचा, 'चोर-चोर'। पता चला, कोई किसी की अटैची लेकर भागा था—अंधेरे में। कुछ लोग भागे, पुलिस वाले भी दौड़े। आगे जाकर पकड़ लिया गया। शायद पिटाई भी हुई। फिर उसे पुलिस वाले ले गए। इंजन बुरी तरह क्षतिग्रस्त हुआ था। ड्राइवर और उसका साथी— दोनों ही बुरी तरह दब गए थे। अब सामने वाली 'लाश' को स्ट्रेचर पर रखा जा रहा था। डॉक्टर ने टॉर्च से उसकी पलकें उठाकर देखा था। शायद जान थी। एनाउन्समेंट हो रही थी, उधर बसें आ गई हैं। थोड़ी देर में एक ट्रेन और लाई जा रही है। जो लोग बसों में कानपुर जाना चाहें, वे उधर खेतों के पार चले जाएँ। प्रियवंद और दूसरे लोग फिर आए—भाभी नहीं मिल रही थीं...हर डिब्बे की एक-एक सीट देखी है। 50-55 की महिला, अटैची लेकर कहाँ चली गईं ? प्रियंवद ने आग्रह किया—भाई साहब, आप उधर गाड़ी में चलकर बैठिए, कुछ लोग अकबरपुर और रूरा के अस्पतालों में पहुँचाए गए हैं, वहाँ भी देख लेते हैं। मैं आता हूँ। और एक साहब ने मेरा झोला-अटैची उठाए। हम दो-तीन लोग अंधेरे में गाड़ियों की तरफ चल दिए।

खड़ी ट्रेन के पास पुलिस और दूसरे लोगों की जीपें, गाड़ियाँ खड़ी थीं। रास्ता या तो धूल भरा था या मुड़े हुए खेत थे। साथ वाला टॉर्च से रास्ता दिखाता चल रहा था। काफी देर चल लिये थे, मगर उनकी गाड़ियों की जगह ही नहीं आ रही थी। मेरे सामान वाला भी पता नहीं कहाँ निकल गया था। एक-डेढ़ किलोमीटर पर उनकी एंबुलेंस खड़ी थी। सामान रखा गया, मगर एंबुलेंस को बैक करने में पहिये ऐसी जगह फँस गए थे कि ऊपर ही घूम रहे थे। चार-छः लोगों ने धक्के भी लगाए। अब कहीं से कोई जीप या ट्रक मिले और बाँधकर आगे खींचा जाए, तभी निकल सकेगी। रास्ते भर बीसियों गाड़ियाँ खड़ी थीं, पता नहीं इतने लोग कहाँ-कहाँ से आ गए थे। आगे कुछ कारों-जीपों में भर-भरकर जा रहे थे। अब तय हुआ कि आगे खड़ी मारुति में हम लोग चलेंगे। एक डॉ. दुबे के साथ उधर चले। काफी आगे मारुति थी। दुबे बोले, "आपका सामान तो शायद दूसरी गाड़ी में चला गया। आप कुछ देर बैठिए। मैं एक चक्कर और लगाता हूँ। मैं मारुति में पीछे लगभग लेट गया। शीशे चढ़ा लिये। दुबे चले गए। ड्राइवर भी कहीं और चला गया। अब रेतीले खुलाव में मैं अकेला था। लगा, ठंड काफी है। मारुति की यह कागजी छत क्या बचाव करेगी ...शायद दो बजे थे। दो-एक क़श लगाकर मैं तिरछा होकर लेट गया, फिर धीरे-धीरे नींद आ गई...

अजीब बनावट है, न घबराहट, न बेचैनी, न उतावलापन, न दहशत...घबराओ

राजेन्द्र, तुम्हें पता नहीं, किस हादसे से गुजर कर आ रहे हो, यह तूफान सिर्फ तुम्हारी लाश छोड़ जाता—हाथ-पाँव, पसली-सिर टूट जाते तो बाकी ज़िंदगी कैसे कटती ? हाँ, जो होता, वह हो जाता। अब उसे लेकर इतनी हाय-तौबा क्यों ? मर जाते, तो पता भी नहीं चलता। इस समय भी मालूम नहीं कितने लोग जिंदगी और मौत से जूझ रहे होंगे, कितनों के सिर-पसलियाँ टूट चुके होंगे, कौन कहाँ भटक रहे होंगे, लोग सन्निपात में चीख-चिल्ला रहे होंगे—देखा नहीं था, जिसका पाँव कुर्सियों के बीच फँस गया था और घंटे भर वह गुहारता रहा, "अरे, कोई मेरा पैर निकालो, टूट गया है।" फिर जब पाँच-सात लोगों ने कुर्सी-जाल उठाया, तो वह वापस खींच नहीं पाया था, दो आदमियों ने उसका पाँव खींचा, तब जाकर उसकी कराह दूर हुई। फिर दो-तीन डॉक्टरों ने आकर उसे इंजेक्शन दिया...और वह डिब्बे के बाहर पड़ी हुई लाश...अंधेरे, कुहरे और ठंड में आड़ा-तिरछा उनींदा मैं अपने को धिक्कार रहा था, मगर भीतर कहीं कुछ नहीं था। मैं सिर्फ सोचने की कोशिश कर रहा था कि कल क्या बोलना है। कहाँ से आया है यह ठंडापन, यह भावनात्मक पठार मेरे भीतर ? पिताजी क्या मरीजों को तीस साल देखते-देखते ऐसे ही हो गए थे और मुझे सौंप गए यह पथराया निर्वेद, जहाँ कुछ भी नहीं होता...न गुस्सा आता है, न प्यार...न उद्वेग मथता है, न मृत्युभय... ! कठिनाई और संकट, उल्लास और विषाद—मुझे क्यों नहीं कुछ होता... ?

बाईं तरफ कहीं दूर रोशनियाँ थीं और सामने एक बस खड़ी थी। अंदर रोशिनियाँ थीं। कुछ परिवार आकर बैठ गए थे, फिर कुछ और आए, तो बस चली गई। कार के चढ़े शीशों के पार आवाजें नहीं आती थीं—बस, ऐसा लगता था, जैसे किसी बहुत ही खर्चीली और भव्य फिल्म की शूटिंग हो रही है, या कोई बहुत बड़ा कारखाना बेआवाज चल रहा है...

पता नहीं कब शीशे पर खटखट हुई। डॉ. दुबे और प्रियंवद थे। कोई एक और। दरवाजा खोला, पूछा "कुछ पता चला भाभी का ?" बताया, अभी खबर मिली है कि वे घर पहुँच गई हैं। पता नहीं, किसके साथ निकल गईं। किसी ने पुलिस कंट्रोल रूम में खबर दी है। अब चलें। ड्राइवर खोजा गया और हम लोग चल पड़े। साथ में कई गाड़ियाँ थीं—एक तो वही एंबुलेंस थी। खेतों और उलटी-सीधी पगडंडियों, कच्ची सड़क और घुमावों से गुजरते हुए लगा, इतनी ऊबड़-खाबड़ जगह पर अंधेरे और रात में कैसे पहुँचे होंगे ये लोग ? चार-पाँच किलोमीटर बाद एक रोती हुई-सी सड़क थी। प्रियंवद ने बताया, यह कालपी रोड है...अब साढ़े पाँच बज चुके थे। कानपुर 50 किलोमीटर।

प्रियंवद अपने देखे-सुने को बता रहा था। बीच-बीच में 'भयानक' शब्द बोलकर चुप हो जाता था। सबसे पहले गिरिराज को फोन करने की बात कहता था क्योंकि एक्सीडेन्ट की खबर हो गई थी, बहुत घबरा रहे होंगे। बाद में उसने बताया कि सारी

रात भगवान से प्रार्थना करता रहा था...हम सब लोग चुप थे, अपने-अपने में उतरे हुए। आसमान उजला होता जा रहा था...अचानक वह बोला, ''न जाने कितने-कितने बरसों बाद सुबह देख रहा हूँ—वरना सात-आठ बजे उठकर कहाँ कभी यह सब देखने को मिलता है...'' मुझे भी लगा, शायद बीसियों बरस बाद इस तरह अंधेरी रात जागकर देखी है, मैं तो भूल ही गया था कि सूरज का निकलना अब कैसा लगता है ! बंद कमरों और भागदौड़ में यह सब अब हमारी चेतना का हिस्सा भी तो नहीं रहा... अब हम सवेरी सड़कों पर प्रवेश कर रहे थे...लगभग सूरज की दिशा में...

नहीं, वह तारीख छः दिसंबर नहीं थी, जब बड़ी सांप्रदायिक दुर्घटना में बाबरी मस्जिद टूटी थी और प्रदेश-देश की राजधानी चकनाचूर हो गई थी। यह तारीख थी 17-18 दिसंबर, 1993 की रात और मैं टूटी-फूटी राजधानी एक्सप्रेस से निकल कर आ रहा था...

[जनवरी 1994]

विदेशी, स्वदेशी और देसी आदमी का वर्ष

यह वर्ष देश की राजनीति, या कहें—भविष्य की दिशा तय करने वाले महत्त्वपूर्ण वर्ष के रूप में ही याद किया जाएगा, क्योंकि सदियों से चले आ रहे कुछ मिथक और विश्वास पिछले दिनों ही चकनाचूर हुए। सत्ता की लड़ाई ने मूलतः न बहुत कुछ खोया, न पाया। हाँ, लड़ने वालों के चेहरे जरूर कुछ और साफ हुए। बाकायदा ध्रुवीकरण अब होना है।

केंद्रीय सत्ता में बैठा या उससे जुड़ा ऊपरी तबका अपने खड़े होने का जमीनी आधार और अधिकार जितना ही खोता गया, उतना ही अंतर्राष्ट्रीयता पर निर्भर करता गया। अपने-आप को बचाए रखने की हताश हड़बड़ाहट ने उसे इतना बौखला दिया कि लगभग सारे विकल्प उसके हाथ से निकल गए, विश्वसनीयता के परखचे उड़ गए। अपने हितों और हविसों की भूख ने उसे कर्ज के ऐसे बिंदु पर पहुँचा दिया कि अपनी सारी आर्थिक, राजनैतिक और वैदेशिक स्वायत्तता विदेशों के हाथों गिरवी रखनी पड़ी। आज उसकी सारी सोच और समझ को विदेशी बहुराष्ट्रीय कंपनियाँ तय कर रही हैं। छोटे-मोटे सारे उद्योग-धंधे या तो उनके उपग्रह बनने की प्रक्रिया में हैं या सीधे-सीधे उनके एजेंट बन रहे हैं। हजार-पाँच सौ करोड़ का सालाना व्यवसाय करने वाली कंपनी जब अरबों और खरबों की कंपनी से 'कोलॉबोरेट या सहयोग' करेगी, तो सिवा उसकी झाड़ूबरदारी के क्या कर पाएगी ? हाँ, उसके स्वागत और बिजनेस के लिए उसे ऐसा वातावरण यहाँ जरूर बनाना पड़ेगा कि उनके माल की खपत होती रह सके। इसके लिए लोगों के दिमाग और जरूरतों की पसंद बदलनी पड़ेगी ? चूँकि उनमें से अधिकांश चीजें न हमारे देश की मूलभूत जरूरतें हैं, न उन्हें हम अपनी वर्तमान अर्थ-व्यवस्था के चलते खपा सकते हैं। इसलिए एक तरफ तो सारा मीडिया मनोरंजन और स्टेटस (हैसियत) की हमारी मानसिकता बदल रही है, तो दूसरी तरफ बौद्धिक विशेषज्ञ रात-दिन विश्लेषण-विवेचन द्वारा हमें समझाने में लगे हैं कि 'यही है राइट चॉयस बेबी...।' शायद किसी ने कहा था कि बलात्कार

के प्रतिरोध का सबसे अच्छा तरीका यही है कि प्रतिरोध करना छोड़ दो और मजा लो...। अमेरिका के सामने हम अपने संपूर्ण समर्पण को एन्जॉय कर रहे हैं।

अपनी स्वार्थांध मूर्खता में इस ऊपरी तबके ने लोकतंत्र के सारे स्तंभों को ध्वस्त कर दिया है। करोड़ों-अरबों के घपलों में लिप्त मरणासन्न नेता संविधान और न्यायपालिका की ऐसी-तैसी कर रहे हैं, असली हीरो हैं हर्षद मेहता, चंद्रास्वामी और दाउद इब्राहीम। कल को जो मुद्दे सरकारें पलट देते थे, वे आज हल्की-सी हलचल भी पैदा नहीं करते—शायद इससे अधिक लद्दड़, नाकारा, लालची नेतृत्व इस देश को दो-तीन सदियों बाद मिला है—देश में विदेशी और विदेश में देश इसका मूल नारा है। यही इसकी आर्थिक, विदेशी और सांस्कृतिक नीति है। हर जवाबदेही (एकाउंटेबिलिटी) से ऊपर...।

इस मलाई-भकोसू फाइव-स्टार गिरोह के जवाब में उभरा है दूसरे-तीसरे दर्जे के उद्योग-धंधों से जुड़ा, शहरी मध्य वर्ग का, लगभग कमीशन पर पलने वाला, तबका नंबर दो। इसका एकमात्र मुद्दा है सांस्कृतिक राष्ट्रीयता और भारतीयता—यानी हिंदुत्व...। आर्थिक धरातल पर इसकी स्थिति त्रिशंकु से भी ज्यादा हास्यास्पद है। इस वर्ग के हर परिवार का एक हिस्सा विदेश में है, तो दूसरा देश में। यह तय ही नहीं कर पाता कि इसे कितनी भारतीयता चाहिए और कितनी अंतर्राष्ट्रीयता। दोनों जगह इसके आर्थिक स्रोत हैं, इसलिए एक मुँह से इसे अपने उद्योग-धंधों के हित में 'स्वदेशी' चाहिए, तो दूसरे मुँह से अमेरिकन आकाओं को यह भरोसा दिए रखना कि हम आपकी बहुराष्ट्रीयों के स्वागत के लिए बेचैन हैं। अपने लिए इनकी 'रणनीति' के एकमात्र हथियार हैं अतीत और धर्म। इन्हें अस्त्र-शस्त्रों से लेकर किसी भी विदेशी उपभोक्ता वस्तु से कोई आपत्ति नहीं है--बस, उस पर तिलक-छापे हमारे हों। मर्सिडीज पर रथ का ढांचा महाभारतकालीन हो, तो चलेगा...। पुरातन के नाम पर मूलतः ब्राह्मणवादी यह पार्टी विधर्मियों को ठिकाने लगाने के लिए सांप्रदायिक धर्मांधता और अपनों को संभालने के लिए महान भारतीय संस्कृति का कीर्तन करने के लिए अभिशप्त है। नीति-अनीति, कानूनी, गैर-कानूनी राष्ट्रीय या राष्ट्र-विरोधी स्रोतों पर पलने वाले आधुनिकतम सुख-सुविधा संपन्न लोगों की यह पार्टी हिंसा-अहिंसा से ऊपर है। अपनी श्रेष्ठता और दूसरों से घृणा इनके मूल प्रेरणा-तत्त्व हैं। इसलिए सामूहिक हत्याकांडों से न इनकी आत्मा पर शिकन पड़ती है, न आर्थिक घोटालों से...। व्यापारी सिर्फ दो बातें सोचता है : मेरे ऊपर आंच न आए और मेरा हिस्सा मिलता रहे। दिल्ली विधानसभा में आते ही हाउस-टैक्स यानी बड़ी जमीन-जायदाद वालों को ज्यादा सुविधाएँ देने की घोषणा इनके वास्तविक सामाजिक आधार की घोषणा है।

पिछले दो-तीन वर्षों में राम के नाम पर सारे देश को उलट-पलट देने और दिल्ली सिंहासन का ख्वाब देखने वाले इस राजनैतिक दल को सबसे बड़ा धक्का लगा गत वर्ष होने वाले विधानसभा चुनावों में। चुनावों में हार-जीत राजनैतिक खेल हो

सकता है, मगर अफसोस की बात यह है कि न मंडल का हौवा दुबारा खड़ा हुआ, न अपने बड़े नेताओं की गिरफ्तारी और विधायकों की पिटाई पर किसी ने ध्यान दिया। अंतर्राष्ट्रीय मुद्दा बना दिए जाने वाले अयोध्या के रणक्षेत्र में बड़ी मुश्किल से एक सीट मिली। इसलिए इन नेताओं, अफसरों और पत्रकारों की यह चिंता सचमुच वाजिब है कि 'हिंदुत्व' को अब नया रंग-रोगन देना होगा—मथुरा, काशी का हंगामा भी अब वैसा जादू कर पाएगा या नहीं...।

वस्तुतः इस पार्टी को सबसे बड़ा धोखा दिया उस तीसरी शक्ति ने, जिसे कल तक ये अपने हाथ-पैरों की तरह इस्तेमाल कर रहे थे। जहाँ से कारसेवक नाम से रंगरूटों की भर्ती कर रहे थे और जो इनके लठैत बनकर अपने को धन्य मान रहे थे, उन्हें न इतने इकहरे धर्म की जरूरत थी, न खून-खराबे वाली सांप्रदायिकता की ...इनकी जरूरतें ज्यादा ठोस और अस्तित्वगामी थीं। पिछले बीस सालों में तो इस तीसरी शक्ति को सत्ता का स्वाद भी लग चुका है। इसलिए बार-बार सिंहासन से धकियाए जाने पर भी लौट-लौटकर चढ़ आते हैं। हजारों सालों के सामंती संस्कार हैं, इसलिए न आज का प्रशासकीय कौशल है, न राजनैतिक चतुराई वाली दूरगामी जोड़-तोड़ की दक्षता। गाँव-कस्बों के धरातल पर सीधे-सीधे सिर फोड़ने या फड़वाने वाले लोग हैं। चूँकि कूटनैतिक चालों से अधिक व्यक्तिगत अहं से आक्रांत हैं, इसलिए अक्सर आपस में ही लड़ते हैं—सैद्धांतिक और राजनैतिक प्रशिक्षण के अभाव में सत्ता की नंगी लड़ाई की इनकी प्रतिबद्धता है—ऊपरी वर्ग की अंतर्राष्ट्रीय बौद्धिक उलटबासियाँ और आँकड़ेबाजी या मध्यवर्गीय 'सांस्कृतिक राष्ट्रीयता' की शब्दावली से परिचित होने का तो सवाल ही नहीं है। अभी भी इनकी बनावट जातिवादी या कबीलाई ज्यादा है। जाहिर है, सत्ता के लिए एकजुट हुए इन कबीलों में आपसी दरारें फिर उभरेंगी और मालिक पंडित जी, सेठ जी या राजा साहब वर्ग के लोग इस फूट का फायदा उठाकर फिर इन्हें दरवाजों से बाहर धकेल देंगे...मगर लगता है, शायद यह अब रुकने वाली नहीं है। मुलायम सिंह और जातियों और दलितों का संयुक्त मोर्चा सांस्कृतिक राष्ट्रवादियों के लिए सबसे खतरनाक संकेत है। अगर ये लोग सत्ता में रहे, तो निश्चय ही उस बारीक जोड़-तोड़ में भी माहिर हो जाएँगे, जहाँ ऊपरी वर्गों का एकाधिकार रहा है। कहते हैं, कुर्सी सब सिखा देती है...अभी तक तो बुर्जुआ प्रेस इन्हें या तो विदूषक के रूप में प्रोजेक्ट कर रहा है या खलनायक के। इसके पीछे इनकी 'नालायकी' से ज्यादा अपने नायक न रह जाने की खुंदक ही तो है। आश्चर्य है, सारे अवसर 'नालायकों' द्वारा छीन लिये जाएँगे...इस आशंका से मध्यवर्गीय किशोरों द्वारा आत्मदाह कराने वाले, अपनी कुर्सियों पर बाकायदा चढ़ी चली आती आंच के बावजूद न आत्महत्या कर रहे हैं, न आत्मदाह...।

भविष्य के किसी नक्शे या योजनाबद्धता के अभाव में सारी आर्थिक और राजनैतिक गतिविधियाँ पिछले वर्ष भी भयानक तदर्थवाद की जोड़-तोड़ में ही उलझी

रही हैं—जहाँ आग लगी, वहाँ कंबल से ढंक दिया। सत्ता की दावेदार तीनों शक्तियाँ भी अपने-अपने तदर्थवाद का शिकार रहीं—इनमें क्षेत्रीय स्तर पर कांग्रेस और जनता दल—दोनों ही लगभग अप्रासंगिक हो गए। विचारधाराओं की समाप्ति की घोषणाओं ने बड़े-बड़े बुद्धिजीवियों को डगमगा दिया। 'हम लोग बहुत किताबी और पश्चिमोन्मुख रहे हैं', इस कचोट ने न जाने कितने विचारकों और रचनाकारों को अपनी जड़ों की तलाश के लिए बाध्य किया और उन्होंने पाया कि जड़ों की तह में 'हिंदू सवर्णवाद' है। यह पश्चिमी सवर्णवाद (एलिटिज्म) से पूर्वी सवर्णवाद की यात्रा थी। निर्मल वर्मा और अरुण शौरी इसके क्लासिक उदाहरण हैं। इसे पत्रकार और रचनाकार के आपस में स्थान बदलने का मनोरंजक वर्ष भी कह सकते हैं।

कभी-कभी यह भी शक होता है कि कहीं यह ऊपरी दोनों वर्गों की आपसी मिलीभगत तो नहीं है कि आडवाणी इस तीसरी उभरती शक्ति को मंडल-मंदिर की लड़ाइयों में उलझाए रहें और नरसिंह राव देश को अंतर्राष्ट्रीयता के हवाले करने का काम सुविधापूर्वक पूरा करते रहें। इन ऊपरी दोनों वर्गों को असली खतरा इस तीसरे वर्ग से ही है, इसलिए एक अपने बचाव के लिए विदेशी उपनिवेशवाद ला रहा है, तो दूसरा अतीत के अधिकारों से सांस्कृतिक फ़ासीवाद...दोनों स्वदेश और स्वदेशी माल की बातें ही करते रह सकते हैं, 'देसी आदमी' का उभार देखकर दोनों के पाँवों के नीचे की धरती खिसक रही है। मुझे लगता है, आने वाले वर्षों में यही नक्शा ज्यादा साफ होगा।

दुधारी तलवार है सांप्रदायिकता

1993, यानी पिछला वर्ष कुछ बहुत ही 'पूज्य' मिथकों के ध्वंस का वर्ष रहा है। धर्मांधता, आत्मरक्षा की चीत्कारों और आत्म-महानता के उद्घोषों के साथ उठाई गई ऐसी दुधारी तलवार है, जो सारे देश और समाज को घृणा के आधार पर 'हम' और 'वे' में बाँट देती है। वह 'शुद्ध' और 'धर्मसम्मत' समाज देने के आश्वासन से आक्रांत है और मनमाने ढंग से 'अशुद्ध' और 'अवांछनीय' तय करती है, ताकि उनका सफ़ाया किया जा सके। वह अपनी राजनैतिक योजनाओं के अनुरूप संस्कृति, इतिहास, धर्म की व्याख्याएँ, कार-सेवकों और धर्म-योद्धाओं के दिमाग में इस तरह ठूँस देती है कि उन्हें सब 'अपनी ही लड़ाइयाँ' लगने लगती हैं। बच्चा-बच्चा धर्म को पुनर्स्थापित करने के लिए मर मिटने को तैयार हो जाता है। धर्म के लिए मरना पुण्य हो जाता है और मारना धार्मिक अनुष्ठान। यह धर्मांधता जब सांप्रदायिकता बनकर 'उन्हें' यानी 'दूसरों' को सबक़ सिखाती है, तो विधर्मियों, म्लेच्छों और काफ़िरों, नास्तिकों को मारती है, मगर जब अपने भीतर ही वह 'शुद्ध' और 'सच्चे' धार्मिकों को छाँटती है, तो जातिवाद, वर्णवाद को स्थापित करती है—एक ओर उसके दुश्मन विधर्मी होते हैं, तो दूसरी ओर अपने भीतर के 'धर्मद्रोही'। चूँकि शुद्ध और वास्तविक धर्म की व्याख्या, परिभाषा और व्यवस्था देना केवल कुछ 'पहुँचे हुए' अपने हाथों में सुरक्षित रखते हैं, इसलिए वही तय करते हैं कि 'धर्मद्रोही' या 'अधार्मिक' कौन है। ऊपर से देखने में इस तरह की व्यवस्थाएँ देने के लिए शास्त्र, पुराण, स्मृतियाँ और प्राचीन क़िस्म की पोथियाँ ज़रूर हैं, मगर सुविधानुसार उनका उपयोग व्यवस्था देने वालों के अपने स्वार्थों, रणनीतियों या राजनीतियों के हिसाब से ही तय होता है। नाम वे राष्ट्र और संस्कृति, धर्म और इतिहास का लेते हैं, मगर असली स्वार्थ होता है शक्ति और सत्ता हथियाना। इस तरह वे सारे देश को दुश्मनों और परस्पर-विरोधियों के रूप में तोड़ डालते हैं, ताकि उनकी अपनी हैसियत पर आंच न आए और लोग खुद ही व्यक्तिगत या सामूहिक रूप से 'दुश्मनों' और 'विरोधियों' को ठिकाने लगाते रहें। इसलिए यह संयोग

नहीं है कि सावरकर से लेकर आडवाणी तक के लिए बाहरी दुश्मन मुसलमान हैं, तो भीतरी दुश्मन धर्मविरोधी 'कम्युनिस्ट' या वर्ण-व्यवस्था को न मानने वाले 'नास्तिक'। उधर मुसलमानों के लिए बाहरी दुश्मन हिंदू हैं, तो भीतरी दुश्मन सलमान रुश्दी या तस्लीमा नसरीन जैसे लोग...वहाँ बाहरी सांप्रदायिकता, भीतर कहीं शियाओं, अहमदियों को छोटा करने में व्यक्त होती है, तो कहीं अज़लफ, अशरफ के बँटवारे में।

चूँकि धर्म, संस्कृति, राष्ट्र, इतिहास मूलतः मिथ हैं, इसलिए इनकी आज तक कोई सर्वमान्य-सार्वभौमिक परिभाषा नहीं दी जा सकी है। दी भी नहीं जा सकती। जो ऐसी परिभाषा देने का दंभ करते हैं, वे या तो दयनीय रूप से स्थानीय और तात्कालिक होते हैं कि सौ साल और सौ मील दूर भी वह लागू न हो सकें, या फिर इतने अमूर्त और वायवीय कि सिर्फ़ कुछ आकर्षक, मगर अर्थहीन शब्दों की काव्य-पंक्ति बनकर रह जाएँ, जो मौक़े-बे-मौक़े झुनझुने की तरह बजाई जाती रहे, जैसे 'धर्म मनुष्य मात्र का कल्याण करता है'—अब या तो इस सुंदर सूक्ति का कानों और संस्कारों की तृप्ति के अलावा कोई अर्थ ही नहीं है या व्यावहारिक रूप से केवल यह अर्थ है कि धर्म 'मनुष्य-मात्र' का नहीं, सिर्फ़ उस मनुष्य का कल्याण करता है, जो उसका पालन करे, बाक़ी मनुष्य उस घेरे से बाहर हैं और अधार्मिक हैं। सवाल उठता है कि वह धर्म कौन-सा है, जो अपने अनुयायियों का कल्याण करता है ? उत्तर होगा—वह धर्म, जो हमारे पुराणों और ग्रंथों में लिखा है, मगर चूँकि वहाँ बहुत कुछ लिखा है और अनेक समयों, भूगोलों या प्रयोजनों के दबावों और संदर्भों में लिखा है, इसलिए परस्पर-विरोधी या कन्फ्यूज़न पैदा करने वाला हो सकता है। अतः धर्म वही है, जिसकी परिभाषा मैं कर रहा हूँ—मैं अर्थात् धर्म का अधिकारी और साधक...जिसे मेरे पुरखों, जाति या वर्ग ने सैकड़ों-हज़ारों वर्षों के अभ्यास और साधना से पाया है। तुम्हें सिर्फ़ मेरे कहे का पालन करना है, मेरी सेवा करते हुए ऐसे साधन-सुविधा मुहैया करते रहना है कि मैं निश्चिंत, सुरक्षित होकर तुम्हारे 'कल्याण' के लिए धर्म की समय-समय पर व्याख्याएँ देता रहूँ। इतना ही नहीं, तुम्हें उन असुरों और राक्षसों का भी वध करना है, जो मुझे धर्म की साधना और तुम्हें धर्म का पालन नहीं करने देते और विरोध करते हैं। तो देखा आपने, 'धर्म मनुष्य-मात्र का कल्याण करता है' जैसे सुंदर और उदात्त वाक्य के निहितार्थ और फलितार्थ कितने गहरे और घातक हैं। इसमें धर्म, मनुष्य-मात्र और कल्याण—तीनों शब्दों के मनमाने अर्थ निचोड़ने का अधिकार धार्मिक मेकअप वाले राजनेताओं और संत-महंत, पुजारियों-पुरोहितों ने अपने हाथों में सुरक्षित कर लिया है और वे सारे असुविधाजनक लोग, ऐतिहासिक प्रसंग और भौगोलिक प्रखंड निकाल बाहर किए हैं, जिनसे उनकी स्थिति को खतरा है। सारा समाज 'हम' और 'वे' में बाँट दिया गया है। भीतर और बाहर के 'दुश्मन' तय कर दिए गए हैं। क्या अब भी बताने की ज़रूरत है कि ऊपर से उदात्त, निर्दोष

और अबोध लगने वाला यह छोटा-सा वाक्य कितने स्वार्थों, नफ़रतों, बाँटने और तोड़ने वाली दुर्भावनाओं से बजबजा रहा है !

धर्म का उद्‌गम, विकास और प्रभाव चूँकि सामंती समाज की देन होता है, इसलिए वह सिद्धांततः गैर-बराबरी का समर्थक है। वहाँ सिर्फ़ मालिक और सेवक होते हैं। वहाँ कोई भी दो व्यक्ति जन्मना बराबर हो ही नहीं सकते। जिसके पास शक्ति, सत्ता और साधन है, वह दूसरे से ऊँचा है, दूसरे को उससे 'नीचा' होना ही होगा। जो नीचा है, उसका धर्म या उसके जीवन की सार्थकता इसी में है कि ऊँचे की सेवा, हुकुमबरदारी करे...जिसका जो स्थान निर्धारित है, उसे वहीं बनाए रखे... यही उसका धर्म है और गीता में लिखा है कि 'स्वधर्मम् निधनंश्रेय...' यानी श्रेष्ठ और निकृष्ट की जो श्रेणियाँ तय कर दी गई हैं (उन्हें तय करने वाले हमारे ऋषि-मुनि मूर्ख नहीं थे), उन्हीं को बनाए रखना और उनके लिए मर जाना ही धर्म का पालन करना है। 'धर्मो रक्षति, रक्षितः' इस यथास्थिति को बनाए रखना नहीं, इसे उलटने और बदलने की कोशिश करना ही 'जातिवाद' है। अगर जातियों-वर्गों की यह उलटा-पलटी होगी, तो धर्म और देश रसातल में चले जाएँगे। ऐसे मूर्ख और जाहिल ऊपर आ जाएँगे, जिनके पास जन्मना श्रेष्ठ होने का अधिकार तो है ही नहीं, परिणामतः योग्यता और क्षमता भी नहीं है। अगर लोकतंत्र के उन्माद में ऊपर आना ही है, तो उन्हें हमारी दी हुई अर्हताओं और संहिताओं के अनुसार योग्य, दक्ष और क्षमतावान होना होगा—हम खुद उन्हें झुककर सिर-माथे पर बैठाएँगे। हाँ, इन अर्हताओं को प्राप्त करने के लिए यानी उन्हें शिक्षित और दक्ष बनाने के लिए हमारे पास दस-बीस वर्षीय योजनाएँ हैं। तब तक उन्हें चाहिए कि शांति से बैठे रहें, हमारे दिए धर्म का पालन करें और अपने-आप को योग्य बनाएँ। फिर हम तय करेंगे कि उन्हें कितनी ऊँचाई देनी है।

इस प्रकार धर्माधारित सांप्रदायिकता बाहर म्लेच्छवाद और भीतर जातिवाद की जननी है। दोनों एक ही सिक्के के दो पहलू हैं। आज जो सांस्कृतिक राष्ट्र की बातें कर रहे हैं, उनके दिमाग में बहुत साफ़ है कि किस शब्द के वास्तविक और दूसरों को परोसे जाने वाले अर्थ क्या हैं। वहाँ धर्म का अर्थ है, अवांछित और अधार्मिक 'कीड़ों' का वध, वर्णाधारित रामराज्य की स्थापना—भीतर और बाहर के 'शुद्धीकरण' को 'अंतिम समाधान' (हिटलर द्वारा यहूदियों के सफ़ाये के लिए प्रयुक्त) तक पहुँचाना; संस्कृति का अर्थ है, मध्ययुगीन सामंती मूल्यों, मान्यताओं को गरिमामय मुहावरों में जनता के गले उतारना; इतिहास का अर्थ है (नायपॉल के शब्दों में), पिटे हुए कुत्ते की तरह बैठकर घावों को चाटना (हिस्ट्री इज़ नॉट फ़ॉर लिकिंग द वूंड्स) या मिथक का इतिहास या इतिहास का मिथक के रूप में घपलाकरण; और राष्ट्र की एकता-अखंडता का अर्थ है, छोटी-छोटी क्षेत्रीयताओं या अस्मिताओं को कुचलकर एक केंद्रीयता का वर्चस्व...सारे आधारभूत सूत्रों को अपने हाथों में रखने का कौशल,

केंद्र द्वारा शेष प्रदेशों की लूट। शायद एक सशक्त सांस्कृतिक राष्ट्र के यही सबसे कारगर नुस्खे हैं। आर्थिक योजनाएँ, गरीबी, ग़ैर-बराबरी, शोषण, शिक्षा तो सब बहुत टुच्ची और ओछी दुनियादारी की बातें हैं। इनसे उठकर ही तो हम महान बन सकेंगे—'आदमी सिर्फ़ रोटी के लिए नहीं जीता है।'

धर्मांध सांप्रदायिकता के महारथी सचमुच बहुत भोले थे कि बिना अपने अंतर्विरोधों को देखे उन्होंने 'बाहरी विरोधियों' के ऊपर हल्ला बोल दिया। नतीजे में पाँच प्रदेशों के एसेंबली चुनावों में मुँह की खानी पड़ी, तो चीत्कार कर उठे कि 'हमें लोकतंत्र ने नहीं, जातिवाद ने हराया है, वरना लोकमत तो हमारे ही साथ था...' मानो जातिवाद, धर्मोन्माद की देन नहीं, कहीं ऊपर से आया देवी, अभिशाप है। आप वर्णवाद, धार्मिक नृशंसताओं, सामंती शोषण, अत्याचार, ढोंग, कर्मकांड और सारी अमानवीयताओं का समर्थन भी करेंगे, लोकतंत्र की मूल शर्तों को विदेशी-विजातीय सिद्ध भी करेंगे और उम्मीद करेंगे कि 'आपके शिकार' सर्वसम्मति से आपको सिर पर बैठाएँ ? इस सादगी पर क्या कहा जाए ? मध्यवर्गीय शहरी, व्यापारी वर्ग या उस मानसिकता से जुड़े उद्योग, ब्यूरोक्रेसी, शिक्षा और मीडिया-मुग़ल—अर्थात् श्रमहीन कमाई पर पलनेवाला परोपजीवी तबक़ा चूँकि भयानक अपराध-बोध और पाप-दंश से पीड़ित होता है, इसलिए उसे अपनी आत्मा के उद्धार और मानसिक शांति के लिए धर्म, संस्कृति, इतिहास के संशोधित रूप और राष्ट्रीयता की वे सारी परिभाषाएँ चाहिए, जो घोंट-पीसकर आप तैयार कर रहे हैं, मगर शेष जनता को तो आवाज़ उठाने का हक़ है ही, कि 'वोट हमारा, राज तुम्हारा, नहीं चलेगा'। आज और कल वह पूछेगी ही कि राम जैसे दीनबंधु से कब तक आप संहारक की राक्षसी भूमिका कराते रहेंगे ? कल तक आपके लिए चोरी, डकैती, हत्या, लूटपाट करने वाले, आपसे ही पाई हुई हज़ारों सालों की ट्रेनिंग के बाद खुद सत्ता में आ बैठे हैं, तो परेशानी की क्या बात है ? अवर्णों, ग़रीबों, असहायों, श्रमिकों और अल्पसंख्यकों को मरवाने के लिए वे कब तक आख़िर अपने-आप को आपके द्वारा इस्तेमाल होने देते रहेंगे ? आँकड़े बताते हैं कि सबसे ज़्यादा हिस्ट्री-शीटर तो आपके पास हैं। जिस समाज में करोड़ों-अरबों के घपले और घूस न अपराध हों, न भ्रष्टाचार; जहाँ अपने धार्मिक लठैतों द्वारा अरबों की संपत्ति फुँकवाने और लाखों की हत्या कराने वाले नेता, संत और शिवाजी के अवतार बनकर पुज रहे हों; चार हज़ार सिखों को ज़िंदा जला डालनेवाले 'सम्मानित नेता' हों; जहाँ जीवन-रक्षक दवाओं और खाद्य-सामग्री में मिलावट द्वारा नरसंहार करनेवाले आपके 'धर्मयुद्ध' में पैसा उड़ेल रहे हों; जहाँ न्यायकर्ताओं को खरीद-बेचकर 'अन्याय' को ही क़ानून बना दिया गया हो, वहाँ कौन अपराधी और हिस्ट्री-शीटर है, यह तय करना इस सदी का सबसे बड़ा मज़ाक ही हो सकता है। अन्याय, अपराध, भ्रष्टाचार हमेशा ऊपर से छनकर नीचे तक पहुँचते हैं—अपनी बोई इन फसलों को देखकर छाती-माथा कूटने का नाटक बंद कीजिए और

भुगतिए अपने किए को। मेरा उद्देश्य इस सबका समर्थन नहीं, स्थिति की तर्कसंगत अनिवार्यता को रेखांकित करना है। सामाजिक समुद्र-मंथन में कुछ देवता हमेशा ही रत्न और अमृत झटकते रहेंगे, इस मुग़ालते को जितनी जल्दी दूर कर दिया जाए, उतना अच्छा है। अब तो आपको गंभीरता से यही सोचना है कि आज पाँच प्रदेशों में फैली हुई यह आग कहीं कल सारे देश में न फैल जाए, क्योंकि 'बहुसंख्यक आप नहीं, वे हैं।' सांप्रदायिकता एक ऐसे ध्रुवीकरण की प्रक्रिया है, जो सिर्फ़ विधर्मियों को छाँटने तक नहीं रुकती, वह अपने भीतर के अधार्मिक और अवांछित तत्त्वों को भी अलगाने और परिणामतः उन्हें एकजुट होने की मजबूरी पैदा करती है। जब आप हरे रंग को पाकिस्तान और मुसलमानों का रंग करार देकर स्टेशन फूँकेंगे, तो वे करोड़ों-करोड़ किसान और आदिवासी भी आपके खिलाफ़ उठेंगे, जिनकी फसलें और जंगल हरे होने के लिए अभिशप्त हैं। कीजिए सारी हरियाली को गेरुआ और बदलिए 'वन्देमातरम्' राष्ट्र-गीत के 'शस्य श्यामला' शब्द...एक ही साँस में हमें लोकतंत्र भी चाहिए और दूसरी तरफ़ इस्लामीकरण की सामंती रेजिमेंटेशन (फ़ौजी एकरूपता) भी। ये दोनों अंतर्विरोध कैसे चलेंगे एक साथ ? धर्म क़ानून से ऊपर है, आस्था ऐतिहासिक प्रमाणों से तय नहीं होती, मगर दूसरे क़ानून और संविधान का उल्लंघन नहीं करेंगे—कौन घास डालेगा इन उपदेशों को ?

एमर्जेंसी और बाद में बुद्धिजीवियों के जैसे मनोरंजक तान-पलटे देखने को मिले थे, वैसा ही सर्कस इधर भी देखने को मिल रहा है। राम-लहर में न जाने कितने साँप, बिच्छू और केकड़े अपने-अपने बिलों से बाहर निकल आए थे और मुखौटे उतारकर अपने 'हिंदू' चेहरे दिखाने लगे थे। अब वे ही वापस पुराने चेहरे फ़िट करने की हड़बड़ी में हैं ! नामवर सिंह ने ही लिखा है कि 'आदमी में बुद्धि हो, तो क्या नहीं कर सकता ?'

❑ ❑ ❑ ❑

आरोप है कि क्या मैं 'हंस' को शुद्ध साहित्यिक पत्र नहीं बना रहने दे सकता ? क्यों उसमें सांप्रदायिकता, वर्ण-वर्ग संघर्ष, शोषण या ऐसी ही उलटी-सीधी बातें ठूँसता रहता हूँ ? 'शुद्ध साहित्यिक' से उनका प्रयोजन क्या है, यह मैं आज तक नहीं समझ पाया। प्रेमचंद या उनके बाद वाले संपादकों ने भी कोई खास मदद नहीं की। वे भी अपने 'साहित्यिक हंस' में दुनियाभर की सामाजिक, राजनैतिक समस्याओं पर लंबी-लंबी टिप्पणियाँ देते थे। प्रेमचंद की साहित्यिक समझ को लेकर तत्कालीन पत्र-पत्रिकाओं में उन्हें 'घृणा का प्रचारक', 'ब्राह्मण-द्वेषी' इत्यादि न जाने किन-किन उपाधियों से विभूषित किया गया। कभी-कभी तो साठ साल पहले दी गई इन गालियों को ज्यों का त्यों अपने लिए सुनकर ही विश्वास होने लगता है कि शायद यह 'हंस' प्रेमचंद की संवेदना से बहुत दूर नहीं है। प्रसाद, निराला, महादेवी, पंत—किसी का भी लेखन मुझे 'शुद्ध साहित्य' समझने में मदद नहीं देता। 'कंकाल' और 'तितली' में तो परम

सांस्कृतिक कवि, प्रसाद, प्रेमचंद से भी दो कदम आगे हैं।

बार-बार मैं अपने को संशोधित करना चाहता हूँ और पूछता हूँ कि 'शुद्ध साहित्य' क्या है ? क्या कभी ऐसा भी कोई साहित्य रचा गया है, जिसमें रचनाकार का देश-काल न गुंथा हो ? यह सही है कि साहित्य, भूगोल और इतिहास– दोनों को अतिक्रमित करता है, मगर क्या इस प्रक्रिया में रूप-रस-गंधहीन हो जाता है ? वाष्पीकृत पानी की तरह ? स्वादहीन ?

मुझे लगता है कि साहित्य चाहे जितना 'शुद्ध' हो, अपने अतिक्रमण के अंतर्भुक्त गुण के बावजूद, न 'समय' से मुक्त हो पाता है, न 'समाज' से। रेशे-रेशे में रचना का समय भी होता है और समाज भी। और अगर वहाँ समय-समाज दोनों हैं, तो वे लोग और उनके आपसी संबंध भी होंगे, जिनकी वाणी बनकर रचना ने अपने-आप को अभिव्यक्त किया है। ये लोग क्या किसी ऐसे समाज में होते हैं, जो ठोस पत्थर के ब्लॉक की तरह इकहरा–मोनोलिथिक एक-स्तरीय हो ? क्या उस समाज में वर्ण, वर्ग, ग़रीब-अमीर, राजा-प्रजा, शहर-गांव के विभाजन नहीं होते ? जो साहित्य हम लोगों तक आया है, उसे रचने वाले कौन लोग थे, उनके वर्ग क्या थे और वे संबोधित किससे थे ?

क्या साहित्य को ऐसा कोई सुरक्षा-वलय (इंसुलेशन) प्राप्त है कि उसे समाजशास्त्र, भाषा-विज्ञान, राजनीति, इतिहास या विज्ञान के क्षेत्रों से उठने वाले सवालों का सामना न करना पड़े ? साहित्य आज उस युग से हज़ारों साल आगे निकल आया है, जब साहित्य था, रस-सिद्धांत था, आस्वादीय निष्पत्ति थी और निर्विकल्प समाधि में गोते लगाता 'सहृदय' था। आज वह अपने रचयिता समाज के अनेक स्रोतों, संदर्भों और संबंधों को पहचानने का दस्तावेज़ है और उसे ज्ञान-विज्ञान के क्षेत्र से उठने वाले बेहद असुविधाजनक सवालों के वाण झेलने हैं।

मसलन, रामायण-युग के वे असुर, महाभारत-काल तक आते-आते एकाध प्रश्न-पीड़ित निरीह यक्ष या मय-दानव को छोड़कर कहाँ चले गए, जिन्हें सारे अमानवीय दुर्गुणों से विभूषित करके जंगली जानवरों की तरह घेर-खदेड़कर मारा गया था और जिनके हर वध पर ऋषि-मुनि वंदना के श्लोक उचारते और देवतागण फूल बरसाते थे ? वे असुर और राक्षस आख़िर कौन थे ? वे अमेरिका के रेड-इंडियनों जैसे ही मूल निवासी तो नहीं थे, जिनका 'वाइल्ड वेस्ट' ने सदल-बल क़त्लेआम किया, उनके गाँव और बस्तियाँ जलाई, उन्हें 'असभ्य और असुर' कहकर समाप्त कर दिया और फिर हर विजय पर जश्न मनाए ? मान लीजिए, एक जगह जमा होकर तब के अमेरिकनी मशविरा कर रहे हैं कि इन 'जंगलियों' के आतंक को कैसे समाप्त किया जाए और तभी चारों तरफ़ से वे हमला कर दें या तीरों से कुछ को मार डालें–फिर ये वीर बंदूकें लेकर घोड़ों पर सवार हो चुन-चुनकर उनका वध करें–क्या इसे ऋषि-मुनियों द्वारा किए जाने वाले यज्ञ में विघ्न डालने का और ऐसे असुरों के वध का

नाम नहीं दिया जा सकता ? वे हमारे पुरखे थे और ऐसा नहीं कर सकते थे—के विश्वास के बावजूद ऐसे बेचैन सवाल तो उठेंगे ही...भगत सिंह, चंद्रशेखर जैसे लोग क्या अंग्रेज़ शासकों के लिए राक्षस, असुर नहीं थे ?

आखिर यह सवाल क्यों नहीं उठना चाहिए कि राम-लक्ष्मण द्वारा शूर्पनखा की 'नाक काटने' का क्या अर्थ है—क्यों उसे ही कामुक, कुरूप, काली के रूप में चित्रित किया गया है ? क्यों अपना अधिकार माँगने राज दरबार में जाने वाली वन-कन्या, शकुंतला, राजरानी का पद नहीं पा सकती ? दुष्यंत ने कितनी ऐसी वन-कन्याओं को 'मातृत्व' दिया, जिन्हें वे सुविधानुसार बाद में भूल गए ? क्यों संस्कृत का नाटककार स्त्रियों और शूद्रों को अपनी भाषा बोलने का अधिकार नहीं देता ? क्यों राजदरबार और प्रशासन के भ्रष्टाचारों का भंडा फोड़ने वाले सत्ता-विरोधी नाटककार का नाम ही ग़ायब कर दिया गया और उपहास से पुकारा गया—'शूद्रक'...इधर 100-200 सालों के साहित्य की विपुल समृद्धि के गवाह हम यह क्यों नहीं जानना चाहते कि आज उन 1000-1200 सालों (600 ई. पूर्व से 700 ईस्वी) का साहित्य कहाँ है ? आख़िर ब्राह्मण-वर्चस्व के चंगुल से छूटकर ही तो भारतीय प्रतिभा का विस्फोट हुआ था और नागार्जुन, धर्मकीर्ति, अश्वघोष, वराहमिहिर, आर्यभट्ट, भरत, पाणिनि, पतंजलि, धन्वन्तरि इत्यादि ज्ञान-विज्ञान के अनेक क्षेत्रों में एक से एक दिग्गज आए थे...कहाँ गया उनका साहित्य ? बौद्ध धर्म के अवशेषों के रूप में विदेशियों द्वारा खोजी गई गुफाओं, मूर्तियों, स्तंभों के अतिरिक्त बाक़ी बौद्धिक संपदा को कहाँ बहिष्कृत-निष्कासित कर दिया गया ?

जी नहीं, आज साहित्य का पाठक इतना भोला, भावुक और 'नायेव' नहीं है कि 'रिपवान विंकल', 'गुलीवर्स ट्रैवल्स' या 'डॉन क्विक्ज़ोट' को सिर्फ़ शुद्ध साहित्य की तरह एडवेंचर कथाएँ मानकर मनोरंजन-रस लेता रहे और उनमें उसे तत्कालीन समाज द्वारा साम्राज्य-विस्तार के गहरे नक्शे न दिखाई दें।

और अगर साहित्य के पीछे के इन नक्शों की राजनीति को बार-बार रेखांकित करना साहित्य का वी.पी. सिंह होना है, तो मुझे कोई आपत्ति नहीं है। आख़िर कुछ लोगों की सीमित और स्वार्थी सोच को हम कब तक 'अखिल विश्व', 'सकल मानवता' या 'मानव-मात्र' के नाम पर स्वीकार करते रहेंगे और यह सवाल भी नहीं पूछेंगे कि वे कौन लोग हैं, जो इन परिधियों से बाहर रखे गए हैं—वे कौन-सी धाराएँ हैं, जिन्हें 'मुख्य धारा' ने उपेक्षित, वंचित और बहिष्कृत किए रखा है ? जिस तरह साम्राज्यवादी जब 'सभ्य मनुष्य' के साहित्य-संस्कृति, सोच का चतुर्दिक जयघोष करते थे, तो उनमें 'उपनिवेशवासी असभ्य' शामिल नहीं थे—न वहाँ कहीं भारतीय मनुष्य था, न अफ़्रीकी—वे सिर्फ़ सेवक, बैरे और डोलीबरदार थे। देखना यह होगा कि हमारी वर्चस्ववादी, सत्ताश्रित सोच के बाहर वे कौन-से उपनिवेश हैं, जहाँ के निवासियों को न साहित्य में प्रवेश मिल रहा है, न समाज में... ? उनके लिए बोलने वाले आज भी

अगर 'असुर' और 'राक्षस' हैं, तो मुबारक हो आपको अपना देवत्व...

'शुद्ध साहित्य' की वक़ालत करनेवालों को इन सवालों का सामना तो करना ही होगा कि क्यों बार-बार सत्ता, यानी राजा, ऋषियों और सामंतों द्वारा पीड़ित, प्रताड़ित, घृणित और अधिकार या सम्मान-वंचित व्यक्ति लोक-साहित्य में नायक का पद ही नहीं पाता, अपने प्रति किए गए अन्याय का प्रतिशोध या भरपाई भी पाता है। शुद्ध साहित्य के नाम पर लोक और कुलीन साहित्य की दूरियों के फलितार्थ कब तक अनदेखे किए जाते रहेंगे ?

['हंस', जनवरी 1994]

कैलिबन न हो पाने की सज़ा

जब हमने 'हंस' निकाला, तो लेखक-मित्रों ने खुले मन से सहयोग दिया। उन्हीं दिनों शेखर जोशी ने कैथरीन मॅन्सफ़ील्ड की एक कहानी का अनुवाद भेजा। अनुवाद सुंदर था और कोई भी पत्रिका उसे छापकर धन्य ही होती, मगर मैंने लौटाते हुए शेखर को लिखा (आशय था) कि दुनिया में एक-से-एक अच्छा लेखक भरा पड़ा है। उनकी कहानियों को कलात्मक श्रेष्ठता के आधार पर ही चुनें, तो 'हंस' जैसी दस पत्रिकाएँ दशकों तक निकाली जा सकती हैं, कि कैथरीन मॅन्सफ़ील्ड तो मेरी भी प्रिय लेखिका है, मगर मेरी इच्छा है कि तीसरी दुनिया के संघर्षों को वाणी देने वाली कहानियों, कविताओं को ही रेखांकित करने की कोशिश की जाए, तो बेहतर है। ज़ाहिर है, इस प्रतिश्रुति के कारण हमें बहुत कुछ ऐसा छोड़ना पड़ा, जो कलात्मक, उत्कृष्ट और अद्वितीय इत्यादि-इत्यादि था...या जिसने साहित्य के, विशेष रूप से कहानी के सौंदर्यशास्त्रीय मानदंड और शास्त्र निर्धारित किए थे...सच पूछें तो इसी दौरान 'उत्कृष्टता', 'प्रयोग', 'भाषिक विचक्षणता' जैसे प्रत्ययों को लेकर गहरी शंकाएं भी मन में उठने लगी थीं—कला-साहित्य की ये सौंदर्यशास्त्रीय अवधारणाएँ और शास्त्र कहीं 'गोरी दुनिया' की वर्चस्ववादी राजनीति के बारीक षड्यंत्र तो नहीं हैं ? दो सौ सालों में उन्होंने हमारे भीतर इतनी हीनता भर दी है कि बौद्धिक और एस्थेटिक्स (सौंदर्यशास्त्र) के क्षेत्र में उनकी कसौटियों को ही हम अपनी और अंतिम मानकर उन जैसा हो जाने का गर्व पोसते हैं—आस्वाद, अभिरुचि, ग्रहणशीलता, आनंद—सभी में हम ठीक वही बन जाना चाहते हैं, जो हमें परोसा जाता रहा है। उदाहरण के लिए—कहानी-कविता वही श्रेष्ठ है, जो उनकी दृष्टि में भी श्रेष्ठ हो और उनके मानदंडों पर खरी उतरे। ज़रूरी नहीं है कि इसके लिए उनका बाक़ायदा सर्टिफ़िकेट ही मिले (हाँ, वह भी मिलता है)। श्रेष्ठता, उत्कृष्टता या कलात्मकता के उनके ही दिए मयार आपके पास भी हैं और आप खुद 'अपने' निर्णय पर पहुँचने के लिए 'स्वतंत्र' हैं। बौद्धिक मूल्यांकन ही नहीं, हमारा सारा आस्वाद-तंत्र भी उन्होंने अपने हिसाब से ढाल

लिया है, कॉफ़ी के अर्जित किए गए स्वाद की तरह। सहमति और असहमति—दोनों स्थितियों में आप केंद्रित वहीं होंगे...बहुत मोटे स्तर पर देखें, तो नारी-सौंदर्य की हमारी एकमात्र कसौटी वही है, जिसे 'गोरों की कसौटी' कहना ज़्यादा सही होगा—इसके अलावा भी कोई सुंदर हो सकता है, हम यह कल्पना भी नहीं कर सकते, बल्कि आग्रहपूर्वक विरोध करते हैं। 'मेम जैसी सुंदर' सिर्फ़ एक मुहावरा नहीं, मूल्यबोध भी है, अर्थात् सुंदर और महान सिर्फ़ वहाँ है। कभी-कभी मन में यह संदेह भी उठता है कि कलात्मकता, सौंदर्य और आस्वाद के ये 'सर्वस्वीकृत' मानदंड और शास्त्र सचमुच सार्वभौमिक हैं या 200 साल के 'अभ्यास' और उसकी अनुपस्थिति में हीनता-बोध द्वारा उन्होंने धीरे-धीरे हमारे भीतर उगाए हैं ? शक्ति और सत्ता तय करती है मुख्य धारा और मुख्य धारा उनके पास है—ठीक वैसे ही, जैसे सारे भारत के लिए मुख्य धारा दिल्ली के पास है। छोटे-से-छोटे कस्बे का लेखक दिल्लीवालों की तरह पढ़ना, सोचना, लिखना, बोलना चाहता है, वरना कस्बाई या 'छोटे शहर' का होकर रह जाएगा। हमारी मुख्य धारा अमेरिका है। कंस्ट्रक्शन, डि-कंस्ट्रक्शन, मॉडर्न-पोस्टमॉडर्निज़्म, स्ट्रक्चर्लिज़्म, पोस्ट-स्ट्रक्चर्लिज़्म साहित्य-कला की ये समस्याएँ हमारी हों या न हों, मगर अप-टू-डेट होने के लिए सारे के सारे नामवर बुद्धिजीवी उलटे पड़े हैं—कहीं ऐसा न हो कि हम समझने से पिछड़ जाएँ। आधुनिक दुनिया का ग्लोबल (वैश्विक) नागरिक बनने की दौड़ में भारतीय वैज्ञानिक ही नहीं, कला-साहित्य की दुनिया के दिग्गज भी वहीं की नई से नई प्रवृत्तियाँ भकोस रहे हैं।

सही है कि आज की दुनिया के सारे प्रभावी हथियार और औज़ार गोरों ने ही बनाए हैं और हमें इस तरह प्रशिक्षित या अभ्यस्त कर दिया है कि उनके बनाए उपकरणों के मुक़ाबले अपना सब कुछ आदिम, अविकसित और बचकाना हो उठा है। हाँ, उन्हीं हथियारों से अगर उपनिवेश बनाए गए हैं तो उन्हीं से उनके खिलाफ़ विद्रोह और क्रांतियाँ भी हुई हैं। माना कि हर अनुसंधान और विकास का एकाधिकार आज अमेरिका के पास है, मगर तीसरी दुनिया के पास जो कुछ भी है (उनका ही दिया), उससे अपने बचाव और स्वतंत्रता की लड़ाई तो लड़ी ही जा सकती है—कहीं लोकतंत्र से, तो कहीं वाम विचारधाराओं से या उन सबको भी विदेशी कहकर धार्मिक बुनियाद-परस्ती से। अंतिम बात तीर-कमान जैसे आदिम हथियारों से नवीनतम मशीनगनों का मुक़ाबला करने जैसी लग सकती है। एक बार नामवर सिंह ने बीसवीं शताब्दी के भारतीय साहित्य की मूल थीम को नाम दिया था 'उपनिवेशवाद का प्रतिरोध'—आगे चलकर 'अपनी तरह के उपन्यास' की बात भी उठाई गई थी। चाहते तो नामवर इस थीम पर अद्‌भुत किताब भी लिख सकते थे, मगर वे कंसिस्टेन्सी (सुसंगति) के दुर्गुण से इस हद तक मुक्त हैं कि सिर्फ़ शोशे छोड़कर रह जाते हैं। यह भी हो सकता है कि कल वे इसकी विरोधी स्थापना दे डालें। अंतिम दशकों में अज्ञेय भी पूर्वी रूप-विधाओं की तरफ़ मुड़े थे और कभी वाचिक-परंपरा की बात

कहते थे, जय-जानकी यात्राएँ निकालते थे, तो कभी जापानी हाइकू और चीनी कविताओं की तरफ़ खिंचते थे...इधर अशोक वाजपेयी 'साहित्य की स्वायत्तता' की बात कर रहे हैं—शायद यह भी वर्चस्ववाद के खिलाफ़ एक हताश क्षोभ है। राजनैतिक डिक्टेटरशिप में (जैसे अपने यहाँ एमर्जेंसी में) जब राजनीति का अर्थ सिर्फ़ सत्ता-समर्थन हो जाता है, तो अनेक चिंतक-विचारक अक्सर आवाज़ उठाते हैं कि साहित्य-कला, राजनीति-मात्र से मुक्त और स्वायत्त हैं। वर्चस्ववादी विचारधाराओं के उत्थान-पतनी आतंक से साहित्य (अशोक वाजपेयी के लिए सिर्फ़ कविता) को मुक्त कराने का 'नेति-नेतिवादी' विद्रोह सदाशयी तो हो सकता है, मगर शीघ्र ही ऐसे रहस्यवादी लोकतंत्र की वक़ालत भी करने लगता है, जहाँ सब कुछ अमूर्त और वायवीय है। वहाँ मनुष्य और मानवीय संदर्भ नहीं, उनकी धुँधली-सी रूपरेखाएँ या अंवधारणाएँ भर हैं। यह स्थिति पश्चिमी धमा-चौकड़ी से घबराकर निर्मल वर्मा द्वारा पूर्वी या भारतीय मध्यकालीन मूल्यों के चरणों में आ गिरने से बहुत अलग नहीं है। वस्तुतः निर्मल मुझे उसी वैश्विक इस्लामी बुनियाद-परस्ती का हिंदू संस्करण लगते हैं, जो पश्चिमी साम्राज्यवाद या क्रिश्चियन वर्चस्ववाद के प्रतिरोध के नाम पर अपनी हर धार्मिक जड़ता, अंधविश्वास, नृशंसता और दमघोंटू गेटोइज़्म की घनघोर समर्थक हो गई है। अमूर्तन के उस रहस्यलोक में, जहाँ सारी पहचानें छिलकों की तरह ग़ायब हो जाती हैं, अगर निर्मल और अशोक का भरत-मिलाप हो, तो आश्चर्य नहीं करना चाहिए—वह भी पहचान और अस्मिता की अपनी-अपनी तलाश के नाम पर प्रबुद्ध शुद्ध आत्माओं का महा-मिलन...

पश्चिमी वर्चस्ववाद के विरोध और प्रतिरोध के ये ऐसे छाया-युद्ध हैं, जो उन्हीं की भाषा, व्याकरण, मुहावरों और प्रत्ययों की भूल-भुलैयाओं में भटक जाने के लिए अभिशप्त हैं। विचारों के इंजीनियर इनकी दिशाओं, परिणतियों और नखदंतविहीन नियति से भी ना-वाकिफ़ नहीं हैं। अंतरिक्ष (स्पेस) में लड़ी जाने वाली ये ऐसी सुपर बौद्धिक लड़ाइयाँ हैं, जिन्हें उनके सैटेलाइट और प्रक्षेपास्त्र वहीं संभाल लेंगे—या खुद ही घुल-पिघलकर विलीन हो जाने के लिए अकेला छोड़ देंगे। मुश्किल धरती पर लड़ी जाने वाली लड़ाइयों को लेकर है। शेक्सपियर के 'टेम्पेस्ट' में प्रॉस्पेरो (नाम पर ध्यान दें, प्रॉस्पैरस—समृद्ध से कितना मिलता है) किसी द्वीप से एक 'जंगली' को पकड़ लाता है और उसे अपनी भाषा, सोच, आचार-व्यवहार में अपनी तरह दीक्षित कर देता है—ठीक अपना प्रतिरूप। उसका नाम है—कैलिबन। पश्चिम को अपने इन कैलिबनों से कोई डर नहीं है, ख़तरा या असुविधा उन्हें उनसे है, जो इस कैलिबन-सांचे को तोड़कर बाहर निकल रहे हैं, यानी इस्लामी बुनियादपरस्ती के विस्फोट, लातिनी अमेरिकी मुक्ति संग्राम, रंगभेद के ख़िलाफ़ बराबरी का हक़ माँगते नीग्रो, औपनिवेशिक जुए उतारते अफ़्रीकी देश और तीसरी दुनिया की उभरती ताक़तें...

हमारे सामने दिक्क़त यह है कि हम पूरब के लोग हैं, अक्सर इस पर गर्व

भी करते हैं, मगर जुड़े सिर्फ़ पश्चिम से हैं। चीन और जापान जैसा राष्ट्रीय गौरव या कर्मनिष्ठा, अगर हमारे मॉडल हुए होते, तो शायद हमारी शक्लें ही कुछ दूसरी होतीं। विकसिततम पूँजीवाद और प्रयोगशील समाजवाद के क्षेत्र में ये दोनों देश, अमेरिकी वर्चस्ववाद के लिए कितना बड़ा सिरदर्द हैं, यह हम सबके सामने है। आज तो यह तय करना भी मुश्किल है कि हम पश्चिमी कैलिबन सांचे से निकलने के लिए ज़्यादा बेचैन हैं, या उसे संपूर्णता में स्वीकार न कर पाने के लिए। कैसी सफलता और शिद्दत से अमेरिकी प्रचार-तंत्र ने हमारे दिमाग़ों में भरा और कैसे सहज स्वागत से हमने स्वीकार कर लिया है कि जापान हम हो नहीं सकते और चीन विफल हो चुका है। अगर नहीं हुआ है, तो उसे देखते-देखते हम कर देंगे। यानी विकल्प सिर्फ़ अमेरिकी उपग्रह बन जाना ही बचा है—और हम मल्टी-नेशनल कंपनियों और उनके लिए बाज़ार बनाने वाले मीडिया-विस्फोट के अभिनंदनार्थ पलक-पांवड़े बिछाए अपना 'उदारीकरण' कर रहे हैं, मगर निचले स्तरों पर चलने वाले ज़िंदगी और मौत के संघर्ष तो समाप्त नहीं हुए। वे तो हर कहीं आज भी उसी तरह चल रहे हैं। कर्ज़ों और दलाली पर पलने वाले, शिक्षित शहरी मध्य वर्ग के लिए यह चुनाव करना एक समस्या हो सकती है कि वह मैगी नूडल्स खाए या मैकडॉनल्ड का पित्ज़ा, ल-सांसी साबुन इस्तेमाल करे या कैमे, जैसलमेर सिगरेट पिए या डनहिल—मगर करोड़ों-करोड़ लोगों को तो बाढ़, अकाल, भूख, ग़रीबी, सांप्रदायिक असुरक्षा, धर्मांधता, ग़ैर-बराबरी, सामाजिक अन्याय से जूझना ही है ! वे माइकल जैक्सन के उन्मादी नृत्य देखें या नेल्सन मंडेला के मुक्ति-संघर्ष को, उनके पास यह चुनाव कहाँ है ?

मगर हमारे पास है और हमें तय करना होगा कि फूको और दरीदा—या नवीनतम जो भी हों—वे हमें कैलिबन-सांचे को तोड़ने में मदद देंगे या मारखे़ज, जेम्स बॉल्डविन, चिनुआ अचेबे, गूंगी थियांगो, नार्दिन गार्डीमार जैसों का लेखन...

हर साहित्य, व्यक्ति के माध्यम से समाज की आत्मा का सबसे प्रामाणिक इतिहास है। यह व्यक्ति, समाज-व्यवस्था का शिकार, उसकी उपज या चश्मदीद गवाह कुछ भी हो सकता है। इसीलिए साहित्य जिन तत्त्वों से अमर, स्थायी या सार्वभौमिक होता है, उनमें तीन मुझे सबसे प्रमुख लगते हैं : संघर्ष, यातना (सफ़रिंग) और विज़न ...अमेरिकी वर्चस्ववाद की सारी बौद्धिक, आर्थिक और राजनैतिक लड़ाइयाँ, विचारधाराओं की विफलता, व्यर्थता या निरर्थकता घोषित और सिद्ध करते हुए तीसरी दुनिया के इसी 'विज़न' को समाप्त कर देने और वहाँ अपना 'बाज़ार' फ़िट कर देने की लड़ाइयाँ हैं। विचार को बाज़ार में तब्दील कर देने को ही वह अब हमारा 'विज़न' या भविष्य सिद्ध करने में लगे हैं और इसके लिए उन्होंने सत्ता में सही मुहरे फ़िट कर लिये हैं। बीहड़ आँकड़ेबाज़ी और बौद्धिक आक्रामकता के साथ उन्होंने सही-ग़लत, उचित-अनुचित के भेद मिटा डाले हैं। अब न कहीं भ्रष्टाचार है, न घूस, न घोटाला है, न दलाली। करोड़ों-अरबों की संख्याएँ बेमानी हो गई हैं। खुद ही अपराधी हैं वे

और खुद ही जज...मुजरिम खुद ही फैसले सुनाकर अपने-आप को बरी और बेदाग़ कर लेते हैं। ऐसे अपराधियों को न कभी सज़ा मिलती है, न इस्तीफ़े लिये जाते हैं। इधर तो उन्होंने हर सांसद को पाँच-पाँच करोड़ हर साल (दो नकद और तीन की सुविधाएँ) के वज़ीफे लगा दिए हैं। किसका दिमाग़ ख़राब है कि किसी भी नीति का विरोध करेगा या ऐसे हरे-भरे चरागाह छोड़कर सड़कों और जंगलों की खाक छानेगा ? यानी सत्ताधीशों ने तय कर दिया है हमारा भविष्य; और रहा 'विज़न', सो वह सुपर बुद्धिजीवियों की प्रयोगशालाओं में क़ैद है। वे ही विचारधाराओं की मृत्यु के मर्सिये पढ़ेंगे और हर दिन वहाँ से कोई नई पहेली उठा लाएँगे—उसे ही सेमिनारों, गोष्ठियों और सभा-कक्षों में कातेंगे-धुनेंगे—अखबारी पन्नों पर उसकी चीर-फाड़ करेंगे ...मगर जिनके हिस्से मैं संघर्ष और यातनाएँ हैं, वे इन सबमें अपनी जगह कहाँ ढूँढें ? उन्हें इससे कौन-सा संतोष मिलने वाला है कि उनके नाम पर या उनके हितों के लिए ही तो यह सारा ताम-झामी तमाशा हो रहा है।

फिर शायद समय आ गया है कि लेखक अपना पक्ष तय करे कि उसका तार अपनी ही तरह संघर्ष और यातनाओं में जीती-मरती दुनिया के साथ है या राजदरबारों में खड़े होकर बौद्धिक बाजीगरियों में शामिल होने में...उसकी बौद्धिक क्षमताएँ समृद्ध, संपन्न और वर्चस्ववादी देशों द्वारा रोज़-रोज़ उछाली जाने वाली बारीक, जटिल, संश्लिष्ट पहेलियों के अंतहीन उलझावों में खपेंगी या अपनी स्थितियों को अपने मुहावरे और तरीक़े से सुलझाने-समझाने में ? उसकी चिंता का केंद्र ऊपरी स्कैम, घोटाले, घूस, दल-बदल, भ्रष्टाचार, स्मगलिंग, नेताओं की खरीद-बेच या सांस्कृतिक राष्ट्रीयता, हिंदुत्व के शब्द-युद्ध होंगे या दूर-दराज़ के कोनों-किनारों में लड़े जाने वाले अस्तित्व के संघर्ष ? सही है कि हममें से अधिकतर सुख-सुविधा संपन्न, ठंडे और रिटायर्ड लोग हैं, तार्किक और बौद्धिक ग्लैमर (चकाचौंध) या किताबी उद्धरणों से सामने वाले को अवसन्न या हतप्रभ कर सकते हैं। दूसरे शब्दों में, बिकी हुई आत्माओं के सवर्ण (एलीट) कौरव-सभा शिरोमणि कैलिबन हैं, मगर उन्हीं संघर्षों में जीने-मरनेवालों की यातनाओं और उनसे उबरने के प्रयासों को संवेदना तो दे ही सकते हैं। न हो उनकी रचनाओं में हमारी अभ्यस्त सौंदर्यशास्त्रीय तराश, शब्दों और भाषा की विस्मयकारी लताफ़त, मगर उनमें सुलगती, दहकते अनुभवों की आंच को कब तक अनदेखा करेंगे हम ? अगर शास्त्रीय केशवदास को अस्वीकार करके हम कबीर और मीरा को सिर पर उठा सकते हैं, तो हम अनगढ़ अभिव्यक्तियों से जूझते रचनाकारों के लिए अपने भीतर उदारता क्यों नहीं ला सकते ?

विस्मय नहीं होना चाहिए कि दलितों, अल्पसंख्यकों, श्रमिकों और महिलाओं के सारे ज़मीनी आंदोलन अफ्रीकी, नीग्रो और लातिनी संघर्षों में अपनी पहचान और भविष्य क्यों देखने लगे हैं ? अपने-अपने समाजों में रंगभेद, ग़ैर-बराबरी, उपनिवेशवाद और पूँजीवादी वर्चस्व के खिलाफ उनकी लड़ाइयाँ लगभग वहीं हैं जो हमारे समाज

में हैं। श्वेत-अश्वेत के रंगभेदी रवैये बार-बार अवर्णों और सवर्णों की मानसिकता के हू-ब-हू प्रतिरूप लगते हैं, हमारा अंतर्विरोध यह है कि अमेरिका में हम रोडनी किंग और टोनी मॉरीसन के साथ होते हैं और यहाँ बाल ठाकरे, अशोक सिंघल, उमा भारती और विद्यानिवास मिश्र के...मुक्त होकर सद्दाम हुसैन, यासिर अराफ़ात से लेकर नेल्सन मंडेला, फादर टूटू की तारीफ़ कर सकते हैं, मगर यहां के अल्पसंख्यकों, दलितों और किसानों के लिए पचास तरह के 'अगर-मगर' आड़े आते हैं—उनके लेखन में कलात्मक तराश की कमी और शब्दों या भाषा का 'फूहड़पन' सबसे निर्णायक कसौटी बन जाती है—वे असांस्कृतिक, अश्लील और आपत्तिजनक हो उठते हैं। भीतर से कहीं हमारे ये ईमानदार 'अगर-मगर' क्या इसीलिए तो नहीं हैं कि सोच, व्यवहार, भावनात्मक बुनावट में वे हमारी तरह 'कैलिबन' क्यों नहीं हैं ?

इस परिप्रेक्ष्य में इधर के साहित्यिक पुरस्कारों पर एक निगाह डालना रोचक तथ्यों का उद्घाटन करता है। इस समय अलग-अलग राज्यों को छोड़कर चार बड़े या प्रतिष्ठित पुरस्कार हैं : ज्ञानपीठ, सरस्वती, व्यास और साहित्य अकादमी। चारों ही रचनाकारों की 'लंबी साहित्य-साधना' के लिए दिए जाते हैं, इसलिए वहाँ एकाध अपवाद को छोड़कर कोई भी 60 वर्ष से कम नहीं है। 80 के आस-पास हो, तो और भी 'वाह, वाह' ! यहाँ उम्र का सम्मान, सांस्कृतिक औदात्य, असहायों के लिए करुणा—सभी कुछ शामिल है। इसलिए उन्हें पुरस्कारों की जगह 'सम्मान' कहना ज़्यादा सही है। अगर ये वृद्ध महाशय भारतीय संस्कृति, पौराणिक युग या आत्मा-परमात्मा संबंधी रहस्यवाद से जुड़े हों, तो और अधिक श्रद्धेय हैं। जिन बेचारों को जंगलों और वनों में जाकर त्याग-तपस्या करते हुए अपने परलोक सुधारने चाहिए, वे अगर दुनियादारी में पड़े हुए साहित्य के माध्यम से, यही सब कर रहे हों, तो सेठों का धर्म है कि भेंट-पूजा द्वारा उनका अभिनंदन करते रहें।

साहित्यकारों में सबसे ज़्यादा असंतोष 'साहित्य अकादमी' के हिंदी पुरस्कारों को लेकर है। वह सिर्फ़ बूढ़ों को पुरस्कार के नाम पर करुणा-अनुदान देने के लिए अभिशप्त है। अजीब आपसी सौदेबाज़ी है, तूने मेरे लिए किया, मैं तेरे लिए करूँगा। भारतीय राजनीति के वृद्ध-विकास की तरह लेखकों-बुद्धिजीवियों की ओर से माँग उठ रही है कि हिंदी से 'पुरस्कार' शब्द बिलकुल हटा दिया जाना चाहिए, क्योंकि 'कृति' को मान्यता अकादमी ने आज तक नहीं दी। माना कि सिर्फ़ लंबी 'साहित्य-साधना' के लिए अकादमी की ओर से सम्मान भी कम प्रतिष्ठा की चीज़ नहीं है। हाँ, नाम बदलने से अकादमी अनेक मूर्खताओं और मूल्यांकन-विमूढ़ताओं से बच जाएगी और उसे 'नीला चांद', 'ढाई घर' या 'अर्धनारीश्वर' जैसी लद्धड़, कमज़ोर और अपठनीय-ठस किताबों को 'महान कृतियाँ' बताने की यातना से मुक्ति मिल सकेगी। तब शिवप्रसाद सिंह को सम्मानित करते हुए 'अलग-अलग वैतरणी' या 'गली आगे मुड़ती है' को रेखांकित किया जा सकता है, गिरिराज किशोर के 'जुगलबंदी'

और 'परिशिष्ट' का ज़िक्र किया जा सकता है, विष्णु प्रभाकर की 'आवारा मसीहा' का उल्लेख किया जा सकता है। कल्पना कीजिए, जिन पुस्तकों को इधर पुरस्कृत किया गया है, वे अकादमी-पुरस्कार के ठप्पे के साथ भारतीय और विदेशी साहित्य-जगत् में हिंदी की क्या तस्वीर पेश करेंगी ? ये हैं आपकी सर्वश्रेष्ठ रचनाएँ ? जबकि हम सब जानते हैं कि ये हिंदी कथा-साहित्य की ही निहायत कमज़ोर रचनाएँ नहीं हैं, लेखकों की अपनी सूची में भी अनुल्लेखनीय हैं। जिन वर्षों में 'डूब', 'गगन घटा घहरानी', 'पाही-घर', 'उस चिड़िया का नाम', 'धार', 'छिन्नमस्ता', 'अपने-अपने राम', 'मुझे चांद चाहिए' जैसी रचनाएँ आई हों, उनमें इन पुस्तकों को 'सर्वश्रेष्ठ' कहना या तो हिमाक़त है या साहित्य का अपमान। नोबेल पुरस्कार में भी लेखक की सर्वश्रेष्ठ रचना का ही उल्लेख होता है, नवीनतम 'बुढ़भस' का नहीं। इस बार की सबसे सनसनीखेज़ सूचना है कि 'अर्द्धनारीश्वर' को चुनने का काम ज्ञानरंजन ने किया है। चूँकि 70-80 की उम्र के कई बूढ़े अभी फड़फड़ा रहे हैं, या जो नहीं हैं, वे कल 'तैयार' हो जाएँगे और उधर अकादमी इन्हें उपकृत करने को प्रतिबद्ध है ही, इसलिए कह देना ज़रूरी है कि अकादमी को कोई ऐसा तरीका सोचना चाहिए कि वयोवृद्धों की यह बंदर-बाँट भी बनी रहे और साहित्यकारों तथा दूसरी भाषाओं के बीच हिंदी हास्यास्पद होने से भी बची रहे। चूँकि प्रभावशाली श्रद्धेयों की हवस और यशोकामना का 'खेल' बहुत जल्दी समाप्त होने वाला नहीं है, इसलिए उचित यही है कि ये पुरस्कार बिलकुल बंद हों या फिर इन्हें सिर्फ़ 'सम्मान' का नाम दे दिया जाए...इस संदर्भ में मैं मराठी के साहित्यकारों की तारीफ़ करूँगा कि वहाँ रचना के सम्मान की परंपरा है—उम्र का मानदंड नहीं। पुरस्कार उन्हें भी मिले हैं, जिनके लेखकों की वे पहली ही कृतियाँ हैं और जिनकी उम्र 30-35 वर्षों की भी नहीं हैं। अब चाहें, तो हिंदी वाले कह सकते हैं कि हो सकता है, वहाँ बूढ़े बचें ही न हों, या उन लोगों में अपने बूढ़ों के प्रति उचित सम्मान ही न हो, साहित्य के लिए तो निश्चित रूप से भयानक अपमान का भाव है। तभी तो परम सांस्कृतिक आध्यात्मिक, रहस्यवादी रचनाकार छोड़कर 'लौंडों-लपाड़ों' के लिखे दलित या विद्रोही साहित्य को पुरस्कृत किए चले जा रहे हैं—छिः-छिः...बोलिए, उन्हें इतना भी नहीं मालूम कि पुरस्कार यथास्थितिवादी, सरकारपरस्त, प्राचीनतम युग में आधुनिक या ठीक इसके उलट मूल्यों के खोजी, नख-रद टूटे महानों को, मृत्यु से पूर्व मंसबदारियों की तरह बाँटे जाते हैं, रचना और प्रतिभा को मान्यता देने के लिए नहीं...फिर अपने यहाँ तो इधर सांस्कृतिक पुनरुत्थान का उदात्त युग है।

विनाशकाल में क्या ससुरों की बुद्धि विपरीत हुई कि पाँच साल में तीन-तीन नोबेल पुरस्कार ब्लैक साहित्यकारों को दे डाले (वोले शोयिंका, नार्दिन गार्डीमर, टॉनी मारिसन) ? क्या कुलीन साहित्य को बिलकुल ही ध्वस्त करने का इरादा है ? मगर हमें क्या, हम अपनी हाथ-दांती पालकियों में ही सुरक्षित हैं।

मैं आशा करता हूँ कि इस कुतर्क से मुझे मुँह बंद रखने या शर्म से डूब मरने की शिक्षा नहीं दी जाएगी कि आप खुद वृद्ध, हिंदू, भारतीय, हिंदी लेखक-संपादक, उत्तर-प्रदेशी, दिल्लीवासी हैं, इसलिए इन सबके ख़िलाफ़ कुछ नहीं बोलेंगे। यह बौद्धिक स्वतंत्रता नहीं, डाकू-समझौता होगा और वही भव्य दृश्य बार-बार दुहराया जाएगा कि अपनी आपसी हार-जीत के लिए साहित्य की द्रौपदी नंगी की जाती रहे और बड़े-बड़े पितामह, आचार्य, ऋषि, महामात्य और मातुल अपनी-अपनी सफ़ेद दाढ़ियों पर हाथ फेरते आध्यात्मिक समस्याओं में डूबे रहें...

सचमुच, हमारा साहित्यकार बेचारा किन कलात्मक ऊँचाइयों और उलझनों में फँसा तड़फड़ा रहा है कि जगत्-गति उसे बिलकुल नहीं व्यापती—जिस समाज में हर्षद मेहता, नरसिंह राव, शंकरानंद, चंद्रशेखर, बंगरप्पा, रामेश्वर ठाकुर, अंतुले, करोड़ों-अरबों खुलेआम डकार कर मूँछों पर ताव दे रहे हों, जहाँ सुप्रीम कोर्ट के पाँच जजों द्वारा अपराधी सिद्ध कर दिए गए रामास्वामी आज भी छाती तानकर 'न्याय' कर रहे हों, खुलेआम चेकों से करोड़ों डॉलर सतीश शर्मा के खातों में जमा किए जा रहे हों या हज़ारों को दिनदहाड़े कटवा डालने वाले बाल ठाकरे, हरिकिशन लाल भगत, सज्जन कुमार, आडवाणी 'दीनबन्धु' के आसन सँभाले हों—वहाँ 100-200 की जेब काटने वाली ग़रीब और निरीह महिलाओं के माथों पर 'जेबकतरी' गुदवाकर सरे बाज़ार घुमाया जाए और किसी बुद्धिजीवी, पत्रकार, रचनाकार के मुँह से एक शब्द भर्त्सना का न निकले... ? कोई यह कहने का दबाव न महसूस करे कि ये गोदने इन 'राष्ट्र-निर्माताओं' के माथों पर होने चाहिए... ? या बैठा-बैठा डरता रहे कि जनता कहीं इन्हें मुसोलिनी और चाइशैस्कू का अंत न दे दे—पहले हम अपनी बौद्धिक और कला-समस्याएँ तो हल कर लें...

['हंस', फरवरी 1994]

बड़े भाग मानुस तन पावा

राहुल शताब्दी-वर्ष में राहुल सांकृत्यायन के अनेक पक्षों पर चर्चाएं हुईं, पत्र-पत्रिकाओं ने विशेषांक निकाले, गोष्ठियों और सेमिनारों के आयोजन हुए, लेकिन सभी कुछ उत्सवधर्मी अधिक, ईमानदार कम था। बातें सूत्रों में हुईं—गहन और गहरे अध्ययन प्रायः देखने में नहीं आए। सही है कि दुर्गम भूगोलों और दुर्लंघ्य इतिहासों का यह बीहड़ यात्री किसी एक या अधिक अध्ययन में समेटा नहीं जा सकता, मगर उसकी समग्र दृष्टि को ध्यान में रखते हुए अलग-अलग पक्षों को व्यापक विवेचना का केंद्र तो बनाया ही जा सकता था। चूँकि उत्सवधर्मी आयोजन अनिवार्यतः पूजा-भाव के प्रदर्शन से प्रेरित होते हैं, इसलिए चाहे-अनचाहे नायक के महिमा-गान के रास्ते उसके अवतारीकरण में परिणत हो जाते हैं।

उदाहरण के लिए, राहुल जी की आत्मकथा से उद्धरण तो बहुत लिये गए, मगर स्वयं उनकी आत्मकथा या उनकी लिखी औरों की जीवनियों के अपने अध्ययन, कम से कम मेरी निगाह से नहीं गुजरे ! वे सत्ता-केंद्रित 'मुख्य धारा' के नहीं, 'अनजान, उपेक्षित और बहिष्कृत' के लेखक थे, क्योंकि अतीत और वर्तमान की पगडंडियों से होकर भविष्य की शक्तियों से अपने को जोड़ना चाहते थे। वे हिंदी के सबसे 'डायनेमिक' (गतिशील) लेखक थे। अकबर, लेनिन और माओ त्से तुंग जैसे विश्व-इतिहास निर्माता ही नहीं, चंद्रसिंह गढ़वाली और पृथ्वीसिंह आज़ाद तक उनके लिए 'नए भारत के नए नेता' थे। मुझे लगता है, उनके एकमात्र जीवनीकार गुणाकर मुले की दृष्टि भी तथ्यों या तथ्यात्मकता पर अधिक रही है, व्यक्तित्व के इस 'डायनेमिज़्म' पर कम।

अक्सर यह बात मुझे परेशान करती है कि साहित्य के क्षेत्र में हमारे यहाँ, विशेषकर हिंदी में, न लोग अच्छी आत्मकथाएँ लिखते हैं, न जीवनियाँ। ऐसा क्यों है ? तथ्य वही होते हैं, घटनाएँ नई नहीं होतीं, रचनाएँ सभी को सुलभ होती हैं, मगर एक ही व्यक्ति पर विदेशों में दर्ज़नों जीवनियाँ लिखी जाती हैं—व्यक्ति को

देखने-समझने और व्याख्याओं के अपने-अपने मौलिक दृष्टिकोण होते हैं और हर रचना अलग, स्वतंत्र या पठनीय हो उठती है। तॉल्स्तॉय, दोस्तोयेव्स्की से लेकर हैमिंग्वे जैसों की न जाने कितनी जीवनियाँ हैं, जो व्यक्ति या समय को एक नितांत अनाविष्कृत अंतर्दृष्टि के साथ हमारे सामने प्रस्तुत कर देती हैं। शायद वहाँ व्यक्ति का जीवन एक ऐसी रचना के रूप में सामने होता है, जिसे हर अलग समय में अनेक दृष्टियों से पढ़ा और समझा जा सकता है। अगर 'रामचरितमानस' विभिन्न कालों और विभिन्न पाठकों के लिए नितांत अलग अर्थ रख सकता है और भक्त, कवि, प्राध्यापक, समाज-चेता, इतिहासकार, भाषाविद्, दार्शनिक समय-समय पर अपनी तरह उसे समझ-समझा सकते हैं, तो स्वयं तुलसीदास का जीवन उस तरह का आधार क्यों नहीं हो सकता ? इतिहास और राजनीति में एक ही नायक पर अलग-अलग अध्ययन आते ही हैं। अशोक, अकबर, शिवाजी, औरंगजेब, गांधी को हर इतिहासकार ने अपनी तरह समझा है।

यहाँ दो तर्क दिए जा सकते हैं : एक तो लेखक स्वयं इतना आत्मग्रस्त है कि वह अपना जीवन छोड़कर दूसरे के जीवन में उतरने की जहमत क्यों उठाए ? करना ही है, तो यह काम अध्यापक और कम प्रतिभाशाली लोग करें...दूसरे, हो सकता है कि मुझे किसी और का जीवन उतना रोमांचक या प्रेरणादायक ही न लगे... हिंदी-लेखक वैसे भी सुखी, सद्गृहस्थ क़िस्म का आत्मसंतुष्ट प्राणी होता है—उसके जीवन में ऐसा क्या असामान्य या अद्भुत है, जिसकी तरफ़ विशेष ध्यान दिया जाए ? वह अपनी तरफ़ से किसी भी एडवेंचर, दुस्साहस या 'खतरनाक पहल' से बचता है और सिर्फ शब्दों में नीत्शे की इस बात को पढ़ता है कि लेखक वही है, जो 'डेंजरस लिविंग' जी सकता है। यह लेखक तो सिर्फ नौकरी, घर, बीवी, बच्चों के बीच संतोष से बैठा विश्वस्तरीय रचनाएँ बनाता रहता है, न अनुभवों के नवीकरण का झंझट, न अध्ययन का झमेला—जो कुछ था, वह 'जम जाने' के पहले हो चुका। जिसे अपने ही स्रोतों को समृद्ध करने की ज़रूरत न हो, वह क्यों दूसरे के जीवन में इतनी दिलचस्पी लेगा कि उसकी रचनाओं को पढ़े, उस पर लिखे हुए को खंगाले, उसकी चिट्ठी-पत्री-डायरियों की छानबीन करे, जानकार और जरूरी लोगों से माथा फोड़े या दूर-पास के शहर-कस्बों की खाक छाने और तब फिर बैठकर उसकी जीवनी को अपनी समझ से लिखने-परिभाषित करने का आँख-फोड़ शीर्षासन करे...इतने में तो वह अपनी ही कोई 'कालजयी' रचना साहित्य की छाती पर रोप देगा। यह सब करें दूसरे दर्जे के लोग, लगाएँ पंद्रह-बीस साल 'आवारा मसीहा' लिखने में—जिनके अपने लिखने में न जान है, न आग...

मगर मुझे इन तर्कों में दम इसलिए नहीं लगता कि जब एक उपन्यासकार अपने चरित्रों की परिकल्पना करता है, तो उस पर सोचने में समय भी देता है, सामग्री भी जमा करता है और शायद कुछ पढ़ता या नोट्स भी लेता ही है। हो सकता है

कि अपनी रचना का नायक वह स्वयं हो या उसके अन्य चरित्र, उनकी स्थितियाँ उसके अपने ही अनुभव-जगत् से उठाई गई हों, मगर इस सब पर वह 'ऑब्जेक्टिवली' (आत्मनिरपेक्ष होकर) मेहनत तो करता ही है–यानी व्यक्तिगत को निर्वैयक्तिक बनाए बिना लिख पाना संभव ही नहीं है। यहाँ ऑब्जेक्टिव होने का अर्थ है–अपने को अलग या बाहर रखकर दूसरे की निगाह से देखना, स्वयं अपना दर्शक या साक्षी बन जाना, अपने से टूटने की यह प्रक्रिया ही संप्रेषणीयता या 'दूसरों के साथ जुड़ने' की प्रक्रिया भी है। चूँकि यह 'दूसरे' भी आपके भीतर से जन्म लेते हैं, इसलिए स्वयं आपके अंश होते हैं–आप स्वयं होते हैं–कहिए...ऑब्जेक्टीफ़ाइड-सेल्फ़ या सेल्फ़ ऐज़ ऑब्जेक्ट...(निर्वैयक्तिक आत्म या अन्य के रूप में आप) जिस लेखक में यह ऑब्जेक्टिविटी (अन्यीकरण) जितनी अधिक होगी और जो आत्म को अन्य में या अन्य को आत्म में स्थानांतरित कर सकने की द्वंद्वात्मकता को बनाए रख पाएगा, वह 'परकाया-प्रवेश' में उतना ही सक्षम होगा। वस्तुतः वह 'परकाया-प्रवेश' नहीं, अपना ही विस्तार या प्रक्षेपण होता है–अपने से अपने तक की यात्रा। कथा में प्रामाणिक चरित्रों की विविधता वस्तुतः इसी 'ऑब्जेक्टिफ़िकेशन' (निर्वैयक्तिकरण) या आइडेंटिफ़िकेशन (साधारणीकरण) का परिणाम है ! सारी विविधता और अंतर्विरोधों के बावजूद मुझे तॉल्स्तॉय का हर चरित्र ऐसा लगता है, मानो लेखक स्वयं अपनी आत्मकथा लिख रहा हो...पूरी डूब और ईमानदारी के साथ...आश्चर्य की बात है कि अपने सारे नैतिक पूर्वग्रहों और आदर्शोन्माद के बावजूद उसका बुरे से बुरा और बेईमान से बेईमान चरित्र इतना सच्चा और 'ईमानदार' (जेनुइन) है, मानो वह भी तॉल्स्तॉय ही है और उन्हीं द्वंद्वों से गुज़रकर अब उस सबको 'कन्फ़ेस' करने बैठ गया है। याद करने पर भी मैं चेख़व की कहानियों में किसी खलनायक को तलाश नहीं कर पाता...

और यहीं सवाल है कि अगर कथाकार अपने से बाहर के विविध चरित्रों को स्वयं अपने व्यक्तित्व के रसायन द्वारा अपना बना सकता है, तो उसे क्यों किसी वास्तविक चरित्र में ऐसा कुछ नहीं मिलता, जहाँ वह अपने-आपको खोज सके...दूसरे शब्दों में, किसी और या बड़े व्यक्तित्व को अपना नायक बना सके। कहा जा सकता है कि वह बड़ा व्यक्तित्व पहले से ही इतना बना-बनाया और निर्धारित है कि उसे अपनी कल्पना या अनुभव के चरित्र की तरह तोड़ा-मरोड़ा और ढाला नहीं जा सकता ! मगर दूसरे व्यक्तित्व के बने-बनाए और दिए गए ढांचे को सुरक्षित और प्रामाणिक बनाए रखने के बावजूद उसके उत्प्रेरक तत्त्वों, प्रयोजनों तथा व्यवहार के निजी इंटरप्रिटेशन की सुविधा तो आपके पास हमेशा ही है। यही इंटरप्रिटेशन या अपनी तरह दूसरे मंतव्यों और व्यवहार को समझना, आइडेंटिफ़िकेशन (तादात्म्य) और परिणामतः रचनात्मकता है ! हर कला, प्रकृति नहीं, अपनी दृष्टि से रची गई प्रतिकृति है, मगर मूल सवाल अभी भी वहीं बना है कि हिंदी में क्यों किसी समर्थ कथाकार

ने दूसरे नए-पुराने साहित्यकार की न तो जीवनी लिखी, न उसे आधार बनाकर किसी कथाकृति का सृजन किया ? बंगला में सुनील गंगोपाध्याय के 'देश' में धारावाहिक प्रकाशित होने वाले नए उपन्यास के नायक रवींद्रनाथ ठाकुर हैं, इससे पहले मैत्रेयी देवी के 'न हन्यते' में भी रवीन्द्रनाथ ही नायक थे। विनोदिनी दासी, विवेकानंद, गिरीश घोष जैसे नायक अनेक नाटकों और कथाकृतियों के केंद्र रहे हैं, दर्जनों जीवनियाँ लिखी गई हैं। इसी तरह तिलक के जीवन पर मराठी में गंगाधर गाडगिल का 'दुर्दम्य' जैसा सशक्त उपन्यास और ज्योति बा फुले पर नाटक पिछले दिनों चर्चित हुए हैं (यहाँ मैं ऐतिहासिक और पौराणिक पात्रों को जानबूझ कर छोड़ रहा हूँ)। हाँ, गांधी जी तो हर भाषा में न जाने कितने उपन्यासों और जीवनियों के स्रोत हैं। इधर चार-पाँच वर्षों से गिरिराज किशोर गांधी पर एक उपन्यास के लिए दुनिया-भर की सामग्री छान रहे हैं। गिरिराज की सामर्थ्य पर तो मुझे भरोसा है, आखिर 100 से ऊपर कहानियाँ, दर्जन भर उपन्यासों का लेखकीय अनुभव उनके पास है, मगर मुझे डर है कि गांधी के प्रति उनका पूजा-भाव, व्यक्तित्व के अंतर्विरोधों को समझने में धुंध पैदा करेगा और 'श्री गांधी माहात्म्य' जैसी किसी चीज़ को वे उपन्यास मनवाने का आग्रह करेंगे, क्योंकि गांधी उनका नायक हो, न हो; खलनायक निश्चय ही मार्क्स है।

वस्तुतः हम हिंदी-भाषी लोग व्यक्ति-पूजा और श्रद्धा के मारे हुए हैं, इसलिए बिना खलनायक के नायक की परिकल्पना नहीं कर सकते। हमारे पास या तो देवता होते हैं या राक्षस—सीधे, सपाट, काले-सफ़ेद...गहरे अनुसंधान और बेधक जिज्ञासा के लिए जैसी बौद्धिक अश्रद्धा की ज़रूरत है, हम उससे डरते हैं, हम स्वीकार ही नहीं कर पाते कि बड़े से बड़ा व्यक्तित्व कमियों, कमज़ोरियों, स्खलनों से ही अपनी शक्ति या ऊर्जा ग्रहण करता है। शायद इसीलिए महान होने के बावजूद जो 'व्यक्तित्व' असुविधाजनक होते हैं, उन पर चुप रहना ही पसंद करते हैं—वरना क्या कारण है कि भारतेंदु, प्रेमचंद, प्रसाद, निराला, राहुल, उग्र, भुवनेश्वर, अज्ञेय, राजकमल, रमेश बक्षी जैसे डायनेमिक व्यक्तित्वों ने न किसी झकझोर देने वाली जीवनी को जन्म दिया, न औपन्यासिक कथा-रचना को...पंत जी पर शांति जोशी, प्रसाद पर विनोदशंकर व्यास, निराला पर रामविलास शर्मा, राहुल पर गुणाकर मुले, अज्ञेय पर रामकमल राय, प्रेमचंद पर अमृत राय और मदनगोपाल, भारतेंदु पर राधाकृष्ण जैसों की तथ्यपरक जीवनियाँ ही मुझे इस समय याद आ रही हैं। वहाँ असुविधाजनक तथ्यों को दबाने की या सही ठहराने की ही कोशिश अधिक है, वास्तविकता से सीधे मुठभेड़ करने का साहस कम...जिनके मन में प्रायः कभी किसी की जीवनी लिखने की बात आती भी है, तो प्रतीक्षा करते हैं कि उनके दिवंगत हो जाने पर ही लिखेंगे। किसी भी जीवित व्यक्तित्व पर दर्ज़नों जीवनियाँ आएँ, यह तो शायद हमारे यहाँ अकल्पनीय है। रामवृक्ष बेनीपुरी ने रोज़ा लक्ज़म्बर्ग की ही नहीं, जयप्रकाश नारायण की भी जीवनी उनके रहते ही लिखी थी। बाद में राहुल जी ने पृथ्वी सिंह 'आज़ाद' और चंद्रसिंह गढ़वाली

की जीवनियाँ लिखीं। जैसा कि मैंने कहा, गांधी जी तो शायद इस क्षेत्र में अपवाद ही हैं, रॉबर्ट पेन से लेकर ब्रिटिश पत्रकार लुई फ़िशर तक किस-किस ने उनके जीवन-काल में ही उन्हें गढ़नेवाले अंतर्सूत्रों को नहीं खंगाला ?

जहाँ तक मेरी व्यक्तिगत रुचि का सवाल है, मुझे उन सबका जीवन अधिक आकर्षित करता रहा है, जिन्होंने नीति, नैतिकता, धर्म, कानून के सांचों को बार-बार तोड़ा है, क्योंकि वे ही समाज को गति देने वाले लोग हैं—जैसे क्रांतिकारी, विद्रोही, अधार्मिक और यहाँ तक कि क़ानूनी अपराधी भी—पहले से दिशा तय करके उसके लिए संघर्ष करते और उन आदर्शों को प्राप्त करते लोग प्रायः सपाट और इकहरे ज़ीवन-वृत्त पीछे छोड़ जाते हैं। वे उद्विग्न नहीं, मुग्ध करते हैं। जो पूज्य भी हैं और आदर्श भी, मगर वे हमसे कहीं दूर और ऊँचे हैं, लगभग प्रश्नों और संशयों से ऊपर—राम की तरह, मगर झकझोरता कृष्ण है। सांचों को तोड़ने वाले लोग नए मूल्य चाहे न दे पाएँ, मगर स्थापित मूल्यों के अधूरे और अर्थहीन होने को ज़रूर उजागर कर देते हैं। दूसरे शब्दों में, उनके पुनर्मूल्यांकन की अनिवार्यता बनाते हैं। महान आत्मकथाओं या जीवनियों की ट्रेजेडी यह है कि (चेख़व के शब्दों में) उनके बचपन या 'अबोध काल' से ही 'महानता' के ऐसे सूत्र या तो खोज लिये जाते हैं या स्थापित कर दिए जाते हैं, जिनका आगे सिर्फ़ विकास और संवर्द्धन ही होता है, निर्धारित पटरियों पर गंतव्य तक पहुँचने वाली ट्रेन की तरह। वे सर्वनियंता भगवान में आस्था जमाते हैं, क्योंकि उन्हें देखकर यह विश्वास बना रहता है, मानो जीवन की स्क्रिप्ट पहले लिख दी गई थी, उन्हें तो सिर्फ़ जीना भर था; पराजय, दुविधा, द्वंद्व और चुनाव, जो किसी भी जीवन-वृत्त को जीवंत बनाते हैं, उनके भाग्य में नहीं थे।

अच्छी जीवनियाँ, आत्मकथाएँ, डायरियाँ या आत्मवृत्त पढ़ने का मुझे शुरू से क्रेज़ (पागलपन) रहा है—विशेष रूप से उनकी, जिन्हें बाग़ी या विद्रोही कहते हैं। अब तक की पढ़ी किसी भी पुस्तक से अधिक गहरा प्रभाव छोड़नेवाली लगभग वेश्या, अभिनेत्री, शराबी लिलियन रॉथ की 'आइ'ल क्राई टुमॉरो' का ज़िक्र मैं अक्सर करता ही रहा हूँ, मरते हुए व्यक्ति को संजीवनी की तरह जिस दूसरी आत्मकथा को पढ़ने का आग्रह मैं मित्रों से करता हूँ, वह है हेनरी शैरियर की 'पैपिलॉन'...हत्या के झूठे आरोप में काले पानियों की सज़ा पाने से इन्कार कर देने वाला यह दुर्दांत व्यक्ति किन असंभव परिस्थितियों और दुर्भेद्य जेलों से बार-बार भागा और पकड़ा गया है, इसे पढ़कर रोंगटे खड़े हो जाते हैं। संकल्प, साहस और सूझ के विस्फोटक अनाविल तत्त्वों से बना हेनरी अगर सचमुच हत्यारा भी रहा हो, तो भी प्रणम्य है। जब समरसेट मॉम कहता है कि हर लेखक कहीं एक सिद्ध अपराधी की मानसिकता जीता है तो वह बहुत ग़लत नहीं है, वरना सिर्फ़ थ्रिल या रोमांच की ही तलाश नहीं थी कि मैं बरसों माफ़िया-संगठनों के बारे में खोज-खोजकर पढ़ता रहा। पाब्लो नेरूदा, चार्ली चैप्लिन और बर्टेंड रसेल के आत्मकथ्य और आत्मकथाएँ पढ़ने के साथ-साथ मैं मारियो

पूजो के 'गॉडफ़ादर', वलाचीपेपर्स और 'लास्ट टेस्टामेंट ऑफ़ लकी लूसियानो' को भी नहीं छोड़ पाया। मार्क्विस द साद के पत्र और जीवनी भी मेरी उतनी ही प्रिय पुस्तकें रही हैं, जितनी विवेकानंद की। उन्नीसवीं शताब्दी के उत्तरार्द्ध का बेहद प्रामाणिक, वास्तविक और यथार्थवादी चित्रण करने वाले उड़िया साहित्य के आदि गद्य-लेखक फ़कीर मोहन सेनापति की आत्मकथा के साथ मैं जिस दूसरी पुस्तक को छोड़ नहीं पा रहा था, वह चार्ल्स शोभराज के जीवन पर आधारित जॉन्सन का उपन्यास 'सर्पेन्टाइन' था। लगभग स्तब्ध था कि अमेरिका में बैठे इस लेखक ने सचमुच कितनी यात्राएँ, श्रम, अध्ययन और स्थानों का सर्वेक्षण किया होगा इस अपराधी के जीवन, व्यक्तित्व, कार्यप्रणाली और कर्मक्षेत्रों को लेकर...क्योंकि लगभग बीस घोषित हत्याओं का यह अपराधी, शायद काली दुनिया का सबसे प्रचंड बुद्धिजीवी और अविश्वसनीय अध्येता भी है। दूसरा ज्याँ जेने या बाल्मीकि बनने की संभावना मुझे शोभराज में दिखाई देती है।

मगर सवाल यही है कि क्यों नहीं होता यह सब हमारे यहाँ ? मुग़ल दरबारों के 'आइने अकबरी' या 'बाबरनामा' जैसे ग्रंथों को छोड़ दें, तो चौरासी वैष्णवों की वार्त्ता (गोसाईं गोकुलनाथ), भक्तमाल (नाभादास) या बनारसी दास का अर्द्धकथानक ही जीवनीपरक रचनाओं के रूप में याद आते हैं। हो सकता है, 500 साल पहले दोहों में लिखी 'अर्द्धकथानक' भारत की पहली और सबसे ईमानदार आत्मकथा हो, मगर सदियों पहले सेंट ऑगस्टीन के लिखे 'कन्फ़ेशन्स' के मुक़ाबले मुझे वह बहुत 'स्केची' लगती है। व्यक्तिगत से अधिक कोई सांस्कृतिक, ऐतिहासिक या दार्शनिक कारण ज़रूर होना चाहिए कि हमारे यहाँ पौराणिक पात्रों पर तो एक से एक रचनाएँ हैं, मग़र वास्तविक जीवन को लेकर, चाहे अपना हो या दूसरों का, चिंतन-मनन कम है।

आरोप नहीं, सिर्फ एक सवाल की तरह मैं सोचना चाहता हूँ कि इसके पीछे वेदांती हिंदू दृष्टिकोण तो नहीं है ? आत्मा के मोक्ष या आत्मा-परमात्मा के सवालों से आक्रांत (ऑब्सेस्ड) हिंदू-दर्शन, जीवन और जगत् को 'माया' कहकर धिक्कारता रहा है। सबसे बड़ा अधम और पतित वह है, जो जीवन-जगत् में ही डूबा है और इन्हें छोड़ नहीं पाता। 'पानी केरा बुलबुला, अस मानुस की जात' का भाव व्यक्त करने वाले हज़ारों वाक्य अनंत काल से व्यक्ति और समूह के अंतर्जगत् को सींचते रहे हैं। कौन तेरी माता, कौन पिता, कौन भाई-बंधु-पत्नी—सब विषय विकार के गड्ढे हैं, भव-बंधन हैं और इनमें रस लेना ही नरक है। इससे भागो, हिमालय या जंगलों की ओर दौड़ो...दूसरे शब्दों में, अपनी आत्मा को छोड़कर शेष जीवन में रमना, महान मानवीय पतन है, क्योंकि यह सब गूलर के फूल की तरह झूठा और मरीचिका है—जीवन अस्थायी है। आनी-जानी माया है। ''माया महाठगिनी हम जानी'', हमारे यहाँ मृत्यु या मोक्ष को लेकर जैसा 'मुक्तिदायी' उल्लास है, वैसा जीवन को लेकर नहीं।

भौतिकता और जीवन के प्रति यह तिरस्कार, हमारी सारी दार्शनिक उदात्तताओं और महानताओं के बावजूद हमें मूलतः मनुष्य-विरोधी, असामाजिक और अमानवीय बनाता है। जो जीवन इतना घृणित, पतित, अस्थायी और माया-मोहमय है, उसके बारे में सोचना-लिखना लगभग धर्म के विरुद्ध है। इसके विपरीत पदार्थवादी दर्शन हमारे भौतिक और सांस्कृतिक विकास में अधिक सहायक रहे हैं, क्योंकि वे जीवन-जगत् से भागने के गुणगान कम करते हैं। चूँकि वहाँ पुनर्जन्म नहीं है, इसलिए जो भी करना है, वह इसी जीवन में करना है। आनंद, उत्सव, सुख, दुख—सब यहीं है। इसलिए इसी को कलाओं में बाँधकर अमर और स्थायी कर देना है—गति के बीच पकड़े 'स्टिल' चित्र की तरह। शायद यही कारण रहा होगा कि जैन धर्म के साथ मंदिरों की परिकल्पना आई और बौद्ध दर्शन ने हमें भव्य मूर्तियाँ और वास्तुकला दी। 'बुद्ध' ही अरबी-फारसी में 'बुत' बना, जो वहाँ के साहित्य में नारी-सौंदर्य का प्रतिमान भी माना गया। दूसरे शब्दों में, कलाओं का विकास, महान बौद्धिक उपलब्धियाँ यानी जीवन के अभिनंदन की अभिव्यक्तियाँ पदार्थवादी दर्शनों के प्रभाव के साथ ही आईं...पश्चिमी संस्कृति में मनुष्य की अनुकृतियों के विस्तार, मूर्तियों, चित्रों, जीवनियों, आत्मकथाओं के रूप में हुए। बौद्धों ने थेरी गाथाओं, जातकों, बुद्ध चरितों के साथ अजंता-एलोरा की मूर्ति और चित्रकलाएँ दीं। संगीत और नाटक दिए। अवतारों की कल्पना दी। ये तो कुछ अवशेष मात्र हैं, न जाने कितना रहा होगा या नष्ट कर दिया गया होगा— चार्वाक दर्शन की तरह...

इस दिशा में अधिक विश्वसनीय और प्रामाणिक कारण तो समाज-मनोविज्ञानी ही बता सकते हैं, मगर मेरा विश्वास है कि पदार्थवादी या ईश्वरीय सत्ता के अस्वीकार ने ही हमारे साहित्य, कला, विज्ञान और संस्कृतियों को मानवीय धरातल दिया और मनुष्य को उसके केंद्र में स्थापित किया, आत्मयुक्ति को नकार कर करुणा, सेवा, परोपकार की अवधारणाएँ दीं—यानी मनुष्य और समाज को अपना सरोकार बनाया। जीवन को उत्सव मानकर रस लिया।

हो सकता है, यह वेदाती संस्कार हो कि हम जीवनियों, आत्मकथाओं या व्यक्ति-आधारित रचनाओं को साहित्य की मुख्य धारा से अलग ही रखते आए हैं। दुनियादारी में ही डूबे रहना या अपने और दूसरे के जीवन को महत्त्व देना लगभग अपराध जैसा माना गया है—इस नाम-रूप में क्या रखा है, छिलके हैं, उतर जाएँगे। सार तत्व तो वह अजर-अमर आत्मा है। इन्हें लिखना कुछ 'नीचे' उतरना है। प्राकृत जन का गुणगान ही करना है, तो 'खुदा लगती' ही क्यों न कही जाए...बहरहाल, मुझे तो हाजी मस्तान, नटरवर लाल, फूलन देवी का जीवन भी उतना ही आकर्षक लगता है, जितना भारतेंदु, चंद्रशेखर, राहुल, भिखारी ठाकुर और गुरशरण सिंह का ...अगर सुविधाएँ और क्षमता होती, तो शायद मैं इनमें से किसी की जीवनी लिखता या इन्हें आधार बनाकर उपन्यास पर काम करता—हर क्षण यह जानते और हीनता

महसूस करते हुए भी कि हम और हमारी सोच अभी सार्त्र जैसों के पासंग भी नहीं है, जहाँ मरे हुए बोदलेयर और जीवित जेने के जीवन पर अद्भुत अध्ययन दिए गए हों...अपराधी, चोर, समलैंगिक, वेश्यागामी जेने पर सार्त्र की विकट पुस्तक 'सेन्ट जेने' या 'दि साद' और ब्रिजिटि बार्दो पर 'सिमॉन द बोउवा' द्वारा लिखित जीवनों के अध्ययन।

वहीं एक आश्चर्य और भी है, सिर्फ अपने व्यक्तिगत अनुभवों के सीमित दायरों में लिखने के लिए बदनाम हिंदी की लेखिकाओं ने न अपनी कोई आत्मकथा लिखी, न जीवनी; सुभद्रा कुमारी चौहान पर 'मिले जोत से जोत' को छोड़कर। शायद यह उनकी ईमानदारी और साहसहीनता ही रही होगी कि झूठ वे लिखना नहीं चाहती थीं और सच लिखने का साहस नहीं था। इस क्षेत्र में मराठी शायद सबसे समृद्ध हैं। वहाँ एक दर्ज़न से अधिक ऐसी आत्मकथाएँ हैं, जिन्हें पढ़कर लेखिकाओं की बेबाकी पर आश्चर्य होता है—हंसा वाडेकर, शांता आप्टे से लेकर शांता अमर शेख़ और अन्य दलित लेखिकाओं की आत्मकथाएँ पढ़कर चकित होना पड़ता है। पंजाब तो हमेशा ही अपने खुलेपन और साहसिकता के लिए जाना जाता रहा है। अमृता प्रीतम के रोमानी झूठ 'रसीदी टिकट' को छोड़ भी दें, तो भी दिलीप कौर टिवाणा की 'नंगे पैरों का सफ़र' और अजीत कौर की 'खानाबदोश' मुझे आज भी बेजोड़ ही लगती हैं।

मुझे यह बहुत तर्कसंगत लगता है कि देश और काल को अपनी विराट बौद्धिक यात्राओं का क्षेत्र बनाने वाले राहुल सांकृत्यायन मनुष्य के अस्तित्व, जीवन और संघर्षों पर इस तरह सोचने की दिशा भी देते हैं।

❑ ❑ ❑ ❑

सांप्रदायिकता किस तरह रचना-विरोधी माहौल तैयार करती है, इसका नवीनतम उदाहरण है, 'हंस' में प्रकाशित शिवमूर्ति की लंबी कहानी 'त्रिशूल' पर इलाहाबाद और लखनऊ में उठे बवंडर और कार्यालय में प्राप्त होने वाले शाखामृगी पत्र...हर स्थिति, पात्र या संवाद लिखते समय अगर लेखक के मन पर यही दबाव बना रहेगा कि उसके किस शब्द से किस की भावना आहत हो सकती है, तो वह लिखेगा क्या ख़ाक... ? इस पात्र को मिश्रा क्यों बनाया, यह बात सिन्हा साहब के मुँह से क्यों कहायी गई, ऐसी छिनाल का नाम सावित्री क्यों रखा गया, यह पात्र पाखाने में बैठकर अख़बार पढ़ता क्यों बताया गया—यह हमारी विद्या की देवी, ब्रह्मकुमारी सरस्वती का अपमान है—ये प्रश्न, माँगें और धमकियाँ क्या किसी को भी कुछ लिखने लायक छोड़ती हैं ?

हम सबको प्रसन्नता होती, अगर इलाहाबाद में पाँच घंटे चली हंगामी गोष्ठी में कहानी पर उसी तरह बातें होतीं, जैसे अनेक स्थानों पर 'कॉमरेड का कोट' को लेकर हुई थीं, या शिवमूर्ति की ही 'तिरिया चरित्र' को लेकर बहसें हुईं थीं—मगर

नहीं, वहाँ तो सांप्रदायिकता और जातिवाद तय किया जा रहा था और उसकी पहल की थी दूधनाथ सिंह ने। जातिवादी व्यक्तिगत कच्चे चिट्ठे या भाजपा से उपकृत होने के उत्सवों को अगर इस समय भूल भी जाएँ, तो भी दूधनाथ सिंह से एक बुद्धिजीवी के व्यवहार की अपेक्षा तो हम सभी करते हैं। वे ही बताएँ कि जिस साहित्यिक माहौल को बनाने में वे अपना अमूल्य योगदान दे रहे हैं, क्या उसके चलते वे कोई कहानी, उपन्यास लिख पाएँगे ? निर्मल वर्मा की तरह नाम-रूपहीन पात्र और देश-काल से परे या अ-कहानी युग की 'वह' वादी लड़की ने कहा, लड़के ने सुना—जैसी रचनाएँ वे सोच रहे हों, तो बात दूसरी है।

जैसा कि मैंने पिछले संपादकीय में लिखा था, आज सांप्रदायिकता और जातिवाद दो विरोधी बातें हैं ही नहीं। हिंदू सांप्रदायिकता अपनी वैधता और शक्ति जिन स्रोतों से ग्रहण करती है, क्या अपने समाज में वे ही जातिवाद के कारण नहीं है ? 'हम' और 'वे' का बँटवारा सिर्फ़ बाहर की तरफ़ ही नहीं, अंदर की तरफ़ भी होता है, क्योंकि हर 'हम' 'वे' से श्रेष्ठ होता है और जब भी आप 'हम' की श्रेष्ठता पर प्रश्न करेंगे, तभी जातिवाद पैदा होगा। यथास्थिति बने रहने दें, तो शांति ही शांति है। प्रश्न भी करें, तो उस भाषा में करें, जो वे बता रहे हैं।

मैं दूधनाथ सिंह को आमंत्रित करता हूँ कि वे 'सांप्रदायिकता और जातिवाद' पर 'हंस' में एक बहस की शुरुआत करें और हमें यह कहने का अवसर दें कि शिवमूर्ति का समाज वह नहीं है, जो तस्लीमा नसरीन का है—'वे', 'लज्जा' तक नहीं पचा सकते और 'हम' 'त्रिशूल' भी झेल लेते हैं।

['हंस', मार्च 1994]

ख़ामोश, चिंतन चालू आहे...

मैं सोचता हूँ, अगर कभी इस युग को कोई नाम दिया गया, तो वह भारत के संदर्भ में क्या होगा ? नाम बहुत-से सामने आते हैं, मगर शायद, सबसे सही नाम होगा 'सेमिनार-युग'। जिधर देखिए, सेमिनार, विचार-गोष्ठी, बहस, विमर्श, प्रसंग और बौद्धिक मंथन...लगता है, जैसे चारों ओर एक विचार-विस्फोट हो गया है; एक समाप्त नहीं होता कि दूसरे के निमंत्रण, आग्रह, दबाव ! दिल्ली को ही लें, तो अनेक विषयों पर कम-से-कम दस-बारह सेमिनार तो रोज़ होते ही रहते हैं : सरकारी, ग़ैर-सरकारी या अन्य संस्थाओं द्वारा आयोजित। सभी में जाना ज़रूरी लगता है, कहीं आप ज़रूरी हैं, तो कहीं विषय, कहीं आपके होने को ग़लत समझा जा सकता है, तो कहीं न होने को, कहीं लोग इतने महत्त्वपूर्ण हैं कि आप स्वयं उनके विचार सुनना चाहते हैं और कहीं आपके पास स्वयं इतनी काँटे की बात है कि उसे सुनाए बिनो चैन नहीं पड़ता। राजधानियों में तो एक-से-एक राष्ट्रीय और अंतर्राष्ट्रीय व्यक्तित्वों को देखने-सुनने का मौक़ा मिलता है; छोटी जगहों के लोग इनके लिए तरसते हैं। हमें अवसर है, तो लाभ उठा ही लिया जाए। सुनने और सुनाने वाले, दोनों ही उत्साही। लगता है, एक विराट पार्लियामेंट है और देश के हर भाग में बहसें चल रही हैं। सुनते हैं, क्रांति से पहले रूस में भी एक व्यापक सेमिनार-युग आया था और सारे बुद्धिजीवी हर समय बहसें, मीटिंगें और बौद्धिक दंगल ही करते रहते थे; नेता, अफसर, विचारक, सब किसी-न-किसी मीटिंग में ही होते थे। इन मीटिंगों में जो कुछ भी तय होता था, उसका कार्यान्वयन कब और कैसे हुआ, इसकी जानकारी किसी को नहीं होती थी। यह भी हो सकता है कि ये मीटिंगें, सेमिनार और विचार-विमर्श ही इतने बड़े और समय-भक्षक काम हैं कि इनके बाद किसी और काम की ज़रूरत ही नहीं है। सरकार में तो मिनिस्टर से लेकर अफ़सर तक किसी को भी फ़ोन कीजिए, वह मीटिंग में ही होता है, जिसे पी.ए. स्वराघात से प्रायः 'मेटिंग' कहता है।

हम सब, या कम-से-कम मैं तो निश्चय ही, इस ग्रंथि के मारे हुए हैं कि दुनिया

में ज्ञान और जानकारियों का इतना बड़ा सैलाब आया हुआ है, एक से एक दिग्गज पता नहीं कहाँ-कहाँ से दूर की कौड़ी लपक लाता है और हम हैं कि अपनी कूप-मंडूकता में ही छप-छप कर रहे हैं। अब सब कुछ को पढ़ना, पचाना, समझना और फिर याद रखना तो संभव नहीं है, न ही हरेक की खोपड़ी में सुधीश पचौरी नाम का कंप्यूटर फिट है। इसलिए चलो, इन सेमिनारों, गोष्ठियों और बहसों में ही बैठा जाए। जो बोल रहा है, उसने कुछ तो पढ़कर तैयारी की होगी, मोटे रूप में बात को समझने के लिए इतना काफ़ी है। मन हुआ, तो विस्तार से कभी पढ़ लेंगे, मगर विस्तार से पढ़ने के लिए यह 'कभी' कभी नहीं आता, क्योंकि अगले दिन किसी दूसरे, लेकिन अत्यंत महत्त्वपूर्ण विषय पर सेमिनार में जाना ज़रूरी है।

जब मैं मंच पर होता हूँ, तो हॉल भरा देखकर प्रसन्नता और आशंका—दोनों होती हैं—कितने लोग मुझे सुनना चाहते हैं ! इनके सामने अगर सबसे अलग कोई नई बात नहीं कही गई, तो कितनी निराशा होगी...मुझे और उन्हें दोनों को...दिमाग़ उस समय विषय पर नहीं सोचता, कोई 'विलक्षण' मुद्दा उठाने की उठा-पटक में लगा रहता है। बात चाहे कितनी भी घिसी-पिटी, पुरानी-बासी हो, मगर लगता है, उसे आप ही सबसे नए और अद्‌भुत ढंग से कह रहे हैं। चुस्त और चौंकाऊ फ़िकरों की तलाश में, किसी और जगह, किसी और के कहे वाक्य, या तर्क मार लेते हैं : सामने बैठे हुओं को क्या पता कि यह सब मैंने कहाँ से उड़ाया है, एकाध को पता हो भी, तो साले को याद थोड़े ही होगा...मन को समझा लेते हैं कि दुनिया में कोई मौलिक नहीं होता, सब इधर-उधर से ही 'चुराते' हैं। असली बात तो यह है कि आप कैसे उस सबको घोंट-पीसकर अपना और असरदार बनाते हैं; कैसे सुल्ताना डाकू या हिटलर पर कही गई किसी और की बात को भगवान बुद्ध या महात्मा गांधी पर फ़िट करके तालियाँ बजवाते हैं। सामने या दिमाग़ में कोई विरोधी दिख जाए, तो भयंकर संतोष से मन खिल उठता है, अब मारा हरामी को...मैं मंच पर हूँ, अध्यक्ष हूँ, नीचे बैठा उल्लू मेरा क्या बिगाड़ लेगा ? अब लेता हूँ इसके लत्ते...बाद में पिन-पिन करता फिरेगा। दूसरे वक्ता क्या बोल रहे हैं, यह मंच पर बैठे लोगों को प्रायः साफ़ सुनाई नहीं पड़ता, मगर जो सुन लिया है, वही उसकी खाट खड़ी करने को काफ़ी है। अपनी बात मुझे निश्चय ही उसे काटते हुए कहनी है। वह सब भी कहना या उसके खाते में डालना है, जो उसने नहीं भी कहा हो सकता है। चूँकि मंच पर बैठकर सवाल ईमानदारी या विषय-निष्ठा का नहीं, धाक और प्रभाव का होता है, इसलिए सफल और नामवर वक्ता वही है, जो हमेशा उपस्थित या अनुपस्थित विरोधी से लड़ता है ! क्रिया में नहीं, प्रतिक्रिया में रहता है ! जब रोज़ ही अलग-अलग विषयों के एक सेमिनार को कृतार्थ करना है, तो कहाँ तक आदमी नई और अछूती बात कहेगा। फिर यह भी तो ज़रूरी नहीं है कि इस गोष्ठी के श्रोता वही हों, जो पिछली के थे या पिछले साल थे। जब एक कवि दो-चार कविताएँ हज़ारों बार सुनाकर लाखों रुपये बटोर

सकता है, तो हम अपने को थोड़ा-बहुत दुहरा भी नहीं सकते ? क्यों हमसे उम्मीद की जाती है कि हर बार कोई नितांत नई और अद्‌भुत बात ही कहेंगे ? लेकिन ये तो हाशिये की बातें हैं, इनसे मनोरंजन किया जा सकता है। धाक तो विद्वत्ता और चिंतन की जमानी है। इसलिए गोष्ठी की सुबह कुछ किताबें या इधर-उधर पत्र-पत्रिकाओं में निकली सामग्री भी टटोलना ज़रूरी है। किसी और ने, विशेषकर विदेशी ने इस पर कुछ कहा हो और अगर वह मिल जाए, तो कहना ही क्या है ! फ़ौरन चिट पर उतार लो, उद्धरण बना दो...विरोध कर सकने लायक दो मुद्दे भी मिल गए, तो पौ-बारह। सारी गोष्ठी ध्वस्त करके रख दूँगा...कुछ नकचढ़े कहेंगे कि यह बौद्धिक 'सनसनीवाद' (सेन्सेशनलिज़्म) या विषय-ध्वंस है और चिंतक को मंचीय कवियों के स्तर पर ले आता है--है तो हुआ करे ! आखिर जिसने हज़ारों रुपये खर्च करके मुझे बुलाया है, हवाई जहाज़ या ए.सी. का किराया दिया है, मेरी हर इच्छा और नखरे का ध्यान रखा है, उसे भी तो कोई संतोष मिलना चाहिए। उसे भी अपने लोगों के बीच जवाब देना है। कवि होता, तो यह सब भी करना होता और हज़ारों की फ़ीस झोंकनी पड़ती, सो अलग। वक्ताओं का काम तो सिर्फ़ 'आतिथ्य' से ही चल जाता है। उम्मीद यह भी की जाती है कि हम हर बार कोई नई और मौलिक बात ही कहेंगे...हाँ, चिंता यही है कि आयोजक किसी राजनेता को न बुला लें--एक तो पूरे आयोजन के हीरो वे ही बन जाते हैं, सारे कैमरे, पत्रकार, रेडियो, दूरदर्शन वाले उन्हें ही घेरते हैं, फिर सारा मूड कुछ ऐसा खुशामदी और कृतार्थता का बन जाता है कि आप फालतू हो उठते हैं। चलो ठीक है, उसे भी भुगतेंगे। उसके साथ अपनी भी तस्वीरें अगले दिन छपी होंगी। परिचय तो कराया ही जाएगा। हो सकता है, आगे कभी कोई काम पड़ जाए। बोलना इस तरह होगा कि व्यक्तिगत रूप से उसकी महानता मानते हुए भी आप उसकी पार्टी की नीतियों से सहमत नहीं हैं। इससे अपनी वैचारिक स्वतंत्रता का प्रभाव पड़ता है...

यह सब मंच पर बैठे हुए वक्ता की मानसिकता है, मगर श्रोता-वर्ग की स्थिति शायद कुछ दूसरी तरह की है। विषय अच्छा और महत्त्वपूर्ण है। अब इस सब पर अलग से बैठकर पढ़ने और सोचने का समय कहाँ है। इतने लोग बोलेंगे, तो कुछ तो ज्ञान बढ़ेगा। बोर हुए, तो वहीं एक झपकी ले लेंगे--ऐसा निश्चिंत ठंडा या गरम वातावरण कहाँ मिलेगा ? नाश्ते-पानी का जुगाड़ है ही। अमुक जी आ रहे हैं तो कोई नई और मौलिक बात ज़रूर कहेंगे। हो सकता है, अपने विरोधियों की खुलकर खिंचाई ही कर दें। मज़ा रहेगा--अपने-अपने क्षेत्रों में चर्चा का मसाला मिलेगा। और कुछ नहीं तो दस लोगों से मिलने का मौक़ा मिलेगा। दिल्ली जैसे शहर में मुलाकातें या तो निगम बोध घाट पर होती हैं या फिर चर्चाओं और सेमिनारों में...आजकल तो शादी-ब्याहों में भी सब तरह के लोग नहीं जाते, जब से कॉफ़ी-हाउस जैसे केंद्र बंद हुए हैं, बरसों किसी से भेंट-मुलाक़ात ही नहीं होती। बैठकर बातें किए हुए तो बरसों

हो गए। बातें तो ख़ैर, इन गोष्ठियों में भी नहीं हो पातीं, सिर्फ़ "आप कैसे हैं...बड़े स्मार्ट दिखाई दे रहे हैं...सुना, पिछले दिनों आपकी तबीयत कुछ नासाज़ रही...कभी मिलने का प्रोग्राम बनाइए न...अच्छा, अभी तो चलते हैं, 20 किलोमीटर दूर जाना है..." बोलिए, यह भी कोई मिलना हुआ ? हाँ, बिलकुल न मिलने से तो अच्छा है—समथिंग इज़ बेटर दैन नथिंग। वही लोग, वही चेहरे, वही उनके होने का आश्वासन ...आखिर आदमी एक सामाजिक प्राणी है, अपने समाज के लोगों से नहीं मिलेगा-जुलेगा तो कैसे काम चलेगा ? बीवी, बच्चे, टी.वी. में तो ज़िंदगी जी ही रहे हैं। ऐसी जगह आ जाते हैं, तो बौद्धिक होने का संतोष मिलता है। नई से नई किताबों और विषयों की जानकारी मिलती है, सोचने-विचारने के मुद्दे सामने आते हैं। बस, इस तरह के आयोजनों में एक बुराई है—लोग अपनी बातें संक्षेप में क्यों नहीं कह पाते ? एक ही चीज़ को धुने जा रहे हैं घंटों ! विषय चाहे जो भी हो, बोलना उन्हें वही है, जो तय कर आए हैं। अब बोलिए, यह 40 पेज का पर्चा पढ़ने की जगह है ? किसी शोध-पत्रिका में छाप लेते—लाकर हमारे सिर दे मारा...और मज़ा यह कि नया कुछ नहीं। वही घिसी-पिटी बातें, जो हम बरसों से सुन रहे हैं। अच्छा है, अमुक जी ने उनकी खूब ख़बर ली, मगर वे साहब इतने विदेशी कोटेशन्स सुनाकर किस पर रौब पेल रहे थे ? दूसरी ख़राबी इन सेमिनारों में यह है कि या तो संडे को करेंगे या वर्किंग डे में। अब बोलिए, आदमी कैसे जाए ? एक संडे मिलता है, सो आप यहाँ भाग आए। बच्चे अलग गालियाँ दें। बीस काम होते हैं, मगर गोष्ठी में लोग बहुत जमा हो गए—लगता है। इन ससुरों को कोई और काम नहीं है। चलिए, अंदर चलते हैं, शायद फलाने साहब बोल रहे हैं....अच्छा बोलते हैं। पहले वाला तो ऐंवेई था...

तो यह है गोष्ठियों और सेमिनारों का माहौल...बौद्धिक भूख है, मगर न हाथ में समय है, न मन में धैर्य। बना-बनाया, खूबसूरत पैकिंग के साथ एक ही जगह मिल जाए, तो थ्री-इन-वन का मज़ा ! मूलतः न देने वाला सीरियस, न लेने वाला ! और यह भूख कुछ जूठी जानकारियों, बौद्धिक सनसनियों और मिलने-जुलने के मनोरंजनों में खो जाती है। आज किसके पास समय है कि महीनों एक विषय पर सोचे, उसके अलग-अलग पहलुओं पर विचार करे, दुनिया-भर के खोज और अनुसंधान के बीहड़ों से गुज़रकर अपनी अलग स्थापनाएँ दे ? आसान तो यही है कि कोई एक मुद्दा चुनो, दस लोगों ने जो लिखा या बोला है, उसे संकलित करो और संपादक का ठप्पा लगाकर पाठकों के समाने परोस दो—या परिचर्चा करा दो, दूरदर्शन पर या पत्रिका में। उसे एक ही विषय के इतने पहलू या एक जगह ही इतने बड़े-बड़े नाम और कहाँ मिलेंगे ? किसी ने कहा था कि टेलीफ़ोन ने प्रेम-पत्रों और पत्राचारी बहस का युग ही समाप्त कर दिया। फोन उठाया और प्रेमी-प्रेमिका की घंटों बातें। सीधे संवाद का सुख। न बाद में पकड़े जाने का डर, न रेशमी रूमालों में लपेटकर संभाले रखने

का झंझट। आवाज़ का जादुई रोमांच यानी साक्षात् मिलने का एवज़ी अहसास। 'कीट्स के प्रेम-पत्र' जैसी किसी किताब के आने की सारी गुंजाइशें समाप्त...

मुझे लगता है, इन सेमिनारों ने एक छद्म बौद्धिक वातावरण बना दिया है, साथ ही गंभीर पढ़ने-लिखने की ज़रूरत भी समाप्त कर दी है ! विचार को अपने मानसिक अवकाश में आविष्कृत करने का सुख या उसके साथ जीने की समृद्धि के क्षण हम सबकी ज़िंदगी में लगभग दुर्लभ हो गए हैं। आप विचार को स्वयं उपलब्ध नहीं करते, वह आपको 'दे दिया' जाता है—कटा-छँटा, साफ़-सुथरा, लगभग इकहरा। छिलकों, जड़ों या रेशों-बीजों से मुक्त; चबी-चबाई गंडेरियों की तरह या विभिन्न विटामिनी गोलियों की तरह। चूँकि भीतर से उगकर वह आपके सिस्टम का हिस्सा नहीं हो पाता, इसलिए न आपको गहराई में आंदोलित कर पाता है, न कर्म की प्रेरणा दे पाता है। आखिर आप कुछ न कुछ तो बौद्धिक, सांस्कृतिक या वैचारिक कर ही रहे हैं—यह भावना सामाजिक उदासीनता और निष्क्रियता के अपराध-बोध को धो डालती है या उसकी स्थानापन्न हो जाती है। क्रमशः आप असामाजिक या समाज-निरपेक्ष हो जाते हैं। विचार या सोच को आपने गांधी, नेहरू, लोहिया या अंबेडकर की तरह जन-जीचन की हलचलों के बीच रहकर अर्जित नहीं किया है—ऐयाश रईस की तरह उधार के रूप में ही ग्रहण किया है, जिसे चुकाने की कोई मजबूरी भी आपकी नहीं है। चूँकि अब तो इस वैचारिक उधार के स्रोत स्वयं आपके ज़हन में धुँधले पड़ गए हैं, इसलिए न किसी विचार के साथ लगाव है, न ज़िम्मेदारी। प्रतिबद्धता के ज़हरबाद को तो 'विचारधाराओं की मौत' ने पहले ही निर्मूल कर डाला। आर्थर कॉयस्लर अपने इसी नाम के उपन्यास में इन दिग्गज बुद्धिजीवियों को हर जगह 'कॉल-गर्ल्स' ही कहता है—बौद्धिक मुजरेवालियाँ ! ज़ाहिर है कि मुजरा हर कोई नहीं करा सकता। जिसकी गाँठ में दाम और काँख में दम होगा, वही तो यह गौरव हासिल करेगा। नतीजे में ये 'कॉल-गर्ल्स' सत्ता और पैसा-केंद्रों के 'स्वतंत्र' उपग्रहों की तरह घूमती हैं। चूँकि सेक्युलरिज़्म (धर्मनिरपेक्षता) की तरह 'बौद्धिक स्वतंत्रता' (इंटेलेक्चुल फ़्रीडम) नाम की एक 'विदेशी' अवधारणा भी जान को लग गई है। इसलिए कभी-कभी विरोध के तेवर भी अपनाने पड़ते हैं, पालतू न हो जाने की पाशवी अदा की तरह। शायद इसे ही ग़ालिब ने अपने शब्दों में कहा था : 'छिपाए न छिपे और दिखाए न बने...'

सच पूछें, तो इन महानगरी सेमिनारों के मुक़ाबले मुझे छोटी-छोटी दूर-दराज़ जगहों की गोष्ठियाँ ज़्यादा ईमानदार चिंताओं से जुड़ी लगती हैं; श्रोताओं की निष्क्रिय जमात और वक्ताओं के मशीनी एकतरफ़ा एकालाप की जगह। वहाँ संवाद की तड़प भी है और विषय को गंभीरता से जाँचने का सरोकार भी, मगर क्या करें, ग्लैमर तो महानगर का स्टार बनने से ही मिलता है, और अगर आप स्टार नहीं हैं, तो आपको उन जगहों पर भी बुलाएगा कौन ? वह आई.एस.आई. का ठप्पा या मानकीकरण

का आश्वासन भी तो है, जो मुद्दे को प्रामाणिकता और स्तरीयता देता है। कम से कम लोगों के मन में यही धारणा बद्धमूल है।

चलिए, हमें इसी इत्मीनानी ऐयाशी में ही बने रहने दीजिए कि बौद्धिक, सांस्कृतिक, साहित्यिक समस्याओं से जूझ तो रहे हैं ! विचार अपने-आप में एक सामाजिक कर्म है, सभी ऐक्टिविस्ट (कार्यकर्ता) हो जाएँगे, तो वैचारिक मार्ग-दर्शन कौन करेगा ? इसीलिए हम मध्य वर्ग या उच्च मध्य वर्ग के गतिशील प्रबुद्ध, बौद्धिक रूप से अपना वर्गांतरण करने में लगे हैं। हमें तो नुक्कड़ की भी चाय उतनी ही अच्छी लगती है, जितनी डनहिल और ब्लैक-लेबुल, दोनों से हमें कोई फ़र्क़ नहीं पड़ता—'कं फ़र्क़ पैन्दा जी !'

जिस तरह पॉर्नोग्राफ़ी या ब्लू फ़िल्में आपको क्रमशः संवेदनहीन, जड़ और अंततः नपुंसक बना देती हैं, शायद उसी तरह ये सेमिनार आपको चिंता और चिंतन-मुक्त कर देते हैं। आप विचारक नहीं, परफ़ॉर्मर होकर रह जाते है, जिसे आयोजकों के बीच अपनी कीर्ति सिद्ध करनी है। जब साल में 100-150 जगह अपनी उपस्थिति से कृतार्थ करना है, तो अपना लिखने-पढ़ने या सोचने का अवकाश ही कहाँ है ? एक आयोजन ख़त्म हुआ कि दूसरा सिर पर सवार—बिलकुल एक अलग जगह और अलग विषय का तनाव...इस 'माँग पर चिंतन करने' को राजस्थानी कहावत कैसी खूबसूरती से रखती है : 'जन-जन का मन राखते, बेस्या रह गई बांझ...'

अब मेरी समझ में आ रहा है कि राजनीति की गहमागहमी में शिखर पर बने रहने की जोड़-तोड़ में लगे लोग क्यों जेलों में बैठकर ही लिख पाते थे।

सुनते हैं, सोवियत युग समाप्त होने से पहले भी रूस में पहले जैसा ही 'सेमिनार-सन्निपात' आया था। कहीं ऐसा तो नहीं है कि ज़मीनी सच्चाइयाँ जब आपके नियंत्रण और समझ के बाहर बदलने लगती हैं, तो बुद्धिजीवी टिटहरी सेमिनारों के उलटे छाते से फटते आसमान को रोकने का ज़िम्मा लेती है ?

❑ ❑ ❑ ❑

लगभग पैंतीस वर्ष बाद सरस्वती प्रेस से ही 'कहानी' का पुनर्प्रकाशन, वर्ष की संभावनापूर्ण शुरुआत है। संपादक हैं शानी, प्रसिद्ध कथाकार और साहित्यिक पत्रिकाओं के तेजस्वी संपादक। सुना है, माया प्रेस के साथ मिलकर रवींद्र कालिया भी इसी वर्ष कथा-पत्रिका निकाल रहे हैं। अफ़वाह है कि शायद 'इंडिया टुडे' वाले भी इस क्षेत्र में आएँ। स्वायत्त साहित्य का भोपाल घराना कविता की कितनी वापसी करा पाया, यह तो पंचतारा काव्य-कक्ष ही जानते होंगे, मगर यह स्वतःस्फूर्त कहानी की वापसी ज़रूर लगती है।

100 पृष्ठों की 'कहानी' का पहला अंक सुंदर, सुरुचिपूर्ण और साफ़-सुथरा है। नई कहानी युग के प्रायः सभी शीर्ष नक्षत्रों को एक साथ यहाँ देखकर 'बड़री आँखियाँ' निरखने का आश्वासन मिलता है। कविताएँ भी हैं—आज के सबसे महत्त्वपूर्ण

कवियों की। नामवर जी पर बिलकुल नए ढंग से लिखा गया है। सही है कि कहानी के प्रति शानी की दृष्टि क्लासिसिस्ट (एलीट) ज़्यादा है, मगर उम्मीद है कि पिछले 20-30 वर्षों में कथा-साहित्य में जो नया मुहावरा उभरा है, अगले अंकों में उसका भी प्रतिनिधित्व होगा।

सुना है, छः मार्च को पहले अंक के लोकार्पण-आयोजन में मुख्य वक्ता डॉ. नामवर सिंह ने 'कहानी' की प्रशस्ति करते हुए पानीदार 'हंस' पर छींटाकशी ही नहीं की, बल्कि काफ़ी पानी भी फेरा। घाट-घाट के किनारे बैठकर सिर्फ़ मलाई खाने वालों के पेट में बड़ी जल्दी पानी पड़ जाता है। बक़ौल ग़ालिब—'सग़-गज़ीदा है'—नीर-क्षीर देखते ही भड़कते हैं। इसलिए नामवर जी का पानी पी-पीकर कोसना चौंकाता नहीं है। डर लगता है, कहानी को लेकर गंभीरतम सवाल उठाने वाला 'विचारक' अपने इन ताली-बजाऊ लटकों से अपना ही रहा-सहा पानी न उतार दे। ज़रूरी तो यह था कि इस अवसर पर वे फिर से कहानी के कुछ नए सवाल उठाते और एक रचनात्मक बहस शुरू करते...हम भी तो देखते कि वे कितने पानी में हैं...मगर कहीं कहने वाले सच ही तो नहीं कहते कि रहीम के 'माटी, मानस, चून' की तरह अब वहाँ कोई उम्मीद नहीं है...रेगिस्तान बहुत पानी सोखता है। अब जहाँ पानी मर रहा है, वहाँ कहीं दाल में काला तो नहीं है ?

बहरहाल, 'कहानी' के रूप में एक और सहयात्री का स्वागत है। कारवां इसी तरह बनते हैं।

['हंस', अप्रैल 1994]

मंदिरों को तोड़ो मत...

केंद्रीय साहित्य अकादमी के संदर्भ में कुछ दिन पहले सरकार की नई सांस्कृतिक नीति को लेकर बहसों का व्यापक सिलसिला चला था कि संस्कृति और सरकार के रिश्ते क्या हों ? सामंती दरबारों का मामला सीधा था--राजा के गुण गाइए और वज़ीफ़े सम्मान बटोरिए। कलाकारों और बुद्धिजीवियों को इसमें कहीं कुछ ग़लत भी नहीं लगता था। राजा या नवाब के दरबारी बने रहकर अगर रोज़ी-रोटी के दुनियावी झंझटों से मुक्ति मिल जाए, तो आसानी से आप शुद्ध कला की साधना करते रह सकते हैं। ग़ालिब तक ज़िंदगी-भर किसी दरबार से बंधने की जोड़-तोड़ में लगे रहे। शायद रजवाड़ों की समाप्ति से पहले तक स्थिति यही थी। उधर राजा-रईसों को बाक़ायदा प्रशिक्षण दिया जाता था कि वे साहित्य, कला, संगीत, धर्मशास्त्र इत्यादि की बारीकियाँ समझेंगे, सराहेंगे और उन्हें प्रश्रय देंगे। सारा मामला ठीक-ठाक ही चल रहा था। राजा की सनकों, बौद्धिक स्तरों, खुशामदों और हितों की सुरंगों से गुज़रकर कलाकार सौंदर्यशास्त्र या अध्यात्म की उच्चतर उपलब्धियों की दिशा में साधना करता रह सकता था। रही जनता, सो उसे प्रयासपूर्वक अनपढ़, अशिक्षित और अदीक्षित बनाए रखा जाता था, ताकि दूरी बनी रहे और राजा की पद-प्रतिष्ठा का यह सांस्कृतिक चौकीदार खुद भी नाक चढ़ाकर स्नॉबरी से कह सके कि "मेरी कला ऐरे-ग़ैरे बाज़ारू लोगों के लिए नहीं है, उसे सिर्फ़ मेरे जैसे कलावंत सहृदय ही सराह सकते हैं।" यहाँ उसका आशय राजा-रईस और अपने जैसे आरक्षित कलाविदों से होता था। यानी तब यह संस्कृति और राज्य का निजी संवाद था। जनसाधारण नाम के प्रदूषण से बचाकर ही इसकी शुचिता बनाए रखी जा सकती थी। हज़ारों बरसों में विकसित यह अपना एक स्वायत्त संप्रदाय (इंस्टीट्यूशन) था। जवाब में जनता ने अपनी एक स्वतंत्र और समानांतर संस्कृति ढाल ली थी, जो धर्मसत्ता के आस-पास या सामुदायिक जीवन से जुड़कर अपनी खुराक पाती थी। चूँकि यहाँ कोई एक मूर्त या ठोस आश्रयदाता नहीं था। इसलिए कलाएँ अधिक मुक्त और विविध

थीं। खुशामदी कला, धर्म या भगवान को लेकर भी थी। सामनेवाले यानी भगवान से राजाओं जैसी विशेष अपेक्षाएँ ज़रूर थीं, मगर ख़तरे और आशंकाएँ नहीं थीं। कह सकते हैं कि वे राजसत्ता से निरपेक्ष और अपेक्षाकृत लोकाश्रित, समानांतर सत्ता-केंद्रों की विकासिकाएँ थीं।

यथास्थिति के साथ तनाव पैदा हुए उस समय, जब राज्य लोकतांत्रिक हुआ और राजा की जगह समता, बंधुत्व, स्वतंत्रता के विचार ने ली—इस प्रक्रिया में साहित्य-संस्कृति के लिए धार्मिक सत्ता-केंद्र क्रमशः अप्रासंगिक और अर्थहीन होने लगे। जीवन के और क्षेत्रों की तरह यहाँ भी सारी उम्मीदें राज्य से ही की जाने लगीं या राज्य ने ही यह ज़िम्मेदारी ओढ़ ली। भारतीय संदर्भ में यहाँ राज्य का दृष्टिकोण तीन हिस्सों में बँट गया : चूँकि इसके नियंता अभी-अभी सामंती दुनिया से आए थे, मगर मानसिक रूप से वहीं थे; कहना चाहिए, जो वहाँ ऊपर थे, वे ही 'चुन-चुनकर' यहाँ भी ऊपर ही आए; इसलिए सबसे पहले तो उन्हें सत्ता-समर्थन का, यानी जिनके हाथ में सत्ता थी, उनके अनुमोदन और यशोगान का साहित्य चाहिए था—जिन्हें वे खुद कुछ आदर्शों या मूल्यों के समर्थन का नाम देना ज़्यादा पसंद करते थे। साथ ही सामंती-सदियों के दौरान जो कुछ श्रेष्ठ और मूल्यवान उपलब्ध किया गया था, उसका संरक्षण-संवर्धन भी ज़रूरी था, क्योंकि अपने वर्चस्ववादी वर्ग की चेतना के अनुरूप वास्तविक सांस्कृतिक आभिजात्य वहीं था; तीसरी, लेकिन बेहद चौकस होकर समुचित दूसरी बनाए हुए जगह देनी थी लोक़-संस्कृति को, क्योंकि यह इस नए तंत्र और समय की माँग थी। आखिर जिस 'जनता' ने उसे 'राजा' चुना था, उसे भी तो कोई टुकड़ा डालना था, मगर असलियत यही थी कि सत्ता का मुख्य सरोकार था विचार और संस्कृति के क्षेत्र में नख-दंत-हीन और अभिजात को ही संरक्षण देना—लोक या आंचलिक वगैरह तो उत्सवधर्मी प्रदर्शनों के लिए सुरक्षित थे—एक अभिभावकाना बर्दाश्त, यानी विकास और उन्नयन की आरक्षणी सुविधा के अंतर्गत...

आज भी सरकारी संस्कृति-नीति इन तीनों के अनुपात और संतुलन के बीच भटक रही है। हाँ, तीन को दो हिस्सों में ढाल लिया गया है। चूँकि उच्चतम कला-मूल्य मंडित, उत्कृष्ट साहित्य, सामंती संपन्नता के सहारे पनपा और परवान चढ़ा था। इसलिए उसमें ऐसा कुछ भी नहीं था, जो इस प्रभु-वर्ग के लिए असुविधा या आपत्तिजनक हो। सीधे-सीधे समर्थन का चाहे न हो, मगर किसी भी गुस्ताख़ी, असंतोष, विरोध या आपत्ति के लिए वह ढाल का काम ज़रूर करता था। उसने जाने-अनजाने ऐसे सिद्धांत और सौंदर्यशास्त्र गढ़ लिये थे, जहाँ किसी भी रूप में लोक या उसकी वाणी के प्रवेश, प्रदूषण और ग्राम्यत्व दोष की घुसपैठ नहीं थी। वह समाज-निरपेक्ष और स्वायत्त था। मूलतः वह किसी की बात नहीं कहता था, उसका अपना अलग भूगोल और इतिहास था, अपना समय और लोकतंत्र था। इसलिए उत्कृष्ट कला-मूल्यों के संरक्षण की बात करते हुए सरकार को यह अलग से कहने

की ज़रूरत नहीं पड़ती थी कि वह सत्ता-समर्थक या प्रभु-वर्ग के लिए सहज स्वीकार्य भी हो। वह उसमें अंतर्भुक्त था। असली समस्या लोक-संस्कृति और लोक-साहित्य को लेकर थी, क्योंकि वह समानांतर ज़िंदगी जीती उन धाराओं की रचना थी, जो 'मुख्य धारा' से घृणा और प्रेम का रिश्ता बनाए रही थी। लोकतंत्र की माँग थी कि उन्हें बराबरी और सम्मान मिलता हुआ दिखाई भी दे।

लोकतंत्र में जब राजा या सामंत की जगह विचार ने ली, तो उस विचार की नुमाइंदगी करते जन-प्रतिनिधि आए, राजनैतिक पार्टियाँ आईं, बुद्धिजीवी और पत्रकार आए, जिनकी घोषित प्रतिबद्धता "जनता द्वारा, जनता के लिए, जनता की आदर्श व्यवस्था" को लेकर थी। जनता के नाम पर अगर काम करना है, तो ज़रूरी है कि जनता के हित, कल्याण और विकास के लिए ऐसी संस्थाएँ भी बनें, जो उन आदर्शों को आखिरी आदमी तक पहुँचा सकें। इस उद्देश्य से पुरानी संस्थाओं को या तो नए जीवन-स्रोत दिए गए या नई संस्थाओं की स्थापना हुई। तब स्कूल-कॉलेज, शोध संस्थानों, अस्पतालों, न्यायपालिकाओं के साथ-साथ अकादमियाँ और साहित्य-कला-संस्कृति के केंद्र भी अस्तित्व में आए। सोचा यह गया था कि रोज़-रोज़ बदलती या चुनकर आती सरकारों या विभिन्न मानसिक स्तरों या स्वार्थों के प्रभावों से मुक्त, ये संस्थाएँ स्वतंत्र होंगी, ताकि निष्ठापूर्वक अपने-अपने उद्देश्यों के कार्यान्वयन और लक्ष्यों की प्राप्ति की दिशा में सक्रिय बनी रहें। इसी के लिए सरकारी साधनों से ही स्वयंसेवी संस्थाओं को भी प्रोत्साहित किया गया, मगर हुआ बिलकुल उल्टा। देखते ही देखते ये सारी संस्थाएँ निजी स्वार्थों, राजनैतिक अखाड़ेबाज़ियों, आर्थिक घोटालों, भाई भतीजों या जाति भाइयों को पालने की निरंकुश घुड़सालों या अनाथालयों में तब्दील हो गईं। जवाहर लाल नेहरू ने अपने प्रतिद्वंद्वियों को अप्रभावी बनाने के लिए, उनकी योग्यताओं और क्षमताओं को मान्यता देने के नाम पर ये सारे 'आश्रम' उन्हें सौंप दिए, ताकि वे अनकहे राजनैतिक संन्यास में बने रह सकें। कह सकते हैं कि नेहरू ने बड़े व्यक्तित्व समाप्त कर दिए। इंदिरा गांधी ने योग्यता और क्षमतावाली शर्तें हटाकर अपने समर्थकों या उपकृत वर्ग को वहाँ ला बैठाया, यानी इन सारी संस्थाओं (इंस्टीट्यूशन्स) को फ़ालतू बना डाला। संजय-युग में तो ये बाक़ायदा सरकारी या ज़्यादा सही कहें, तो नेहरू परिवार के प्रचारतंत्र ही बन गए। हुसैन से लेकर रविशंकर तक दुर्गा-राग गाने लगे। इनकी रही-सही विश्वसनीयता भी समाप्त कर दी राजीव गांधी ने : उन्होंने हर न्यूनतम योग्यता या दक्षता को देश-निकाला दे दिया और हर जगह विदेशों से प्रशिक्षित मैनेजर प्रतिष्ठापित कर दिए गए, जिन्हें अपने-अपने पेशों की पश्चिमी सैद्धांतिक जानकारी खुदा जाने कितनी थी, मगर न उन्हें यहाँ की जनाकांक्षाओं की समझ थी, न उनका कोई सामाजिक आधार था। उनकी एकमात्र सनक थी : भारत को रातो-रात आधुनिक बनाना और पश्चिमी देशों के बीच ला खड़ा करना। नई अवधारणा थी कि मैनेजमेंट एक स्वायत अनुशासन है और इसके

लिए ज़रूरी नहीं है कि कुशल मैनेजर अपनी फ़ैक्टरियों, कारख़ानों, उत्पादनों या उपभोक्ताओं की गहरी जानकारी भी रखता हो। उन सबके लिए वह अपने-अपने क्षेत्रों के विशेषज्ञों की सेवाएँ ले सकता है। यानी एक कुशल मैनेजर सीमेंट, काग़ज़, अख़बार, उपचार, शिक्षा, डिफ़ेन्स, राजनीति, विचार या धर्म के किसी भी कारख़ाने को समान योग्यता और सफलता से चला सकता है। देश में तो राजीव गांधी का यह प्रयोग विफल हो गया, मगर 'टाइम्स ऑफ़ इंडिया' जैसी जगहों पर अभी भी राजीव-युग ही छाया हुआ है। मूलतः यह राजनीति, समाज या ज्ञान-विज्ञान के क्षेत्रों में सही, योग्य या अधिकारी व्यक्तियों के असुरक्षित-असहाय होने, निर्वासन, पलायन या सड़कर समाप्त होते जाने (लैंग्विशिंग) का युग रहा है।

बहरहाल, यह लंबी भूमिका इसलिए ज़रूरी थी कि साहित्य, कला, संस्कृति के लिए बनाई गई संस्थाओं और अकादमियों की प्रकृति, स्वरूप और कार्यशैली को समझा जा सके। इन्हें हमने क्रमशः राजनेताओं (अब उनमें जो भी वे हों), अफ़सरों और सत्ता से जुड़े प्रभावशालियों की निजी महत्त्वाकांक्षाओं, लूट-केंद्रों, प्रचार-माध्यमों या अपनों के लिए सुख-सुविधा संपन्न अनाथालयों के रूप में बदलते देखा है। इनमें भी सबसे विकट स्थिति शब्द से बंधे संस्थानों की है, क्योंकि वहाँ 'विचार' नाम का एक मायामृग घुसा बैठा है। मैंने आज तक किसी संगीत, चित्र, नृत्य, अभिनय के ऐसे आयोजन को नहीं देखा, जहाँ महामहिम उद्घाटनकर्त्ता, अध्यक्ष या मुख्य अतिथि ने स्वयं मंच पर लपककर नाचने, अभिनय करने या चित्र बनाने की शालीनता दिखाई हो। हाँ, साहित्यिक आयोजनों में वे ज़रूर अपनी प्रतिभा-प्रदर्शन के लिए सबसे आगे होते हैं। कोई ऐसा अवसर हाथ से नहीं जाने देते जब विचारकों, बुद्धिजीवियों और प्रबुद्ध श्रोताओं को अपने उद्गारों से उपकृत न करते हों या काव्य की रस-वृष्टि न करते हों। इसके लिए ज़रूरी है कि हर संस्था में किसी-न-किसी प्रभावशाली का कोई-न-कोई कलछुल-चमचा फ़िट हो, ताकि दोनों पक्ष 'अहो रूपम अहो ध्वनि' की जुगलबंदी करते रहें। नई सरकार आने पर जिस तरह राजदूत, गर्वनर और दूसरे विभागों में अपने नीति-समर्थक फ़िट किए जाते हैं, ठीक उसी तरह सांस्कृतिक संस्थाओं में भी जी-हुजूरियों के लंगर खुल जाते हैं। इस मामले में बुद्धिजीवियों में प्रशंसनीय लचीलापन होता है—जो जितना मेधावी है, वह उतना ही बड़ा 'जस्टिफ़िकेशन' तलाश कर लेता है। आज हर बुद्धिजीवी 'जस्टीफ़िकेशन' के युग में जी रहा है।

ऐसे भव्य वातावरण में कुछ सिरफ़िरों द्वारा यह आवाज़ उठाना कि साहित्यिक या सांस्कृतिक संस्थाओं को स्वतंत्र और स्वायत्त होना चाहिए, या तो गुस्ताख़ी लग सकती है या सौदेबाज़ी का ही एक पैंतरा...सरकारी पैसों और सुविधा से चलने वाले उपक्रमों में स्वायत्त क्या होता है ? तकनीकी दृष्टि से इन्हें सरकारी प्रचारतंत्र से अधिक क्यों कुछ समझा जाए ? स्वायत्तता की यह आवाज़ इस तरह न तो पत्रकार-जगत् में उठाई गई, न ट्रस्टों और न्यासों द्वारा चलने वाले अन्य संस्थानों में...

सवाल सही है : अगर शब्द-सत्ता की स्वतंत्रता का ही मामला है, तो यह माँग क्यों नहीं की गई कि भरपूर सरकारी अनुदानों पर चलने वाली 'नागरी प्रचारिणी सभा' या 'हिंदी साहित्य सम्मेलन' बीसियों सालों से पांडेय-बंधुओं और शास्त्री-शत्रुओं की व्यक्तिगत बपौती ही क्यों है ? करोड़ों रुपये कहाँ और कैसे खर्च होते हैं ? व्यवस्था में कभी कोई बदलाव क्यों नहीं होता ? उनकी सांस्कृतिक-साहित्यिक गतिविधियाँ, उपयोगिताएँ और उपलब्धियाँ क्या हैं ? वे कुछ उदात्त उद्देश्यों के लिए बनाए गए संस्थान हैं या कुछ भाई-भतीजों को आजीवन पेंशन और जीवन-बीमाओं के ज़रखेज़ चरागाह ? मगर ये संस्थाएँ शायद इतनी व्यक्तिगत, अप्रासंगिक, निर्जीव और मृत हो चुकी हैं कि इन्हें लेकर उतनी सुगबुगाहट भी नहीं होती, जितनी ज्ञानपीठ और बिड़ला फ़ाउंडेशन को लेकर होती है कि क्यों वहाँ भूतपूर्व ब्यूरोक्रेट-युग में सिर्फ़ गत-सुंदरियों और अफ़सरों की ही पुस्तकों का प्रकाशन हुआ, या क्यों आज भी भारतीय संस्कृति के नाम पर अपठनीय, मूर्खतापूर्ण, ठस, कलाहीन, रहस्यवादी आध्यात्मिक शालिग्रामों (फ़ॉसिलों) को ही व्यास और सरस्वती-पुत्र घोषित किया जा रहा है ?

हाँ, सार्वजनिक संस्थानों में जब-तब स्वायत्तता का मुद्दा उठाया जाता, और थोड़ी-बहुत बंदर-बाँट के साथ ठंडा होता रहा, कुछ पुराने चेहरे उठाकर नए फ़िट कर दिए गए या फिर उन विरोधों पर कान ही नहीं दिया गया। राजनीति की तरह वहाँ भी हर विरोधी स्वर को असंतुष्टों और अवसर-लोलुपों की चीख-पुकार के रूप में देखा गया, मगर इधर पिछले पाँच वर्षों में जब हिंदी-प्रदेशों की सरकारें बदलीं और भारतीय जनता पार्टी का हिंदुत्व, भगवान राम और बजरंग बली को जोतकर अपने रथ खिंचवाने लगा, तो सांस्कृतिक स्वायत्तता का सवाल कुछ ज़्यादा ही आधारभूत धरातल से उठा; क्योंकि इस पार्टी के पास आर्थिक, औद्योगिक, बेरोज़गारी, वैदेशिक या जीवन के अन्य मूलभूत सवालों को लेकर न कोई दृष्टि थी, न विकल्प। ले-देकर तीन ही मुद्दे थे : धर्म, संस्कृति और राष्ट्र...फिर यहाँ भी आवेश और उन्माद चाहे जितने रहे हों, मगर कोई स्पष्ट अवधारणा या एप्रोच जैसी चीज़ सिरे से नदारद थी। जब सवाल आस्था का हो, तो वहाँ न किसी प्रश्न की गुंजाइश है, न तार्किक जिज्ञासा की। अतीत के भुतहे खंडहरों, गुफाओं, दलदलों और दरारों से नाना रूपाकारों के ऋषि, अवतार और भगवान सरक-सरककर बाहर आ गए और लगे अपने-अपने अर्थ और व्यवस्थाएँ देने...चूँकि यह सन्निपात सिर्फ़ मुसलमानों के विरोध से पैदा हुआ था। इसलिए मूलतः प्रतिक्रियात्मक था और धर्म, संस्कृति, राष्ट्र—तीनों को आपस में गड्डमड्ड कर रहा था—परिणामतः सिर्फ़ घृणा और विध्वंस की भाषा बोलता था। भावोन्माद या क्रोध हमेशा आचरण और व्यवहार में आपको विरोधी के स्तर पर उतार देता है—आप लगभग उसी की भाषा बोलने लगते हैं, जिससे घृणा करते हैं। नतीजे में वहाँ भी हिंदुत्व का इस्लामीकरण होने लगा और उसे भी उतना ही इकहरा, निरंकुश और असहिष्णु बनाया जाने लगा—बहुसंख्यक होने के राक्षसी अहंकार में।

अंतर्विरोध यह था कि ये सारे सांस्कृतिक हथियार 2000 साल पहले जंग खा चुके थे और सारा समाज ग़ैर-बराबरी या जातिवाद के कीड़ों से बजबजा रहा था। निचलों, दलितों और स्त्रियों की लाशों पर खड़ी वर्चस्ववादी सवर्ण संस्कृति की भव्य पताकाएँ चूँकि समग्र हिंदू समाज को लंबे समय तक बेवकूफ़ नहीं बनाए रख सकती थीं। इसलिए बाहरी दुश्मन के साथ-साथ भीतरी 'दुश्मन' भी जब सिर उठाने लगे, तो नेताओं के हाथ-पाँव फूल गए। जातिवाद की चीत्कारें उठीं और रणनीतियों पर पुनर्विचार के दौरे पड़ने लगे...

बहरहाल, इस पार्टी के लिए धर्म, संस्कृति और राष्ट्र--तीनों का अर्थ एक ही था। इसलिए लक्ष्य 'विधर्मी' पूजा-स्थलों को तोड़ना ही नहीं, बल्कि 'अधर्मी' मंदिरों को तोड़ना भी हो गया। भूलना नहीं चाहिए कि किताबी (सैमेटिक) धर्मों में 'विधर्मी' बाहरी दुश्मन है और 'अधर्मी' आंतरिक--कुचलना दोनों को पड़ता है। इसलिए भारतीय जनता पार्टी ऐंड कंपनी के लिए स्वाभाविक और ज़रूरी था कि वे इन विधर्मी मस्जिदों के साथ अधर्मी 'मस्जिदों' को भी ध्वस्त करें--जो उनके हिसाब से छद्म-धर्मनिरपेक्षों और 'स्यूडो' बुद्धिजीवियों के दुर्ग बन गए थे। ज़ाहिर है, इन संस्कृति ओढ़ने-बिछाने वालों के लक्ष्य, साहित्य और संस्कृति के केंद्र बने और देखते-देखते भारत-भवन, राजस्थान, उत्तर प्रदेश की अकादमियों से सारे अधर्मी निकाल फेंके गए और निक्कर-चड्ढी छाप 'अपने लोग' झाड़-पोंछकर सिंहासनारूढ़ किए गए। भारत-भवन में तो अनेक संस्थाओं के अनुभवी, सरकारी अधिकारी को सीधे आयात किया गया--ज़ाहिर है, मध्य प्रदेशी मूर्खों को ऐसा ज़िम्मेदार पद कैसे सौंपा जा सकता था। उसे तो अयोध्या या उसके आस-पास से ही लाना था। अगर पहले अधिकारी आई.ए.एस. थे, तो ये भी उस स्थिति तक पहुँच ही चुके थे--वे कवि-समीक्षक थे, तो ये विश्व-प्रसिद्ध नाटककार। बिहारी लाल और दुलारे लाल के संदर्भ में कहा गया निराला का एक दोहा उन दिनों बहुत प्रचलित हो गया था, "कहाँ मूँछ के बाल हैं, कहाँ पूँछ के बाल..." इन दिनों भी राजस्थान और दिल्ली में भारतीय जनता पार्टी का शासन वही सब दुहरा रहा है। एक तरफ़ पुराने अनुभवों से शिक्षा लेकर मध्य प्रदेश की कांग्रेस सरकार ऐसी संस्थाओं की अपरिवर्तनीय स्वायत्तता का तंत्र विकसित करने के लिए सेमिनार कर रही है, ताकि बदलती सरकारें मनमानी न कर सकें--तो दूसरी ओर बजरंगियों ने राजस्थान साहित्य अकादमी के सचिव वेदव्यास का जीना हराम कर दिया है; दिल्ली की अकादमी तो अब गई, तब गई...जहाँ पाठ्य-पुस्तकों को संशोधित-परिवर्धित करके बदलना, दुरुस्त करना ज़रूरी है, वहाँ साहित्य को कैसे खुला छोड़ दिया जाएगा ?

पूरी स्थिति और बौद्धिक स्तर समझने के लिए दिल्ली की हिंदी अकादमी पर रुककर बात करना ज़रूरी है। तीन वर्ष पहले, उपराज्यपाल ने अकादमी के ढांचे को बदलकर दिल्ली के लगभग सारे महत्त्वपूर्ण साहित्यकारों को गवर्निंग बॉडी में

शामिल कर लिया था। दो साल बाद थोड़ी फेर-बदल के बावजूद सामान्य समिति वही रखी, जिसमें हैं : डॉ. श्यामाचरण दुबे, नामवर सिंह, डॉ. हरभजन सिंह, भीष्म साहनी, राजेन्द्र यादव, कृष्ण बलदेव वैद, केदारनाथ सिंह, शानी, निर्मला जैन, नित्यानंद तिवारी, सुधीश पचौरी, मंगलेश डबराल, राजकिशोर, अरविंद कुमार इत्यादि...सुनते हैं, नई सरकार ने आते ही कहना शुरू कर दिया कि इन वामपंथी लोगों ने हिंदी अकादमी में न जाने कैस-कैसे उल्टे-सीधे लोग भर लिये हैं, अब वे सब बदले जाएँगे और हमारे एम.एल.ए. वगैरह आएँगे। तीन महीनों में स्थिति यह है कि जब तक संविधान नहीं बदला जाता, अकादमी को सीधे-सीधे हथियाना मुश्किल है, क्योंकि उपराज्यपाल द्वारा राज्यों के मनोनयन के बावजूद अकादमी, सोसाइटीज़ ऐक्ट के अनुसार स्वतंत्र इकाई है, मगर उसमें अड़ंगे तो लगाए ही जा सकते हैं। अध्यक्ष भले ही उपराज्यपाल हों, मगर वित्तीय स्तर पर अकादमी का सीधा संबंध प्रशासन के भाषा-विभाग से है। सुनते हैं, अब कार्यकारिणी के सारे निर्णय अध्यक्ष (उपराज्यपाल) तक पहुँच ही नहीं पाते, फ़ाइलें बीच में दबा दी जाती हैं, ज़बानी आदेश दिए जाते हैं कि जब तक स्थिति साफ़ न हो, अकादमी कोई भी निर्णय न ले। उधर जानकार सूत्रों की सूचना है कि 'साहित्यकार सम्मान' और 'कृति-पुरस्कारों' के निर्णय कार्यकारिणी पहले ही ले चुकी है और इसमें 'शलाका सम्मान' के लिए कृष्णा सोबती, पत्रकारिता के लिए सुरेंद्र प्रताप सिंह और राजेन्द्र घोड़पकर, टी.वी. पत्रकारिता के लिए (नलिनी सिंह, विनोद दुआ—पिछले वर्ष) शरद दत्त, साहित्य के लिए विष्णु खरे और विश्वनाथ त्रिपाठी चुने गए हैं। ज़ाहिर है, फ़ाइल दबी है और सरकार आने पर इन 'उलटे-सीधे लोगों' को फेंककर 'सही' साहित्यकारों को चुना जाएगा। मगर बी.जे.पी. की दिक्कत यही है कि कुछ फफूंदिए कलम-घसीटों को छोड़कर न उनके पास साहित्यकार, रचनकार हैं, न इतिहासकार— ज़्यादातर तो 'जय श्रीराम' छाप तुक्कड़ कवि और पुरातात्विक संग्रहालयों से खोदकर निकाले प्राध्यापक ही हैं, जो न वैदिक काल से आगे आ पाए हैं, न रससिद्धांती रीतिकाल से...अभी तक तो शायद मुश्किल है, मगर दुनिया में ऐसे रचनाकार भी शायद हों, जो कहें कि रचनाकार मानव-मात्र से तो प्रतिबद्ध है, मगर यह मानव सिर्फ़ और सिर्फ़ सवर्ण हिंदू होता है, बाक़ी लोग जब मानव ही नहीं हैं, तो उनकी बात करने से फ़ायदा...

सत्ता कोई भी हो, उसका सीधा तर्क होता है : अगर हम साधन देते हैं, तो हर चीज़ को इस्तेमाल करने का हक़ भी हमारा ही है। जब यह सत्ता विचारधारा लेकर आती है, तो उसका आग्रह, विचार और उसके प्रवर्तकों की पूजा पर होता है; जहाँ विचारधारा नहीं होती, वहाँ व्यक्ति आ विराजता है और अपने-आप को 'विचार' के रूप में स्थापित कर देता है। तमिलनाडु या आंध्र की तरह सत्ताधीश अपनी मूर्तियाँ स्वयं बनवाकर चौराहों पर खड़ी करते हैं या अशोक सिंहल और लालू यादव की तरह अपनी जीवनियाँ लिखवाते हैं। सांस्कृतिक और साहित्यिक संस्थान

भी इसके अपवाद नहीं हैं। यह ज़िम्मेदारी तो उनके जुड़े रचनाकारों और बुद्धिजीवियों की है कि वे इन्हें या उनसे संबद्ध/प्रभावित व्यक्तियों को सरकार-ए-वक़्त का भोंपू बन जाने देते हैं या अपनी स्वतंत्रता के लिए प्रतिरोध करते हैं। एमर्जेंसी में हम यह खेल पहले भी देख चुके हैं। संगीत, नृत्य, चित्रकला के क्षेत्रों में शायद इससे फ़र्क़ न पड़ता हो, मगर शब्द की दुनिया में निश्चय ही वह चिंता का विषय है—होना चाहिए, कि क्या सत्ता की छीना-झपटी में लगे सिद्धांतहीन, संदिग्ध चरित्र वाले राजनेताओं के इशारों पर नाचना ही उनकी नियति है... ? फिर सामंतवाद ही क्या बुरा था, जहाँ राजा को अनेक कलाओं में दक्ष होने का भ्रम तो था। संस्कारहीन राजनीति से लाभ उठाने वालों को यह भी नहीं भूलना चाहिए कि वक़्त बदलने पर सज़ा भी उन्हें ही भुगतनी होती है—शायद तभी उन्हें 'साहित्यकार की स्वतंत्रता' की याद आती है।

सारे अंदरूनी घपलों के बावजूद केंद्रीय साहित्य अकादमी की तारीफ़ की जानी चाहिए कि वह अभी तक बदलती सरकारों के प्रभावों से यथासंभव मुक्त रही है और वहाँ साहित्यकारों को किसी राजनेता के अध्यक्षीय प्रवचनों से कृतार्थ होने का सुख नहीं दिया गया है—न किसी भूतपूर्व माफ़िया दादा के आगे झुक-झुक कर पुरस्कार लेने का सम्मान प्राप्त हुआ है। पैसा किसी विशेष सरकार का नहीं, जनता का है। इसलिए सरकार के प्रतिनिधि ही एकमात्र नियंता नहीं होने चाहिए—मेरा तो मानना है कि सांस्कृतिक संस्थाएँ सिर्फ़ उसी क्षेत्र के स्वीकृत सदस्यों द्वारा संचालित, प्रबंधित और संघटित होनी चाहिए—नॉमिनेशन या मनोनयन के चालाक नियंत्रणों से मुक्त। किसी भी सरकार को यह हक़ नहीं है कि आर्थिक अनुदान के बहाने संस्था को उंगलियों पर नचा सके। वहाँ के आयोजनों में राजनेताओं और अफ़सरशाही का प्रवेश एकदम वर्जित कर दिया जाना चाहिए। बिना ऐसा तंत्र विकसित किए संस्कृति की स्वायत्तता का कोई अर्थ नहीं है। संस्कृति को सिर्फ़ संस्कृतिकर्मी ही बचा सकते हैं।

क्योंकि साहित्य-संस्कृति, शराब के ठेकों, निर्माण-कार्य, परिवार-नियोजन, जल और बिजली जैसा सरकारी विभाग नहीं है, वह परमाणु ऊर्जा, वैज्ञानिक अनुसंधानों, चिकित्सा-शोधों, तकनीकी विकासों, डिफ़ेन्स कार्यों या दसों साल चलने वाली दूरगामी योजनाओं जैसा ही 'सरकारी विभाग' है, जहाँ सारे संसाधान सुविधाएँ देते रहने के बावजूद कोई सरकार हस्तक्षेप नहीं करती। अगर करेगी, तो भयानक आत्मघात होगा। कोई भी देश तदर्थ नीतियों और तात्कालिक निर्णयों से नहीं चलता। अनुसंधान और शोध के 'सरकारी विभागों' को अगर लंबे वक्त तक स्वतंत्र और स्वायत्त नहीं रखा गया, तो वे भी उसी तरह ध्वस्त हो जाएँगे, जैसे रक्षा-विभाग, न्यायपालिका और शिक्षा विभाग हुए हैं। आइन रैण्ड ने कहा था, "मंदिरों को ध्वस्त करने की ज़रूरत नहीं है। इससे लोग डर जाते हैं। सिर्फ़ वहाँ मूर्खों को लाकर बैठा दो—मंदिर स्वयं ध्वस्त हो जाएँगे।"

धर्म, राष्ट्र और संस्कृति का कीर्तन करनेवाली पार्टी कहीं अपने इन पवित्र मंदिरों को इसी तरह तो ध्वस्त नहीं कर रही ? क्योंकि बाहर हत्या करने वाला व्यक्ति पहले अपने भीतर कुछ हत्याएँ कर चुका होता है। सोते हुए मदारी को मक्खियों से बचाने के लिए उसके सिर पर भारी पत्थर मारने वाले पालतू भालू की तरह कहीं ये सांस्कृतिक बजरंगी, संस्कृति की ही...

['हंस', मई 1994]

"सलीम तुम्हें मरने नहीं देगा और हम तुम्हें ज़िंदा नहीं छोड़ेंगे, अनारकली"

मेरी छोटी बहन कुसुम ने आत्महत्या की थी, 27 साल पहले। एम.ए., बी.एड. थी, स्कूल में पढ़ाती थी और हम लोगों के साथ ही शक्ति नगर में रहती थी। टिंकू और उसके बीच बेहद आत्मीयता थी। उससे छोटी दो बहनों की शादियाँ हो चुकी थीं। हम लोग अपने-अपने संघर्षों में लगे थे–'लड़का' ढूँढने की न योग्यता थी, न क्षमता। संपर्क और रुचि तो बिलकुल नहीं। वह दिल्ली में रहते हुए भी आगरा के मध्यवर्गीय परिवार और संस्कारों से बंधी थी–इसलिए खुद किसी को खोज लेने का आत्मविश्वास या 'पहल' भी नहीं थी। उसके पास न लौटने की जगह थी, न आगे जाने का रास्ता। सिर्फ़ टीचर बनकर ज़िंदगी गुज़ार देने का संकल्प भी शायद नहीं था–घर-परिवार तो होना ही चाहिए। ईश्वर के न होने में मेरी जैसी दृढ़ आस्था थी, अपने सारे पूजा-पाठ, व्रत-उपवास के बावजूद ईश्वर के होने में शायद उसका उतना विश्वास नहीं था; न भाई-बहन कुछ करेंगे, न ईश्वर–खुद कुछ हो नहीं पाएगा–शायद ऐसे ही किसी भविष्यहीन क्षण का 'साक्षात्कार' रहा होगा कि उसने नीला थोथा पीसकर खा लिया, 'स्यूसाइड-नोट' लिखकर। आत्महंता प्रतीक्षा को एक दिन ऐसी ही किसी परिणति तक पहुँचना था। अस्पताल में पेट की धुलाई के दौरान रो-रोकर मन्नू से लिपटती थी, "भाभी, मुझे बचा लो..." लेकिन बाद में सिर्फ़ एक सवाल छोड़ गई, जो मुझे आज तक कोंचता है, "कुसुम ने ऐसा क्यों किया ?" वह भी तो कुछ नहीं था, जो एक भारतीय लड़की की ज़िंदगी को 'पाप' और 'अपराध' बना देता है। शायद उतना साहस और दबाव भी नहीं था। मूलतः वह कहीं भी तो अपने को नहीं जोड़ पाई, न व्यक्ति से, न विचार से, न आंदोलन से, न भविष्य से, न भगवान से। व्यवस्था और परंपरा ने उसके लिए एक 'ज़िंदगी' तय की थी और वह उसे लगभग अलभ्य हो चुकी थी। नितांत अकेले, निरस्त्र, निष्कवच होने का ही बेधक एहसास रहा होगा

कि उसने 'निर्णय' ले लिया...वह सचमुच उसका अपना 'स्वतंत्र' निर्णय था—या परंपरा से दिए गए उस निर्णय की हताश स्वीकृति, जहाँ कुछ ज़रूरतें पूरी न होने पर ज़िंदगी अर्थहीन और व्यर्थ या एब्सर्ड हो उठती है ? उसने क्यों किसी और विकल्प पर विचार नहीं किया ? अपने-आप या संस्कारों से बाहर निकलकर क्यों उसने कोई रास्ता नहीं देखा ?

मगर इससे क्या होता ? सारे तात्विक, आध्यात्मिक और दार्शनिक विकल्पों पर विचार के बाद आख़िर कामू इसी नतीजे पर तो पहुँचा कि चरम स्वतंत्रता में लिया गया एकमात्र साहसिक निर्णय है आत्महत्या का चुनाव...मैं जीवन नहीं चुन सकता था, मगर मृत्यु तो चुन ही सकता हूँ...और यह मेरा मौलिक अधिकार है। ह्यूम और शॉपेनहावर से लेकर सुप्रीम कोर्ट के जस्टिस आर.एम. सहाय और बी.एल. हंसारिया (26 अप्रैल 1994) तक इसी फ़ैसले पर पहुँचे हैं कि आत्महत्या 'अपराध' नहीं है। इसीलिए उन्होंने इसे दंडनीय अपराध मानने से इन्कार कर दिया है। देश के प्रबुद्ध वर्ग में उच्चतम न्यायालय का यह फैसला काफ़ी क्रांतिकारी माना जा रहा है। जो पहले ही हताशा और पराजय के इस बिंदु पर पहुँच चुका है कि ज़िंदगी के धागे को तोड़ डालना चाहता है, बच जाने पर उसे कोर्ट-कचहरी और जेल-जुर्माने के अपमानों से भी गुज़रना पड़े, इससे ज़्यादा अमानवीयता और क्या होगी ? दूसरे शब्दों में, क्या इसे मर न पाने की सज़ा या बच जाने का दंड नहीं कहेंगे ? इस अपमानजनक और नृशंस धारा को भारतीय दंड-विधानों से निकालकर न्यायमूर्तियों ने न केवल साहसिक कदम उठाया है, बल्कि क़ानून की एक पिछड़ी, बर्बर, अप्रासंगिक धारा को निरस्त करके उसे वैश्विक (ग्लोबल) धरातल पर मानवीय बना दिया है। जब हम विचार, व्यवसाय, उद्योग, अर्थशास्त्र सभी में वैश्विक हो रहे हैं, तो न्यायपालिका (जुडिशियरी) में क्यों उन्नीसवीं शताब्दी में बने रहें ? उदारीकरण एक समग्र सामाजिक प्रक्रिया है और यह नहीं हो सकता कि हम एक स्तर पर उदार हों और दूसरी जगह मध्य युग में बने रहें—यानी सार्वजनिक रूप से कोड़े लगाने और संगसार करने को ही न्याय का आदर्श भी मानें।

सुप्रीम कोर्ट के इस फ़ैसले को मैंने पढ़ा है। सूझ-बूझ और विद्वत्ता से लिखा गया है। बीच-बीच में साहित्यकारों और विचारकों के उद्धरण हैं और उन मानसिकताओं या परंपरागत संस्कारों के विशद हवाले हैं, जहाँ लोग आत्महत्या करते हैं। 'आत्महत्या दंडनीय अपराध नहीं है' का तर्क स्थापित करने के सिलसिले में जजों ने दो-तीन बातें सिद्ध की हैं कि आत्महत्या अनादि काल से मनुष्य की उतनी ही सहज प्रवृत्ति है, जितनी जीवन-रक्षा; कि यह 'अपराध' बिलकुल नहीं है, क्योंकि इसमें आदमी किसी दूसरे का नुकसान नहीं करता, सिर्फ़ अपने-आप को ही अनुपस्थित कर लेता है। चूँकि यह हर देश और समाज या धर्म में होती रही है। इसलिए यह सच्चे अर्थों में देश, धर्मनिरपेक्ष सार्वभौमिक प्रवृत्ति है। जब आप अपने को ही समाप्त

कर रहे हैं, तो आपकी दृष्टि से इसमें क्या फ़र्क़ पड़ता है कि पीछे छूट जाने वालों के साथ क्या होता है ? सब मिलाकर जीवन की तरह, मृत्यु भी आदमी का मौलिक अधिकार है—बोलने की स्वतंत्रता अगर हमारा अधिकार है तो चुप रह जाना भी; काम करना अगर मौलिक अधिकार है, तो काम न करना भी। यानी 'आत्महत्या दंडनीय अपराध नहीं है' के तर्क से शुरू हुआ यह कानूनी फ़ैसला इसे मौलिक अधिकार मानकर आत्महत्या कर लेने की वकालत तक जाता है। जिस तरह दार्शनिक प्रत्ययों के भयानक जाल-जंजाल से गुज़रता हुआ कामू का 'मिथ ऑफ सिसिफस' आत्महत्या को एकमात्र साहसिक और ईमानदार 'कर्त्तव्य' सिद्ध करता है, लगभग उसी पक्षधरता से सुप्रीम कोर्ट का यह फ़ैसला आत्महत्या की राह के कानूनी रोड़े साफ़ करने लगता है ! वह यहं भूल जाता है कि बोलने या काम करने को मौलिक अधिकार मानने वाला आदमी चुप रहने या काम न करने के अपने फ़ैसले को बदल सकता है—मर चुकने पर फ़ैसला नहीं बदला जा सकता। मौलिक अधिकार छोड़े-छीने जाकर वापस मिल सकते हैं, उधर जीवन से अंतिम विदाई (फाइनल एक्ज़िट) के बाद वापसी नहीं होती।

दूसरी सबसे बड़ी दरार इस फ़ैसले में यह है कि 'आत्महत्या का मौलिक अधिकार' हत्या की असीम गुंजाइशें पैदा कर देता है। मौलिक अधिकार अगर अपराध नहीं है, तो उसे समर्थन, सहयोग और सहायता देना भी अपराध नहीं है। अभिव्यक्ति की स्वतंत्रता अगर संबद्ध व्यक्ति का अधिकार है, तो उसकी इस अधिकार-रक्षा के लिए सहयोग-समर्थन देना, हर नागरिक का कर्त्तव्य है। यानी न ज़हर खाना अपराध है, न खिलाना। मैं खुद गोली मारूँ या दूसरा मुझे मारे—दोनों ही क़ानून से ऊपर हैं। मरने वाला यह गवाही देने नहीं आता कि उसे कार्बन मोनोक्साइड का इंजेक्शन मर्सी-किलिंग (कृपा-मृत्यु) के लिए दिया गया था या संपत्ति की दावेदारी से हटाने के लिए। इस काम को पक्का या अचूक बनाने के लिए मैं एक डॉक्टरी सर्टिफिकेट भी खरीद सकता हूँ कि 'मरीज़' के लिए उसकी ज़िंदगी असहनीय हो गई थी, इसलिए उस पर दया करनी ज़रूरी थी। आज भी हर गंभीर सर्जरी से पहले खुद या रिश्तेदारों को ऐसा सर्टिफिकेट देना ही पड़ता है। पुलिस हिरासत में तो हर 'अपराधी' आत्महत्या ही करता है।

लगता है कि व्यक्तिगत और लौकिक धरातल पर जीवन चाहे जितना बड़ा उत्सव माना जाता हो, मगर दार्शनिक और सांस्कृतिक स्तर पर हिंदू धर्म सबसे बड़ा मृत्यु-पूजक धर्म है। यहाँ बड़े तार्किक और बारीक ढंग से हत्या और आत्महत्या का अंतर मिटा दिया गया है—यानी हर हत्या, स्वेच्छा से वरण की गई मृत्यु का रूप ले लेती है और तब वह वंदनीय या अभिनंदनीय हो उठती है। सीता धरती फटने पर उसमें समाती है, तो राम-लक्ष्मण जल-समाधि लेते हैं। उधर पांडव हिमालय में गलकर मोक्ष प्राप्त करते हैं। सती और नरबलि—दोनों ही ऐसे धार्मिक, मनोवैज्ञानिक या

सामाजिक दबावों के बीच संपन्न होते हैं कि 'होने' और 'करने वालों' के लिए महान कल्याणकारी अनुष्ठान के हिस्से बन जाते हैं। यही नहीं, धर्म संस्थापनाय आत्मोत्सर्ग करने वाले देवी या देवता का पद प्राप्त करते हैं, झुंझनू की सती, वैष्णो देवी के बराबर की 'माता' हैं। राजस्थान में पराजित राजाओं की महिलाएँ सामूहिक आत्महत्या को 'जौहर' का नाम देकर गौरवान्वित होती थीं। पता नहीं, कब से मुमुक्षु काशी-करवट लेते या पुरी के जगन्नाथी-रथ के नीचे कुचलकर सीधे स्वर्ग जाते रहे हैं। हरिद्वार जैसे तीर्थ तो ऐसे हज़ारों लोगों से भरे पड़े हैं जो माया मोह त्यागकर सिर्फ़ मरने के लिए वहाँ पहुँचे हैं ! जब कोई जैन साधु संथारा (आमरण अनशन) करता है, तो भक्तों का उल्लास देखते ही बनता है ! जीवन की व्यर्थता कुछ ऐसे ढंग से हमारे खून की बूंद-बूंद में भर दी गई है कि देह अपराध जैसी लगती है। जो अपनी देह को जितना दंडित करता है, वह आत्मोन्नयन की उतनी ही ऊँचाइयों पर पहुँचा हुआ महसूस करता है—कोई काँटों की शैय्या पर आध्यात्मिक सुख पा रहा है तो कोई पंचाग्नि समाधि में बैठा ऋद्धि-सिद्धियों को वश में कर रहा है। कोई उलटा लटका है, तो कोई एक टाँग पर खड़ा है। जो स्वयं ही अपने देह-बंधनों से छूटना चाहता है, उसकी इस पुण्य में सहायता या सहयोग करना 'अपराध' कहाँ है ? तब आत्महत्या भी उतना ही धर्मोत्सव हो जाता है, जितनी हत्या...हज़ारों सालों से शरीर छोड़ने की यह उतावली भारतीय नारी की लगभग दूसरी प्रकृति बन गई है। वह ऐसी सहजता से आत्महत्या करती है कि उसकी हत्या में भी कहीं अस्वाभाविकता नहीं लगती। उसकी हत्या या आत्महत्या कहीं भी कोई अपराध-बोध नहीं जगाती। भ्रूण से लेकर बुढ़ापे तक उसे कभी भी आप निष्कंटक मार सकते हैं। सुप्रीम कोर्ट के द्वारा मृत्यु को मौलिक अधिकार घोषित किए जाने वाले फ़ैसले को इसी धार्मिक परंपरा की आधुनिक शब्दावली के रूप में देखा जाना चाहिए...

राष्ट्रीयता और धर्म—दोनों ही हत्या करने या हत्या का उन्मादी वातावरण बनाने को उच्चतर लक्ष्यों के लिए 'स्वेच्छा से मृत्यु का वरण' बताकर गौरवान्वित करते हैं ! राजीव गांधी की हत्या करने वाली 'मानव-बम' तनु अपनी जातीयता के लिए ही स्वेच्छा से मरी और राम-मंदिर के लिए शहीद हो जाने वाले कार-सेवक धर्म के लिए खुद ही स्वर्ग गए। स्थिति विकट तब होती है, जब विरोधी राष्ट्रीयताओं और धर्म वाले दोनों खेमे अपने-अपने मर-जीवड़ों को एक-दूसरे से भिड़ा देते हैं। तब सिखों, मुसलमानों या दलितों का कत्लेआम भी परम धार्मिक काम हो जाता है, उधर खालिस्तान या इस्लाम के लिए मर-मिटना भी। "ये अयोग्य,अनपढ़ उजड्ड तुम्हारी सारी नौकरियाँ और अवसर हड़प लेंगे" का डर दिखाकर जब मंडल-विरोधी अपने किशोरों से आत्मदाह करा रहे थे, तब भी अपनी समझ में वे जातिवाद के खिलाफ़ एक धार्मिक लड़ाई ही लड़ रहे थे। वातावरण ऐसा बना दिया जाता है कि धर्म, राष्ट्र या जाति के लिए आत्मघात करने वालों की होड़ लग जाती है और आत्महत्या चरम

गर्व तथा गौरव की बात मानी जाती है। जापान में तो इस परम सम्मान को प्राप्त करने की परंपरा ही बन गई है और इस कार्य को संपन्न करने के लिए नियम बना लिये गए हैं कि किस जगह छुरा मारकर दाहिने या बाएँ काटते हुए ऊपर की तरफ़ खींचा जाएगा। इसके लिए कितने बड़े संकल्प और आत्मसम्मोहन की ज़रूरत है। अध्यापक पूर्ण सिंह का एक निबंध है 'वीरता'। उसमें दो राजपूत युवकों की कहानी है। दोनों अकबर के दरबार में सेनापति बनने की प्रार्थना लेकर पहुँचते हैं। अकबर कहता है कि वे कोई वीरता का काम दिखाएँ। दोनों एक-दूसरे की तरफ़ देखते हैं और तलवार से एक-दूसरे की गर्दन काट देते हैं ! वीरता एक आदर्श है और इससे अधिक चरम वीरता और क्या होगी...

विफलता, पागलपन, नशा, प्रेम, अपराध, पाप, गुस्सा और क्षणिक आवेग में की गई आत्महत्याओं को आदर्शों, उच्चतर लक्ष्यों, वैराग्य या मोक्ष के नाम पर की गई आत्महत्याओं से अलग करके देखने की ज़रूरत है। व्यक्तिगत आत्महत्याएँ भविष्यहीनता के बोझ से दबकर की जाती हैं, आदर्शों के लिए किए गए आत्मबलिदान, भविष्य के नाम समर्पित होते हैं। हिंदू दृष्टि व्यक्तिगत भविष्यहीनता को भी एक भविष्य देती है। "यही अपना प्रारब्ध था, अब अगले जन्म में ही भेंट होगी, या स्वर्ग में हम लोग साथ होंगे" के आश्वासन, अस्तित्ववादी नियतिवाद से अलग हैं। द्वितीय महायुद्ध के विराट संहार का मुख्य मंच था यूरोप—अतीत ध्वस्त हो रहा था और भविष्य में थी अनिवार्य मृत्यु। आदमी के पास 'अभी और यहीं' के सिवा पाँव टिकाने की कोई जगह नहीं थी—न ईश्वर का सहारा था, न धर्म का। हर कोई जैसे 'नाज़ी कंसेन्ट्रेशन कैंप' में अपरिहार्य अंत के नीचे जी रहा था। आत्मनाश के उन्माद से सब एक-दूसरे की हत्या कर रहे थे। मृत्यु के संत्रास में साँस लेते, बिखरते व्यक्ति ही अक्सर इस युग की प्रमुख थीम हो गई थी। अस्तित्व के इस नोंक-बराबर क्षण को सहनीय बनाने के लिए ही अस्तित्ववादी दर्शन का विकास हुआ, जहाँ चरम साहसिक चुनाव के रूप में आत्महत्या ही एकमात्र विकल्प बचा रह गया, ज़रूरी था कि इसे दार्शनिक और सैद्धांतिक आधार दिया जाए—लगभग यही स्थिति वियतनाम युद्ध में अमेरिका में आई; युवा पीढ़ी समझ नहीं पा रही थी कि यह युद्ध क्या है और क्यों है, या अनिवार्य सैनिक भर्ती की मजबूरियों में क्यों उसे हत्या और मृत्यु का हथियार बनाया जा रहा है, देश की सारी अर्थ-व्यवस्था को क्यों संहार के लिए पाँच-दस हज़ार मील दूर जाकर झोंका जा रहा है। ज़बर्दस्ती थोपी गई नियति से विद्रोह ही था कि हर युवा या तो चरसी, गंजेड़ी, भंगेड़ी हो गया था या चर्चों-मंदिरों की शरण में हरे रामा, हरे कृष्णा गा रहा था। वह ड्रॉपआउट, बीटनिक और संन्यासी था—यानी सक्रिय सामाजिकता के लिए 'मृत' हो चुका था ! आज भी अमेरिका की करोड़ों में बिकने वाली बेस्ट सेलर पुस्तक का नाम है, 'आत्महत्या के सरल उपाय'।

शताब्दी के प्रारंभ में प्रसिद्ध फ्रेंच समाजशास्त्री एमिल दुर्खीम ने जब पहली

बार आत्महत्या पर अपना क्लासिक अध्ययन 'आत्महत्या' लिखा, तो उसकी दृष्टि शुद्ध समाज-वैज्ञानिक थी। उसने गहन शोध-अनुसंधान के आधार पर आत्महत्या के विशद वर्गीकरण किए, विभिन्न समाजों में इसके रूपों का विश्लेषण किया और कुछ नतीजों पर पहुँचने की कोशिश की। न उसने कामू की तरह दार्शनिक और आध्यात्मिक आधार पर इसे एकमात्र साहसिक कार्य सिद्ध किया और न जस्टिस सहाय और हंसारिया की तरह क़ानूनी अड़चनों को झाड़-बुहार कर मुक्ति का सुलभ रास्ता दिखाया, बल्कि दुर्ख़ीम ने अधिक मानवीय सरोकार के साथ कुछ बहुत आधारभूत सवाल उठाए।

सही है कि कबीलाई समाजों या ग्रामीण परिवेश में आत्महत्याएँ कम होती हैं, वहाँ सब एक-दूसरे से मन की बात कहकर हल्के हो जाते हैं। कुंआरी या विधवा माँ ज़रूर कुएं-नदी में छलाँगें लगाती रहती हैं, लेकिन कारण व्यक्तिगत नहीं, सामाजिक भय या दंड ही अधिक रहता है। बुद्धिजीवियों का ध्यान आकर्षित करने वाली आत्महत्याएँ होती हैं। शहरी, मध्यवर्गीय, औद्योगिक समाज में अकेलापन, अलगाव और प्रतियोगिता के बीच अक्सर ही व्यक्ति अपने को असमर्थ और असहाय पाता है, हर प्रयास यहाँ निरर्थक होने के लिए अभिशप्त हैं, वह घर और दफ़्तर दोनों जगह मिस-फिट या अनसमझा है, न पति-पत्नी के बीच संतुलन है, न बच्चों-रिश्तेदारों के साथ अंडरस्टैंडिंग—दफ़्तर के तनाव, उठापटक, गलाकाट होड़ में आदमी आख़िर कब तक अपने को साधे रहेगा ? नतीजे में कुछ पुराने मूल्यों के अप्रासंगिक, व्यर्थ और फ़ालतू हो जाने के दंश में टूट जाते हैं, तो कुछ नई चूहा-दौड़ में पिछड़कर। यातना, मानसिक या शारीरिक कष्ट जब असहनीय हो जाए तो मुक्ति का एकमात्र सरल उपाय बचता है, मृत्यु का वरण...

लेकिन आत्महत्याओं की सीमा यहीं तक नहीं है। संपन्न-समृद्ध देशों की समस्याएँ वे नहीं हैं, जो तीसरी दुनिया के विपन्न देशों के लिए हैं। उनके लिए आत्महत्या नैतिक और दार्शनिक समस्या हो सकती है, यहाँ लड़ाई जीने और मरने को लेकर है। गरीबी, भुखमरी, बेकारी के शिकार न जाने कितने हैं जो कभी अकेले, तो कभी परिवार के साथ आत्महत्याएँ करते हैं। माँ अपने बच्चों के साथ कुओं में या रेल की पटरियों पर छलाँग लगा लेती हैं, कुंआरी लड़कियाँ दहेज और शादी न जुटा पाने के कारण जल मरती हैं या ससुरालों में मार दी जाती हैं। जब औरत के लिए जीना असंभव और अहसनीय हो उठे, तो वह कोठरी में फांसी लगाकर मरे या जलती चिता पर सती हो जाए—इससे क्या फ़र्क़ पड़ता है। बल्कि सती होने (अक्सर ज़बर्दस्ती किए जाने) में गौरव और देवत्व मिलता है। आज (16.4.94) की ही ख़बर है कि दिल्ली में एक बाप ने तीन बच्चियों को मारकर आत्महत्या कर ली, पत्नी-पड़ोसी को घायल कर दिया।

मुझे लगता है कि अपने-आप को समाप्त करने का निमित्त भले ही व्यक्ति स्वयं हो, मगर ऐसी हर आत्महत्या सामाजिक हत्या ही है, यहाँ मारने वाले हाथ सक्रिय

ज़रूर होते हैं, मगर दिखाई नहीं देते—वे खुद आदमी के भीतर ही उग आते हैं। ज़ाहिर है कि हंसारिया और सहाय इस विषय पर बिलकुल चुप हैं। आदमी को क़ानूनी, सामाजिक या दार्शनिक अधिकार है कि वह स्वेच्छा से अपने प्राण ले ले—की घोषणाएँ इस विषय में बिलकुल चुप हैं कि ऐसा वह करता क्यों है ? जब जीने के अधिकार, स्थितियों और सुविधाओं को बिलकुल नकार कर मरने के सैद्धांतिक अधिकार को जायज़ सिद्ध किया जाता है, तो लगता है, मानो क़ानून भी इस हत्या में शामिल है। वह दम घोंटते धुएँ के निकलने के रास्ते तो साफ़ कर रहा है, मगर उस आग के बारे में बिलकुल चुप है, जो इस घर को जलाकर धुआँ पैदा कर रही है। इस शब्द-जाल को क्या कहा जाए, जहाँ जीने के हक़ का अर्थ ही मरने की क़ानूनी अनुमति भी हो। सीज़र को घेरकर खड़े सीनेटरों में से हो सकता है, पहला छुरा ब्रूटस ने मारा हो, मगर बराबर के हत्यारे तो सभी थे, क्योंकि वह जिधर भी जाता, उधर ही उसके सीने में उतरने के लिए एक छुरा तैयार था। चारों तरफ़ से घिरे हुए शिकार के बचने का जब कोई रास्ता न हो, तो आपका उदारतापूर्वक यह कहना कि हाँ, उसे मरने का हक़ है—क्या पूरी व्यूह-रचना का स्वीकार नहीं है ? यहाँ सुप्रीम कोर्ट के फ़ैसले में एक बात लगभग ठीक कही गई है कि "अधिकांशतः अपराधों की ज़िम्मेदार सरकार की अपनी ही नीतियाँ होती हैं। सत्ताधारी सरकार व्यक्ति के उन सारे प्रयासों को निष्फल कर डालती है, जो उसकी नीतियों से मेल नहीं खाते" यानी ऐसी स्थिति में व्यक्ति ही अपराधी बन जाता है। अगर आत्महत्या अपराध है, तो इसके लिए सरकार और सामाजिक व्यवस्था दोनों दोषी हैं, क्योंकि मनोचिकित्सक श्रीमती दस्तूर के अनुसार, "हर आत्महत्या सहायता के लिए लगाई गई गुहार है", जिसे न सरकार सुनती है, न व्यवस्था। विफल अपराधियों को क़ानूनी नहीं, मानवीय संवेदना की ज़रूरत है !

मेरी बहन को इसी व्यवस्था ने मारा था, जो भारतीय लड़की को अपने निर्णय स्वयं लेने का प्रशिक्षण या आत्मविश्वास तो देती ही नहीं, विवाह को एकमात्र सार्थकता मानती है और उसके न होने पर आत्मप्रताड़ना का संस्कार बनकर अपने को ही अपने विरुद्ध खड़ा कर देती है। निश्चय ही मैं स्वयं उसी व्यवस्था का हिस्सा रहा हूँ और उसकी हत्या में शामिल हूँ। मैं उसे साहस और आत्मविश्वास दे सकता था, मगर मेरे पास फुर्सत नहीं थी। विवाह के बाद भी क्या ठीक था कि उसे जला या मार न दिया जाता और वह चुपचाप अपनी इस नियति को स्वीकार नहीं कर लेती...

30 वर्ष पहले फिलिप एगी की एक किताब आई थी 'इनसाइड कंपनी' यानी सी.आई.ए. की अंदरूनी कहानी। भूतपूर्व अफसर ने इसमें स्वीकार किया है कि हमने अनेक बार अश्वेत नेता मार्टिन लूथर किंग को संदेश भेजे थे कि या तो आप आत्महत्या कर लें, वरना आपको गोली मार दी जाएगी। सब जानते हैं कि किंग की हत्या ही हुई। शिव सेना और महाराष्ट्र की कांग्रेसी सरकार—दोनों की ओर से युवा पत्रकार

निखिल वागले के लिए संदेश है कि चुप हो जाओ, वरना मार डाले जाओगे ...आज हर स्वतंत्र पत्रकार हत्या और आत्महत्या के इसी चुनाव पर लाकर खड़ा कर दिया गया है। वागले को न शिव सेना के हत्यारों या उनके नस्लवादी धार्मिक हथियारों के बारे में बोलने की इजाजत है, न विधानसभाओं में बैठे तस्करों और डाकुओं के बारे में! एक-दूसरे के गले में हाथ डाले इन सारे गिरोहों का एकमात्र दुश्मन है वह, जो इनके खिलाफ़ बोलता है। वागले ने अपने 'किए' की सज़ा के लिए विधानसभा की विशेषाधिकार समिति के सामने पेश होने से भी इन्कार कर दिया। विडंबना की हद है कि विधानसभाओं से लेकर संसद तक इन विशेषाधिकार समितियों के अधिकार आज तक न तय किए गए हैं, न यह बताया जाता है कि वे क्या कर सकती हैं। कोर्ट मार्शल तक के अपने नियम और अधिकार-क्षेत्र तय हैं और वहाँ आप वकील ले जा सकते हैं। यहाँ वह भी नहीं कर सकते। आरोप सुनकर क्षमा माँगने के सिवा कोई विकल्प ही वहाँ नहीं है। बेशर्मी की हद है कि जनता द्वारा चुने गए प्रतिनिधि हर जवाबदेही से ऊपर हों। वे हत्यारे, बलात्कारी, घूसखोर, देशद्रोही, डाकू—कुछ भी हों, मगर आप उनके खिलाफ़ न लिख सकते हैं, न बोल सकते हैं। इंदिरा गांधी के ज़माने में भी एक प्रस्ताव आया था कि राष्ट्रपति, उपराष्ट्रपति, चीफ जस्टिस, प्रधानमंत्री, स्पीकर इत्यादि के ऊपर न कोई आरोप लगाया जाएगा, न उनके खिलाफ़ कहीं कुछ कहा जाएगा। इनके साथ लगी हैं इन्हीं के द्वारा चुनी गई विशेषाधिकार समितियाँ, जो यह बताने से इन्कार करती हैं कि उनके अधिकार-क्षेत्र क्या और क्यों हैं ? वे तो सिर्फ़ अपराध सुनाकर सज़ा देने या माफ़ी मँगवाने के लिए हैं। अगर सीज़र और उसकी पत्नी हर आरोप से ऊपर थे, तो वही लोकतंत्र क्या बुरा था... ?

❑ ❑ ❑ ❑

पिछले 30-40 वर्षों में जहाँ एक ओर हिस्ट्री-शीटर दादाओं और माफ़िया सरदारों का वर्चस्व समाज और राजनीति में बढ़ा है, उसी के साथ-साथ एक दूसरा तानाशाह भी दैत्याकार देह में प्रकट हुआ है और वह है—पत्रकारिता। अपनी सामाजिक जिम्मेदारी और राजनैतिक ईमानदारी के नाम पर वह समाज और राजनीति के हर वर्ग को ब्लैक-मेल कर सकने की स्थिति में है। कुछ पत्रकार तो अपने उधार के दंभ में सिर्फ़ देववाणी बोलते हैं, यानी संवाद नहीं, एकालाप करते हैं। आप अगर प्रतिवाद या विरोध करें, तो वे उसे उठाकर रद्दी की टोकरी में फेंक देंगे। उनकी सामाजिक ज़िम्मेदारी है कि वे जिसके बारे में जो चाहें, लिखें, मगर नैतिक ज़िम्मेदारी यह बिलकुल नहीं है कि संबद्ध व्यक्ति या दूसरे पक्ष की बात जानने का अवसर भी अपने पाठकों को दें।

पिछले दिनों दैनिक राष्ट्रीय सहारा', गोरखपुर के स्थानीय कुंठित संवाददाता ने 'राहुल फ़ाउंडेशन' और उससे जुड़े व्यक्तियों के बारे में ऊल-जलूल भाषा में लांछन लगाए। यही नहीं, संबंद्ध महिलाओं पर बेहद कुत्सित, अश्लील और बीभत्स टिप्पणी

की। उनका स्पष्ट इशारा कवयित्री कात्यायनी को लेकर था। कात्यायनी ने जब 'सहारा' के मालिकों से शिकायत की और अपना प्रतिरोध छपाना चाहा, तो इन्कार कर दिया गया। सारे प्रयासों के बाद कात्यायनी को 'सहारा' कार्यालय के सामने अनशन और धरने का सहारा लेना पड़ा। जवाब में पुलिस और 'सहारा'। के कर्मचारियों ने लाठियों, सरियों से उन पर बाक़ायदा हमला बोल दिया। दसियों महिलाएँ-पुरुष घायल हो गए। 'सहारा' के मालिक 'पुराने प्रसिद्धि-याफ़्ता जननेता और ऊँचे रसूखों वाले' (आज) करोड़-अरब पति लोग हैं—नतीजे में घायल कात्यायनी को ही जेल भेज दिया गया। जेल से लिखा गया उसका पत्र मेरे सामने है।

ज़ाहिर है, देश में हर जगह लेखकों-पत्रकारों, बुद्धिजीवियों में भयानक विक्षोभ है और दिल्ली-लखनऊ में 'सहारा' कार्यालयों के सामने प्रदर्शन-धरने हो रहे हैं। मेरी सलाह है कि जिस तरह शिव-सैनिक, निखिल वागले की अक़्ल ठिकाने लगा रहे हैं, उसी तरह सहारा-सैनिकों को निर्ममतापूर्वक इन सिरफिरों के सिर तोड़ देने चाहिए—इतनी बड़ी शक्ति के सामने विरोध की आवाज़ उठाने वालों की हिमाक़त का कुछ तो सबक मिले। शक्ति अंधी ही नहीं, बहरी भी होती है। इस अंध-बधिर शक्ति का 'सहारा' लेकर मालिक लोग अपने असली रंग में न आएँ, तो रंगदारी किस काम की...रंगे हुओं का रंग कितनी जल्दी उतरता है...या कितनी आसानी से खिसकता है पत्रकारिता का बदरंग मुखौटा...मगर अफ़सोस है कि न निखिल वागले अकेला है, न कात्यायनी, न तस्लीमा नसरीन, न सलमान रुश्दी...क़द और कसूर अलग-अलग हो सकते हैं, मगर ख़तरा तो सभी पर एक है—चुप रहो, वरना...

['हंस', जून 1994]

हम होंगे कामयाब उर्फ़ वाह रे मैं वाह...

'हंस' के आठवें वर्ष का अंतिम अंक। नियमित और निरंतर प्रकाशन की यात्रा जिन खाई-खंदकों, शिखरों-पठारों से होती हुई यहाँ तक पहुँची है, उसे सचमुच रोमांचक ही कहा जाएगा। मैंने न कभी नौकरी की और न किसी सरकारी, गैर-सरकारी कृपा (फेवर) की आकांक्षा, 'हंस' के पीछे न कोई ट्रस्ट, न संरक्षक, न बड़ा हाउस, न राजनैतिक पार्टी, न प्रेस आउट-फिट। घाघ, संशयात्मा और खोजी तीसमार खां तक उस दृश्य-अदृश्य स्रोत का पता नहीं लगा पाए, जो 'हंस' को पोस रहा हो। औरों के साथ-साथ खुद मुझे विश्वास नहीं हो पा रहा कि जब बड़े-बड़े संपन्न घराने पत्रिका-दर-पत्रिका बंद करते चले जा रहे हैं, तो 'हंस' ने ही कौन-सा कारूँ का ख़ज़ाना खोज निकाला है। 'कमाऊ पूत' होता, तो वे भी 150 से लेकर 30-30 सालों की पत्रिकाएँ क्यों बंद करते ? क्यों 60-65 सालों का साप्ताहिक 'देश' पाक्षिक होता ? हमने तो डी.ए.वी.पी. या कागज का कोटा यानी हर पत्रिका के मूल स्रोतों से भी अपने को नहीं जोड़ा। मूल्यों, आदर्शों या साहित्य-संस्कृति के लिए प्रतिबद्ध कोई भी संस्था, संगठन, पत्रिका सिर्फ़ सदस्यों या सर्कुलेशन के बल पर कभी आत्मनिर्भर नहीं होती और घाटे में चलने के लिए ही अभिशप्त होती है। उतावली से उन्हें बंद करने या दूसरे हाथों में सौंप देने की मानसिकता इसकी गवाह है। यह घटना किसी दिन 'हंस' के साथ भी हो सकती है। जो पत्रिका विज्ञापन आकर्षित नहीं कर पाती, वह दस साल चले या बीस साल, स्थिति में बहुत फ़र्क़ नहीं पड़ता। पिछले 96 अंक गवाह हैं कि समर्थन, चाटुकारिता, अभिनंदन या समर्थों को पटाने की बौद्धिक कलाकारी भी यहाँ नहीं रही। उलटे उन मुद्दों पर खुलकर स्टैंड लिये गए हैं, जो आज के समाज में किसी भी पत्रिका के लिए आत्मघाती या व्यक्ति के लिए ख़तरा है। खास तौर पर सांप्रदायिकता और जातिवाद के सान्निपातिक विषैले माहौल में। अपनी पोर-पोर में सांप्रदायिक और रग-रग में जातिवादी, आक्रामक स्वयंसेवकों ने 'हंस' के खिलाफ़ शायद ही कोई कसर छोड़ी हो। फ़र्क़ यही है कि उन्हें अपना सब कुछ सहज, स्वाभाविक

और निष्पक्ष लगता है, क्योंकि सदियों से चला आ रहा है और उसने व्यवहार की स्वीकृति या वैधता प्राप्त कर ली है। "हम तो सच बोलते हैं और मुँह पर बोलते हैं" का दंभ भरने वाले लोग अपने बारे में एक सच नहीं सुन पाते, वहाँ उन्हें बहुत-सी विकृतियाँ और कुंठाएँ दिखाई देने लगती हैं। हमने सिर्फ़ निर्भीक होकर इन फासिस्ट 'सत्यवादियों' के अपने चेहरे दिखाए हैं, ताकि खुद के भीतर भी झाँक सकें। हो सकता है, राजा को नंगा बताना ही 'अपराध' हो...बहरहाल, अफवाहों और आरोपों का 'होस्टाइल' (विरोधी) वातावरण भी 'हंस' का बल और संबल ही रहा है।

इस समय भारतीय राजनीति में निर्भीकता और दबंगई का एक उदाहरण है टी. एन. शेषन। जिनकी सत्ता, स्वार्थ और सुविधाओं की निरंकुश धांधली ख़तरे में है, वे बौखला रहे हैं। शेषन आज उनके लिए सबसे बड़ा खलनायक है ! उधर शेषन खुद उसी सत्ता के अंतर्विरोध की उपज है; यानी अपना बल वहीं से ले रहा है, जिनके खिलाफ़ है। पहला दांव लगने पर सत्ता के महंत या तो उसका मुँह बंद कर देंगे या कूड़ेदान में डाल देंगे। बंबई से लेकर दिल्ली, कलकत्ता तक न जाने कितने दबंग पुलिस, आयकर, कस्टम के अधिकारी उठाकर हाशियों पर फेंक दिए गए। अपराधी अपने ऊपर हमला लंबे समय तक बर्दाश्त नहीं करते। अपने को कानून से ऊपर मानने वाले, उन्हें ही सबक सिखाते हैं, जो उन्हीं का कानून लागू करने की जिद पर अड़े रहते हैं। चाहे वह किरण बेदी हो या शेषन...'हंस' की शक्ति को उनसे नहीं, विश्वामित्र जैसे ऋषियों से समझना होगा। वे किसी राजा के दरबार में बैठकर दार्शनिक वशिष्ठाई करने वाले अनुष्ठानी पुरोहित नहीं थे। जंगलों-पर्वतों में रहकर वहीं खेती-बाड़ी करते थे या भीख माँगते थे। भीख भी गिने-चुने लोगों से और प्रायः दुहराव बचाते हुए ताकि किसी एक के इतने एहसानमंद न हो जाएँ कि अपनी बात और सोच को दबाना पड़े। सिर्फ़ एक अन्नदाता की सुरक्षा सबसे पहले बुद्धिजीवी के सोच को भ्रष्ट करती है—स्वतंत्र वह चाहे जितना दिखाई दे, मगर सिर्फ़ सेहरे लिखता है या असुविधाजनक वक्तव्यों से बचता है। टुकड़ों-टुकड़ों में पाया हुआ अन्न चूँकि दाता की व्यक्तिगत पहचान मिटा देता है, इसलिए एक तरह की स्वतंत्रता और निर्भीकता भी देता है। लेने वाला किसी एक का उस हद तक कृतज्ञ नहीं होता है कि उसी की नमक-अदायगी करता रहे। बड़े से बड़े तीसमार खां को या तो भिखारी गाली दे सकता है या वेश्या, क्योंकि उनके पास खोने को कुछ नहीं होता। अगर उनकी निर्भीकता और दबंगई सिर्फ़ अपना 'अन्न' माँगने की ब्लैक-मेलिंग नहीं है तो ये दोनों सच्चे अर्थों में 'स्वतंत्र' है। हाँ, इस स्वतंत्रता से ख़तरा यही है कि या तो वह निरंकुश हो जाती है या अपनी अस्थिर सुरक्षा के तनाव को झेल न पाने में टूट जाती है और किसी एक की गोद में जा बैठती है। दृष्टि और प्रतिबद्धता ही इस स्वतंत्रता को साधे रखने वाले संबल हैं। सुकरात, गांधी और नियोगी इन्हीं अर्थों में स्वतंत्र थे कि उनका कोई एक 'अन्नदाता' नहीं था और प्रतिबद्धताएं स्पष्ट थीं। सरकारी अनुदानों या वृत्तियों-पुरस्कारों पर पलने वाले बुद्धिजीवी जिन लिहाज़ों-दबावों में बात बदलने,

चबाने या 'जस्टिफिकेशन' के शिकार होते हैं, अपने ही स्रोतों पर रहने वाले लेखक को उसकी ज़रूरत नहीं है। जो माँगकर खाता हो, मसीत में सोता हो और जिसे किसी से न एक लेना हो या न दो देने हों, उसे 'भगवद्-भजन' से कौन रोक सकता है ? वह क्यों नर की मंसबदारी करे ? शायद 'हंस' की शक्ति का एक स्रोत यह भी रहा है कि अपने भोजन के लिए उसने कोई एक मानसरोवर नहीं चुना। हो सकता है, इस भिक्षाटन के दौरान कुछ पोखरों और जोहड़ों में भी मुँह मारा हो, या किसी झील-तालाब पर बैठे ऐसे यक्ष से मुठभेड़ हुई हो, जो अपनी शर्तें मनवाने के आधार पर ही पानी पीने की इज़ाज़त देने को तैयार हो। शर्तें तो उनकी भी साफ़ थीं, जो अपनी एक कुर्सी के योगदान के आधार पर पूरी महफिल की व्यवस्था अपने हिसाब से बदलवाना चाहते थे, क्योंकि वे जानते थे कि एक-एक कुर्सी माँगकर ही तो सारी महफिल सजी है। कहना मैं यही चाहता हूँ कि लेखकों और इस क्षेत्र से जुड़े लोगों के अलावा 'हंस' को उन पाठकों ने ही चलाया है, जिनकी लेखन-प्रकाशन को लेकर कोई महत्त्वाकांक्षा नहीं थी। शायद वे भी चाहते रहे हैं कि एक अच्छी (अकेली ?) बेलाग पत्रिका को बने रहना चाहिए। हो सकता है, रचना और विचारों से सहमत-असहमत होने के लिए उन्हें 'हंस' में ऐसा भी कुछ मिलता रहा हो, जो शायद दूसरी जगह नहीं है। इस उदारता के लिए भी मैं व्यक्तिशः आभारी हूँ कि उन्होंने यह शर्त भी नहीं रखी कि पत्रिका को तभी तक बने रहना चाहिए, जब तक उनके विचारों का समर्थन होता रहे या वह उनकी आस्थाओं और रचनाओं की पालकी ढोती रहे।

शेषन अपने ही सिस्टम का दबंग 'करकक्टिव' (शोधक) है, मगर वह उसी सिस्टम का हिस्सा भी है, जहाँ भ्रष्ट और बेलाग (अपराइट) एक साथ होते हैं : जहाँ बंगरप्पा, चंद्रशेखर और नरसिंह राव भी हैं, तो लालबहादुर शास्त्री और वी.पी.सिंह भी, जहाँ जज रामास्वामी हैं तो टी.एन. शेषन भी। वह सिर्फ़ ख़राब (डिफेक्टिव) और निरंकुश पुर्जों की मनमानियों को रोकना चाहता है, ताकि मशीन ढंग से चलती दिखाई दे सके। स्वयं सिस्टम की वैधता या प्रासंगिकता को लेकर उसे कोई परेशानी नहीं है। कहता भी है कि वह व्यवस्था बनाए रखने वाला पुलिसमैन है, जो ग़लत को बर्दाश्त नहीं करेगा। वह यह सवाल नहीं करता कि पुलिस को या 'ब्यूरोक्रेसी'—विदेशी शासकों ने अपने स्वार्थों और सुरक्षा के लिए उसका निर्माण किया था जनता के खिलाफ़—आज भी क्यों उसे शासकों और शोषकों को ही सुरक्षा देनी चाहिए ? वह अपनी बनावट में क्यों अभी तक राज-रक्षक उपनिवेशवादी है ? जनता के लिए जवाबदेह न होकर क्यों वह मालिकों के लिए ही वफादार है ? या क्यों सिर्फ़ लुटेरों, स्मगलरों और देशद्रोहियों को संरक्षण दे रही है...आम जनता तो प्रयत्नपूर्वक लाई गई बाढ़ों, सांप्रदायिक दंगों, जाति-फसादों, बीमारियों-महँगाई, बेकारी या झूठी मुठभेड़ों, पुलिस हिरासतों में ही मारी जा रही है। शेषन यह नहीं पूछ सकते कि यहाँ के गेहूँ-गन्ना-गोबर क्यों सड़ते रहें और विदेशों से लाखों टन आयात किया जाए ? या

रोज-रोज उजागर होने वाले हज़ारों करोड़ के घपले और घोटालों का पैसा कहाँ से आता या कहाँ चला जाता है ? यह सर्वे भी शायद कहीं नज़र नहीं आया कि कितने मध्यवर्गीय और उच्च परिवारों के सदस्य विदेशों में जाकर रहने लगे हैं ? उच्चतम शिक्षण-संस्थानों से निकले मेधावी युवा जब बाहर 50 हज़ार से लेकर एक लाख रुपये तक मासिक कमाई से अपना कैरियर शुरू करते हैं, तो उन पर खर्च किए गए राष्ट्रीय धन की उगाही का क्या प्रावधान है ? नहीं, ये असुविधाजनक सवाल कोई भी शेषन नहीं पूछेगा, क्योंकि वहाँ सवाल व्यवस्था को साफ-सुथरा बनाकर चलाए रखने का नहीं, उसके होने या बनाए रखने को लेकर है। कोई झक्की यह नतीजा भी निकाल सकता है कि हम कुछ मध्यवर्गियों के लिए शेषन महानायक इसलिए है कि वह भ्रष्टाचार रोककर मशीन की तेल-सफाई कर रहा है, मगर वह इतिहास का सबसे बड़ा खलनायक भी है, क्योंकि आपसी लूट-खसोट, मार-धाड़, हत्या की खरीद-फरोख्त करके जिस व्यवस्था को हमारे आका-अफसर खुद ही तहस-नहस कर रहे हैं, उसे शेषन लंबा जीवन दे रहा है ! यह यथास्थिति की सुरक्षा का आश्वासन है। शेषन एक मोहलत है कि भ्रष्ट अधिक बारीक़ सुरंगें बना सकें।

कहने की ज़रूरत नहीं कि 'हंस' ने ऐसे कुछ असुविधाजनक सवालों की तरफ़ पाठकों को सोचने की प्रेरणा दी है। मैंने 'बुद्धिजीवी' की भूमिका को परिभाषित करते हुए अनेक बार कहा है कि उसके लिए पवित्र, अपवित्र, दैवी-अपौरुषेय कुछ भी ऐसा नहीं होता, जो प्रश्नातीत हो—न वेद-पुराण, न आस्था, पूजा, इतिहास, न सत्ता-संस्कृति और आत्म...परंपरा हो या परिवेश—उसे हर जगह उस शक्तिपीठ के आर-पार देखने की ज़रूरत है, जो अपने वर्चस्व से दृष्टि और विवेक की आड़ बन जाते हैं। 'हंस' ने शायद अपने आठ साल के जीवन में इस चेतना को भी उकसाया है। हाँ, प्रतिरोध हमें यहाँ भी दो ही दिशाओं से मिला है : एक तो उन आस्थावानों और धर्म-धुरीणों से, जो अतीत की महानता पर प्रशस्ति के सिवा न कोई बात करना चाहते हैं, न सुनना। दूसरे हीनता के मारे उन 'विश्वयारों' से (लोहिया के अनुसार), जो दुनिया के हर विकसित आधुनिक विचार को भकोसने-उगलने को ही बुद्धिजीवी की एकमात्र पहचान मानते-मनवाते हैं। जिस तरह हम कथाकार मानते हैं कि जो हमारी अपनी संवेदना का हिस्सा नहीं है, वह हमारा सच नहीं है—वह सिर्फ़ सूचना है, उसी तरह जो विचार हमारे लिए सार्थक नहीं है, वह अप्रासंगिक है—और एक किताब से दूसरी किताब का खंडन-मंडन करने वाली आकाशचारी क्रीड़ा है। बौद्धिक आतंकवाद या वैचारिक बाजीगरी भी उसे कह सकते हैं। विचार, संस्कृति या संवेदना में सार्वभौमिक, वैश्विक या देश-कालातीत कुछ नहीं होता—जो होता भी है या जिसे ऐसा बताया जाता है, वह 'केवल कुछ' का आपसी संवाद होता है। देखना यह भी होगा कि ये 'केवल कुछ' कौन हैं, कहाँ रहते हैं—कहीं ये उस आभिजात्य (एलिटिज़्म) की अमर बेलियाँ तो नहीं हैं जो सत्ता, शक्ति और संपन्नता के वट-वृक्षों पर पनपती हैं—कहीं

इनके गले से विश्वदादाओं की सौंदर्य-शास्त्रीय विरुदावलियाँ तो नहीं निकल रही हैं–जिन्हें अपनी कलात्मक अबोध सहजता (स्पांटेनियटी) में ये अपनी ही स्तरीयता या बौद्धिक वरीयता मान रहे हैं। न भी हों, तब भी वे विश्लेषण से ऊपर क्यों मान ली जाएँ ?

देश के सारे संसाधनों और सुविधाओं को भकोसने वाली संस्कृति के शहरी रूप अब हमें दुखी नहीं करते। उत्तरभारतीय मध्यवर्गीय लेखकों और बुद्धिजीवियों ने जब सारे 'दीनबंधु' प्रिटेंशन्स (मुखौटे) छोड़कर यह घोषणा की कि मेरिट और मॉरेल वैल्यूज़ (दक्षता और नैतिक मूल्यों) के एकमात्र संरक्षक हम ही हैं और हम किसी भी मूल्य पर दलितों और पिछड़ों को उन्हें नष्ट करने का अधिकार नहीं देंगे, तो उनकी तथाकथित प्रतिबद्धताएँ अपने असली चेहरे दिखाने लगीं। दलितों और वंचितों के पक्ष में 2000 साल की परंपराएँ रटने वाले या सर्वहाराओं के लिए आठ-आठ आँसू रोनेवाले अपने स्वार्थों, हितों और हैसियतों पर पहला धक्का बर्दाश्त नहीं कर पाए और सिर्फ़ इसीलिए छाती-माथा कूटने लगे कि इतिहास और स्थितियाँ उनके अपने हिसाब से क्यों नहीं बदल रहीं ? जैसा वे नहीं चाहते, वैसा होने का उन्हें कोई हक़ नहीं है। वे 'डिकन्स्ट्रक्शन' को समझ और समझा तो सकते हैं, सहन नहीं कर सकते। जनता की पक्षधरता, सामाजिक न्याय या वाम विचारधारा सब कुछ उनके लिए कितना बड़ा बोझ थे, यह इसी से सिद्ध है कि जैसे ही सुना कि इतिहास बदलने वाली सारी विचारधाराओं का ही नहीं, स्वयं विचारधारा और इतिहास का अंत हो गया, उन्होंने मुक्ति की साँस ली और पहले झटके में ही इस अवांछनीय बोझ को उतार फेंका। आज वे उसी उत्साह से खुलकर स्वीकार कर रहे हैं कि 'रैचेड ऑफ़ दि अर्थ' या धरती के दलितों के पक्ष में अपनी सारी सहानुभूति और बौद्धिकता लगा देना कितना बड़ा अपराध था, कि वे किस तरह मार्क्सवाद की शैतानी और अवैज्ञानिक विचारधारा के चक्कर में आ गए थे। वे सब तो असली समस्याएँ थीं ही नहीं। असली समस्या तो है पेप्सी और कोका कोला युद्ध; जी.टी.वी. और मेट्रो चैनल्ज़ की प्रतिस्पर्द्धा...गरीबी, भुखमरी, महँगाई, सांप्रदायिकता इत्यादि जिनकी समस्याएँ हैं, वे जानें। हमारी समस्या बच्चों को 'सेटल' करने की है, अपने 'एक्सटेन्शनों' की है, दहेज और घूस के पैसों को सही-सुरक्षित जगह लगाने की है...सुष्मिता सेन और माइकल जैक्सन की है, भारतीय संस्कृति की है...मेधा पाटकर और बाबा आम्टे के पेट में बहुत दर्द है, तो खुद भुगतें। बहुत दिनों बाद 'घर' लौटे हैं, अब हमें अपने-आप को देखने दो। उस हिसाब से क्या 'हंस' को इसी थकी, भ्रष्ट और ध्वस्त पीढ़ी का प्रवक्ता बनना चाहिए था ?

वस्तुतः मेरा संघर्ष और 'हंस' का 'थ्रस्ट' वर्चस्ववाद का प्रतिरोध रहा है–चाहे वह अतीत का सांस्कृतिक आतंकवाद हो या पश्चिम का आधुनिक, आर्थिक वैचारिक हमला, चाहे वह बहुसंख्यकों का नाज़ीवाद हो या अल्पसंख्यकों की बुनियादपरस्ती ...अगर मैंने मंडल का समर्थन किया था, तो इसलिए नहीं कि मैं उभरते 'जातिवाद'

के पक्ष में था (सारे लांछनों के बावजूद पिछले चार सालों में 'हंस' ने इसका कोई लाभ नहीं उठाया), बल्कि इसलिए कि सत्ता और सुविधाओं पर खुद जातिवाद और परिवारवाद के बूते एकाधिकार किए बैठे हुए वर्ग, वहाँ होने को प्राकृतिक जन्मसिद्ध अधिकार माने थे और सूच्याग्र भूमि छोड़ने को तैयार नहीं थे, आँकड़ों और मेरिट की मिसाइलों से 'नाकाबिलों' को ध्वस्त कर रहे थे। उनमें से अधिकतर के बच्चे या तो विदेशों में पढ़-पल रहे थे या यहाँ सत्ता के विभिन्न सोपानों पर बैठे माल काट रहे थे। शिक्षा और नौकरियों में उनमें से अधिकतर की घुसपैठ जाति-पैसा और परिवार के बल पर ही थी, जिन्हें उनके उच्चस्थ बापों ने उनके लिए खरीदा था। प्रतिक्रिया में उठा 'विद्रोह' उन्हें बर्दाश्त क्यों होता ? योग्यता, दक्षता और नैतिक मूल्यों का इकलौता संरक्षक होने का दावा करने वाला यह मध्य वर्ग अपने सुख-सुविधा और शक्ति-उपभोग का एकाधिकार बनाए रखने के लिए बहुसंख्यक-वंचितों को कैसे ऊपर आने देता ? जिस जेहादी भाषा में मैंने सांप्रदायिकता और उसके ही जुड़वाँ पहलू जातिवाद पर लिखा है, उसी भाषा में मैंने मुस्लिम कट्टरतावाद को अस्वीकार किया है कि अपनी पहचान या धार्मिक स्वाधीनता के नाम पर शरीयत और भारतीय संविधान दोनों नावों पर एक ही साँस में सवारी करने की मानसिकता अब चल नहीं पाएगी। मैं आज भी मानता हूँ कि अपने को मुसलमान कहने वालों को 'अभिव्यक्ति की स्वतंत्रता' शब्द इस्तेमाल करने का कोई हक नहीं है। जो अधिकार आप दूसरों को नहीं दे सकते, उसे माँग किस मुँह से सकते हैं ? आपकी दाढ़ी से लेकर गोश्त तक और उर्दू से लेकर तलाक तक सब शरीयत या धार्मिक मामला है और उस पर मैं इसलिए नहीं बोल सकता कि बाहरी हूँ और मुशीरुल हसन, सलमान रुश्दी या तस्लीमा नसरीन इसलिए चुप रहेंगे कि 1500 साल पहले बनाए गए शाश्वत धर्मग्रंथों पर कोई भी टिप्पणी कुफ्र है और ऐसा काफ़िर मृत्युदंड का अधिकारी है। जहाँ हर चीज़ धर्म हो और उसके बारे में बोलना 'हमला', वहाँ 'अभिव्यक्ति की स्वतंत्रता' का कोई अर्थ नहीं है। 'हंस' ने आक्रामक धार्मिक या बारीक सांस्कृतिक वर्चस्ववाद की इसी वैज्ञानिक पड़ताली चेतना को बनाए रखा है...'हंस' 'पूर्वग्रह' या 'नागरी प्रचारिणी पत्रिका' के अर्थ में शुद्ध साहित्यिक, कलात्मक पत्रिका कभी नहीं रही, उसने उन सामाजिक-राजनैतिक सवालों से अपने को हमेशा जोड़े रखा, जो साहित्य या रचनाकार को सीधे-सीधे प्रभावित करते हैं। ज़ाहिर है, उनमें कुछ सवाल बहुत असुविधाजनक भी रहे हैं। वर्चस्ववाद के इस चतुर्दिक प्रतिरोध में 'हंस' अगर उपेक्षित, तिरस्कृत, दलित या 'सबाल्टर्न' का पक्ष लेता हुआ लगता है, तो लगे। फिर दुहराऊँगा कि हमारा बल हमारे इन्वॉल्व्ड पाठक ही रहे हैं और अपनी बौद्धिक अहमन्यता में हमने उनका तिरस्कार कभी नहीं किया।

'हंस' की शक्ति का एक प्रमुख स्रोत उसके लेखक भी रहे हैं। अधिकतर बड़े लेखकों ने अपनी श्रेष्ठतर रचनाओं के साथ हमें बेशर्त सहयोग दिया है। शिकायत

हो सकती है कि हमने अनाम या छोटे और नए लेखकों को अधिक स्थान और सम्मान दिया। प्रतिभाओं के आविष्कार का दंभ तो नहीं है, मगर ऐसे अनेक हैं, जिन्हें पहली बार 'हंस' के मंच पर प्रस्तुत होने का अवसर मिला। कुछ पुराने और स्थापित रचनाकारों को शिकायत हो सकती है कि उन्हें नयों के मुकाबले उचित महत्त्व नहीं दिया जाता। उनके हिसाब से 'हंस' में छपने के लिए या तो महिला होना ज़रूरी है या दलित। इसे पुरुष-कुंठा (मेल शॉवेनिज़्म) कहूँ या सवर्ण दंभ ? एक अंक के 20 नामों में उन्हें एक महिला या दलित भी बर्दाश्त नहीं है ? या उन्हें अपने साथ बैठाने लायक नहीं मानते ?

वस्तुतः यह हम स्थापितों की कुंठा ही है कि न हम आत्मविश्लेषण करना चाहते हैं, न अपनी रचना की गुणवत्ता की परख। हम परम आत्मसंतुष्ट और आत्ममुग्ध लोग हैं और जो इस ओर इशारा करता है वह तो स्वयंसिद्ध नीच है ही, हम चाहते हैं कि हम जो और जैसा भी लिखें, उसे संपादक 'महान' और अद्वितीय घोषित करते हुए छापे—न उस पर कोई राय दे, न सुझाव। उसके लिए यही गर्व का विषय है कि उसे एक बड़ा नाम मिल रहा है। वे संपादक को, चाहे वह उन्हीं में से एक क्यों न हो, डाकिया या प्रूफ-रीडर से अधिक दर्जा नहीं देना चाहते। 'अहं' की इस टकराहट से बचने के लिए मैंने अनेक बार 'बड़े लेखकों का पतन या स्खलन भी ऐतिहासिक दस्तावेज़ है' के तर्क तक उन्हें छापा है और हर बार मुझे उनकी दयनीय असमर्थता का यह सार्वजनिक प्रदर्शन बेहद क्रूर लगा है। वस्तुतः नए लोगों की ताज़गी, ऊर्जा और तड़प की तुलना में कभी-कभी हम अपने-आप को इतना अस्थिर और फीका पाते हैं कि आक्रामक हो उठते हैं। नयों के सामने 'ग्रेसफुली' अपने को पुराना मानना हमारी महानता को छोटा नहीं करता। कहीं ऐसा न हो कि 'ये बूढ़े तो हमेशा नयों को कोसते ही रहते हैं' के खाने में कल हमें भी फेंक दिया जाए। शायद 'हंस' इस लेखकीय वर्चस्ववाद के भी बहुत पक्ष में नहीं रहा।

एक और समस्या पर शायद अलग से बात करने की ज़रूरत है। साहित्यिक चोरी का मुद्दा पहले भी 'हंस' में उठता रहा है। विशेष रूप से जब रामगुप्त ने आनंद हर्षुल की कहानी 'उस बूढ़े आदमी के कमरे में' अपने नाम से छपा ली थी या 'तिरिछ' को मार्खेज़ के उपन्यास 'पूर्व घोषित हत्या रोजनामचा' से प्रेरित बताया गया था। इधर बिहार के पत्रों में अनुरंजन प्रसाद सिंह द्वारा शमोएल अहमद की 'बगूले' (उर्दू कहानी) को 'कचनार खामोश था' नाम से हिंदी में छपा लेने को लेकर तूफान है। हजारीबाग के सुनील सिंह ने 'हंस' में छपी सुमति अय्यर की कहानी पर आरोप लगाया था कि उनकी 'धर्मयुग' में प्रकाशित कहानी के अनेक पैराग्राफ उठा लिये गए हैं। शायद वही फांस है कि वे 'हंस' में छपी मधुकर सिंह की कहानी 'कमीना' को रमणिका गुप्त की 'साप्ताहिक हिंदुस्तान' में प्रकाशित 'प्यारी' की चोरी सिद्ध करने में अति उत्साही हो उठे हैं। उधर मधुकर सिंह, सुनील जी की सवर्ण, सामंती मानसिकता की

आड़ लेकर असुविधाजनक स्थिति से बच निकलना चाहते हैं, मगर यह स्वीकार करते हैं कि रमणिका जी और वे इस कथा-स्थिति के साथ-साथ गवाह रहे हैं। रमणिका जी का कहना है कि वे उनके साथ कभी उस कोलियरी में नहीं गईं, कहानी उन्होंने ही मधुकर सिंह को सुनाई थी। इसी तरह का आरोप आनंद बहादुर की 'हंस' में ही प्रकाशित 'बकरा' कहानी को लेकर है कि मित्रों के बीच किसी और द्वारा सुनाई कहानी को उन्होंने अपने नाम से छपा लिया है। विभांशु दिव्याल की 'गंड़ासा' पर शिवमूर्ति की 'अकाल दंड' में आई लिंगोच्छेद (बॉबिटिंग) की घटना उड़ा लेने का आरोप है। उधर अंतर्राष्ट्रीय स्तर पर दुनिया-भर के 'एक्सपर्ट' बाल की खाल निकाल रहे हैं कि इंद्राणी आइकट गैल्स्टन का उपन्यास 'क्रेन्स मॉर्निंग'—सन् 57 के आस-पास छपे एलिजाबेथ गाडूज के 'रोज़मेरी ट्री' की नकल है या नहीं...पता नहीं, कितने कथाकारों ने फिल्मों पर दावे ठोके हैं कि उनकी कहानियाँ चुरा ली गई हैं।

चूँकि इस प्रसंग पर मैं 'हंस' के ही पिछले किसी अंक में विस्तार से लिख चुका हूँ। इसीलिए यहाँ उस सबको दुहराना ज़रूरी नहीं है। जहाँ तक दूसरे की कहानी को अपने नाम से छपा लेने की बात है, वहाँ यह निश्चय ही चोरी है और इस तरह की घटनाएँ 'नई कहानी' के पहले, हिंदी में भरी पड़ी हैं (शायद हर भाषा में हैं)। 'हिंदुस्तान टाइम्स' ने 52-53 में अखिल भारतीय कथा-प्रतियोगिता की थी और प्रथम पुरस्कार तब पाँच हज़ार रुपये का था। हिंदी की कहानी थी ओंकारनाथ श्रीवास्तव की 'बाली और बुंदे'। स्पष्ट ही वह ओ' हेनरी की 'गिफ्ट ऑफ मागी' और मोपासां की 'नेकलेस' कहानी की संयुक्त 'नकल' थी, मगर नई कहानी या उससे भी पहले यशपाल-जैनेन्द्र ने जब हिंदी कहानी को चमत्कारी प्लॉट और अप्रत्याशित अंत के फार्मूलों से निकालकर या उन तरीकों का इस्तेमाल करते हुए निजी और सामाजिक संदर्भों में परिभाषित करना शुरू किया, तो चोरी की घटनाएँ 'अचानक' गायब हो गईं। जैसा कि बताया जाता है : प्लॉट तो दुनिया में सिर्फ़ सात या तीन ही हैं और उन्हीं के 'परमुटेशन', 'कम्बिनेशन' (जोड़-तोड़) से दुनिया की हर कहानी बनी है। इसलिए सिर्फ़ कथानक के आधार पर सिद्ध कर सकना आसान है कि किसने किसकी कहानी चुराई। मेरी जानकारी में भारतीय साहित्य में सबसे अधिक 'चुरित' लेखक चेखव (शुरू की कहानियाँ), मोपासां और ओ'हेनरी रहे हैं, क्योंकि तीनों के पास प्लॉट आधारित कहानियाँ सबसे अधिक हैं। शायद नाटकीय स्थितियाँ भी भारतीय समाज में इतनी अधिक एक जैसी और समान हैं कि सब एक-दूसरे का विस्तार या चोरी ही लग सकती हैं। कहा जा सकता है कि अपनी पत्नी को दाँव पर लगाने की घटना न रमणिका गुप्त की अपनी है, न मधुकर सिंह की। यह यशपाल की कहानी की थीम है (द्रौपदी-प्रसंग भी वैसे हम सबके अवचेतन में है ही)। मुझे लगता है कि समान स्थितियों के बावजूद जो चीज़ एक कहानी को दूसरी से अलग करती है, वह हैं ट्रीटमेंट, कोण, संवेदना और इंटरप्रेटेशनल...(अर्थ-संदर्भों की व्याख्या)। न जाने कितनी

पौराणिक, ऐतिहासिक या लोक-प्रचलित कथाएँ हैं, जिन्हें हर लेखक अपने समय और दृष्टिकोण के हिसाब से लिखता रहा है। (विजयदान देथा की तो कुल जमापूँजी यही है)। कविता की तरह कहानी में भी किसी युग में कथा-रूढ़ियाँ या फार्मूले बन जाते हैं। तब एक-दूसरे की छाया लेने के आरोप से शायद ही बचा जा सके। सामंती अत्याचारों और उनसे प्रतिशोध के तरीके सभी इतने समान हैं कि जनवादी कहानियों पर फार्मूलाबद्धता का आरोप है ही, कविताओं में इन दिनों माँ, औरत और लड़की का बाजार गर्म है—विशेषकर जिसे देखो, लड़की को घूर रहा है कि वह कैसे खड़ी, सोई, बैठी या क्या सोच और कर रही है।

जापानी फिल्म 'रोशोमन' में एक हत्या की घटना के चार हिस्सेदार उसी घटना को अपने-अपने ढंग से सुनाते हैं और सारी ऊपरी समानता के बावजूद घटना का कोण और व्याख्या हर बार बदल जाती है। उसी तरह एक घटना देख या सुनकर चार लेखक अगर अपने-अपने ढंग से लिखें, तो क्या उसे सचमुच 'चोरी' कहा जा सकता है ? मुझे अभी भी लगता है कि विचार हो या कथानक—उस पर किसी का कॉपीराइट नहीं हो सकता। महत्त्वपूर्ण यह है कि आप उसे 'ट्रीट' कैसे कर रहे हैं, किस भाषा में कर रहे हैं और सब मिलकर घटना की आपकी समझ या 'इंटरप्रेटेशन' क्या है ? मृत्यु की एक ही घटना, पुलिस वाले के लिए, समाज-विज्ञानी के लिए, डॉक्टर के लिए और रिश्तेदार के लिए एक ही नहीं है। उदय प्रकाश की 'और अंत में प्रार्थना' न 'डॉक्टर' नाम की फिल्म की नकल है, न चेखव के 'वार्ड नंबर' की। 70 में 'धर्मयुग' में निकला 'आपका बंटी' और '75 में लिखे उपन्यास 'क्रेमर वर्सेस क्रैमर' पर फिल्म सन् 76-77 में आई। समय और स्थान की दूरियों के बावजूद कथानक लगभग एक ही हैं, तलाकशुदा दंपती का बच्चा दोनों जगह है, मन्नू का केंद्र माँ है, क्रैमर का बाप। दोनों ने अपने-अपने समाज की स्थितियों को ही लिया है और दोनों के बलाघात (एम्फ़ैसिस) लगभग एक जैसे ट्रीटमेंट के बावजूद अलग हैं। मेरा ख़याल है कि किसी भी तरह की समानता को देखकर 'चोर-चोर' का शोर मचाने से पहले हमें एक बार फिर स्थिति के अनेक पहलुओं को देख लेना चाहिए ...या खुलकर बहस कर लेनी चाहिए कि साहित्य में चोरी का अर्थ क्या है ? हो सकता है, फिर एक 'कुंभिलोपाख्यान' (इंदु प्रकाश पांडेय) जैसी पुस्तक लिखी जाए, जिसमें विस्तार से सोदाहरण बताया जाए कि किस बड़े लेखक ने कहाँ से चोरी की और कैसे 'आइडिया' ही नहीं, पूरे-पूरे पृष्ठ और पैरा उठाकर उन्हें अपना 'मौलिक' लेखन घोषित कर डाला।

['हंस', जुलाई 1994]

'कहो व्यास कैसी कटी' के पत्रकारिता खंड की भूमिका

शायद चेखव ने ही कभी कहा था कि बड़े और सफल लोगों की आत्मकथाएँ उसे झूठी और अविश्वसनीय लगती हैं, क्योंकि एक तो वे केवल सफलताओं की ही अतिरंजनाओं से भरी होती हैं; दूसरे, बचपन से लेकर ऐसी-ऐसी जीवन-स्थितियों में अपनी भावी महानता के सूत्र तलाश कर लेती हैं, जो वहाँ बिलकुल नहीं होते...

गोपाल प्रसाद व्यास के पत्रकारिता-संबंधी इन लेखों को पढ़ते हुए पता नहीं क्यों, मुझे चेखव की यह टिप्पणी याद आती रही...हो सकता है, आदमी के सद्गुण और सफलताएँ ही पाठकों के मनोबल के लिए अधिक प्रेरणाप्रद होती हों, मगर निश्चय ही वह उनके साथ आत्मीयता और तादात्म्य स्थापित नहीं कर पाता। वह सब उसे किसी दूसरी दुनिया और दूसरे लोगों की कहानियाँ जान पड़ती हैं। इन्कार इस बात से भी नहीं किया जा सकता कि हजारों-लाखों लोग सफलता की आत्मकथाएँ पढ़कर उत्प्रेरित हुए हैं।

बिना किसी व्यवस्थित शिक्षा के, एक व्यक्ति का कम्पोजीटर से उठकर देश के बड़े दैनिक-पत्र के महत्त्वपूर्ण संपादक-मंडल में हो जाना कम चमत्कारी नहीं है। राष्ट्रीय 'जागरण' के निराकार शब्द को अगर मूर्त रूप दिया जाए, तो हमें वहाँ मिलेंगे साधनहीन संघर्षों में उभरते साधारण जन—सिर्फ लगन और देश-सेवा की पूँजी लेकर ऊपर उठते हुए युवा...न जाने कितने हॉकर, कम्पोजीटर, हेल्पर उन दिनों एक के बाद एक सीढ़ियाँ चढ़ते हुए पत्रकार, पत्रों के मालिक और महत्त्वपूर्ण राजनेता बने ...राजस्थान पत्रिका, जागरण, अमर उजाला, नवभारत जैसे कितने पत्र हैं, जो फुटपाथों से उठकर एक ही पीढ़ी में विशाल पत्र-समूह बन गए। गांधी तो केंद्र में थे ही, उस समय तो हर साधन-संपन्न व्यक्ति प्रतिभाओं को प्रोत्साहन देना अपना नैतिक कर्त्तव्य समझता था। व्यास जी उन्हीं गुदड़ियों से उठे, जिन्हें पहली पहचान दी डॉ.

सत्येन्द्र ने...फिर तो मथुरा-आगरा की गलियाँ पार करते दिल्ली के राजमार्ग पर ही रुके...

इन निबंधों में व्यास जी ने अपनी इसी यात्रा का आकलन किया है, पत्रकारिता के कुछ पक्षों पर अपने विचार दिए हैं। केवल एक जगह अपनी कृतियों और कमजोरियों का भी चलता-सा उल्लेख किया है। चूँकि उन्होंने पत्रकारिता को सिर्फ अपने अनुभव और सहज ज्ञान से जाना, इसलिए उनका जोर प्रायः स्वतंत्र स्तंभ-लेखन पर ही अधिक है। दैनिक पत्र की बारीकियों, जटिलताओं की गहराई में जाने से वे बचे हैं। स्वाभाविक है कि निरंतर बरसों चलने वाले उनके स्तंभ खासे लोकप्रिय भी रहे हैं। शायद इसके दो कारण हैं, व्यास जी उन्हीं लोगों से जुड़े थे, जिनके बारे में लिखते थे। पेशे की दक्षता से अधिक उनके सरोकारों की निष्ठा ही उनके बल और संबल रहे हैं। यह दूसरी बात है कि इन सरोकारों का वितान (रेंज) बहुत बड़ा नहीं है।

अगर दिल्ली की ही बात लें, तो विचार इस पर भी किया जाना चाहिए था कि तब के सारे बड़े नामों के बावजूद दैनिक 'हिंदुस्तान' न तो दिल्ली के जीवन का वैसा हिस्सा बन पाया, जैसे प्रांतीय अखबार होते हैं—जैसे 'आज' बनारस का, 'भारत' इलाहाबाद का, 'नई दुनिया' इंदौर या मध्य प्रदेश का। दूसरी तरफ वह कभी इतना प्रभावी भी नहीं रहा, जितना 'नवभारत टाइम्स' या बाद में 'जनसत्ता' बना। साधन तो दैनिक 'हिंदुस्तान' के पास भी कम नहीं थे। शायद इसका कारण यह भी हो कि बिड़ला समूह में मालिकों के प्रति निष्ठा पहले होती है, पेशे के प्रति बाद में—इसीलिए वे टाटा की तरह 'प्रोफेशनल' नहीं हो पाते। दूसरे व्यवसायों में तो नफा-नुकसान ही एकमात्र मानदंड है—पत्रकारिता में एक तीसरा तत्त्व वैचारिक समर्थन भी जुड़ा होता है। शुरू से ही गांधी जी का वरदहस्त होने के कारण यह भी स्वाभाविक था कि वहाँ के पत्रकारों की एकमात्र योग्यता कांग्रेस द्वारा प्रस्तावित देश-प्रेम ही रहा हो। इसलिए दैनिक 'हिंदुस्तान' के संपादक-मंडल में नाम अलग होने के बावजूद हिंदी, अहिंसा, भारतीयता, हिंदू धर्म, नैतिकता, राष्ट्रप्रेम, गांधी इत्यादि के बारे में सभी में आश्चर्यजनक समानता है, जो पत्र को भयानक एकरसता और इकतरफापन देती है। वह ऐसी पार्लियामेंट है, जहाँ विपक्ष है ही नहीं; सिर्फ ठंडी सहमति है। जाहिर है कि वहाँ न भीतर से कोई बौद्धिक चुनौती है, न बाहर से किसी प्रतियोगिता की जरूरत ...कभी किसी छोटी-मोटी बात को लेकर झंझट उठ खड़ा हो, वह अलग बात है और इसका जिक्र व्यास जी ने भी किया है।

लगता है, अपने-आप में ही व्यास जी इतने व्यस्त रहे हैं कि आस-पास के लोगों का कृतज्ञता या तटस्थता से जिक्र जरूर है, मगर किसी के व्यक्तित्व में झाँकने का अवकाश उन्हें नहीं मिला। यहाँ तक कि कहीं अपने पारिवारिक जीवन का भी जिक्र नहीं है—'विकासशील भारत' के संदर्भ में आगरा को छोड़कर...

मूलतः मुझे यह एक शिखर से दूसरे शिखर तक छलाँगों का ब्यौरा अधिक

लगता है, उन पगडंडियों के उतार और घुमाव प्रायः नहीं हैं, जो शिखरों को आपस में जोड़ते हैं या यह भी हो सकता है कि व्यास जी के जीवन में प्रारंभिक स्थितियों के बाद बहुत उतार-चढ़ाव हों ही नहीं—वह सपाट जमीन की यात्रा रही हो, औरों से थोड़ी ऊँची, मगर सपाट जमीन पर चलना सिर्फ दूरियाँ तय करना होता है, यात्रा करना नहीं...

निश्चय ही इन लेखों को पढ़ना, राजधानी की हिंदी-पत्रकारिता के प्रारंभिक दौर को व्यास के माध्यम से जानना है। शिकायतें बहुत हो सकती हैं, मगर यह भी सच है कि उस समय यदि साधन-संपन्नों और राजनेताओं का हिंदी-पत्रकारिता या पत्रकारों के प्रति संरक्षणात्मक (पेट्रोनाइजिंग) रवैया न होता, तो आज उसका स्वरूप निश्चय ही भिन्न होता।

किताबों में 1994 का वर्ष

मैं शुरू से ही स्वीकार कर लूँ कि इस वर्ष कुछ विशेष पढ़ने का अवसर नहीं निकाल पाया। फिर भी चाहूँ, तो देशी-विदेशी समीक्षाओं के आधार पर खासी आतंकवादी सूची पेश कर सकता हूँ। दरअसल संपादन 'स्वांतः सुखाय' पढ़ने का सबसे बड़ा शत्रु है। पहले मैं पढ़ने में चुनाव कर सकता था, कोशिश करके किताबें उपलब्ध करता था। अब एक अजब लापरवाही आ गई है। श्यामलाल जैसे लोगों से सचमुच डर लगता है, कितना पढ़ते, याद रखते हैं और उसे अपनी एक वैचारिक व्यवस्था देते हैं। नामवर और मैनेजर पांडेय जैसे पुस्तक-भक्षियों के लिए भयानक सम्मान, परिणामतः घोर घृणा से दग्ध रहने का अभ्यस्त हो गया हूँ। वे सब मेरे शत्रु हैं, जो निश्चिंत होकर मनचाही पुस्तकें पढ़े रहे हैं—चाहे वे कृष्ण कुमार हों या डॉ. श्यामाचरण दुबे, सुधीश पचौरी और हरीश त्रिवेदी या मीनाक्षी मुखर्जी—भगवान जरूर उन्हें एक दिन समझेगा। ईश्वर करे, उन्हें ज्ञान के रेगिस्तान में पानी नसीब न हो और उनसे भी ज्यादा पढ़ाकू डाकू उन्हें बार-बार दर्शन दें। उनको स्मृति-भ्रंश हो।

संपादन जुएँ निकालने का काम है, घंटा भर बालों की एक-एक परत हटाकर देखो, तो कहीं एक 'पकड़' में आती है, आँखों की बैट्री खर्च होती है, सो मुफ्त। परिणामतः आप 'पढ़ने' के प्रति उदासीन होते जाते हैं—लंबी चीजों को स्थगित करते हैं और मछुआरे की तरह हर मछली को हाथों से तौल कर 'मूल्यांकन' करते हैं। फिर दिल्ली की जिंदगी; सुबह दस-ग्यारह बजे तक जो पढ़-लिख लो, सो अपना, वरना महानगर का, ऊपर से माशाअल्ला अपनी याददाश्त—कल जो साहब दो घंटे गप्पें लड़ाकर गए थे, आज उनका नाम ही याद नहीं आ रहा। वर्ष के शुरुआती छः-आठ महीनों में जो पढ़ा, वह पुराने जन्म के धुंधले संपर्क की तरह हो गया। इधर की कुछ चीजें ज्यादा निकट लगती हैं।

शुरू में राहुल जी का जोर था, जिधर देखो गोष्ठियाँ, सेमिनार, परिसंवाद औ विशेषांक। उनकी कुछ रचनाएँ पढ़ीं और 'वोल्गा से गंगा' पढ़कर अभिभूत हुआ

गुणाकर मुले की उनकी दो जीवनियाँ और विद्यानिवास मिश्र द्वारा नखदंतविहीन संकलन। कुछ पुराने प्रिय अनुवाद पढ़े, अपना 'अजनबी', मोहन राकेश का 'उस रात के बाद', निर्मल वर्मा का 'रोमियो जूलियट और अंधेरा', मार्खेज की कहानियों का संकलन, कर्नल वाला उपन्यास, मिलान कुंडेरा का बड़बोले वक्तव्यों से भरा 'आर्ट ऑफ नॉवेल', उम्ब्रेतो ईको का 'मिस रीडिंग' रोलां बार्थ का 'कैमरा लूसिडा' और सूजन सैंटॉग का 'अगेन्स्ट इंटरप्रिटेशंस' आदि कुछ किताबें। नूगी का श्वांगवो का 'कामगारों' और चिनुआ अचेबे का 'थिंग्स फॉल एपार्ट'। इधर-उधर कुछ छोटे-मोटे लेख।

उपन्यासों के लिहाज से यह वर्ष 1993 के मुकाबले बहुत कमजोर रहा। तब 'मुझे चांद चाहिए' 'डूब'- 'इदन्नमम' ने संतोष दिया था, इस वर्ष तेजेन्दर के 'काला बाजार' और स्वयं प्रकाश के 'बीच में विनय' ने बहुत निराश किया। हाँ, मनोहर श्याम जोशी के 'हरिया हरकुलिस की हैरानी' नई तरह से आंदोलित करने वाली उपन्यासिका लगी। भाषा तो जोशी के पास अद्वितीय है ही, 'रोशोमान' के मोटिफ़ का जैसा इस्तेमाल जोशी ने किया है, वह हिंदी में दुर्लभ है। खिलवाड़ के अंदाज में यथार्थ को जिस तरह लेखक उलट-पट कर पेश करता है, वह उपन्यास पर पुनर्विचार को प्रेरित करता है। अभी-अभी वीरप्पा मोइली की 'कोड़ूडा' को भी पढ़ा और लगा कि वे कर्नाटक के मुख्यमंत्री ही नहीं, अच्छे उपन्यासकार भी हैं—कम से कम विष्णु प्रभाकर और अमृतलाल नागर के बाद के उपन्यासों से अधिक प्रौढ़ और ईमानदार...

उत्तर आधुनिकता के मुहावरों से भारतीय वर्तमान को समझने की जैसी धांसू लेख-मालाएँ सुधीश पचौरी ने लिखी हैं और उन्हें दो पुस्तकों के रूप में प्रस्तुत किया है, उससे और कुछ समझ में न आया हो, इतना जरूर लगा कि आर्थिक जगत में मल्टीनेशन्स को लाने के प्रचंड तर्क देकर मनमोहन सिंह जिस तरह देश को मालामाल कर रहे हैं, वैसी ही वैचारिक संपन्नता और खुलेपन को साहित्य में सुधीश पचौरी भी ला रहे हैं। अस्तित्ववादी युग में इंग्लैंड के एंग्री यंगमैन 'कॉलिन विल्सन' ने 'आउट साइडर' का जैसा धुआँधार किया था, वही उत्तर-आधुनिकता के जमाने में सुधीश पचौरी कर रहे हैं। हाँ, मेरे लिए यह समझना मुश्किल है कि मीडिया-विस्फोट द्वारा बड़े-बड़े राष्ट्रीय पहाड़ों को उड़ाकर सारे विश्व को 'ग्लोबल-विलेज' में बदले जाने के घनघोर हिमायती सुधीश पचौरी टी.वी. प्रोग्रामों के व्यवसायीकरण या व्यापारिक कुत्साकारण (वल्गराइज़ेशन) के इतने अज़दकी विरोधी क्यों हैं ? "कहा हम नूह को लाएँ, कहा तुम नूह को लाओ। कहा तूफान का डर है, कहा तूफान तो होगा..."

इन्हीं दिनों दूसरे अनुशासनों से आए कुछ विचारकों की अच्छी पुस्तकें हिंदी में आई हैं, जिनमें श्यामाचरण दुबे की 'संक्रमण की पीड़ा' और रामशरण जोशी की 'कठघरे में' पुस्तकें पठनीय लगीं। पिछले वर्ष ऐसी ही पुस्तक थी कृष्ण कुमार की 'राज्य, समाज और शिक्षा'। हाँ, इसी वर्ष कानून को मानवीय संदर्भों में जाँचते हुए

अरविंद जैन ने 'औरत होने की सज़ा' जैसी विचारोत्तेजक पुस्तक दी। राजकिशोर द्वारा संपादित पुस्तक-माला 'आज के प्रश्न' ने किसी हद तक साहित्येतर समकालीन विषयों को पाठकों तक पहुँचाया। उन्होंने अयोध्या, हिंदू, मुसलमान, गैट-नीति, कश्मीर, हरिजन, स्त्री आदि ज्वलंत मुद्दों पर अलग-अलग लेखकों के विचारों का संकलन किया है। यही काम पिछले वर्ष अभय कुमार दुबे ने स्कैम (घोटाला) और 'सांप्रदायिकता के स्रोत' द्वारा किया था। अयोध्या पर दूसरा इस तरह का लेख-संग्रह 'सहमत' और 'सारांश' के सहयोग से 'अयोध्या : कुछ सवाल' के रूप में आया है। दो पत्रकारों के अपने क्षेत्र की आत्मकथाएँ 'कहो व्यास कैसी कटी' और प्रेमचंद के जीवनीकार मदन गोपाल की 'आत्मकथा' मदन गोपाल भारतीय पत्रकारिता के एक विशेष युग को बाँधने की कोशिश है। हिंदी में जीवनीपरक उपन्यास या स्वतंत्र जीवनियों का न होना इस वर्ष भी बहुत अखरता रहा। ऐसे में प्रभा खेतान द्वारा कामू की जीवनी पर 'वह पहला आदमी' पढ़कर बहुत अच्छा लगा।

और हाँ, पूरे वर्ष पर छाई तो तस्लीमा नसरीन ही रही है—'लज्जा' और 'निर्वाचित कॉलम' (या कलाम) के माध्यम से। सो उसे तो पढ़ना ही था। इन दिनों पढ़ रहा हूँ 'महात्मा ज्योति बा फुले' की ग्रंथावली। वही स्त्री और दलित की उभरती हुई आवाज़ें।

जरूरी बात

'उपन्यास : स्वरूप और संवेदना' की घोषणा लगभग दस साल पहले की गई थी। किताब नहीं आई और टलती रही। लेख थे, लेकिन साथ ही कुछ संकोच (सिज़र्वेशन) भी थे।

कहानी-उपन्यास लिखने के साथ-साथ मैं प्रायः शुरू से ही कथा-समीक्षा से भी छेड़छाड़ करता रहा हूँ। इस किताब में भी 'नायक का विकास' लेख 1954 में लिखा गया था और प्रसाद के उपन्यासों पर 1988 में। बीच के कुछ लेख '18 उपन्यास' में आ चुके हैं। कुछ को तो रोक लिया गया था। अनेक बार पढ़ने पर भी वे लेख मुझे काफ़ी कच्चे और उपन्यासों के विवरणों से बोझिल लगते रहे। चूँकि किसी योजना के तहत नहीं, अलग-अलग समयों और ज़रूरतों में लिखे थे, इसलिए कुछ बातें बार-बार दुहराई जाती रहीं। उनमें कुछ ऐसे उपन्यासों और उपन्यासकारों का ज़िक्र भी आता रहा, जिन्हें हम आज प्रायः भूल चूके हैं। देखकर स्वयं मुझे आश्चर्य हुआ कि क्या किसी समय वे सचमुच इतने महत्त्वपूर्ण थे कि बिना उनकी बात किए उपन्यास पर बात करना अधूरा लगता था ? कहाँ गए वे ? मगर क्या परंपरा और इतिहास को रोज़-रोज़ भूलते जाना संभव है ? आज तो कोई राहुल, यशपाल और इलाचंद्र जोशी का भी ज़िक्र नहीं करता, मगर हमारी कथा-मानसिकता को बनाने में उनकी जबर्दस्त ऐतिहासिक भूमिका रही है, इसे कैसे झुठलाया जा सकता है ?

इसलिए तय किया कि दुहराव और पुरानेपन का ख़तरा उठाकर भी उन्हें सामने लाना ज़रूरी है। मेरी अपनी 'समझ' की इस यात्रा में पाठकों को कितनी दिलचस्पी होगी, नहीं कह सकता, मगर मेरे लिए यह जानना ख़ासा दिलचस्प है कि उस समय निष्कर्षों पर पहुँचना जितना आसान था, आज नहीं हैं। हाँ, वे लेख यहाँ दिए जा रहे हैं। इनमें दो लेख नरेन्द्र शिरोमणि के नाम से नागपुर की 'राष्ट्रभारती' में आए थे, चार लेख श्यामलता के नाम से 'ज्ञानोदय' में। 'राष्ट्रभारती' के लेख पाठकीय सरोकर और गुस्से में बहुत बड़बोलेपन के साथ लिखे गए थे और 'ज्ञानोदय' में मैं

स्वयं काम करता था।

सुविधा के लिए मैंने इन्हें तीन हिस्सों में बाँट दिया है : एक में इतिहास और अवलोकन है, दूसरे में कुछ उपन्यास और तीसरे में वे, जो स्वयं उपन्यासकार होने के नाते मुझे अपने लिए साफ करने थे।

'प्रेमचंद की विरासत' पुस्तक मेरे कुछ लेखों का संग्रह-मात्र थी। उसमें से दो लेख इस पुस्तक में हैं, कुछ 'कहानी : स्वरूप और संवदेना' के दूसरे खंड में और शेष 'काँटे की बात' में आएँगे।

साग्रह सिर्फ इतना ही कहना चाहता हूं कि अगर इस दौरान अंतर्विरोध है, तो वे मेरी समझ के हैं, ईमानदारी के नहीं। शायद सुविधा के अंतर्विरोध और समझ के अंतर्विरोध में आप भी अंतर करना चाहेंगे...

□ □